新能源汽车使用与检查

主　编　郭继东　赵伯鸾　张君健
主　审　张志强
副主编　谢银平　鞠　刚

中国原子能出版社
China Atomic Energy Press

图书在版编目（CIP）数据

新能源汽车使用与检查 / 郭继东，赵伯鸾，张君健主编. -- 北京 : 中国原子能出版社，2020. 7（2021.9重印）
ISBN 978 - 7 - 5221 - 0627 - 4

Ⅰ. ①新… Ⅱ. ①郭… ②赵… ③张… Ⅲ. ①新能源 - 汽车 - 使用方法②新能源 - 汽车 - 检查 Ⅳ. ①U469. 7

中国版本图书馆 CIP 数据核字（2020）第 105757 号

新能源汽车使用与检查

出版发行 中国原子能出版社（北京市海淀区阜成路 43 号 100048）
责任编辑 王 青 刘 佳
印 刷 三河市明华印务有限公司
经 销 全国新华书店
开 本 787mm × 1092mm 1/16
字 数 460 千字
印 张 18
版 次 2020 年 7 月第 1 版 2021 年 9 月第 2 次印刷
书 号 ISBN 978 - 7 - 5221 - 0627 - 4
定 价 88.00 元

目录 contents

项目一　新能源汽车认知

学习目标

☆了解国内外新能源汽车的发展历史
☆了解新能源汽车的种类和特点
☆知道电动汽车起火的原因及危害
☆掌握灭火器的种类及使用方法
☆能处理消防安全突发事件

任务一　新能源汽车概述

近年在能源危机和环境污染的双重压力下，各国政府都在为新能源汽车发展提供各种政策支持，能源安全同样一直是我国政府部门所关注的重点，而冬季雾霾天让汽车尾气污染成为众矢之的，同样引发了全民对环境保护的重视，此外由于长期对“市场换技术”却未能为汽车技术带来突破而备受诟病的影响，于是早在2001年我国就已经确定了节能与新能源汽车的发展战略，并相继出台了各类扶持政策。习近平主席更是指出：发展新能源汽车是我国从汽车大国迈向汽车强国的必由之路，要加大研发力度，认真研究市场，用好用活政策，开发适应各种需求的产品，使之成为一个强劲的增长点。

据中国汽车工业协会统计，2017年1—8月，新能源汽车产销34.6万辆和32万辆，同比增长33.5%和30.2%。其中纯电动汽车产销28.4万辆和26万辆，同比增长45.4%和43.5%；插电式混合动力汽车产销6.2万辆和5.9万辆，同比下降2.6%和7.5%。8月，新能源汽车产销分别完成7.2万辆和6.8万辆，同比分别增长67.3%和76.3%。其中，纯电动汽车产销分别为5.8万辆和5.6万辆，同比分别增长79.6%和95.5%；插电式混合动力汽车产销分别完成1.4万辆和1.2万辆，同比分别增长29.4%和21.6%。

一、新能源汽车的定义

由于分类标准及使用目的不同，世界各国新能源汽车的定义和分类标准尚未统一。目前业界最为接受的新能源汽车分类涵盖纯电动汽车（BEV）、插电式混合动力电动汽车（PHEV）、增程式电动汽车（REV）和燃料电池（FCV）汽车。我国新能源汽车的分类及定义主要有以下两个层面。

（一）专家层面定义

2009年7月1日，我国正式实施了《新能源汽车生产企业及产品准入管理规则》，明确指出：新能源汽车是指采用非常规的车用燃料作为动力来源（或使用常规车用燃料、采用新型车载动力装置），综合车辆动力控制和驱动方面的先进技术，形成的技术原理先进、具有新技术、新结构的汽车。新能源汽车包括电动汽车、气体燃料汽车、生物燃料汽车、氢燃料汽车等。这个定义是国家发改委公布的定义，也被称为专家层面定义，在2012年以前整个行业基本也都是这样来进行定义的，一些国家和地区目前也还是这样进行定义的。

（二）国家战略层面定义

2012年7月9日，由工信部牵头制订的《节能与新能源汽车发展规划（2011－2020年）》正式发布。明确指出新能源汽车是指采用新型动力系统，完全或主要依靠新型能源（如电能）驱动的汽车。将新能源汽车的范围定为插电式混合动力汽车、纯电动汽车、燃料电池汽车，而常规混合动力汽车为节能内燃机汽车。

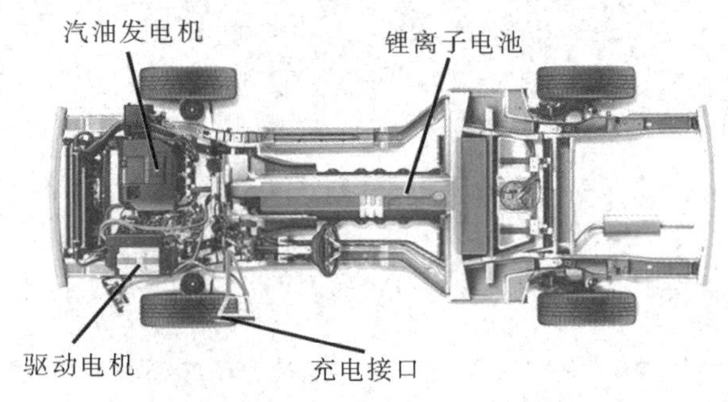

图1－1　插电式混合动力汽车

插电式混合动力汽车（见图1－1）是一种配有充电插口和具备车载供电功能的纯电能驱动的电动乘用汽车，同时按要求最高车速不低于100 km/h，纯电驱动模式下综合工况续驶里程不低于50 km。但目前国内部分插电式混合动力汽车只不过是在混合动力汽车上增加了一个插座，不是完全依靠纯电能驱动，而是双模或混合驱动。

纯电动汽车是指以车载电池为动力源，用电机驱动车轮行驶，符合道路交通、安全法规和国家标准各项要求的乘用车辆，如图1－2所示。它不需要其他能量（如汽油、柴油等），可以通过家用电源（普通插座）、专用充电桩或者特定的充电场所进行充电，以满足日常的行驶需求。

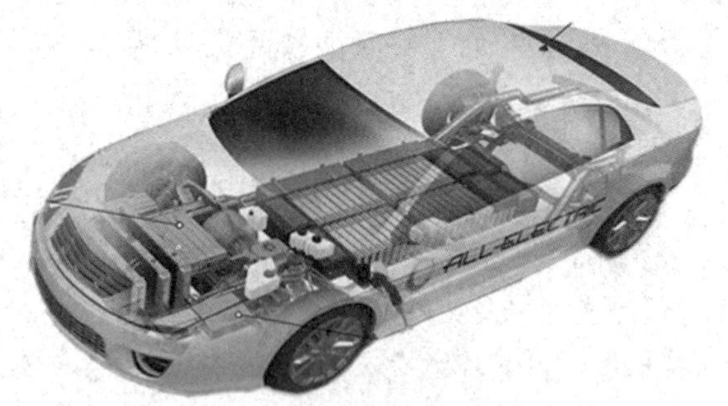

图1－2　纯电动汽车

燃料电池汽车是一种用车载燃料电池装置产生的电力作为动力的汽车，如图1－3所示。通过氢气和氧气的化学作用，而不是经过燃烧，直接转变成电能动力。

节能汽车是指以内燃机为主要动力系统，通过应用先进技术手段使车辆油耗明显降低的汽车。传统的非插电式混合动力汽车被划归为节能汽车，不能享受新能源汽车的相关政策补贴。混合动力汽车就是由发动机或电动机驱动的车辆，因此它免不了需要加油，它通常能够行驶在纯电动模式、纯油模式以及油电混合模式下。混合动力汽车一般可以分为普通混合动力汽车、插电式混合动力汽车以及增程式混合动力汽车。根据混合动力驱动的连接方式分为串联式混合动力汽车、并联式混合动力汽车和混联式混合动力汽车。根据在混合动力系统中，电机的输出功率在整个系

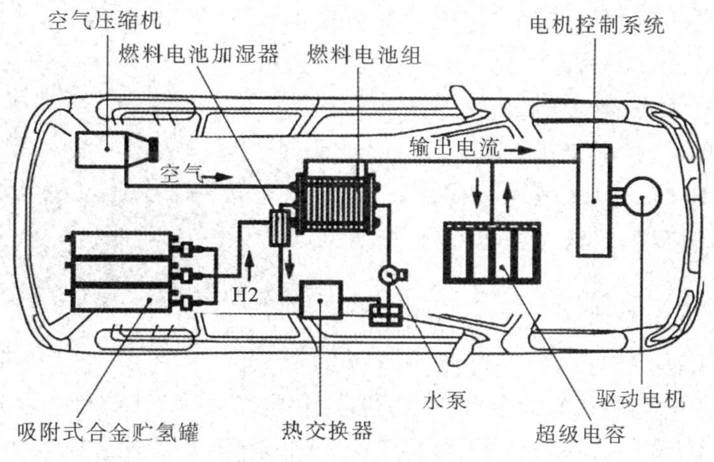

图 1－3　燃料电池汽车

统输出功率中所占的比重，也就是常说的混合度不同，混合动力系统还可以分为以下四类：微混合动力系统（BSC 系统，发电起动一体式电动机或加强型起动机），轻混合动力系统（ISG 系统，混合度一般在 20% 以下），中混合动力系统（ISG 系统高压电机，混合度一般在 30% 左右），完全混合动力系统（可纯电行驶，混合度超过 50%）。

二、新能源汽车的分类

新能源汽车的分类与主要特点

新能源汽车和清洁能源汽车不同。清洁能源是指在生产和使用过程中不产生有害物质排放的能源。清洁能源又分为可再生能源和非可再生能源。例如潮汐能、太阳能、风能、水能、地热能、氢能、生物能等都属于可再生能源，如图 1－4 所示。非可再生能源：包括使用低污染的化石能源，如天然气等；利用清洁能源技术处理过的化石能源，如洁净煤、洁净油等。

潮汐能

太阳能

风能

水能

图 1－4　可再生能源

可见，采用清洁能源作为动力源的汽车不一定就是新能源汽车。汽车新能源主要包括

电能、氢能、天然气（包括液化石油气、压缩天然气）、醇类燃料、二甲醚、太阳能等。

（一）纯电动汽车

纯电动汽车是指以车载电源为动力，用电机驱动车轮行驶。它是完全由可充电电池，如铅酸电池、镍镉电池、镍氢电池或锂离子电池等提供动力源的汽车，如奥迪纯电动汽车（见图1－5）。

图1－5　奥迪 e－tron quattro 纯电动汽车

电动汽车不像内燃机汽车那样产生废气，无排气污染，几乎是“零污染”，对保护环境和保持空气的洁净十分有益。电动汽车产生的噪声较内燃机汽车小。

由于电厂大多远离人口密集的城市，对人类的危害较小，而且电厂污染物是固定集中排放，因此污染物也能集中处理。电力可以通过多种形式获得，比如水力、风力、核能、太阳能等，解除了人们对石油资源不断减少的担心。电动汽车能充分利用晚间电力的资源，大大提高其经济效益。正是这些优点，使电动汽车的研究和应用成为汽车工业的一个“热点”。纯电动汽车具有广阔的使用前景。

（二）混合动力电动汽车

混合动力电动汽车是由多于一种的能量转换器提供驱动动力的混合型电动汽车。目前，混合动力电动汽车多采用传统燃料与电力的混合方式，如奥迪 Q5 Hybrid 混合动力电动汽车（见图1－6），但是随着新技术的发展，也出现了气体燃料与电力的混合方式，如气电混合动力公交车。混合动力汽车的关键技术为混合动力系统，它直接影响到混合动力汽车的整车性能。

图1－6　奥迪 Q5 Hybrid 混合动力电动汽车

（三）太阳能电动汽车

太阳能电动汽车把太阳能转化成电能来驱动汽车行驶（见图1－7）。太阳能是可再生能源，太阳能光发电技术通过光电转换装置把太阳能转换成电能来利用。光电转换装置通常是利用半导体器件的光伏效应原理进行光电转换的，因此该技术也称太阳能光伏技术。太阳能电动汽车上使用的正是太阳能光伏电池。

图1－7　太阳能电动汽车

（四）燃料电池电动汽车

燃料电池电动汽车是利用燃料电池，将燃料中的化学能直接转化为电能来进行动力驱动的新型汽车。燃料电池电动汽车使用的燃料包括氢、甲醇、汽油、柴油等，国际上普遍采用的是高能量密度的液态氢。

（五）气体燃料汽车

气体燃料汽车是指利用可燃气体作为能源驱动的汽车。气体燃料汽车一般有三种，如图1－8所示。

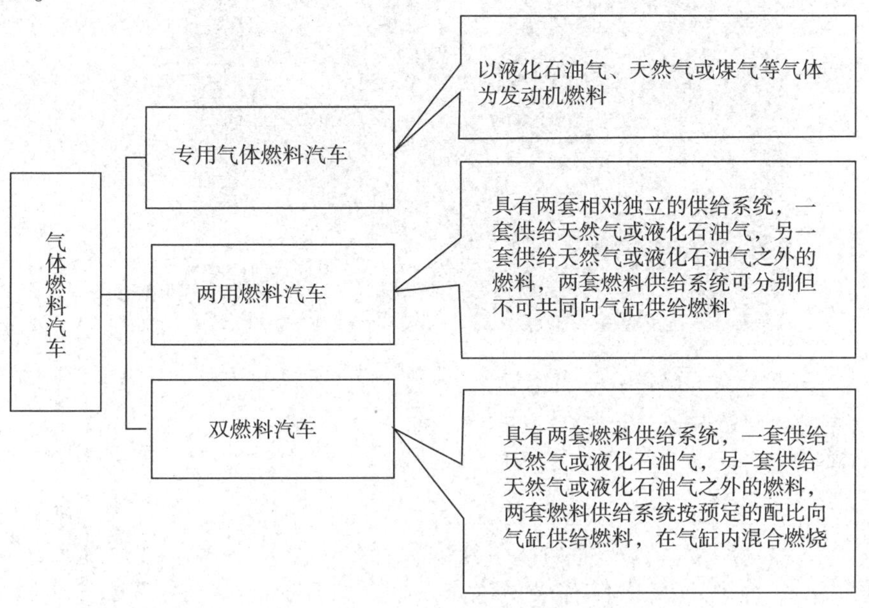

图1－8　气体燃料汽车的种类

（六）氢发动机汽车

氢发动机汽车是在现有的发动机基础上加以改造，使氢气和空气混合燃烧产生能量从而获得动力的汽车。它具有无污染、低排放，氢的要求较低、燃烧性能高、内燃机技术成熟等优点（见图1－9）。

图1－9　宝马7系氢发动机轿车

（七）生物燃料汽车

生物燃料汽车（见图1－10）的动力来源是由有机物组成或者制成的燃料（甲醇、乙醇、生物柴油等），比如玉米制成的乙醇汽车燃料，或者回收食用油制成的生物柴油等。可供提取生物燃料的物质种类很多，比如玉米、黄豆、亚麻籽、油菜籽、甘蔗、椰子油、回收食用油等，它不同于石油等传统化石燃料，属于可以再生的燃料。

图 1－10　生物燃料汽车

三、新能源汽车的特点

（一）纯电动汽车

从外观和内饰方面对比，纯电动汽车和传统汽车相差并不大，两者的核心区别是：电动机取代发动机。纯电动汽车具有很多优点（见图 1－11）：结构简单，使用维修方便；能量转换效率高；易实现制动能量回收，提高能量利用效率；无污染，噪声小；使用成本低；可在夜间利用电网廉价的“谷电”，而且纯电动汽车的转矩输出性能十分优秀，如图 1－12 所示。

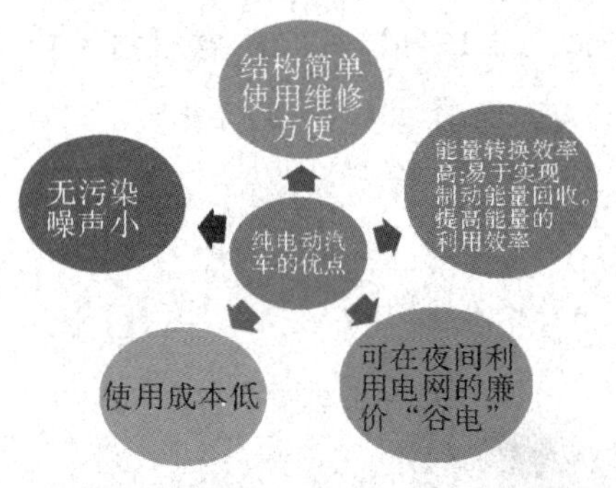

图 1－11　纯电动汽车的优点

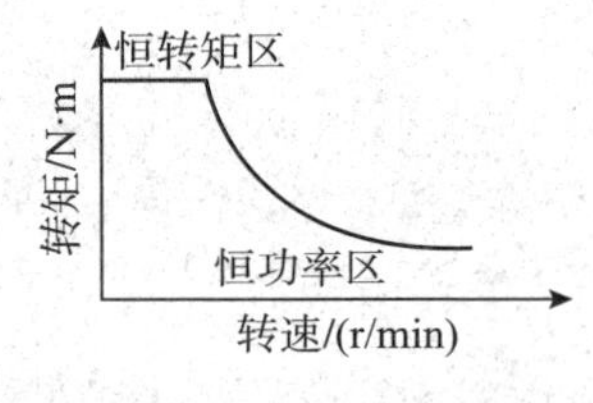

典型电动机转矩输出曲线

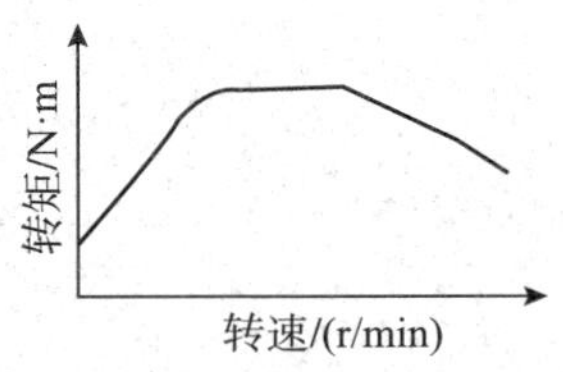

典型内燃 机转矩输出曲线

图 1－12　纯电动汽车和传统内燃机转矩输出曲线对比

（二）插电式混合动力汽车

插电式混合动力汽车具有以下优点。

（1）采用混合动力后可按平均需用功率来确定内燃机的最大功率，发动机相对较小，此时处于油耗低、污染少的最优工况下工作。由于内燃机可持续工作，电池又可以不断得到充电，故其行程和普通汽车一样。

（2）因为有了电池，可以十分方便地回收下坡时的动能。

（3）在繁华市区，可关停内燃机，由电池单独驱动，实现“零”排放。

（4）有了内燃机可以十分方便地解决耗能大的空调、取暖、除霜等纯电动汽车遇到的难题。

（5）可以利用现有的加油站加油，不必再投资建设。

（6）可让电池保持在良好的工作状态，不发生过充、过放，以延长其使用寿命，降低成本。

（7）由于整车具有多个动力源，可同时工作，整车的动力性能优良。

缺点：系统结构相对复杂；长距离高速行驶省油效果不明显。

（三）燃料电池汽车

与传统汽车相比，燃料电池汽车具有以下优点。

（1）零排放或近似零排放。

（2）减少了机油泄漏可能引起的水污染问题。

（3）降低了温室气体的排放。

（4）燃料电池的转化效率高（60%左右），整车燃油经济性良好。

（5）运行平稳、无噪声。

缺点：燃料电池成本高昂，且使用成本（氢）也较高。

（四）氢动力汽车

优点：排放物是纯水，行驶时不产生任何污染物。

缺点：氢燃料成本过高，而且氢燃料的存储和运输按照技术条件来说非常困难，因为氢分子非常小，极易透过储藏装置的外壳逃逸。另外，最致命的问题是氢气的提取需要通过电解水或者利用天然气，如此一来同样需要消耗大量能源，除非使用核电来提取，否则无法从根本上降低二氧化碳的排放。

（五）超级电容汽车

优点：充电时间短、功率密度大、容量大、使用寿命长、免维护、经济环保等。

缺点：能量密度低，很难满足整车需求，故一般作为辅助蓄能器；功率输出随着行驶里程加长而衰减等。

四、纯电动汽车与低速电动车的区别

低速电动车是指车行速度低于 70 km/h 的简易四轮纯电动汽车，外形、结构、性能与燃油汽车类似，如图 1－13 所示。

图 1－13　低速电动车

四轮低速电动车可分为：高尔夫车、观光车、狩猎车、特种车。高尔夫车主要用于高尔夫球场、公司仓库搬运货物、建筑工地、家庭，目前也有一些地区将其当作简易客车使用，车速约 40 km/h，6～20 个座位。观光车的车速一般为 20～30 km/h，用于旅游观光、住宅小区保安巡逻等场所。狩猎车具有低速大转矩、噪声小的特点，爬坡能力比内燃机汽车更强。特种车：如小型高空作业车、城市扫地车、垃圾车、警用巡逻车等。

纯电动汽车是严格按国家标准生产

的汽车，除动力能源外其外形内饰、性能、安全、配置等同于传统燃油车，而低速电动车则无正规的国家生产标准，在车辆性能方面与汽车相差甚远。

目前，低速电动车普遍采用铅酸蓄电池，电池价格低廉，但密度也相对较低，满充满放寿命大都低于 500 次。在行驶速度和续航能力方面，低速电动车基本上都低于 70 km/h，并且只能支持不到 100 km 的续航里程，其实际的驾驶体验更为接近旅游景区中常见的观光车，而且冬季低温时的续航能力仅有原续航能力的 40% 左右。此外，在车辆安全方面，低速电动车的车身高强钢使用比例大多在 10% 以下，并且无相应安全配置，车辆也大都未经过任何安全碰撞测试，安全性上并无相应保障。

纯电动汽车采用的是高性能动力锂电池，价格高昂，满充满放寿命超过 2000 次。同时，在行驶速度和续航能力方面，纯电动汽车的最高车速在 100 km/h 以上，完全能够满足高速出行的需求，而且续航能力大于 150 km，短途旅游不在话下，冬季低温时期（低于 -5 ℃）的可用电量能维持在 80% 左右。此外，在安全性上，由于经过研发测试以及严格的安全碰撞测试，纯电动汽车与普通燃油汽车一样，拥有可靠的安全性能，并且多数车型还拥有丰富的安全及科技配置，如 ABS + EBD、双安全气囊、坡道辅助控制、泊车雷达、倒车影像等，能够充分保障每一位驾乘者的安全。

任务二　新能源汽车的发展

一、新能源汽车的发展历史

新能源汽车发展史

（一）第一次发展机遇

1916 年 8 月，世界第一辆电油混合动力电动汽车问世，这款双排座的轿车使用操纵杆代替踏板来控制油门。即使在 1916 年，燃料使用的高效率也是汽车营销的一个亮点。1920 年 1 月，第一辆充电式汽车问世。图 1 - 14 所示是美国新泽西州的发明家在早期混合动力电动汽车设计基础上的创新之作。电动机直接被安装在后轮轴上，同时车辆滑行时发电机能直接为蓄电池充电。此外，安装在车前的 4 缸汽油发动机也可以在行驶途中为汽车充电。

图 1 - 14　第一辆充电式汽车

1920 年 8 月，经济型电动车风行天下。这种在 1920 年前后生产的电动车，体积小、质量轻，因此最大限度地发挥了电动机的功能。这种汽车的使用成本比燃油车更便宜。事实上，第一次世界大战之后，油价不断上涨，仅英国电动汽车的使用量便增加了 8%，成了一种更经济实用的交通工具。到了 20 世纪 30 年代末，这种以蓄电池为电源，用直流电

动机产生驱动力的电动汽车逐渐消失了。其主要原因是当时的蓄电池性能较差，电动汽车的成本太高而续驶里程太短。在这一时期，由于大量油田的开发，廉价的石油降低了汽车的使用成本，加上内燃机技术及汽车底盘技术的不断提高，并采用流水线生产方式大规模批量制造，使内燃机汽车在市场竞争中占据了绝对的优势，电动汽车被无情地淘汰。

（二）第二次发展机遇

20 世纪 70 年代，世界性的能源危机和石油短缺使电动汽车重新获得生机，1968 年 12 月，通用汽车公司推出斯特林混合动力发动机。1968 年，发展势头强劲的通用汽车公司把斯特林发动机与 14 个 12 V 电池组合在一起。这款车引进了每小时 48 km 的“盈亏平衡”速度新概念。由于斯特林发动机不断为汽车充电，因此电力不会耗尽。不过，车的启动和关闭需要耗时 20 s 以上。1973 年 4 月，电动巴士和木头轿车出现，如图 1－15 所示。1973 年出现了好几款电动汽车，包括一款电动巴士和一种全木质车身的轿车。然而，木质车身并没有风行天下，电池寿命的问题仍然困扰着大家。人们期待着汽车充电问题出现新的技术突破。

图 1－15　木头轿车

1975 年 11 月，出现了带发电机拖车的豪华版电动汽车。Transformer 1 型车是推向市场的第一款豪华版长途用电动车，不过它有一个吸引人的部分：一辆为长途旅行提供动力的汽油发电机小拖车。有了它，汽车能够以每小时 80 km 的速度持续行驶 1770 km。

在电动汽车技术得到进一步发展以后，欧美、亚洲诸多国家开始研发和生产电动汽车，但是石油价格在 20 世纪 70 年代末开始下跌，在电动汽车还未成为商业化产品之前，能源危机和石油短缺问题已不再严重。因此，电动汽车遭遇冷落，电动汽车的发展又走入低谷。

（三）第三次发展机遇

20 世纪 80 年代以来，随着汽车保有量的不断增加，内燃机汽车排放的有害气体对人类健康的影响日益突出，并且内燃机汽车需要消耗大量有限且不可再生的石油资源。

为了应对 20 世纪 90 年代初日益严重的废气问题，洛杉矶把目光投向了电动汽车。洛杉矶电动车提议拿出一份订购 1 万辆电动汽车的合同。奥迪公司推出一款“双动力”混合车，后轮电力驱动，前轮汽油驱动。有人提出更激进的思路，修建一套通过路面供电的系统，以便让这些跑在路上的汽车始终处于充电状态。

1991 年 12 月，宝马公司推出 E1 电动汽车。宝马公司于 1991 年在法兰克福车展上推出 E1 电动汽车。这辆电动概念车的外壳材料是可回收塑料，整车重不到 907 kg，一次充电可行驶 273 km，最高时速达 128 km。1994 年通用 Impact EV1 开始路测。两年后，它成为大型制造公司用现代化批量生产的方式推出的第一款电动汽车。

1997 年出现混联式混合动力汽车，传奇车型丰田普锐斯一代诞生，如图 1－16 所示。3 年后，它走出日本国门，成了风靡全球的新能源汽车。同时，它先进的混联式混合动力系统，也在新能源汽车发展史上留下了浓重的一笔。2003 年，采用镍氢电池组、搭载

THS－Ⅱ系统、综合油耗5.1 L的普锐斯二代从诞生开始就大获成功。

图1－16　普锐斯

2008年11月，电动汽车迎来了新的春天。如今，菲斯科Karma、雪佛兰Volt和特斯拉Roadster等车型纷纷加入未来充电汽车的行列。这些汽车都采用最新的锂离子电池技术，准备把汽车的性能与活动范围推上一个新的境界。2013年，比亚迪秦发布。这是一款续驶里程超过80 km、搭载1.5T发动机的并联混合动力电动汽车。2015年，比亚迪e5纯电动汽车上市，新能源汽车正在走近普通消费者。

二、新能源纯电动汽车的发展

（一）国外新能源纯电动汽车的发展

1834年，苏格兰人德文博特（T. Davenport）制造了一辆电动三轮车，它由一组不可充电的简单玻璃封装的干电池驱动，只能行驶一小段距离。1859年，法国人普兰特（G. Plante）发明了世界上第一只可充电的蓄电池，为后来纯电动汽车的发展奠定了基础。1881年，法国工程师特鲁夫（G. Trouve）第一次将直流电动机和可充电的铅酸电池用于私人车辆，并在同年巴黎举办的国际电器展览会上展出了一辆能实际操作使用的电动三轮车。1885年，在德文博特的电动车问世半个世纪后，德国人卡尔·本茨（K. Benz）发明了汽油机驱动的汽车，并于1886年1月26日获得专利，成为人类历史上的伟大创举。由此可见电动汽车的历史比现在最常见的内燃机驱动的汽车要早。据统计，到1890年在全世界4200辆汽车中，有38%为电动汽车，40%为蒸汽车，22%为内燃机汽车。在1899年和1900年期间，电动汽车的销量要比其他类型的汽车销量都要好。

但是，随着石油的开发和内燃机技术提高，电池技术的局限性导致电动汽车成本难以下降，并且电动汽车的续航里程短，再加上由于当时没有晶体管技术，电动车的性能受到限制，极速大约只有32 km/h，当时内燃机汽车就已经能够超过100 km/h，所以靠电力驱动的汽车逐步退出市场，到19世纪30年代，纯电动汽车几乎消失了。直到20世纪七八十年代，石油危机和空气污染等原因才促使人们重燃对纯电动汽车的兴趣。

在20世纪60年代，当时的第一大汽车生产制造企业通用汽车公司投资1500万美元开发出了Electrovair和Electrovan两款电动汽车。20世纪90年代初，一些国家和城市开始

实行更严格的排放法规，1990 年，美国加利福尼亚州大气资源管理局（CARS）颁布了一项法规，规定 1998 年在加利福尼亚州出售的汽车中，2% 必须是零排放车辆（ZEVs），到 2003 年零排放车辆应达到 10%。受加利福尼亚州法规的影响，美国其他州以及世界上其他国家开始制定类似的法规，纯电动汽车被认为是符合零排放标准的唯一可用的技术，因此纯电动汽车迅速发展起来。

（二）国内新能源纯电动汽车的发展

我国早在“八五”期间就启动了电动汽车的研究和开发工作，在“九五”期间又进而启动了“空气净化工程”；到了“十五”科技部提出了我国发展新能源汽车的实施方案，电动汽车重大专项被国家科教工作领导小组批准为国家“十五”期间重点组织实施的 12 个重大科技专项之一。国家“863”计划电动汽车重大专项，从国家汽车产业发展战略的高度出发，选择新一代电动汽车技术作为国内汽车科技创新的主攻方向，组织企业、高等院校和科研机构，以四位一体的方式，联合进行攻关。

我国涉足新能源研究的大型集团是一汽集团，从 20 世纪末至今，新能源发展已经历了 10 余个年头，从混合动力到插电式混动再到纯电动车研发，一汽集团在新能源技术方面有了一定的积累。东风集团是国内最早研究新能源汽车技术的大企业集团之一，其纯电动技术的研发始于“八五”期间，至今已经历时 20 个年头，在新能源汽车关键技术的自主研发方面有了一定的积累。上汽集团开发新能源汽车是从 2001 年年底与同济大学合作共同承担了国家“八六三”电动汽车重大专项开始的。除了三大汽车集团外，最早进行纯电动汽车研发生产的是成立于 2001 年的天津清源电动车辆有限责任公司。另外一家最早进入批量化生产电动汽车的企业是深圳的比亚迪，由于以研发生产电池起家，在电池技术领域处于国际领先水平。2009 年 11 月 14 日北汽集团成立北京新能源汽车股份有限公司专门生产新能源纯电动汽车。

由于 2008 年奥运会的召开和 2009 年“十城千辆节能与新能源汽车示范推广应用工程”的开展和国家关于《新能源汽车生产企业及产品准入管理规则》推出，开启了我国新能源汽车发展的新篇章。

三、新能源插电式混合动力汽车的发展

插电式混合动力汽车（Plug - in hybrid electric vehicle，PHEV）是新型的混合动力电动汽车。它结合了传统混合动力汽车的优点，在提供较长的续航里程（指混合动力模式）的同时也能满足人们用纯电力行驶的需求，起到了良好的能源代替作用。插电式混合动力汽车在三种模式下可进行充电。

（1）汽油机工作的同时为蓄电池充电。除了急加速或上坡等状态下需要汽油机和电动机配合工作以外，通常情况下汽油机工作时电动机会停止工作，并且汽油机会为电池进行充电。

（2）制动力充电。与所有混合动力车型相同，制动时能量会被逆向存入蓄电池。

（3）外接电源充电。这也是插电式混合动力不同于传统混合动力车型的最大特点，可以通过生活中的电源插头进行蓄电池充电。

最先受到普遍关注的 PHEV 是美国通用公司推出的 PHEV 概念车——雪佛兰 Volt。它采用的是串联混合动力技术，发动机（可以是内燃机也可以是燃料电池）的动力不直接驱动车轮，只是用来发电，车轮由电机带动。2011 款雪佛兰 Volt 已在美国 7 个州和哥伦比

亚地区进行销售。作为全球首款增程型电动车，雪佛兰 Volt 沃蓝达已于 2011 年年底正式在中国上市。在美国，除 Volt 以外，其他 PHEV 还有通用公司的土星 VUE 插电式混合动力车、凯迪拉克 Converj 串联式插电式混合动力车、欧宝 Ampera 串联插电式混合动力车；克莱斯勒公司吉普 Wrangler Unlimited 牧马人插电式混合动力车、Town&Country 串联插电式混合动力车；福特公司的 Escape PHEV 等。

日本方面有丰田公司生产的轻量插电式混合动力“FFV I/X”、Hi - CT、Plug - in HV、丰田普锐斯插电式混合动力车、三菱 PX - Miex 插电式混合动力、铃木雨燕串联插电式混合动力车等。

德国各大汽车公司方面有奔驰推出的 Blue Zero E - Cell Plus 和 Vision S500 插电式混合动力车及宝马 Vision Efficient Dynamics 插电式混合动力车等。

插电式混合动力车在我国也呈高速发展态势，2017 年 1—8 月，插电式混合动力汽车产销分别达 6.2 万辆和 5.9 万辆。例如比亚迪公司的比亚迪秦采用 1.5T 发动机和电动机组成的混动系统，最大功率可以达到 217 kW，而电动机和峰值转矩为 479 N · m，在纯电状态下可续驶 70 km，满足日常代步需求，比亚迪唐由一台最大转矩为 320 N · m 的 2.0TI 涡轮增压发动机和两台高功率的电动机提供动力，此外比亚迪唐配备了高容量磷酸铁锂电池（18.4 kW · h），在纯电动模式下最大行驶距离约为 80 km。上汽荣威 e550 动力系统由一台 1.5 L 汽油发动机和电动机组成，综合最大功率为 160 kW，峰值转矩为 587 N · m；e550 采用镍钴锰酸锂（三元材料）电池，电池的容量达到同级领先的 22.4 kW · h，纯电续航里程可达 60 km。

奇瑞艾瑞泽 7e 搭载一台 1.6 L 发动机和电动机组成的动力系统，传动部分匹配 CVT 变速箱。据称，其最低油耗仅为 2.2 L/100 km，所搭载的电池容量为 9.2 kW · h，纯电行驶续航里程超过 50 km。

四、新能源燃料电池汽车的发展

1801 年英国科学家 H · Davy 发明了燃料电池的原理；1889 年英国科学家 Mond 首先用工业煤和空气合成装置制氢，并正式用上燃料电池的命名；20 世纪 50 年代，英国剑桥大学教授培根用高压氢试制成功 5 kW 的燃料电池，在试验室中应用；1965 年美国 GE 公司把燃料电池装上阿波罗（Appollo）登月飞船，提供电力；2002 年美国总统布什制订《自由汽车计划（Freedom CAR）》，研究应用燃料电池汽车产业化问题，为此提供 FCEV 的不断探索留下不少经验和教训；2003 年美国提议成立《氢能经济国际合作伙伴（IPHE）》，美国和西欧等 15 个国家都参与了，中国也在其中，2004 年 5 月第二届 IPHE 指导委员会议就是在北京人民大会堂召开的，2007 年美国通用汽车公司和加拿大知名的巴拉德燃料电池公司，在雪佛兰 Equinox 轿车装上燃料电池进行试运行，至今还在继续改进实验中；同年欧盟提出《欧洲清洁都市交通计划（CUTE）》，拟在阿姆斯特丹、汉堡、伦敦、马德里、斯德哥尔摩等城市开展燃料电池公共汽车示范运行；2011 年德国戴姆勒汽车公司开展了 FCEV 全球巡展演示，投入 Citano 燃料电池客车 36 辆，由 20 个交通运营商负责进行巡展，其全程运行已达 480 万 km；欧盟在 2014 年发布地《地平线 2020 年计划》，指出到 2020 年，燃料电池各种车辆应用要达到 20 万辆，加氢站 1000 座，氢气来源 50% 以上来自非石化能源生成的，成本要下降 90%。

国际汽车界人士认为 2015 年是 FCEV 的元年，这主要是以日本丰田的“未来”（Mir-

ai）正式进入初期的商业化运作为标志而提出的，Mirai 功率 113 kW，转矩 335 N·m，相当于2.0发动机轿车水平，续行500 km，在日本成本720万日元，政府补贴200万日元，市场售价500万日元（约折合26万元人民币），这和“皇冠”轿车价格差不多。丰田2015年产销700辆，2016年1600辆，其中1/3出口，2017年3000万辆，2020年为迎接东京的奥运会，计划推出3万辆。与此同时，本田、三菱、马自达、大发等公司也都抛出具有自己特色的FCEV，本田的ClarityFCEV续程已达589 km。近来，日本通产省公布的《燃料电池汽车战略路线图和氢能社会白皮书》提到，2025年将实现200万辆的目标，2030年加氢站达1800座，相应对质量，成本和配套工程设施都要很好改善，形成规模化能力走向市场。

我国早在20年前的“十五”的863重大专项中，就明确指出要支持燃料电池的研发，拨款3.8亿元；到“十一五”和“十二五”规划中，在节能与新能源汽车重大项目中，都把FCEV列为重点项目，支持发展；2014年1月《中国燃料电池技术创新战略联盟》在上海成立，同济大学、清华大学、武汉理工大学、重庆大学参与，一汽、东风、上汽、长安、奇瑞等汽车及零部件企业都参与，燃料电池及其附属企业也参与，目的是加紧实行产、学、研联合，更好攻克核心技术，加强FCEV产业更好更快发展；2017年4月，三部委关于《汽车产业中长期发展规划》中，对FCEV的战略地位进一步加强，提出三个时间节点要求，2020年在特定地区的公共服务车辆领域进行小规模示范应用，2025年私人用车和公共服务用车领域批量应用，不低于1万辆，到2030年在私人乘用车、大型商用车领域进行规模化推广，不低于10万辆。与此同时，三部委在发布《2016—2020新能源汽车推广应用财政支持政策通知》中指出，在2017—2020年除燃料电池汽车外，对其他新能源汽车的补助标准实行必要的退坡，而燃料电池汽车补助保持不变，甚至个别车种还有所提高。由此可见国家在宏观层面，对氢能和燃料电池汽车越来越重视和支持。

五、我国新能源汽车发展趋势

（一）我国新能源汽车产量

2016年，我国汽车产量2800万辆以上，居世界第一，自主品牌汽车发展态势良好，但在汽车核心零部件领域仍处于追赶阶段，中国企业很难进入世界知名车企的供应链体系，我国传统汽车产业是典型的大而不强，而新能源汽车领域和国外差距相对较小。如图1-17所示，从2010年至2019年我国新能源汽车产量逐年增加。

（二）我国国家补贴发展趋势

新能源汽车补贴方案落地。2016年12月30日，财政部、工信部、科技部和发改委四部委正式发布了《关于调整新能源汽车推广应用财政补贴政策的通知》。该通知提出：乘用车补贴降幅20%，客车补贴降幅40%以上，专用车降幅20%，地方补贴不得超过国家补贴的50%，电池质量能量密度直接与补贴比例相关联，插电式混合动力客车还提出了节油率的要求。补贴的降低幅度基本符合市场预期，并对细分市场都做了非常详细的要求，这表明政府对新的补贴政策做了充分的调研，政策让位市场意图明显。

多策并举，完成长远规划。国家出台了《新能源汽车碳配额管理办法》等长效机制。该办法在2017年开始试运行，2018年正式运行。它有意引导产业向市场化发展，由“后进”补助“先进”，实现新能源汽车鼓励政策“双轨制”，确保国家补贴政策退出之后新

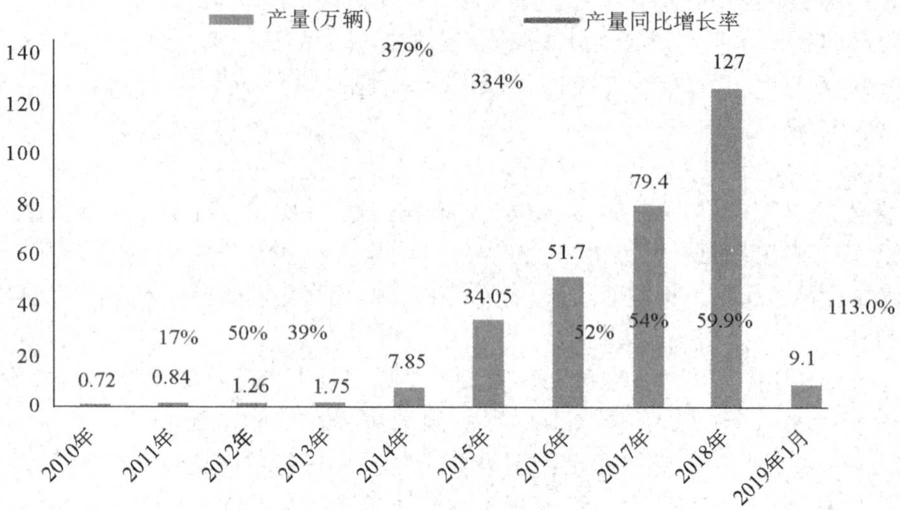

图 1-17　我国新能源汽车年度累计产量

能源汽车产业继续向前发展。国家还发布了《节能与新能源汽车技术路线图》，进一步明确了新能源汽车的发展方向。短期规划：到 2020 年，新能源汽车销量占整个汽车销量的 7%，我国新能源汽车保有量将达到 500 万辆。中长期规划：到 2050 年，新能源汽车销量占整个汽车销量的 15%；到 2030 年，新能源汽车销量占整个汽车销量的 40%。这表明新能源汽车产业还处于培育、起步阶段，未来空间巨大。

（三）纯电驱动是主流

新能源汽车主要有三条发展路线：一是纯电动，指锂电池作为储能装置驱动；二是混合动力，指油电混合驱动；三是燃料电池，指以氢为燃料驱动。由于燃料电池催化剂要采用钴金属铂和质子交换膜，电池价格昂贵、技术不成熟、氢气储运难等问题严重制约了燃料电池在新能源汽车领域的产业化。因此，我国主要走纯电动和混合动力路线。

截至 2016 年年底，我国累计生产纯电动汽车 75.1 万辆，混合动力电动汽车 22.2 万辆。目前，我国新能源乘用车主要集中在限购城市，北京市只推广纯电动，上海市以混合动力为主，新能源乘用车将向其他限购城市传导，量大且增速快。现有新能源客车主要集中在城市公交和公司班车领域，我国多个城市明确规定，未来新增的公交车大部分或全部是新能源汽车，城市公交市场的渗透率接近 26%，新能源客车将小幅增长。在城市专用车领域只有纯电动车型，且处于起步阶段，未来替代空间最大。

六、新能源汽车关键技术发展趋势

（一）新能源汽车动力电池发展趋势

1. 新能源汽车动力电池发展概况

由于不同类型新能源汽车中，车用动力电池的使用方式有较大区别，因此对于其性能要求有较大区别。混合动力电动汽车由汽油发动机作为动力来源，更强调加速性能和爬坡能力，因此更注重电池的比功率（要求高达 800～1200 W·h/kg）；插电式混合动力电动汽车和纯电动汽车完全以电池作为动力，更强调充电后的续驶能力，因而更关注电池的比能量（要求达到 100～160 W·h/kg）。

由于各自性能、材料、成本等存在显著差异，因此不同类型动力电池的使用前景不同。目前技术最成熟的是镍氢动力电池，但商业化最成功的是锂离子电池，燃料电池则被广泛视作远期目标。

当前，动力电池类别中增长最快的是锂电池。2012年以来，锂电池行业保持高速增长并加快了对传统电池的替代。业内预计，锂电池的增长速度依然能保持近25%，且成本会不断下降。

近几年来，燃料电池技术也已取得了重大进展。丰田、现代研发的燃料电池电动汽车也已处于上市的“前夜”。在我国，上汽集团的燃料电池电动汽车处于领先地位。2010年上海世博会期间该车型被用作贵宾接待用车。2011年，在德国柏林举行的第十一届必比登挑战赛上，上汽集团在燃料电池电动汽车组拉力赛中总分位列第三，仅次于丰田和奥迪。截至2014年12月，各大车企的燃料电池电动汽车尚处于试验验证状态，只有丰田燃料电池电动汽车一款燃料电池产品宣布量产上市。

2. 锂离子动力电池技术发展趋势

当前正在使用和开发的锂电池正极材料主要包括钴酸锂、镍钴酸锂、镍锰钴三元材料，尖晶石型的锰酸锂，橄榄石型的磷酸铁锂等。根据正极材料分类，锂离子动力电池发展路线主要有三条：改性锰酸锂、三元材料和磷酸铁锂。目前钴酸锂依然是小型锂电领域正极材料的主力，主要用于传统3C［Computer（计算机）、Communication（通信）和Consumer Electronic（消费电子产品）］领域等；三元材料和锰酸锂主要用于电动工具、电动自行车和电动汽车等领域，在日本与韩国，其作为动力电池的技术较成熟；磷酸铁锂主要应用于我国的动力电池领域，还用于基站和数据中心储能、家庭储能、风光电储能等领域。锂电池产品技术的发展将呈现如下趋势。

（1）钴酸锂将逐渐被三元材料替代。三元材料综合了钴酸锂、镍酸锂和锰酸锂三类材料的优点，具有价格优势。虽然特斯拉旗下首款车型Roadster推出时使用的是18650钴酸锂电池，但其第二款量产车型Model S使用的是松下定制的三元材料电池，即镍钴锂三元正极材料电池。钴酸锂电池成本高的特征在特斯拉前后两款车型的对比中表现得十分明显。Model S使用的电池数量达到8000节以上，比Roadster高出1000多节，但是成本却下降了30%。目前，高性能动力锂电池用NCM三元材料已在国外大量推广，但我国企业尚无量产产品出现。

（2）锰酸锂占比将上升。相对于钴酸锂正极材料，锰酸锂具有原料丰富、价格低廉及无毒性等优点。层状锰酸锂$LiMnO_2$用作锂离子电池正极材料的缺点是虽然容量很高，但在高温下不稳定，而且在充放电过程中易向尖晶石结构转变，导致容量衰减过快。锰酸锂材料的应用集中在消费类电池市场，动力电池以电动自行车电池为主。

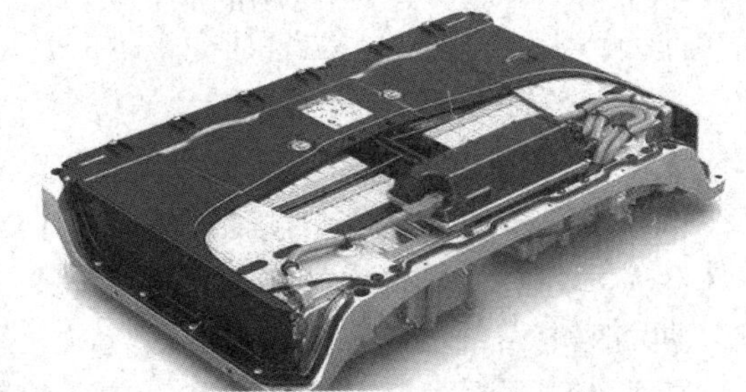

图1－18　磷酸铁锂电池

（3）磷酸铁锂仍存较大技术提高空间。磷酸铁锂电池如图1－18所示，正极材料的低温性能和倍率放电已经可以达到钴酸锂的水平，目前同样是有希望的动力电池材料。但是受制于技术瓶颈，磷酸铁锂电池一致性和单位能量密度较低。在我国，已有较为成熟的磷酸铁锂储能系统，但目前我国磷酸铁锂材料产业化的发展仍低于发达国家的水平。

在动力电池正极材料产业领域，中、日、韩、美动力电池企业采用不同的材料体系；中国企业以磷酸铁锂为主，日韩企业以锰酸锂和三元材料为主。

（二）我国充电设施建设发展趋势

根据《电动汽车充电基础设施发展指南（2015—2020 年）》规划，2014—2020 年我国充电设施发展趋势如图 1 – 19 所示。到 2020 年，我国将建成集中充电站 1.2 万座，其中公交车充换电站 3848 座，出租车充换电站 2462 座，环卫、物流等专用车充电站 2451 座，城市公共充电站 2397 座，城际快充站 842 座，公交车充换电站所占比例最高。另外，到 2020 年我国还将建成分散式充电桩 480 万个，其中公务车与私家车用户专用充电桩 430 万个，分散式公共充电桩 50 万个，车桩比降至接近 1∶1。

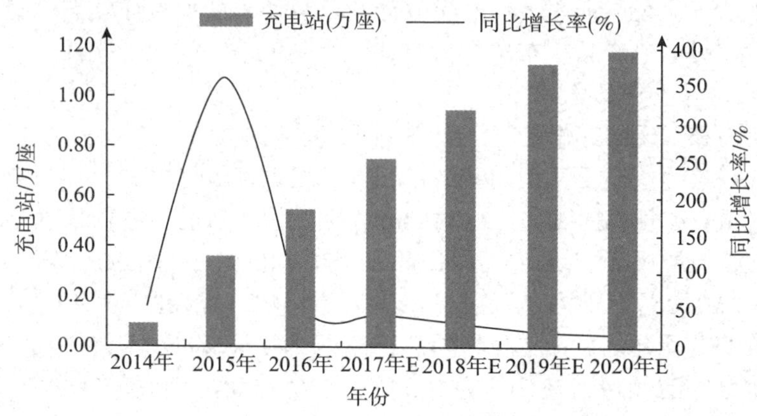

图 1 – 19　我国充电设施建设发展趋势

注：E 表示预计时间。

截至 2016 年年底，我国累计建成充电桩将近 30 万个，同比增长超过 300%，累计建成充换电站 5500 座，同比增长约 50%。充电桩数量上虽有显著提升，但面对庞大的新能源汽车市场供需仍严重失衡，车桩比在 3∶1 以上。同时，为引导行业健康发展，将进一步探索合理的商业模式，严格执行优惠电价，将补贴方向从购车补贴向充电补贴倾斜。

2014 年 5 月，国家电网宣布放开充电站建设权限，明确支持社会资本参与慢充、快充等各类电动汽车充换电设施市场，电网角色由原本的垄断者向设备的采购主体转变。目前我国已形成两条建设公共充电站的路径：一是以国家电网为主的供电公司，负责建设城际间高速公路沿线充电站；二是社会资本，负责建设城区充电站。

参考发改委 2020 年规划目标，假设每年新建分散式充电桩中交、直流桩比例为 9∶1，新建充电站每座配备 20 个直流桩和 10 个交流桩，且约占总成本的 50%。参照 2016 年国网三次充电设备招标结果，直流桩均价按 1.5 元/W × 80 kW = 12（万元）计算，交流桩均价按 0.6 元/W × 10 kW = 6000（元）计算，并考虑每年 10% 的降价趋势，估计“十三五”期间充电设备市场规模在 800 亿元以上。

随着新能源汽车存量规模爆发和充电服务网络建设不断完善，充电设施建设与后端运营紧密结合，产业链的重心将从设备制造环节进一步向充电运营环节转移。充电服务作为充电运营的基础业务，主要通过收取充电电费和充电服务费获取利润。其中，充电电费的利润空间较为有限，而充电服务费是利润的主要来源。

参考北京、上海、深圳等主要城市，合理假设充电电费平均为 0.8 元/（kW·h），对应利润空间约为10%，充电服务费平均为1 元，且随着充电市场放开竞争呈下降趋势。同时，保守估计每辆新能源汽车日均耗电量为 25 kW·h。测算结果显示“十三五”期间我国充电设备基础运营收入市场空间超千亿元，预计 2017—2020 年年均复合增长率约为50%。若充电运营商进一步开展车位经营、4S 维修、充电大数据等多元化增值服务，市场空间将继续扩大。

（三）车用驱动电机发展趋势

1. 新能源汽车对驱动电机的要求

电动汽车的发展有赖于核心技术的发展，亦即电池、驱动电机和整车电控的发展。在电动汽车的分类及其发展状况的基础上，应重点关注电动汽车对电机驱动技术的需求，高效化、数字化和集成化成为车用电机驱动系统的技术发展趋势。

电动汽车对于电机驱动系统的要求可以归纳为：低速大转矩，该要求来源于爬坡和汽车起动初始加速度的要求；宽恒功率区，电动汽车电机驱动系统要求恒功率区是恒转矩区的3～10 倍，该要求来源于汽车高速行驶和高速超车的动力要求；电机驱动系统效率达到80%及以上的区域要大于50%，该要求来源于电动汽车要求全工作范围高效；高功率密度，该要求来源于整车空间和高效节能的要求，在严酷的运行环境下，通常电动汽车电机驱动系统要求工作环境温度为 -40～105 ℃，最高振动加速度大于10 *g*；高可靠性，通常电动汽车电机驱动系统的寿命为20 万 km 以上；低成本，美国 FCVT 计划提出将电机驱动系统的成本降到每千瓦 8～12 美元。

因此，电动汽车对电机驱动系统的要求催生了电动汽车电机驱动技术的发展趋势，即高效永磁化、数字化和集成化。

2. 新能源汽车车用驱动电机发展趋势

新型永磁无刷电机如图 1-20 所示，是目前最有前景的电机之一，包括混合励磁型、轮毂型、双定子型、记忆型以及磁性齿轮复合型等。此外非晶电机也开始走进新能源汽车领域，作为新一代高性能电机，其自身的优越性必将对新能源汽车产业的发展起到巨大的推动作用。

图1-20　新型永磁无刷电机

（1）混合励磁电机。混合励磁电机是在保持电机较高效率的前提下，改变电机的拓扑结构，由两种励磁源共同产生电机主磁场，实现电机主磁场的调节和控制，改善电机调速、驱动性能或调压特性的一类新型电机。其不仅继承了永磁电机的诸多特点，而且还具有电励磁电机气隙磁场平滑可调的优点。如永磁开关磁阻电机和永磁同步磁阻电机。

（2）双定子永磁电机。该电机是在现有电机体积不变的基础上增加定子的个数，使气隙数量由一层变为两层或者多层的一种新型永磁无刷电机。由于转矩的叠加，作用于转子上的电磁转矩也会相应增加，从而提高电机整体的转矩密度和功率密度。由于这种电机的机械集成度较高，所以其具有响应快、动态特性好、结构材料利用率高和驱动灵活等特点。

（3）记忆电机。记忆电机又称为磁通可控永磁电机，与一般永磁电机的区别在于，永磁材料本身的磁化程度能够在很短的时间内通过充磁或者去磁电动势而得到改变，并且充磁和去磁之后其磁化程度也能被记住。因此，具有更宽的调速范围，同时可以避免产生额

外的励磁损耗，实质上是一种新的简单高效的弱磁控制技术。

（4）磁性齿轮永磁无刷复合电机。该电机是一种集成无刷直流驱动电机和共轴磁性齿轮的复合电机。所谓共轴磁性齿轮，是一种基于调磁谐波原理的高性能、无接触的变速传递装置。这种电机巧妙地利用了共轴磁性齿轮内转子的中空部分，将电机定子嵌入其中，将轮胎直接铆合在齿轮外转子上，实现了电机、磁性齿轮、轮胎的一体化，有效地提高了空间利用率。

（5）非晶电机。非晶电机是一种利用非晶合金取代传统硅钢片作为铁心材料的高效、节能、无污染的新型电机。其在高频下的损耗极低，具有很高的效率；与相同标准的普通电机相比，体积和质量大大减小，极大地提高了能源和资源的利用率。对于同样的新能源汽车，若使用非晶电机可以增加其行驶里程30%以上，而在相同行驶里程的情况下，电池可以节省30%的费用。总之，非晶电机凭借其高效率、高功率密度等优势将成为替代传统电机的下一代高效电机。

七、新能源汽车的发展意义

石油短缺、环境污染、气候变暖是全球汽车产业面对的共同挑战。新能源汽车已成为21世纪汽车工业发展的热点。从“十三五”开始，我国新能源汽车产业将由起步阶段进入加速阶段，但新能源汽车发展仍然以混合动力汽车为核心，然后向纯电动汽车延伸。北京、上海、深圳、广州等城市的新能源汽车推广相对较好。在未来，北京将成为全世界新能源汽车推广力度最大、保有量领先的城市。到2020年，我国纯电动汽车和混合动力汽车的市场保有量有望超过500万辆。

（一）能源危机

随着经济的快速发展，我国能源对外依存度在迅猛攀升。我国石油对外依存度已由2000年的30.2%上升至2015年的60.6%。如图1－21所示，预计到2035年对进口石油依存度可能攀升至80%，远超50%这一国际公认警戒线。石油海上运输安全风险加大，跨境油气管道安全运行问题不容忽视。除了石油，我国其他能源对外依存现状同样不容乐观。从近几年的形势看，天然气海外依存度上升得更加明显。我国从2006年开始进口天然气，2010年天然气对外依存度还只有11.6%，但到了2015年，这一数字已攀升至32.7%。能源对外依存度增加势必会威胁到国家经济发展的稳定性。

汽车消费的快速增长导致石油消耗加速增长，当前传统中国机动车燃油消耗量占全国总油耗的1/3以上，这也使得中国石油对外依存度每年都在不断攀升。据统计，目前汽车用汽柴油消费占全国汽柴油消费的比例已经达到了55%左右，每年新增石油消费量的70%以上被新增汽车所消耗。从环境保护与能源节约的角度，新能源汽车是未来汽车发展的必然趋势，也是我国未来社会与经济发展的必然需求。

（二）环境污染

1. 二氧化碳排放导致温室效应

传统能源的消耗产生了大量的CO_2，该气体是造成温室效应最主要的原因。据科学家预测，由于人类活动的影响，未来100年全球平均地表温度将上升1.4～5.8 ℃，到2050年我国平均气温将上升2.2 ℃。

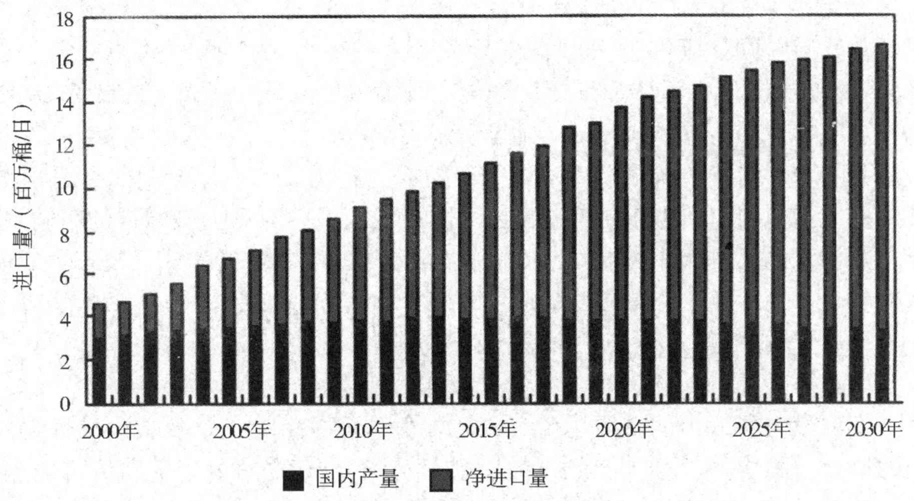

图 1－21　中国石油进口依存度变化预测

控制消费和节约能源是减少 CO_2 排放量的重要途径。为此，汽车应尽量采用小排量发动机和稀薄燃烧发动机，最大限度地提高能源利用效率，从而减少汽车对全球气候变暖的影响。为了减少汽车 CO_2 的排放量，汽车 CO_2 排放法规开始实施。2008 年，欧盟要求轿车 CO_2 排放达到 140 g/km，对于汽油车，对应油耗 6 L/100km 以下；2012 年，达到 120 g/km；2020 年，达到 100 g/km。

如果中国采用一系列先进技术，包括电动汽车、天然气汽车和以天然气为燃料的内燃机技术，到 2030 年，中国汽车 CO_2 的排放总量有可能降低 45%。

由此可见，推广使用新能源汽车，减少 CO_2 排放量，是国家节能减排和汽车工业自身能够持续发展的必然选择。

2. 有害气体排放污染环境

汽车尾气所造成的大气污染问题已经造成了相当大的危害，使用清洁能源、降低尾气排放是全世界需要共同解决的问题。燃油汽车在行驶过程中产生大量的有害气体，主要污染物为一氧化碳（CO）、碳氢化合物（HC）、氮氧化物（NO_x）、细微颗粒物、铅（Pb）及硫化物等（见图 1－22）。

图 1－22　汽车有害气体排放

CO 是一种无色无味的气体，易和血红蛋白结合，对血红蛋白亲和力是氧的 300 倍，吸入人体后，同血液中的血红蛋白结合形成碳氧血红蛋白，阻碍血液向心脏、脑等器官输送氧气，从而引起各种中毒症状，甚至使人窒息。

HC 包括未燃烧和未完全燃烧的燃油、润滑油蒸气及其裂解产物和部分氧化物，产生原因是混合气燃烧不完全、点火不良或泄漏。HC 直接刺激视觉和嗅觉器官，吸入人体后会破坏造血机能，造成贫血、神经衰弱等症状。另外，HC 也可能致癌。

NOx 主要包括 NO 和 NO_2。NO 是燃料在高温条件下燃烧生成的，生成量取决于氧的浓度、温度及反应时间。废气中 NO 排入大气后形成 NO_2。NO 吸入人体后会造成中枢神经系统障碍。NO_2会造成血液中血红蛋白变性，使血液输气能力下降，轻则引起呼吸异常、胸痛、恶心、咳嗽，重则导致肺气肿，直至死亡。

NOx 还会和 HC 在阳光作用下产生光化学烟雾，其主要生成物是臭氧，具有强烈氧化性，损坏某些人造材料（橡胶），伤害植物，使空气能见度降低，刺激人的眼睛和咽喉。

微粒主要指柴油机排气中的炭烟，是由烃类燃料在高温缺氧条件下裂解生成的，主要指直径 0.1 ~ 10 μm 的多孔性碳粒，不完全燃烧产物（有些是致癌物质）可附着在碳粒表面。0.1 mm 以下的微粒对人体的危害最大，吸入肺叶后会吸附在肺细胞上，其中可溶性有机物、多环芳香烃等是致癌物质。

此外，汽油燃烧释放出的二氧化硫（SO_2）等污染物在大气中转化成酸性物质，从而导致酸雨的形成。酸雨不仅增加土壤酸度、破坏生态系统的平衡，而且还腐蚀建筑材料、金属构件和油漆等，使建筑物、公路以及名胜古迹遭受损害。

汽车尾气已经成为空气污染的重要原因，开发新能源汽车，减少环境污染，是汽车技术发展的必然趋势。

3. 噪声污染

汽车噪声按照接受者位置的不同分为车内噪声和车外噪声，对城市产生噪声污染的是车外噪声。汽车噪声按照产生机理又可分为发动机噪声、传动系统噪声、轮胎噪声和风激励噪声。发动机噪声包括燃烧噪声、进气噪声、排气噪声、风扇噪声及机械噪声等。

城市噪声对于居民的干扰和危害日益严重，已经成为城市环境的一大公害。城市噪声主要包括交通噪声、工业噪声、建筑施工噪声、社会生活噪声等。其中交通运输噪声占75%，而汽车在交通噪声中占了85%。城市交通干线的噪声可达 65 ~ 75 dB（A），汽车鸣笛较多的地方甚至在 80 dB（A）以上。

长时间和大强度噪声作用于人的中枢神经系统，会使大脑皮层的兴奋和抑制平衡失调，使人产生头疼、脑胀、耳鸣及记忆力衰退等症状。同时噪声还会增加驾驶人疲劳，影响行车安全。试验证明，当噪声达到 45 dB（A）时，已睡眠的人的脑电波就会出现觉醒反映，当噪声达到 55 ~ 60 dB（A）时，打电话就有一定困难，当噪声达到 65 dB（A）时，就会明显地干扰谈话。

任务三　新能源纯电动汽车操作的注意事项

一、季节性因素

（一）夏季

1. 夏季行车注意事项

严禁使用高压水枪清洗前机舱，严禁用高压水枪直接从前格栅向机舱内喷水，另外夏季的注意事项如表 1 – 1 所示。

表 1－1　夏季注意事项

序号	注意事项
1	雨季行车前应先做好行车前检查，主要检查刮水器、车辆空调除雾功能是否正常
2	行驶速度尽量不要超过 60 km/h，暴雨尽量不要行驶，时速不应超过 20 km/h
3	当雨季行驶时车辆发生故障无法行驶后应当靠边停车，摆放好三脚架等待救援，严禁自行维修
4	在泥泞路面行驶时，不要猛踩加速踏板，以免发生侧滑
5	请勿驶入深水中，以免发生漏电短路事故
6	当车辆被积水浸泡时，不要考虑继续行驶，应迅速断电并离开车内，尽量不要与车身金属接触，以免发生触电
7	避免高温充电。因动力电池温度特性，车辆高速行驶后，夏季建议停放 30 min 后，在阴凉通风处进行充电
8	暴雨打雷时、尽量不要充电；车辆在露天或者地势较低的地方充电时，若开始下雨应终止充电，以免积水高度超过充电口发生短路
9	避免车辆暴晒。建议将车辆停放在阴凉通风处，以防车内温度过高，造成安全隐患

2. 涉水安全

电动汽车能涉水多深？在这么高的电压下如果涉水行驶，不小心会不会电死人？有这种恐慌心理是因为很多人对电不熟悉。实际上电比油容易控制，也更安全，这也是电在现代得以大规模应用的原因。电动汽车涉水对人来说是安全的，人体电阻远高于车体和水的电阻，而电流走最小电阻路径。车体和水是电的良导体，所以即使有电流穿过车身，人相当于站在一个等势体上，毫无危险。电池如果因漏水发生短路，会迅速放电而失去电压，从而不再形成危害，但电池会报废，同时车辆上也加装了电池紧急开关和 BMS 漏电保护装置。涉水时应注意以下事项。

（1）汽车涉水行驶前，必须仔细查看水深、流速和水底情况以及进、出水域的宽窄和道路情况，由此来判断能否安全地通过。一般来讲，水位达到轮胎 1/2 的位置时，涉水行驶就有一定危险。

（2）在确认汽车能够通过时，一般应选择距离最短、水位最浅、水流缓慢及水底最坚实的路段。涉水时，应保持电机运转正常，转向和制动系统灵敏可靠。

（3）行驶中要使汽车有足够而稳定的动力，一次通过，尽量避免中途停车或急转弯，尤其是水底路为泥沙时更要注意，行进中要看远顾近，避免使车辆偏离正常的涉水路线而发生意外。

（4）车辆涉水后，应停车检查各部位有无浸水、散热器有无漂流物堵塞、轮胎有无损坏、底盘下面有无物体缠绕等，如有杂物应及时将车辆清理干净。出水后先等一会，再低速行驶一段路程，并有意识地轻踩几次制动踏板，让制动衬片与制动盘接触摩擦产生热能，以烘干和蒸发掉制动器中残留的水分，确保制动性能良好。确认技术状况良好后，再正常行驶。

（5）遇雨雪天气，路面湿滑时，驾驶人要使车辆保持平稳、放慢速度、小心驾驶。

（6）小雨时应使用刮水器，大雨或暴雨时要尽量避免使用新能源车辆。

（二）冬季注意事项

纯电动车辆在冬季低温行驶后，建议及时充电，避免因长时间停驶导致动力电池温度低，造成用电浪费和充电延时；车辆充电时，建议尽量将车辆停放于避风朝阳且温度较高的环境存放；充电时预防雪水淋湿充电接口，更不要将充电插头直接暴露在雪水下，防止发生短路；避免因冬季气温较低导致充电异常情况等的出现，建议车辆充电开始后检查车辆充电是否开始。检查充电桩充电电流，若充电电流达到 12 A 以上，充电已开始。

二、消防安全应急处理

（一）电动汽车起火原因及危害

1. 电动汽车火灾危害

除动力驱动系统之外，电动汽车的其他构造与燃油汽车基本一致，因此两者的火灾危险性也大致相同。电动汽车的电气系统发生电气故障，动力系统发生机械故障，均能引发汽车火灾，与燃油汽车具有共性的火灾原因。但电动汽车火灾与燃油汽车火灾相比，具有一定的特殊性，因为它们大都是由电力驱动系统或电池引发。电动汽车燃料电池的燃料储存在压力容器内，发生碰撞后，压力容器和燃料供给系统内的燃料存在泄漏后引发爆炸和起火的危险。

2. 电动汽车火灾成因分析

下面介绍电动汽车在不同的模式下发生火灾的主要原因。

（1）正常充放电。该情况下如果发生着火，属于蓄电池本身的问题。在蓄电池连续的充放电过程中，使电池缓慢释放出氢气和氧气，由于氢气的爆炸极限比较低，如果在某个密闭空间内聚集，遇到火源时，将会产生燃烧爆炸的情况。另外由于蓄电池在充放电时，会持续地发热，如果处理不得当，随着温度的上升，可能会使蓄电池本身变形，造成电解液的泄漏，之后可能会造成短路等故障，以至于发生燃烧爆炸。

（2）正常行驶条件下。在正常行驶条件下，电动汽车发生火灾事故的可能性很小，但是相比传统汽车，增加的电池也同样的增加了电动汽车的危险系数。对于现在大部分采用锂离子蓄电池的电动汽车，大电流放电将导致电池排放大量可燃气体，而电池的温度也随之升高，电池燃烧的可能性很大。

（3）发生碰撞时。电动汽车在碰撞时，由于蓄电池受到很大的冲击力，可能发生挤压、穿刺等损坏。由于蓄电池内部压力过高，如果蓄电池本身有设计缺陷，在此极端的情况下，发生燃烧、爆炸、电击的情况就更大。尤其是锂离子蓄电池的负极材料，一旦因为电池外壳损毁而与空气接触，有极高的可能发生剧烈氧化甚至燃烧爆炸。因此，电动汽车，尤其是采用锂离子蓄电池的电动汽车，其电池组务必要设计在最不容易遭遇剧烈碰撞的地方，且必须尽可能采取各类保护措施，防止电池组在事故中直接遭受剧烈的撞击和挤压。

汽车碰撞时会发生很多不可预测的情况，对于电动汽车的安全更是如此。由于整个动力蓄电池包是由众多零件和单体蓄电池组成，某个小零件在碰撞时发生位移或者破损都会导致严重的后果。

（4）涉水时。当汽车遇到暴雨或其他涉水情况时，电池间的接线或者电机控制系统就可能会由于水或者水汽的侵蚀，造成短路，导致漏电。一旦短路，电池温度迅速升高，引起爆炸或者燃烧的可能性就很大。

（二）灭火器的种类及使用方法

灭火器按所充装的灭火剂可分为：泡沫灭火器、酸碱灭火器、二氧化碳灭火器、干粉灭火器、卤代烷灭火器、清水灭火器等。

1.（手提式）泡沫灭火器适应火灾及使用方法

（1）适用范围。适用于扑救一般B类火灾，如油制品、油脂等火灾，也可适用于A类火灾，但不能扑救B类火灾中的水溶性可燃、易燃液体的火灾，如醇、酯、醚、酮等物质火灾；也不能扑救带电设备及C类和D类火灾。

（2）使用方法。可手提筒体上部的提环，迅速奔赴火场。这时应注意不得使灭火器过分倾斜，更不可横拿或颠倒，以免两种药剂混合而提前喷出。应距离着火点10 m左右，即可将筒体颠倒过来，一只手紧握提环，另一只手扶住筒体的底圈，将射流对准燃烧物。在扑救可燃液体火灾时，如已呈流淌状燃烧，则将泡沫由远而近喷射，使泡沫完全覆盖在燃烧液面上；如在容器内燃烧，应将泡沫射向容器的内壁，使泡沫沿着内壁流淌，逐步覆盖着火液面。切忌直接对准液面喷射，以免由于射流的冲击，反而将燃烧的液体冲散或冲出容器，扩大燃烧范围。在扑救固体物质火灾时，应将射流对准燃烧最猛烈处。灭火时随着有效喷射距离的缩短，使用者应逐渐向燃烧区靠近，并始终将泡沫喷在燃烧物上，直到扑灭。使用时，灭火器应始终保持倒置状态，否则会中断喷射。

（手提式）泡沫灭火器存放应选择干燥、阴凉、通风并取用方便之处，不可靠近高温或可能受到暴晒的地方，以防止碳酸分解而失效；冬季要采取防冻措施，以防止冻结；并应经常擦除灰尘、疏通喷嘴，使之保持通畅。

2. 酸碱灭火器适应火灾及使用方法

（1）适应范围。适用于扑救A类物质燃烧的初起火灾，如木、织物、纸张等燃烧的火灾。它不能用于扑救B类物质燃烧的火灾，也不能用于扑救C类可燃性气体或D类轻金属火灾，同时也不能用于带电物体火灾的扑救。

（2）使用方法。使用时应手提筒体上部提环，迅速奔到着火地点。决不能将灭火器扛在背上，也不能过分倾斜，以防两种药液混合而提前喷射。在距离燃烧物6 m左右，即可将灭火器颠倒过来，并摇晃几次，使两种药液加快混合；一只手握住提环，另一只手抓住筒体下的底圈将喷出的射流对准燃烧最猛烈处喷射。同时随着喷射距离的缩减，使用人应向燃烧处推进。

3. 二氧化碳灭火器的使用方法

灭火时只要将灭火器提到或扛到火场，在距燃烧物5 m左右，放下灭火器拔出保险销，一手握住喇叭筒根部的手柄，另一只手紧握启闭阀的压把。对没有喷射软管的二氧化碳灭火器，应把喇叭筒往上扳70°~90°。使用时，不能直接用手抓住喇叭筒外壁或金属连线管，防止手被冻伤。灭火时，当可燃液体呈流淌状燃烧时，使用者将二氧化碳灭火剂的喷流由近而远向火焰喷射。如果可燃液体在容器内燃烧时，使用者应将喇叭筒提起。从容器的一侧上部向燃烧的容器中喷射，但不能将二氧化碳射流直接冲击可燃液面，以防止将可燃液体冲出容器而扩大火势，造成灭火困难。

在室外使用二氧化碳灭火器时，应选择在上风方向喷射。在室内窄小空间使用的，灭火后操作者应迅速离开，以防窒息。

4. 干粉灭火器适应火灾和使用方法

干粉灭火器扑救可燃、易燃液体火灾时，应对准火焰扫射，如果被扑救的液体火灾呈流淌燃烧时，应对准火焰根部由近而远，并左右扫射，直至把火焰全部扑灭。如果可燃液体在容器内燃烧，使用者应对准火焰根部左右晃动扫射，使喷射出的干粉流覆盖整个容器开口表面；当火焰被赶出容器时，使用者仍应继续喷射，直至将火焰全部扑灭。在扑救容器内可燃液体火灾时，应注意不能将喷嘴直接对准液面喷射，防止喷流的冲击力使可燃液体溅出而扩大火势，造成灭火困难。如果可燃液体在金属容器中燃烧时间过长，容器的壁温已高于扑救可燃液体的自燃点时，极易造成灭火后再复燃的现象，若与泡沫类灭火器联用，则灭火效果更佳。

碳酸氢钠干粉灭火器适用于易燃、可燃液体、气体及带电设备的初起火灾；磷酸铵盐干粉灭火器除可用于上述几类火灾外，还可扑救固体类物质的初起火灾，但都不能扑救金属燃烧火灾。

灭火时，可手提或肩扛灭火器快速奔赴火场，在距燃烧处 5 m 左右，放下灭火器。如在室外，应选择在上风方向喷射。使用的干粉灭火器若是外挂式储压式的，操作者应一手紧握喷枪，另一手提起储气瓶上的开启提环。如果储气瓶的开启是手轮式的，则向逆时针方向旋开，并旋到最高位置，随即提起灭火器。当干粉喷出后，迅速对准火焰的根部扫射。使用的干粉灭火器若是内置式储气瓶的或者是储压式的，操作者应先将开启把上的保险销拔下，然后握住喷射软管前端喷嘴部，另一只手将开启压把压下，打开灭火器进行灭火。有喷射软管的灭火器或储压式灭火器在使用时，一手应始终压下压把，不能放开，否则会中断喷射。

使用磷酸铵盐干粉灭火器扑救固体可燃物火灾时，应对准燃烧最猛烈处喷射，并上下、左右扫射。如条件许可，使用者可提着灭火器沿着燃烧物的四周边走边喷，使干粉灭火剂均匀地喷在燃烧物的表面，直至将火焰全部扑灭。

（三）电动汽车消防安全

1. 电动汽车消防应对

《电动汽车灾害事故应急救援指南》推荐使用持续、大量的消防水作为灭火剂。

动力蓄电池有保护壳，灭火剂很难直接到达蓄电池单元，并且使用灭火剂扑灭的电池可能会复燃。用水灭动力蓄电池着火时，应使用大量的水，水量不够会使危险的有毒气体释放。大量的水可以将蓄电池足够冷却并阻止火焰向临近单元蔓延，持续水流作用于蓄电池，可以降温并缩短灭火时间。蓄电池灭火后需长时间监视和观察任何的复燃，在自由燃烧试验中，蓄电池持续有可见火焰的时间大约为 90 min。

如果现场无水源且对人的生命安全、建筑物、车辆没有威胁的情况下，允许蓄电池燃烧至自我熄灭可能是灭火的一种有效的选择。

2. 电动汽车驾驶过程中消防事故应急处理

（1）车辆起火。车辆行驶中机舱电器起火，主要为电机控制器出故障元件温度失控起火、电线接头接触不良、通电时打火引燃电线绝缘层破损起火及动力蓄电池内部故障起火。当出现车辆起火时，按照以下步骤冷静处理起火事故。

①迅速停车。

②然后切断电源。

③取下随车灭火器。

④依据实际情况采用不同的灭火方式。

⑤在彻底检查火情时，不要与任何高压部件接触，始终使用绝缘工具进行检查。

（2）行车过程中电池发生高温、冒烟时应急措施。在行驶过程要特别注意高温报警和动力蓄电池舱，如果发现某只蓄电池的温度过高，则需停车打开蓄电池舱盖查看蓄电池，如有异味或蓄电池舱内有烟冒出，则应按照以下顺序进行处理。

①将车辆停靠在路边。

②切断车体高压。

③用干粉灭火器灭火（磷酸铁锂电池可以用水、黄沙、灭火毯、土壤、干粉灭火器、二氧化碳灭火器扑灭）。如有消防队到来，尽量阻止其用水冲动力蓄电池，以防止更大规模的动力蓄电池短路造成电池燃烧发生，但在事态无法控制时，可用大量水进行处理。

④动力蓄电池着火可能需要24 h才能完全扑灭。使用热成像摄像头，可以确保动力蓄电池在事故结束前完全冷却。如果没有热成像摄像头，就必须监控动力蓄电池是否会复燃。冒烟表示动力蓄电池仍然很热，监控一直要保持到动力蓄电池不再冒烟的至少1 h之后。

火灾发生时，考虑到全车通电，不要触碰车辆的任何部分。要穿上个人防护装备，包括自给式空气呼吸器。

（3）车辆发生碰撞。当车辆有发生碰撞可能时，在保证人身安全的情况下，尽量避免在动力蓄电池箱部位发生碰撞。如动力蓄电池箱部位发生碰撞导致火灾，动力蓄电池箱在火灾中弯曲、扭曲、损坏，灭火时的用水量不能太少，消防用水要有足够的量。

三、拖车

车辆在需要求援时，应首先选择专业拖车公司或者进行悬吊牵引（前轮抬起），不得盲目自行拖拽，以免对车辆造成不可逆损坏。如无专业拖车公司且车辆必须四轮同时着地被牵引时，应注意在保证安全的前提下，先将起动开关置于位置1，转向盘解锁。然后，将起动开关置于位置2，可以使用制动灯、刮水器和转向灯。如果出现电器故障，则断开12 V蓄电池负极电缆，并将启动置于位置1，将变速杆置于空挡（N位），放开驻车制动器。建议使用硬拖，选择合适的拖车杠。在自行拖车时，因车辆特性需控制拖车时速不超过20 km。

四、车辆托底

在遭遇凹凸不平的路面时，应减速通过，尽量避免托底情况的发生，一旦发生严重托底，要检查电池外观是否发生损坏，若无损坏，重新启动车辆行驶；若发生车辆无法起动，应及时拨打救援电话，待救援人员赶赴现场处理。

车辆充电尽量浅充浅放，当电池电量接近30%时，请立刻充电，这样可以提高电池的使用寿命。电池电量接近10%时，车辆将限速9 km/h。

纯电动车辆在冬季低温行驶后，应及时充电，避免因长时间停驶导致动力电池温度低，造成用电浪费和充电延时。按照保养规定里程定期进行车辆保养。车辆长期停放应保证50%～80%的电量，将12 V低压电源线断开，每2～3个月至少对电池进行一次充放电，以保证电池寿命。

任务四　任务实训

一、任务实施

1. 实施准备

（1）物品准备。警示标志，警示隔离带，遮栏；绝缘手套（等级1000 V/300 A以

上），绝缘帽，绝缘鞋，防护镜；绝缘工具；培训用车、翼子板布、举升机、转向盘套、座椅套、脚垫。

（2）安全注意事项。请务必按照老师的指导，合理使用绝缘安全护具，并严格按示范动作操作，做到安全、正确，并防止在实操过程中造成总成或车辆的损坏。

2. 实施内容

（1）操作前的准备

①设置警示标志，警示隔离带，遮栏。

②铺设转向盘套、座椅套、脚垫。

③打开汽车前舱盖，铺设翼子板布。

（2）认知舱内部件

①将前舱内各部件（见图1－23）名称填入下面横线：

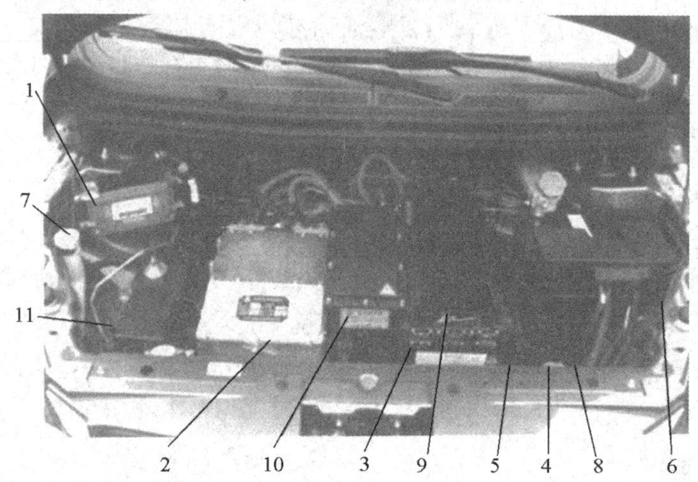

图1－23　EV150 前车舱视图

1. ____________　2. ____________　3. ____________　4. ____________

5. ____________　6. ____________　7. ____________　8. ____________

9. ____________　10. ____________　11. ____________

②举升车辆至高位，认知车身下方部件（见图1－24）。

图1－24　EV150 车辆下方视图

12. ____________　13. ____________　14. ____________

注意：为了保证安全，举升机应采用龙门式举升机或四柱举升机，严禁使用简易举升机。使用龙门式举升机时，应检查各支撑脚垫外观及高度。

（3）掌握各部件功能

①图 1－25 所示部件是____________________，其主要功能是____________________
____。

图 1－25　纯电动汽车部件 1

②图 1－26 所示部件是____________________，其主要功能是____________________
____。

图 1－26　纯电动汽车部件 2

③图 1－27 所示部件是____________________，其主要功能是____________________
____。

④图 1－28 所示部件是____________________，其主要功能是____________________
____。

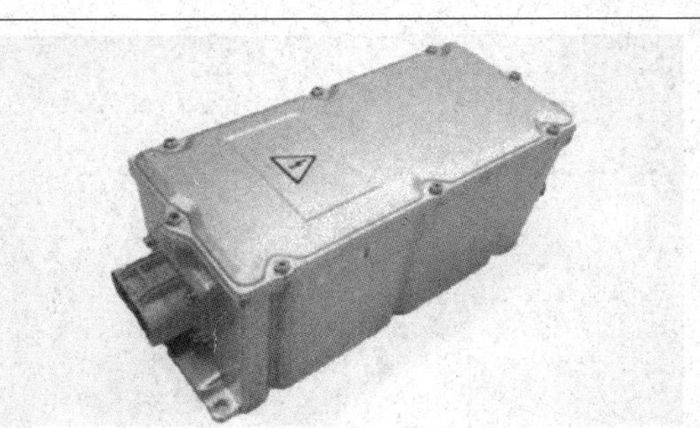

图 1－27　纯电动汽车部件 3

图 1－28　纯电动汽车部件 4

⑤图 1－29 所示部件是____________________，其主要功能是____________________
____。

⑥图 1－30 所示部件是____________________，其主要功能是____________________
____。

图 1－29　纯电动汽车部件 5

图 1－30　纯电动汽车部件 6

⑦图 1－31 所示部件是________________，其主要功能是____。

⑧图 1－32 所示部件是________________，其主要功能是____。

图 1－31　纯电动汽车部件 7

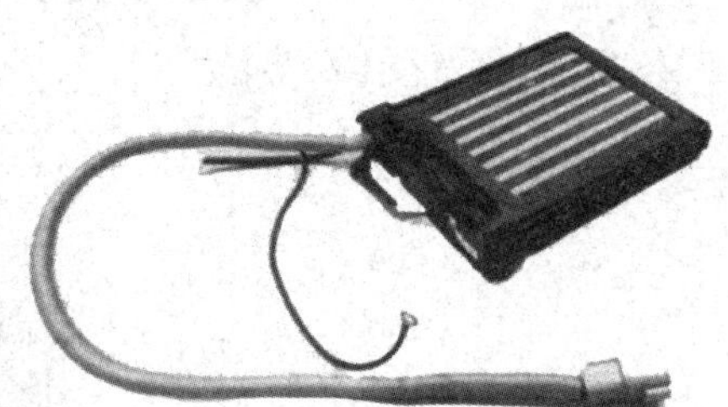

图 1－32　纯电动汽车部件 8

(4) 实操　现场整理 5S 作业。

二、任务检验

1. 自检

参与实训练习的学员自我完成质量检验。

表 1－2　任务实施记录单

序号	各部件名称
1	
2	
3	
4	
5	
6	
7	
8	
9	
10	
11	

续表

序号	各部件名称
12	
13	
14	
纯电动汽车部件 1	
纯电动汽车部件 2	
纯电动汽车部件 3	
纯电动汽车部件 4	
纯电动汽车部件 5	
纯电动汽车部件 6	
纯电动汽车部件 7	
纯电动汽车部件 8	

2. 互检

由完成相同实操练习项目的学员相互进行质量检验。

3. 终检

由专职质量管理人员（教师）进行专业检查。

三、教学评估

由教师依据教学目标对教学过程及结果进行价值判断。

思考与练习

1. 什么是新能源汽车？
2. 新能源汽车的分类有哪些？
3. 简述新能源汽车的发展意义。
4. 简述我国新能源汽车发展趋势。

项目二　新能源汽车安全操作

学习目标

☆了解新能源汽车高压电路
☆了解新能源汽车维护工具的使用
☆知道电动汽车的维护保养内容
☆掌握电动汽车高压部件
☆掌握仪表信息
☆能够进行车辆安全操作
☆掌握车辆充电操作

任务一　高压安全防护

新能源电动汽车有一个非常明显的特点，就是整车带有“高”压动力电回路，在乘用车上，最高电压可达600 V以上，虽然这在传统的电工分级中远未达到真正的高压电，但和传统汽车的电气系统中的用电电压相比，已经是足以伤害到我们的“高”压电，这就给我们带来了不容忽视的“高”压安全用电问题。因此，在推广新能源电动汽车的同时，如何保证驾驶人员、乘车人员、汽车保养和维修人员的安全将是重点工作之一。不仅在设计时要在车辆上有相关的保护措施，在使用、维护维修时，为保证所有人员、新能源汽车及相关设备的安全，也必须树立安全用电意识，创造可靠的安全作业环境，严格按照安全操作规程作业。每个人及维修企业都应须贯彻“安全第一，预防为主”的方针，加强安全用电教育和安全技术学习和培训，掌握人身触电事故的规律性及防护技术，采取各种切实有效的措施以防止事故发生。

一、电的危害

电能做功的多少跟电流的大小、电压的高低、通电时间的长短都有关系。加在电器上的电压越高、通过的电流越大、通电时间越长，电流做功越多。任何可以形成电流回路的物质都会和电能进行能量的转换，所以说如果有电压施加于人体就会有相应的电流从人体中流过，造成不同程度的伤害。

（一）人体是导体

人体是导体，有一定阻值，阻值见图 2－1。当人体与带电体构成电气连接时，就形成了电流回路。

电流路径	人体电阻/Ω
手–手 手–脚	1000
手–脚	750
手–脚	500
手–胸	450
手–胸	230
手–臀部	300

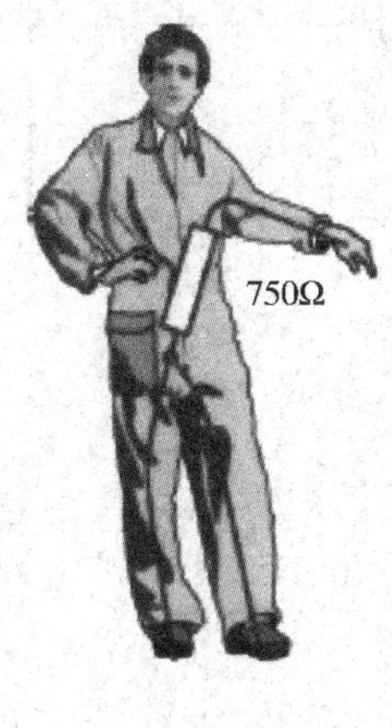

图 2－1　人体导电电阻

人体导电时的电阻值与所穿衣物和皮肤湿度两个因素有关。当知道人体等效电阻后，可根据欧姆定律清晰地计算出不同电压对应的触电电流。

一个人接触到带电壳体时，流经人体的电流可根据触电部位进行计算。

1. 从手到手：$I_T = \frac{U_T}{R_T} = \frac{230\ \text{V}}{1000\ \Omega} = 0.23\ \text{A} = 230\ \text{mA}$

2. 从手到脚：$I_T = \frac{U_T}{R_T} = \frac{230\ \text{V}}{500\ \Omega} = 0.46\ \text{A} = 460\ \text{mA}$

（二）通过人体的电流

流过人体的电流越大，人的生理反应和病理反应越明显，引起心室颤动所需的时间越短，致命的危险性越大。按照人体呈现的状态，可以将流过人体的电流分为三个级别。

1. 感知电流

在一定概率下，通过人体引起人有任何感觉的最小电流（有效值），称为该概率下的感知电流，感知电流的最小值称为感知阈值。感知电流一般不会对人体构成伤害，但当电流增大时，感觉增强，反应加剧，可能导致坠落等二次事故。

2. 摆脱电流

当通过人体的电流超过感知电流时，肌肉收缩增加，刺痛感觉增强，感觉部位扩展。当电流增大到一定程度时，由于中枢神经反射和肌肉收缩、痉挛，触电人将不能自行摆脱带电体。在一定概率下，人触电后能自行摆脱带电体的最大电流，称为该概率下的摆脱电流，摆脱电流的最小值，称为摆脱阈值。摆脱电流与人体生理特征，电极形状、电极尺寸等因素有关。对应于概率 50% 的摆脱电流，成年男子约为 16 mA，成年女子约为 10.5 mA；对应于概率 99.5% 的摆脱电流则分别为 9 mA 和 6 mA；儿童的摆脱阈值较小。摆脱电流是人体可以忍受但一般尚不致造成不良后果的电流。电流超过摆脱电流以后，人会感到异常痛苦、恐慌和难以忍受；如时间过长，则可能昏迷、窒息，甚至死亡。因此，可以认为摆脱电流是对人体有较大危险的界限，如图 2－2 所示。

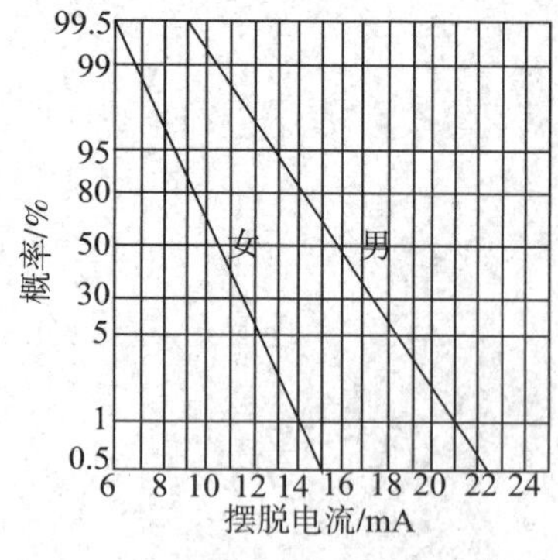

图2-2　摆脱电流

3. 室颤电流

通过人体引起心室发生纤维性颤动的最小电流称为室颤电流，室颤电流的最小值称为室颤阈值。室颤电流是短时间内使人致命的最小电流。室颤电流受电流持续时间、电流途径、电流种类、人体生理特征等因素的影响。当电流持续时间超过心脏搏动周期时，人的室颤电流约为50 mA；当电流持续时间短于心脏搏动周期时，人的室颤电流约为数百毫安；当电流持续时间在0.1 s以下时，如电击发生在心脏易损期，500 mA以上的电流可引起心室颤动。

电流在人体内作用的时间越长，危险性越大，主要原因是：

(1) 人体电阻减小。电击持续时间越长，人体由于出汗、击穿、电解而使电阻下降，电击危险性越大。

(2) 能量增加。电流持续时间越长，体内积累外界电能越多，伤害程度增高，表现为室颤电流减小。

(3) 中枢神经反射增强。电击持续时间越长，中枢神经反射越强烈，电击危险性越大。

(三) 人体触电后的生理反应

电气事故可以按不同的方式进行分类，按灾害形式可分为人身事故、设备事故、火灾事故、爆炸事故等；按电路状况可分为短路事故、断线事故、接地事故、漏洞事故等。触电对人体的伤害一般可分为电击和电伤两种。图2-3为心脏承受的电流曲线。

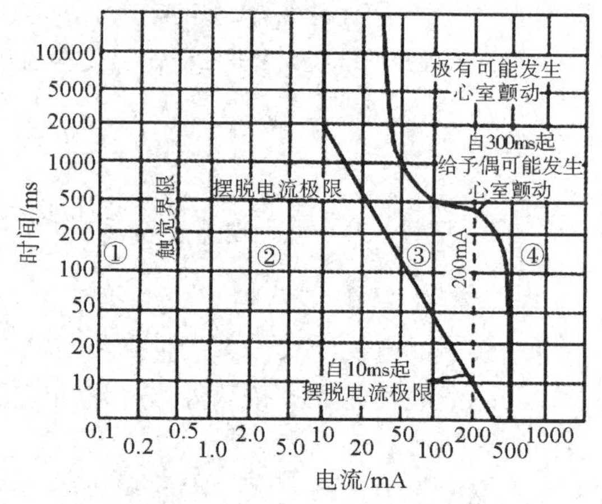

图2-3　心脏承受的电流曲线

范围①：无影响，即使作用时间任意延长

范围②：0.5~2 mA：感觉到电流

3~5 mA：出现痛觉没有危险

范围③：肌肉痉挛、呼吸困难

心律失常、一般不会出现持续性器官损伤

范围④：心室颤动、心跳停止

呼吸停止

1. 电击

电流直接通过人体的伤害称为电击。电流通过人体内部造成人体器官的损伤，破坏人体内细胞的正常工作，主要表现为生物学效应。电流通过人体，会引起麻感、针刺感、压迫感、打击感、痉挛、疼痛、呼吸困难、血压异常、昏迷、心律不齐、窒息、心室颤动等症状。心室颤动是小电流电击使人致命最多见和最危险的原因。发生心室颤动时，心脏每分钟颤动1000次以上，但幅值很小，而且没有规则，血液实际上已终止循环。发生心室颤动时的心电图如图2-4所示，心室颤动是在心电图上T波前半部发生的。

当人体遭受电击时，如果有电流通过心脏，可能直接作用于心肌，引起心室颤动；如

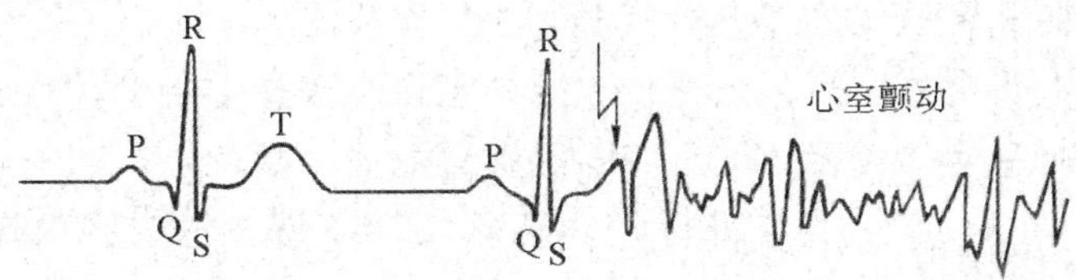

图2-4　心电图

果没有电流通过心脏，亦可能经中枢神经系统反射作用于心肌，引起心室颤动。

由于电流的瞬间作用而发生心室颤动时，呼吸可能持续2~3 min，在其丧失知觉前，有时还能叫喊几声，有的还能走几步，但是，由于其心脏已进入心室颤动状态，血液已终止循环，大脑和全身迅速缺氧，病情将急剧恶化，如不及时抢救，很快将导致死亡。

2. 电伤

电流转换为其他形式的能量作用于人体的伤害称为电伤。电伤是由于电流的热效应、化学效应和机械效应等对人造成的伤害。

（1）电灼伤。灼伤是电流的热效应造成的伤害，分为电流灼伤和电弧烧伤两种情况。电流灼伤是人体与带电体接触，电流通过人体由电能转换成热能造成的伤害。电弧烧伤是由弧光放电造成的烧伤，分为直接电弧烧伤和间接电弧烧伤两种情况。直接电弧烧伤是带电体与人体之间发生电弧，有电流流过人体的烧伤；间接电弧烧伤是电弧发生在人体附近对人体的烧伤，包括熔化了的炽热金属溅出造成的烫伤。

（2）电烙印。人体与带电体接触的部位留下的永久性斑痕，斑痕处皮肤失去弹性，表皮坏死。

（3）皮肤金属化。由于电流的作用使熔化和蒸发了的金属微粒，渗入人体的皮肤，使皮肤坚硬、粗糙、呈现特殊的颜色。皮肤金属化多是在弧光放电时发生和形成的，在一般情况下，此种伤害是局部性的。

（4）机械性损伤。电流作用于人体，由于中枢神经反射和肌肉强烈收缩等作用导致的机体组织断裂、骨折等伤害。

（5）电光眼。电光眼的成因是当发生弧光放电时，由红外线、可见光、紫外线对眼睛造成的伤害。电光眼表现为角膜炎或结膜炎。

（四）触电急救

进行触电急救，应坚持迅速、就地、准确、坚持的原则。触电急救必须分秒必争，立即就地迅速用心肺复苏法进行抢救，并坚持不断地进行，同时及早与医疗部门联系，争取医务人员接替救治。在医务人员未接替救治前，不应放弃现场抢救，更不能只根据没有呼吸或脉搏擅自判定伤员死亡，放弃抢救。只有医生有权做出伤员死亡的诊断。

触电急救一点通

1. 触电急救的原则

当事故已经发生，人员伤亡已成事实的时候，作为施救者，首先应该做到的是保持冷静的头脑，只有思路清晰沉着冷静者才是一个合格的施救者。换言之，只有合格的施救者作为基础，才有可能在后续的施救过程得以顺利进行。触电急救的原则如下。

（1）施救者需保持冷静的头脑。

（2）确实认清施救环境，确保施救人自身安全前提下方可进行施救。

（3）保证安全的前提下，用最快的方式将触电者脱离带电体。

（4）将触电者脱离带电体的过程中，要防止二次伤害。

（5）触电者脱离带电体以后，火速投入急救工作且拨打 120 求救。

（6）密切观察触电者的伤势情况，判断准确，对症施救。

（7）“不抛弃、不放弃”，在专业医护人员到达施救现场接手施救工作之前，坚决不可停止施救。

2. 脱离低压电源的方法

当发现有人触电，应该迅速将触电者脱离带电体。因为触电时间的增长和通电电流的增大会进一步的影响触电者的健康状况，甚至会神经麻痹，呼吸中断，心跳停止。掌握正确的救护方法使触电者脱离电源显得尤为重要，具体方法如下。

（1）如果触电地点附近有电源开关或者电源插销，可立即断开开关或拔掉插销，断开电源。注意：单线开关只能断开一根导线。有可能由于安装不符合标准而断开的是零线而并非火线，导致触电者仍旧未能脱离带电体。

（2）如果触电地点远离电源开关，可用有绝缘的电工钳剪断电线，或者用带绝缘木把的斧头、刀具切断电源侧的导线。此时应注意防止带电导体断落以后触及人体。

（3）触电者由于肌肉痉挛，手握带电体不放松或者是导线围绕在身上时，可先用木板或绝缘物塞进触电者身下，使其与地绝缘来隔离电源，然后再采取其他办法切断电源。

（4）如果电线搭落在触电者身上或被压在身下，可用干燥的木棒、木板、绳索、衣服、手套等绝缘物作为工具，拉开触电者或拉开电线，使触电者脱离电源。

（5）如果触电者的衣服是干燥的，又没有紧围在身上，可以用一只手抓住触电者的衣服，拉离电源。注意：因为触电者的身体是带电的，其鞋的绝缘很可能遭到破坏，施救人不可接触带电者的皮肤，也不可以抓触电者的鞋。

（6）施救人可一只手戴绝缘手套或垫着如干燥的衣服、帽子、围巾等绝缘物将触电者脱离电源。

（7）施救人可站在干燥的木板、桌椅或者绝缘胶垫等绝缘物上，用一只手拉触电者，使之脱离电源。

3. 脱离高压电源的方法

使高压触电者脱离电源与低压触电者脱离电源的方法不同，主要区别在于：电压高，一般的绝缘物不足以抵御来自高电压的威胁，不能保证施救人的人身安全。另外就是高压电源开关距离较远，不便于立即切断电源。

（1）立即通知有关部门停电。

（2）戴上绝缘手套，穿上绝缘靴，用相应电压等级的绝缘工具拉开高压熔断器。

（3）可抛掷裸金属线使线路短路接地，迫使保护装置动作，切断电源。抛掷金属线前，一定将金属线一端可靠接地，再抛掷另一端。被抛出的一端不可触及触电者和其他人。

（五）伤员脱离电源后的处理

1. 防止二次伤害

触电急救时应有效防止二次伤害，不容忽视。施救环境危险的预判对于施救人来讲也同样适用。

（1）对于发生了人员触电事故，且已经自动保护跳闸的线路，应防止线路远端误合闸后再次来电。

（2）对于触电者在离地较高位置发生的触电，应防止人员坠落摔伤，同时防止导线或其他带电体掉落接触到人员，使之再次触电或砸伤。

（3）对于变压器室或另有较为复杂的触电环境（带电间隔、安全距离），应迅速撤离至安全环境中救治。

（4）推、拉触电者使之脱离带电电源时，应注意触电人的倒向，防止再次触及带电体。

2. 施救措施

（1）触电伤员如神志清醒者，应使其就地躺平，严密观察，暂时不要站立或走动。

（2）触电伤员如神志不清者，应就地仰面躺平，且确保气道通畅，并用5 s时间，呼叫伤员或轻拍其肩部，以判定伤员是否意识丧失。禁止摇动伤员头部呼叫伤员。

（3）需要抢救的伤员，应立即就地坚持正确抢救，并设法联系医疗部门接替救治。

（4）呼吸、心跳情况的判定。触电伤员如意识丧失，应在10 s内，用看、听、试的方法，判定伤员呼吸心跳情况。看：看伤员的胸部、腹部有无起伏动作；听：用耳贴近伤员的口鼻处，听有无呼气声音；试：试测口鼻有无呼气的气流。再用两手指轻试一侧（左或右）喉结旁凹陷处的颈动脉有无搏动。若看、听、试结果，既无呼吸又无颈动脉搏动，可判定呼吸心跳停止。

（5）如果触电者伤势不重、神志清醒，但有些心慌、四肢麻木、全身无力，或触电者曾一度昏迷，但已经清醒过来，应让触电者安静休息，不要走动。注意观察并请医生前来治疗。

（6）如果触电者伤势较重，已经失去知觉，但心脏跳动和呼吸仍在，应让触电者安静平卧，保持空气流通，解开其紧身衣服以利呼吸；若天气寒冷，则注意保温。严密观察，速请医生治疗或送往医院。如果发现触电者呼吸困难、稀少，或发生痉挛，应准备心跳或呼吸停止后立即做进一步的抢救。

（7）如果触电者伤势严重，呼吸停止或心脏跳动停止，应立即实施口对口人工呼吸或胸外心脏挤压进行急救；若二者都已停止，则应同时进行口对口人工呼吸和胸外心脏挤压急救，并速请医生或送往医院。注意：急救要尽快进行，不可等待医生到来急救，在送往医院的途中，也不能中止急救。

（8）若触电的同时发生外伤，应根据情况酌情处理。对于不危及生命的轻度外伤，可以在触电急救之后处理；对于严重的外伤，在实施人工呼吸和胸外心脏挤压的同时进行处理，如伤口出血，应予以止血，进行包扎，以防感染。

3. 心肺复苏及施救前的准备

（1）人工呼吸法施救前，尽量保证触电者移动至干燥通风处，应迅速将妨碍触电者呼吸的领口风衣扣、裤带等解开。并迅速取出触电者口腔内妨碍呼吸的食物、假牙等，以免堵塞呼吸道。

（2）胸外挤压施救前应满足人工呼吸的条件，并应使触电者仰卧在比较坚实的地方。

（3）触电伤员呼吸和心跳均停止时，应立即按心肺复苏法支持生命的三项基本措施，正确进行就地抢救。

①通畅气道。

②口对口（鼻）人工呼吸。

③胸外挤压（人工循环）。

4. 胸外挤压法应用

（1）救护人蹲跪在触电者一侧或骑跪在其腰部两侧，两手相叠，手掌根部放在心窝左上方，胸骨下 1/3 ~1/2 处。

（2）掌根用力垂直向下（脊背方向）挤压，两臂肘部要伸直，略带冲击力，压出心脏里面的血液，成年人压陷深度为 3 ~5 cm，以每秒挤压 1 次，每分钟挤压 60 次为宜。挤压太快、太慢、太重、太轻效果都不好。对儿童用力稍轻，以免损伤胸骨，挤压速度必要时可稍快些，但不宜超过每分钟 100 次。

（3）挤压后掌根迅速全部放松，让触电者胸部自动复原，血液充满心脏，放松时掌根不必完全离开胸部。

5. 人工呼吸法应用

（1）使触电者的头部尽量后仰，鼻孔朝天，使气道畅通。

（2）施救人蹲跪在触电者的头部一侧，用一只手捏紧触电者鼻孔，另一只手的拇指和食指掰开其嘴巴，如果掰不开可用口对鼻人工呼吸法（捂住嘴巴，紧贴鼻孔吹气）。

（3）施救人深吸气后，紧贴掰开的嘴巴吹气，吹气时可隔一层纱布或毛巾，吹气时要使触电者胸部膨胀，为时 2 s。对儿童的吹气量酌减。

（4）吹气完毕，立即离开触电者的口鼻，令其自行呼气，为时 3 s。

（5）在人工呼吸过程中，若发现触电者有轻微的自然呼吸时，人工呼吸应与自然呼吸的频率一致。当触电者的自然呼吸好转时，可暂停人工呼吸数秒并密切观察。若正常呼吸仍不能完全恢复，应立即继续进行人工呼吸直到完全恢复正常为止。

6. 心肺复苏的注意事项

请注意，心脏跳动和呼吸是相互联系的。心脏停止跳动后呼吸也很快就停止。呼吸停止了，心脏跳动也将维持不了多久。一旦呼吸和心跳都停止了，应该同时进行口对口（鼻）人工呼吸和胸外心脏挤压。如果现场仅是一个人抢救，两种方法应交替进行，吹气 2 ~3 次，再挤压 10 ~15 次，而且吹气和挤压的速度都应该提高一些。

进行人工呼吸和胸外心脏挤压抢救要坚持不断，不可轻率终止，送医途中也不可终止抢救。在抢救过程中，经过观察如发现触电者皮肤由紫变红，瞳孔由大变小则说明抢救得到了效果；若发现触电者嘴唇微有开合、喉头微动、眼皮微动，则应注意其是否有了自主心跳和呼吸。触电者能够开始呼吸时，即可停止人工呼吸。如果人工呼吸停止后，触电者仍不能自主呼吸，应立即再次投入人工呼吸。急救过程中，如果触电者身上出现尸斑或身体僵冷，须经医生做出无法救活的诊断后方可停止抢救。

二、新能源汽车高压电路

（一）新能源汽车高压电的类型

1. 新能源汽车电压安全级别

依据国家标准 GB/T 18384. 3 – 2015《电动汽车安全要求第 3 部分：人员触电防护》要求，考虑到空气的湿度和人体在不同工作环境下的电阻，根据不同电压等级可能对人体产生的伤害和危险程度不同，在新能源汽车中将车辆电压按照类型和数值分为两个安全级别，见表 2 – 1。

A 级是较为安全的电压等级，在直流中，最大工作电压应小于或等于 60 V；在交流中，最大工作电压应低于 30 V，该电压下的维护人员不需要采取特殊的防电保护。

B 级对人体会产生伤害，被认为是高压。在该电压下必须采取必要的防护设备对维护人员进行保护。

表 2－1　电压的安全级别

电压安全级别	最大工作电压/V	
	DC（直流）	AC（交流）
A	$0 < U \leqslant 60$	$0 < U \leqslant 30$
B	$60 < U \leqslant 1500$	$30 < U \leqslant 1000$

2. 新能源汽车高压类型

纯电动汽车和混合动力汽车的高压系统均同时具有直流高压和交流高压，如图 2－5 所示。

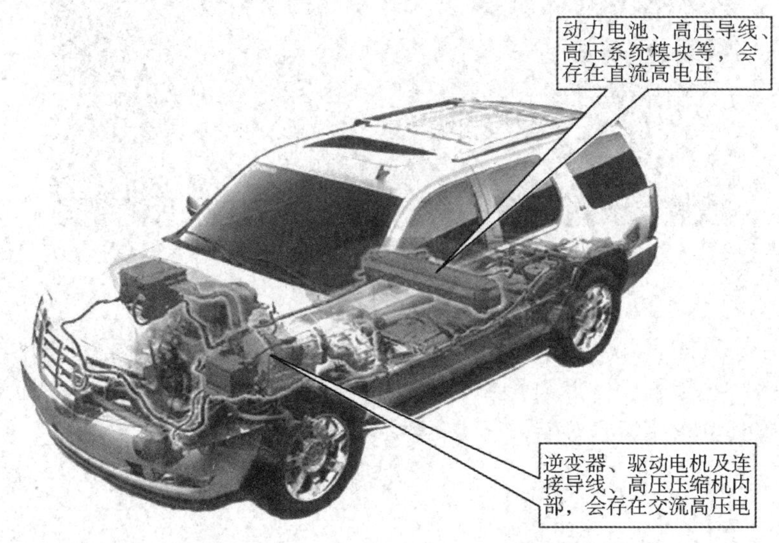

图 2－5　高电压车辆的主要高压类型

直流高压主要分布在动力电池到各个驱动部件的位置，如动力电池到驱动逆变器之间连接的是直流高电压；动力电池到高压压缩机之间连接的是直流高电压。

交流高压主要分布在逆变器与驱动电机之间，以及充电接口与车载充电器之间。不同的是逆变器与驱动电机之间的交流高电压通常都在 300 V 左右，而充电接口与车载充电器之间的交流高电压即为外部电网的 220 V 的电压。

（二）新能源汽车高压电的标识

为防止意外触及高压系统，新能源汽车对高压部件均采用特殊的标识或颜色，对维修人员或车主给予警示。新能源汽车通常采用两种形式进行高压的标识警示，这包括高压警示标识和高压警示颜色。

1. 高压警示标识

每个新能源汽车的高压组件壳体上都带有一个标识，售后服务人员或每位车主均可通过标识直观看出高压可能带来的危险，所用警示牌基于国际标准危险电压警告标识。如图 2－6 所示，高压警示标识采用黄色底色或红色底色，图形上布置有高压触电国标。

图 2－6　高压警示标识

新能源汽车的高压部件外壳上都有非常醒目的警告标志，如图2－7所示。严禁触碰损坏动力电缆以及高压电池。

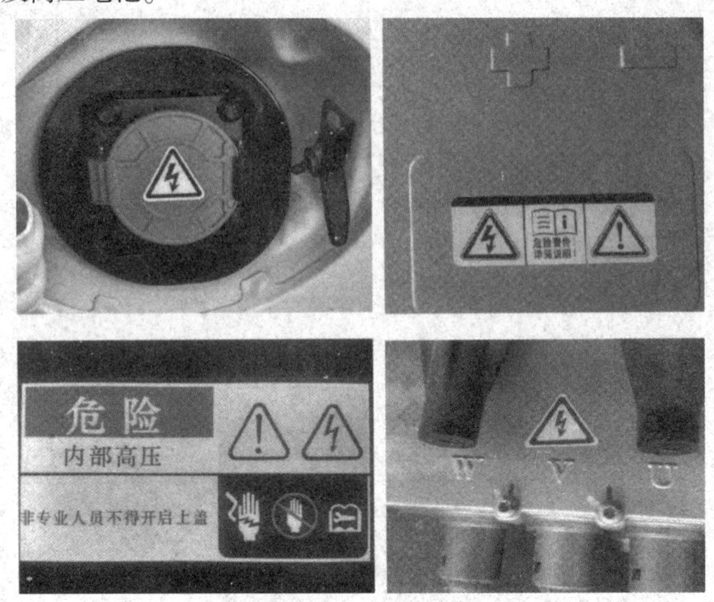

图2－7　高压警示标志

2. 高压警示颜色

由于高压导线可能有几米长，因此在一处或两处通过警示牌标记意义不大，售后服务人员可能会忽视这些标牌，因此，用橙色警示色标记出所有高压导线，高压导线的某些插头及高压安全插头也采用橙色设计（见图2－8）。

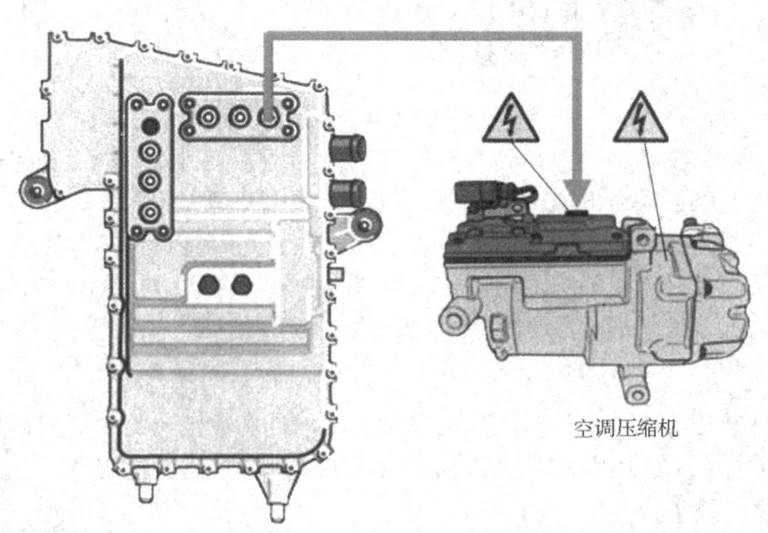

图2－8　高压压缩机高压位置

（三）新能源汽车高压安全设计

新能源汽车相比于传统内燃机汽车，由于驱动系统存在高电压，其安全系统设计更为复杂。如果车辆在充电及行驶过程中发生碰撞、翻车等事故，可能造成电力驱动系统的短路、漏电、燃烧、爆炸等，由此可能对乘员造成电伤害、化学伤害、燃烧伤害等。

1. 新能源汽车高压存在时间

新能源汽车的高压系统集中在车辆的驱动系统、空调与暖风系统、12 V 电源系统及带有插电功能的充电系统。根据高压存在的时间进行分类，新能源汽车高压系统的高压主要有以下三种存在形式（见图 2 - 9）：持续存在、运行期间存在和充电期间存在。

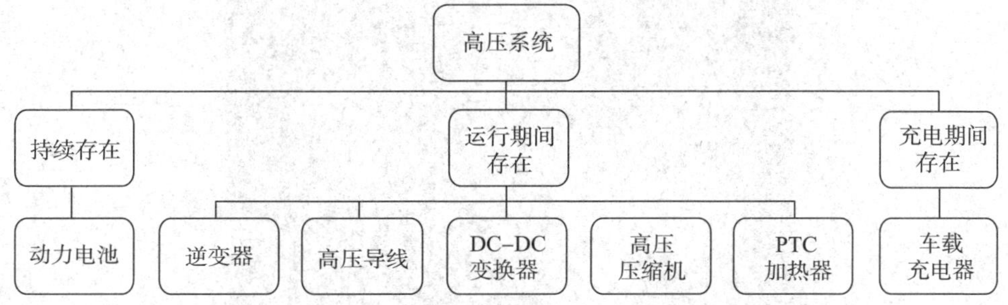

图 2 - 9　高压系统存在形式

（1）持续存在。新能源汽车的动力电池（见图 2 - 10）持续存在高电压，即使当车辆停止运行期间，由于动力电池始终存储有电能，因此当满足动力电池的放电条件后，该部件将继续对外放电。

图 2 - 10　纯电动汽车动力电池

（2）运行期间存在。运行期间存在高压的部件，是指当点火开关处于 ON、RUN 或其他运行状态时，部件存在高电压。逆变器、高压压缩机、PTC 加热器及 DC - DC 变换器部件只有在系统运行时，来自动力电池的高电压才会加载到这些部件上。运行期间存在高电压的系统或部件有以下两种类型。

①只要点火开关处于 ON 或 RUN 状态下就会存在高电压，这类部件包括逆变器（见图 2 - 11）、DC - DC 变换器和连接的高压导线。

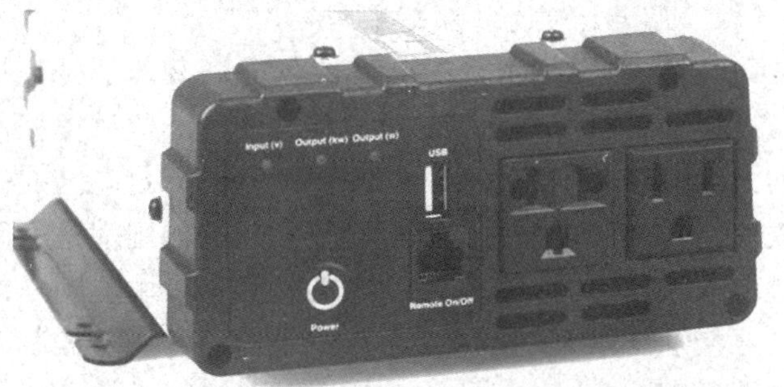

图 2 - 11　汽车逆变器

②虽然点火开关处于 ON 位置，但是由于该系统所执行的功能没有被接通，此时相关的部件仍然不会接通有高电压。如图 2 - 12 所示，位于纯电动汽车中的高压压缩机和 PTC 加热

器，该压缩机的特点是一半是涡卷压缩机，另一半是三相高压驱动的电机。在驾驶人没有运行车辆的空调或暖风功能时，这些部件上是不会存在高电压的。

图 2－12　典型的高压涡卷压缩机

（3）充电期间存在。充电系统部件仅在车辆充电期间存在高电压，这包括来自外部电网的 220 V 交流高压，以及车载充电器与动力电池之间的直流高压，如图 2－13 所示。

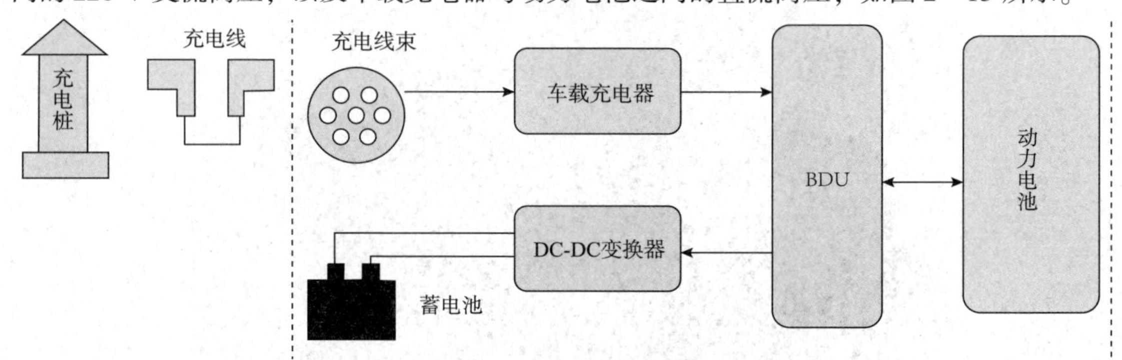

图 2－13　充电期间具有高电压的部件

需要注意的是，有些车辆的车载充电器和动力电池设计有独立的空调式冷却系统，在车辆充电期间，由于动力电池可能产生很高的热量，因此车载空调会运行以降低动力电池的温度，此时车辆的高压压缩机也会在充电期间运行，也存在有高电压。

2. 高电压的接通与关闭

在新能源汽车中，除动力电池外，其他部件都是由整车控制单元或混合动力控制单元通过接触器控制高电压的接通与关闭的，这种类型与家庭用的设备供电一样（图 2－14）。动力电池的电能提供形式与家里的外部来自电网的供电一样，无论家里的总闸是否打开与关闭，其总是有电的；而接触器所起的作用就是家里总电源的总闸，不同的是家里的总闸是由人来控制的，新能源汽车的接触器是由电脑来控制的。

接触器即为一个大功率的继电器，它用于控制高压导线正负极之间的接通与断开。接触器通常被布置在动力电池组总成内部或者是独立在一个 BDU（配电箱）中，在丰田普锐斯动力电池总成端部布置有多个接触器，其内部接触器如果断开，整车仅动力电池上会存在高电压，位于接触器下游的高压系统部件将没有高电压。

图 2－14 家用电网供电配电箱与总闸

（四）新能源汽车的安全隐患

新能源汽车安全隐患包括高压触电、动力电池泄漏与燃烧，以及车辆在特殊情况下可能存在的其他风险等。

1. 高压触电安全

人体能承受的安全电压的高低取决于人体允许通过的电流和人体的电阻。人体电阻主要由体内电阻、体表电阻、体表电容组成。人体电阻随着条件的不同在很大范围内变化，但是一般不低于 1 kΩ。我国民用电网中的安全电压多采用 36 V，大体相当于人体允许电流 30 mA（以人体电阻为 1200 Ω）的情况，这就要求人体可接触的新能源汽车任意两个带电部位的电压要小于 36 V。无论是纯电动汽车，还是高电压的混合动力汽车，其电压和电流等级都比较高。动力电池的电压一般为 300 ~ 600 V。正常工作时，电流可达几百安培。这已经远远超过人体能承受的极限。新能源汽车存在高压电气系统部件如图 2－15 所示。

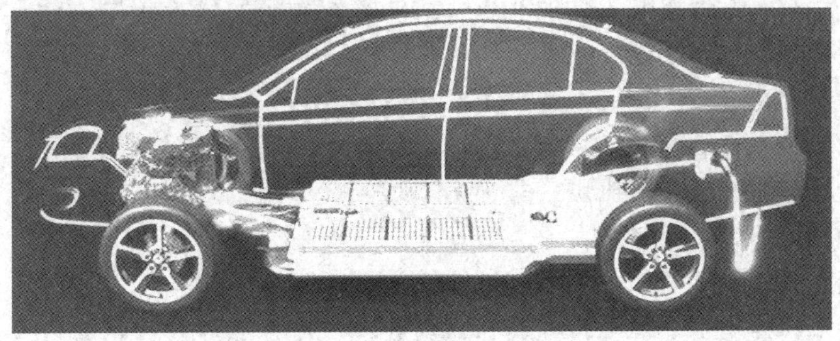

图 2－15 新能源汽车存在高压电气系统部件

对于系统中的高压元件，假如由于内部破损或者潮湿，有可能会传递给外壳一个电势。如果形成两个这样外壳具有不同电势的部件，在两个外壳之间会形成具有危险性的电压。此时，如果手触及这两个部件，会发生触电的危险。

人体没有任何感觉的阈值是 2 mA。这就要求如果人或其他物体构成动力电池系统（或“高电压”电路）与地之间的外部电路，最坏的情况下泄漏电流不能超过 2 mA，即人直接接触电气系统任一点的时候，流过人体的电流应当小于 2 mA 才认为车辆绝缘合格。

2. 动力电池安全

新能源汽车的关键部分是动力电池（见图 2－16），对于动力电池安全性的研究是分析高压电类型新能源汽车安全性的前提。近年来，锂离子电池在纯电动汽车和混合动力汽车上得到了广泛的应用。所以以锂离子电池为例，来介绍动力电池的安全性。

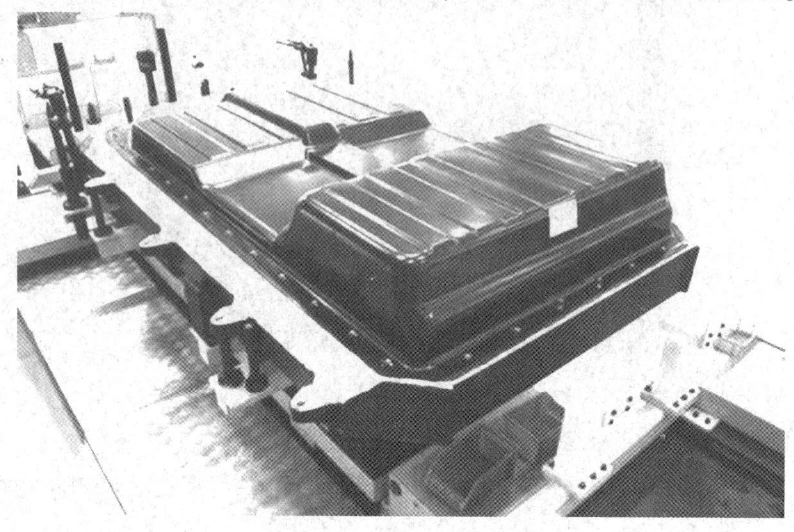

图 2－16 新能源汽车动力电池

锂离子电池在正常使用过程中不会出现安全问题，但电池的滥用会导致电池的热效应加剧，这是锂离子电池出现安全问题的导火索，最终表现为电池的“热失控”，从而引起安全事故。导致热失控有以下几种情况。

（1）过充电与过放电。

（2）过电流。

（3）电池过温。

3. 危险运行工况下的安全

新能源汽车由于存在高电压，因此在行驶中发生事故时，如果没有很好的安全设计，很容易发生安全隐患。这些安全隐患包括有：

（1）高压系统短路。

（2）发生碰撞或翻车。

（3）涉水或遭遇暴雨。

（4）充电时车辆的意外移动。

4. 新能源汽车的安全设计

新能源汽车存在的安全隐患包括高压系统短路、高压系统绝缘故障、高压系统脱落、高压充电风险等。根据这些安全隐患以及实际的工作状况，对新能源汽车主要从以下几个方面进行设计，如图 2－17 所示。

（1）维修安全。维修安全主要包含传统内燃机汽车的维修安全和针对新能源汽车的特殊维修安全。新能源汽车的维修安全主要是防止高压触电。因此，维修人员在对高电压类型汽车进行操作之前应当保证不会有触电风险，为此大多数汽车在系统上设计有维修开关（图 2－18），当断开维修开关时，动力电池的动力输出立即中断。在操作上应当遵从以下流程：在断开电池的动力输出后，需等待 5 min 才能接触高压部件。

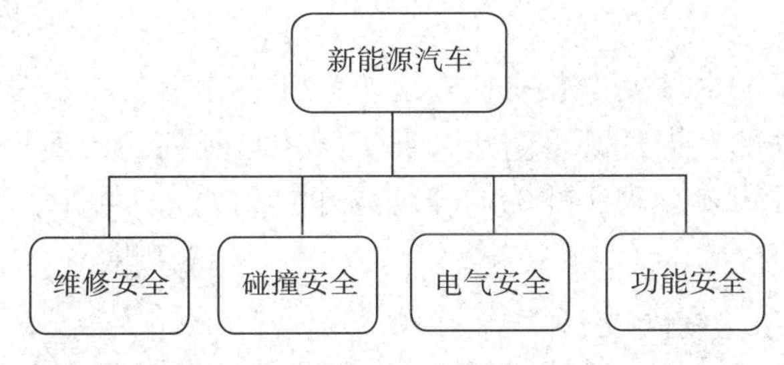

图 2－17　新能源汽车安全设计

图 2－18　手动维修开关

（2）碰撞安全。当车辆发生碰撞时，车辆的安全系统应当满足以下要求：碰撞过程中以及碰撞后都要保证相关人员的人身安全。对于新能源汽车来说，除了传统汽车的相关保护要求之外，还应当满足以下要求。

①碰撞过程中避免乘员和行人遭受触电风险，在保证人员安全的情况下尽量保护关键零部件不受损害。

②碰撞后保证维护和救援人员没有触电风险。为此，有些车辆设计有如图 2－19 所示的电路，将惯性开关串联到高压接触器的供电回路中，当发生碰撞时惯性开关断开，从而切断高压接触器的供电电源，此时动力电池的高压输出便会被断开，保证了乘员、行人、维护和救援人员的高压安全。

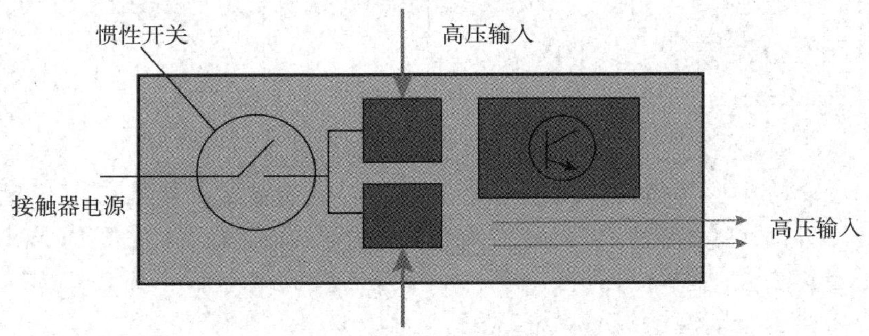

图 2－19　惯性开关在电路图中的位置

（3）电气安全。新能源汽车的电气安全主要包括以下几个方面。

①防止人员接触到高压电。

②电池能量的合理分配。

③充电时的高压安全。

④行驶过程中的高压安全。

⑤碰撞时的电气安全。

⑥维修时的电气安全。

为保证新能源汽车的电气安全，有些车辆会设计有以下安全装置。

第一，高压零部件的接插件既可防止人员直接接触到高压，还可防水、防尘，减小高压系统绝缘出现问题的风险。高压插头的安全设计方式如图 2－20 所示。

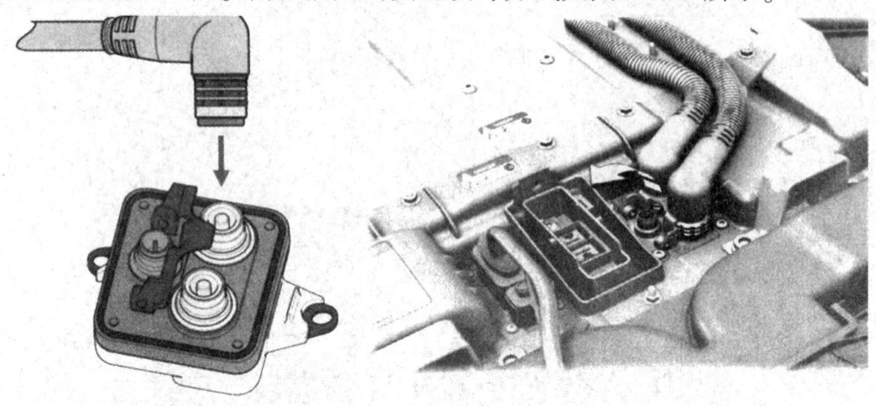

图 2－20　高压插头的安全设计方式

第二，动力电池与外部高压回路之间设计有高压接触器（见图 2－21），以保证在驾驶人无行驶意图或充电意图时，车辆除电池内部之外的高压系统是不带高压电的。只有当驾驶人将车辆钥匙打到“Start”挡或对动力电池进行充电时，接触器才可能会闭合。

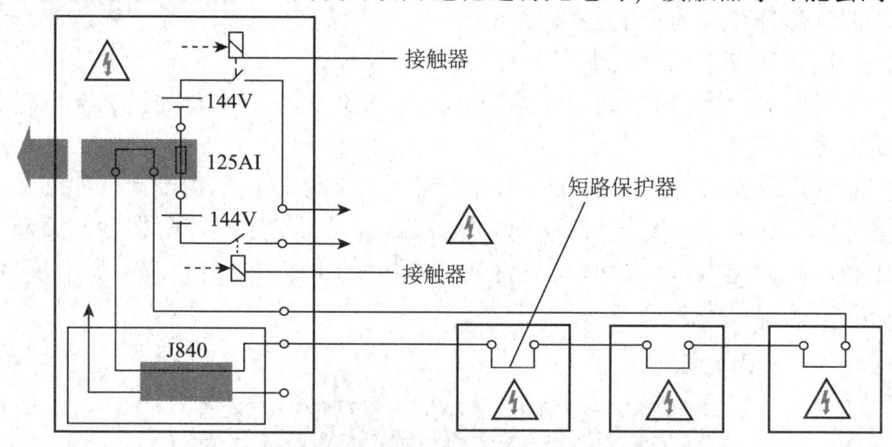

图 2－21　高压接触器设计方式

第三，高压系统中应当设计预充电回路。在动力电池输出高压电之前，先通过预充电回路对电池外部的高压系统进行预充电。预充电回路主要由预充电电阻构成。由于高压零部件的高压正、负极之间设计有补偿电容，如果没有预充电电阻，那么在高压回路导通瞬间，补偿电容将会由于瞬间电流过大而烧毁。

第四，绝缘电阻检测系统。为保证人员免遭触电风险，高压系统应当进行绝缘电阻检测电路的设计。若绝缘电阻值过小，整车控制器应当发送接触器断开指令。

第五，短路保护器。当高压系统出现短路等危险情况时，为保护乘员和关键零部件，需设计如图 2－22 所示的短路保护器。如果流过短路保护器的电流大于某个值，则该保护器便会被熔断。

第六，高压互锁回路设计。当高压互锁回路断开时，表示某一高压部件的低压或高压连接断开，此时乘员或维修人员有可能会接触到高压电从而造成触电伤害，因此电池管理

单元在检测到断开信号之后应当立即断开相应的高压接触器以切断高压输出。在橙色高压插接器上方设计的低压互锁开关，当该低压互锁开关断开时，系统将切断高电压。

（4）功能安全。电动类型的新能源汽车，需要从以下两个功能方面采取安全设计，避免安全隐患的发生。

①转矩安全管理。为防止车辆出现不期望的运动，需要在整车控制器中加入转矩安全控制策略。具体转矩安全策略如下。

整车控制器负责计算整车的转矩需求，计算的转矩需求的差值大于某个标定值，则认为转矩输出存在安全风险，此时整车控制器会将车速限制在安全范围内。

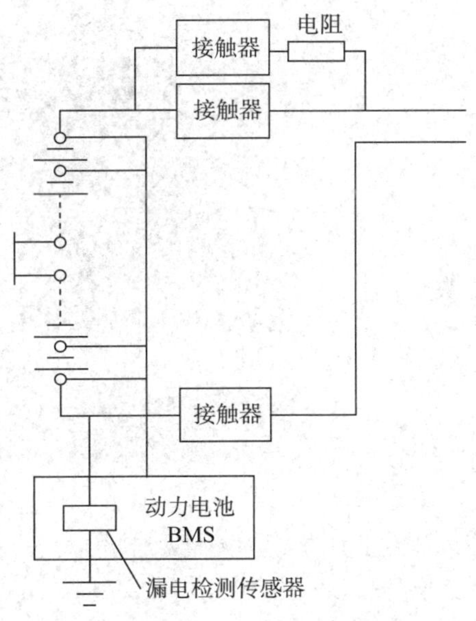

图 2－22 高压预充电回路设计方式

若整车控制器的需求转矩与电机的实际转矩的差值大于某个标定值，则认为电机的转矩控制存在风险，此时整车控制器将会限制电机的转矩输出。若两者差值一直过大，则切断动力电池的动力输出。

②充电安全。在充电时需要防止车辆移动，以及避免快充、慢充、行驶模式之间的冲突，为此进行以下设计。

只有挡位放在 P 位时才允许充电。

在充电过程中，转矩需求及实际转矩输出都应当为 0。

当充电枪插上时，不允许闭合控制高压电输出的接触器。

当充电回路绝缘电阻小于标准要求的阻值时，应当停止充电并断开高压接触器。

三、电动汽车高压部件的识别

（一）纯电动汽车用电基础

纯电动汽车用电分为低压用电部分和高压用电部分。低压用电部分由辅助蓄电池或者 DC/DC 变换器进行供电，供电电压一般在 12～14 V，主要用于汽车时钟、仪表盘显示、车身 ECU 存储器、传感器、继电器、电子音响系统及防盗报警系统等；高压用电部分由动力蓄电池进行供电，供电电压一般在 200～400 V（不同品牌型号汽车的电压值不同，取决于电池材料和蓄电池组单体数量），主要用于纯电动汽车的高压控制系统、驱动电机系统和空调系统等。

1. 北汽新能源 EV200 低压用电部分

北汽新能源 EV200 纯电动汽车低压供电系统如图 2－23 所示，主要由辅助蓄电池和 DC/DC 变换器组成。

（1）辅助蓄电池。当前汽车上应用最广泛的辅助蓄电池一般为铅酸蓄电池，是一种将化学能转变为电能的装置，属于可逆的直流电源。与传统能源汽车上所用的蓄电池作用和工作原理相同。

（2）DC/DC 变换器。纯电动汽车的特点就是带有高压动力回路，同时低压 12 V 的辅助蓄电池也保留在车上，纯电动汽车取消了发电机，所有的动能来源都是通过电能转化

图 2－23 北汽新能源 EV200 低压供电系统

的，所以低压 12 V 电气系统的供电与辅助蓄电池的充电是通过 300 多伏的高压直流电转化而来的，这个转化装置就是 DC/DC 变换器。纯电动汽车使用的 DC/DC 变换器主要使用的是降压 DC/DC 变换器，所以在使用过程中，一方面 DC/DC 变换器是低压用电设备的供电装置，另一方面也是高压用电设备。

2. 北汽新能源 EV200 高压用电部分

（1）动力蓄电池是提供整车动力能源的设备，根据电池种类的不同可分为锂离子蓄电池、镍氢蓄电池和铅酸类蓄电池。

北汽新能源 EV200 采用三元锂电池，电池组放置在一个密封并且屏蔽的动力蓄电池箱体里面，如图 2－24 所示。动力蓄电池箱体的作用是承载并保护动力蓄电池组及其内部的电气元件。因此，需要动力蓄电池箱体具有较高的强度和刚度并且防尘防水。电池箱体的防护等级为 IP67。

图 2－24 北汽新能源 EV200 动力蓄电池

（2）北汽新能源 EV200 通电启动之后，动力蓄电池的对外输出分为两条线路：一条线路是直接供电给驱动电机系统；另一条线路是经高压控制装置分配给其他高压用电设备。所以北汽新能源 EV200 的高压用电设备包括驱动电机系统、高压控制盒以及与高压控制盒连接的 PTC、空调压缩机、DC/DC 变换器和车载充电机。

北汽新能源 EV200 整车高压部件连接如图 2－25 所示。

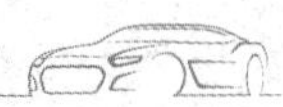

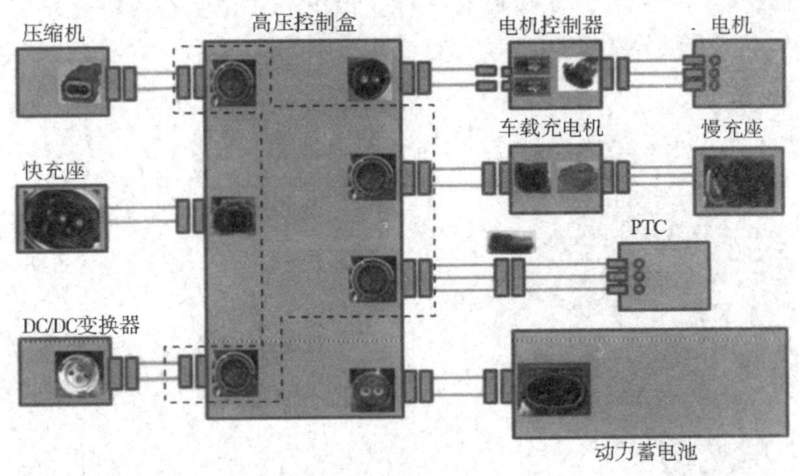

图 2－25　北汽新能源 EV200 整车高压部件连接图

（二）纯电动汽车主要高压部件

1. 动力蓄电池系统

北汽新能源 EV200 动力蓄电池采用三元锂电池电芯 3 并联 91 串联而成，动力蓄电池系统集成如图 2－26 所示。

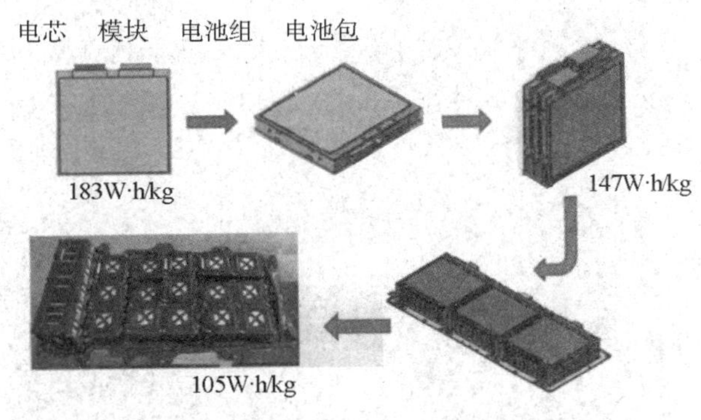

图 2－26　北汽新能源 EV200 动力蓄电池系统集成

动力蓄电池系统如图 2－27 所示，主要由蓄电池模块、蓄电池管理系统、蓄电池箱体及辅助元器件四部分组成。

（1）动力蓄电池的工作原理。蓄电池管理系统（BMS）实时采集各电芯的电压值、各温度传感器的温度值、动力蓄电池系统的总电压值和总电流值、动力蓄电池系统的绝缘电阻值等数据，并根据 BMS 中设定的阈值判定动力蓄电池系统工作是否正常，并对故障实时监控。动力蓄电池系统通过 BMS 使用 CAN 与 VCU 或充电机之间进行通信，对动力蓄电池系统进行充放电等综合管理。

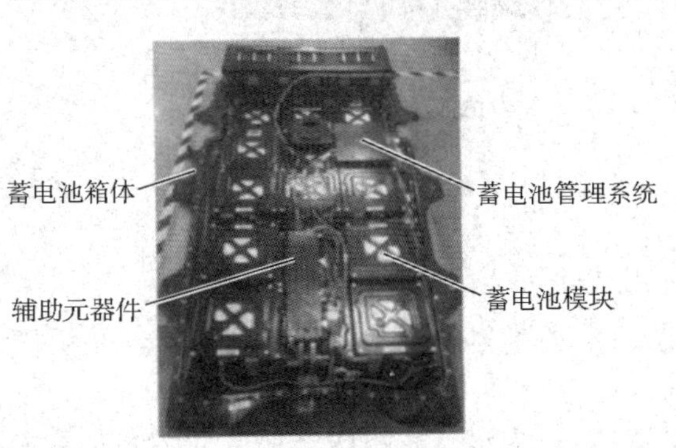

图 2－27　动力蓄电池系统结构

（2）动力蓄电池的功能。蓄电池是一种将化学能和电能相互转换的装置，所以纯电动汽车动力蓄电池的功能可以分为以下三类。

①纯电动汽车运行过程中，动力蓄电池将自身储存的化学能转化为电能，为纯电动汽车的高压用电设备进行供电。

②充电过程中，动力蓄电池将外部电能转化为自身化学能进行储存。

③能量回收过程中，电机作为发电机工作，输出三相正弦交流电通过 IGBT（绝缘栅双极型晶体管）模块转换成直流电向动力蓄电池充电，动力蓄电池将这部分电能转化为自身化学能进行储存。

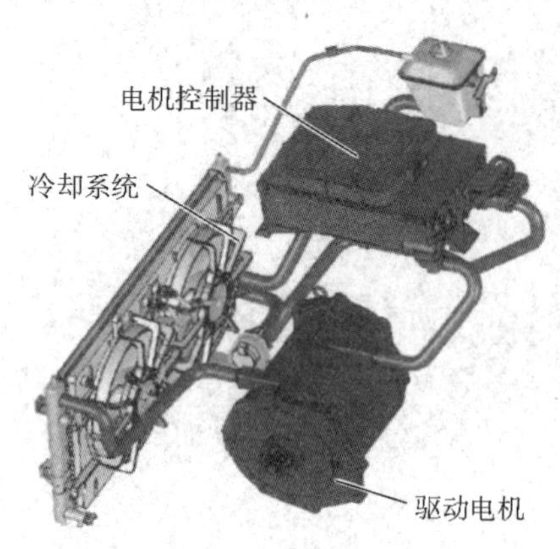

图 2－28 北汽新能源 EV200 驱动电机系统的组成

2. 驱动电机系统

驱动电机系统是纯电动汽车三大核心部件之一，是车辆行驶的主要执行机构，其特性决定了车辆的主要性能指标，直接影响车辆动力性、经济性和舒适性。

北汽新能源 EV200 驱动电机系统主要由驱动电机（电动机）、电机控制器和冷却系统组成，如图 2－28 所示。

（1）驱动电机系统的工作原理。纯电动汽车整车控制器（VCU）根据驾驶员意图发出各种指令，电机控制器接受指令并反馈，将动力蓄电池提供的直流电转化成三相正弦交流电，实时调整驱动电机的输出转矩，再通过机械传输来驱动车辆。

（2）驱动电机系统的功能。北汽新能源 EV200 上所用的驱动电机是三相交流永磁同步电机，它和电机控制器的结构如图 2－29 所示。

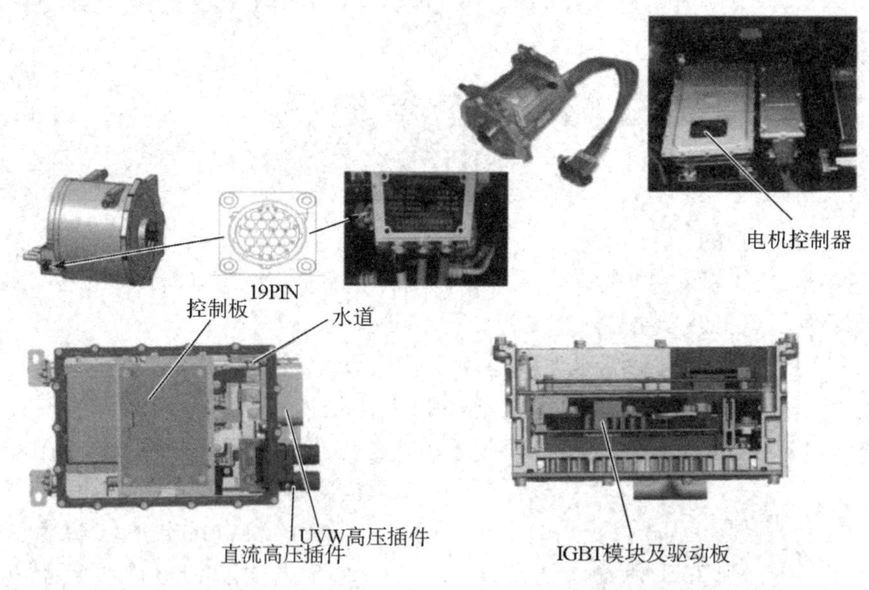

图 2－29 北汽新能源 EV200 驱动电机系统部件图

纯电动汽车驱动电机系统的功能主要包括：

①实现整车的怠速、前行、倒车、停车、能量回收以及驻坡等功能。

②通信和保护，实时进行状态和故障检测，保护驱动电机系统和整车安全可靠运行。

3. 高压控制盒

高压控制盒完成动力蓄电池电源的输出及分配，实现对支路用电器的保护及切断。高压控制盒内部主要包含 PTC 控制板、四个熔断器和快充继电器三部分。四个熔断器分别为 PTC 熔断器、空调压缩机熔断器、DC/DC 变换器熔断器和车载充电机熔断器。高压控制

盒的结构如图 2－30 所示。

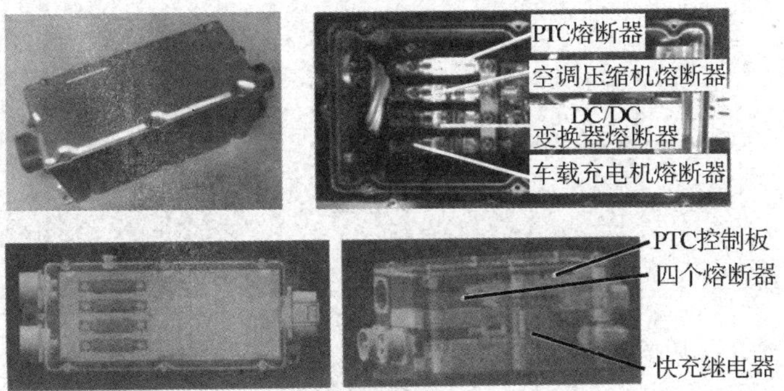

图 2－30　北汽新能源 EV200 高压控制盒的结构

①高压控制盒内部原理图如图 2－31 所示。

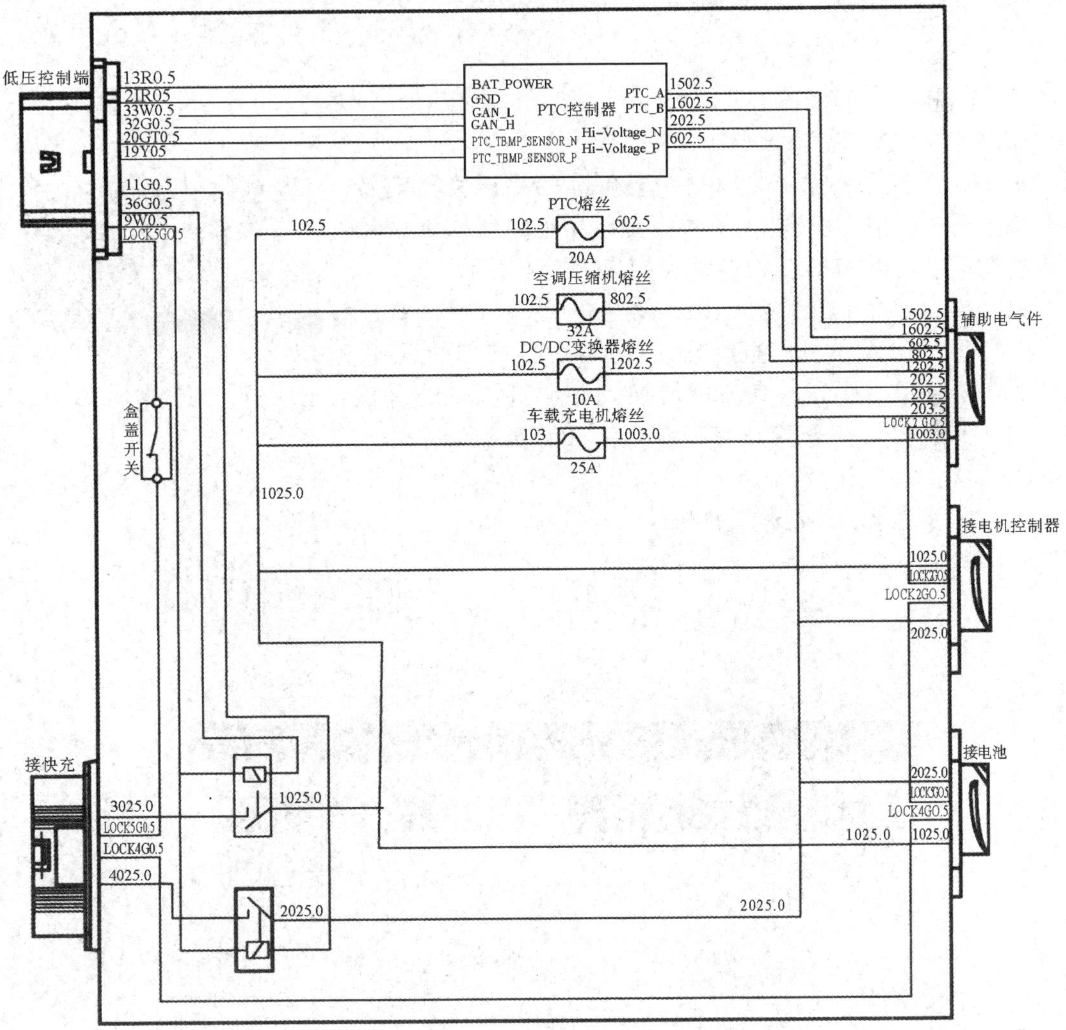

图 2－31　高压控制盒内部原理图

②高压控制盒外部端口如图 2－32 和图 2－33 所示。

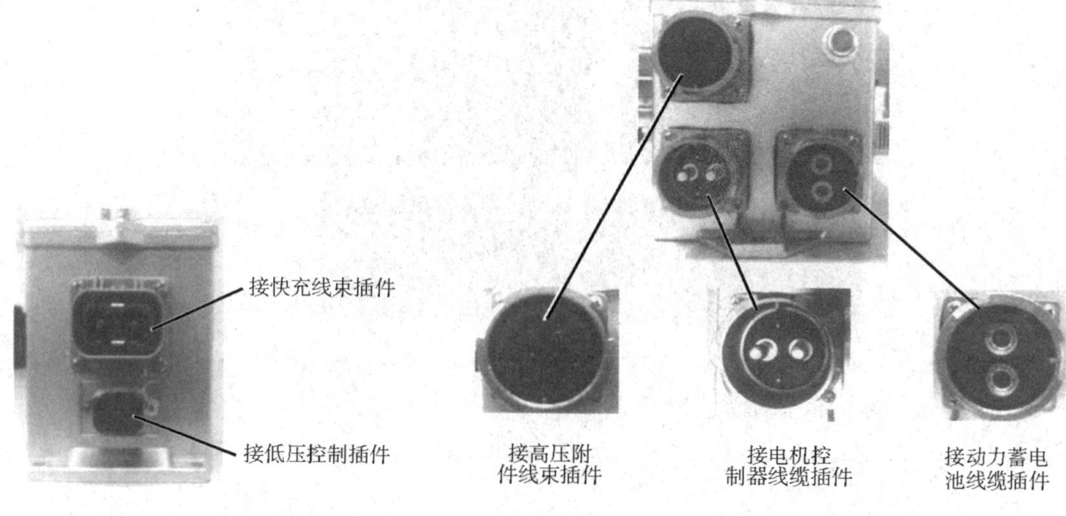

图 2－32　高压控制盒外部端口（一）

图 2－33　高压控制盒外部端口（二）

4. DC/DC 变换器

DC/DC 变换器的功能是将动力蓄电池的高压直流电转换为整车低压 14 V 直流电，给整车低压用电系统供电及铅酸蓄电池充电。DC/DC 变换器外观如图 2－34 所示。

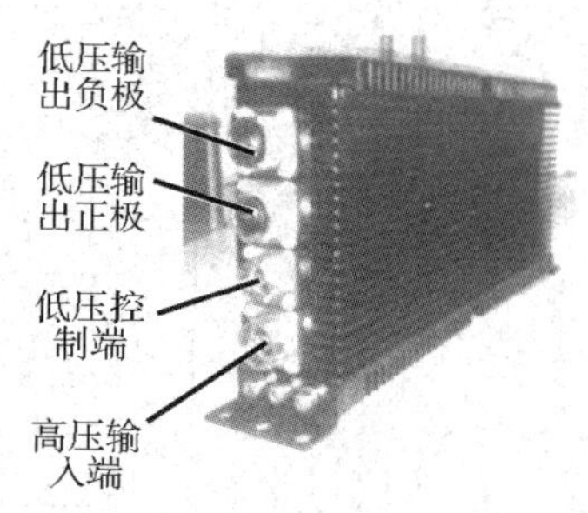

图 2－34　DC/DC 变换器外观图

DC/DC 变换器在工作过程中，要把 290～420 V 的高压直流电转变为 14 V 的低压直流电，并不是一个简单的过程。如图 2－35 所示，在高压直流电转换到低压直流电的过程中，实际上经历了高压直流—高压交流—低压交流—低压直流的过程。

DC/DC 变换器工作条件及判断。

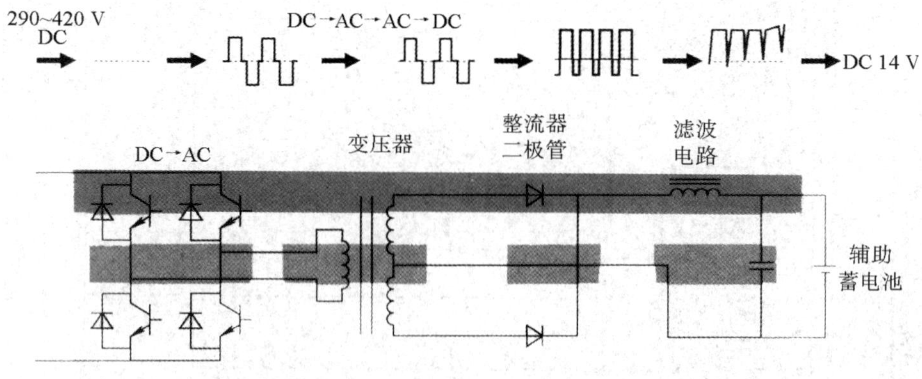

图 2－35　DC/DC 变换器的工作原理

（1）工作条件

①高压输入范围为 DC 290～420 V。

②低压使能输入范围为 DC 9～14 V。

（2）判断 DC/DC 变换器是否工作的方法

第一步，保证整车线束正常连接的情况下，上电前使用万用表测量铅酸蓄电池端电压，并记录。

第二步，整车 ON 位上电，继续读取万用表数值，查看变化情况，如果数值在 13.8～14 V，判断为 DC/DC 变换器工作。

5. 车载充电机

电动汽车车载充电机的功能是将 220 V 交流电转换为动力蓄电池的直流电，实现电池电量的补给，保证车辆正常行驶。同时车载充电机提供相应的保护功能，包括过电压、欠电压，过电流、欠电流等多种保护措施，当充电系统出现异常时会及时切断电源。车载充电机的外观如图 2-36 所示。

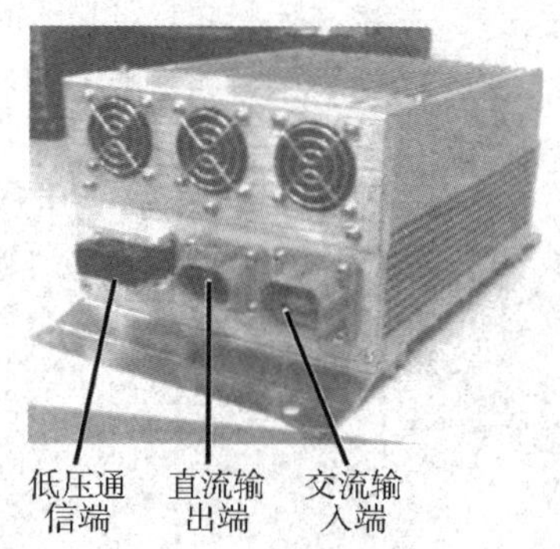

图 2-36　车载充电机

车载充电机的正上方有 3 个指示灯，分别是 POWER、RUN、FAULT 指示灯。

（1）POWER 灯。电源指示灯，当接通交流电后，电源指示灯亮起。

（2）RUN 灯。工作指示灯，当进入充电状态后，工作指示灯亮起。

（3）FAULT 灯。报警指示灯，当充电机内部或充电过程中存在故障时亮起。

车载充电机在充电过程中要完成将交流电转换成直流电、升压、形成交流电波形、通过变压器升压、将交流转换成直流 5 个工作步骤。

北汽新能源 EV200 车载充电原理如图 2-37 所示。

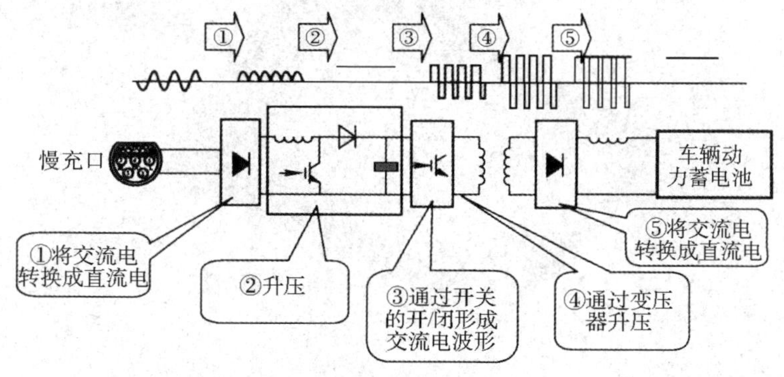

图 2-37　北汽新能源 EV200 车载充电原理

6. 空调与暖风系统

C33DB 空调系统主要部件布置位置如图 2-38 所示。

电动压缩机用于制冷循环，主要作用是将从蒸发器来的低温低压气体压缩成高温高压气体，为整个制冷系统提供原动力，其结构如图 2-39 所示。

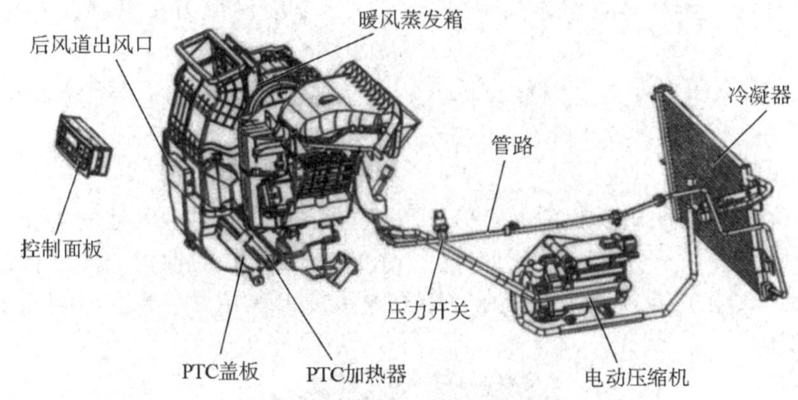

图 2－38　C33DB 空调系统主要部件布置位置

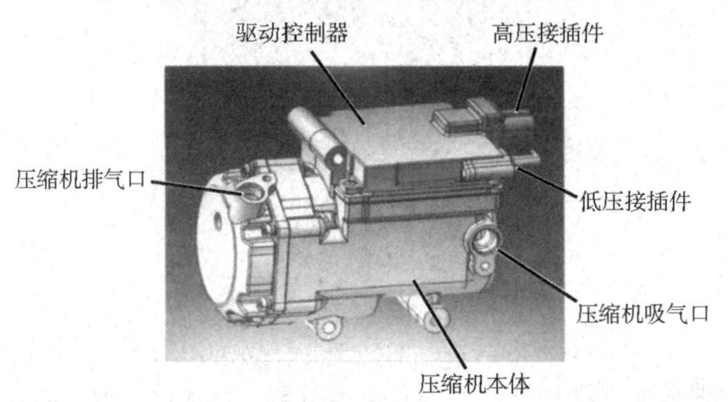

图 2－39　涡旋式压缩机

与传统汽车不同的是，纯电动汽车暖风系统采用 PTC 加热丝进行加热，其外观如图 2－40 所示，当起动空调系统时，动力蓄电池向 PTC 进行供电，产生热量。

图 2－40　PTC

四、电动汽车高压线束的认知

（一）整车高压线束/线缆

1. 布局

北汽新能源 EV200 高压线束/线缆采用分体式布局结构，如图 2－41 所示。

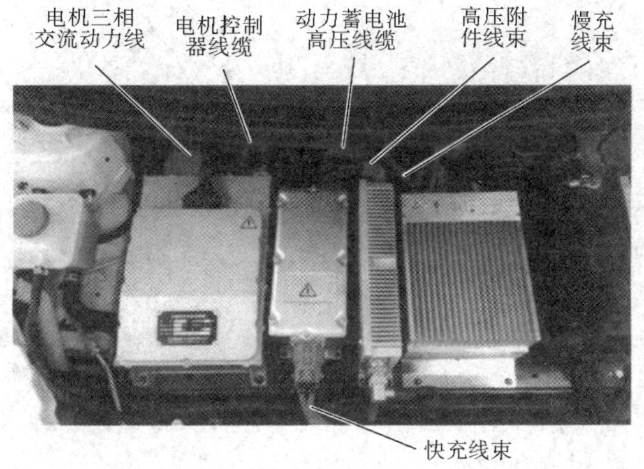

图 2－41　北汽新能源 EV200 高压线束/线缆布局

2. 快充线束

连接快充口和高压控制盒之间的线束，如图 2－42 所示。从快充口进入的高压直流电经快充线束流入高压控制盒，搭铁线经车身搭铁点与车身相连，其他线束经整车低压线束传输至 VCU 和 BMS。

3. 动力蓄电池高压线缆

动力蓄电池高压线缆是连接动力蓄电池到高压控制盒之间的线缆，如图 2－43 所示，主要承担动力蓄电池输入或输出的高压直流电。

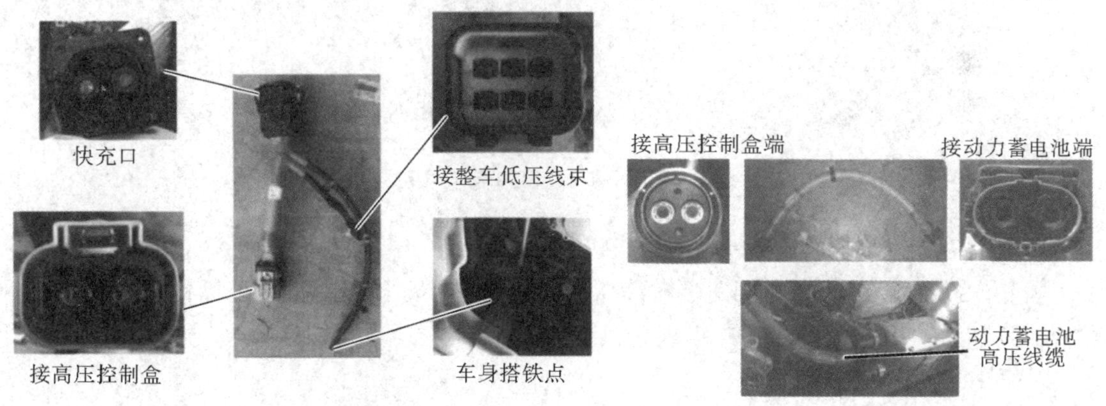

图 2－42　快充线束

图 2－43　动力蓄电池高压线缆

4. 高压附件线束

高压附件线束是连接高压控制盒到 DC/DC 变换器、车载充电机、空调压缩机、空调 PTC 之间的线束，如图 2－44 所示，此外，高压附件线束还包含互锁信号线。

5. 电机控制器线缆

电机控制器线缆是连接电机控制器到高压控制盒之间的线缆，如图 2－45 所示，从高压控制盒引出的线束一分为二，分别连接电机控制器正负极。

6. 电机三相交流动力线

电机三相交流动力线是连接电机控制器到电机之间的线缆，如图 2－46 所示。

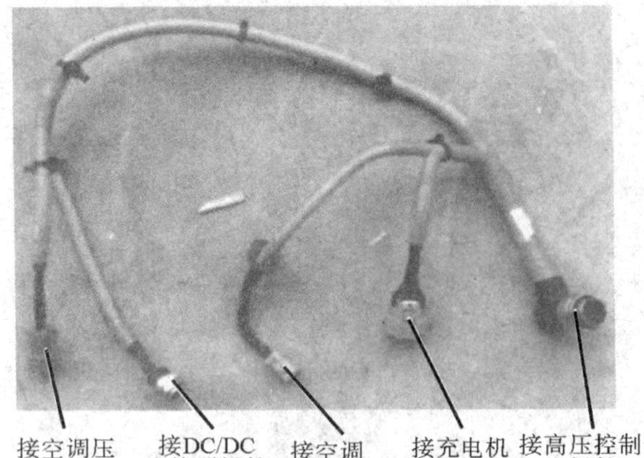

图 2－44　高压附件线束

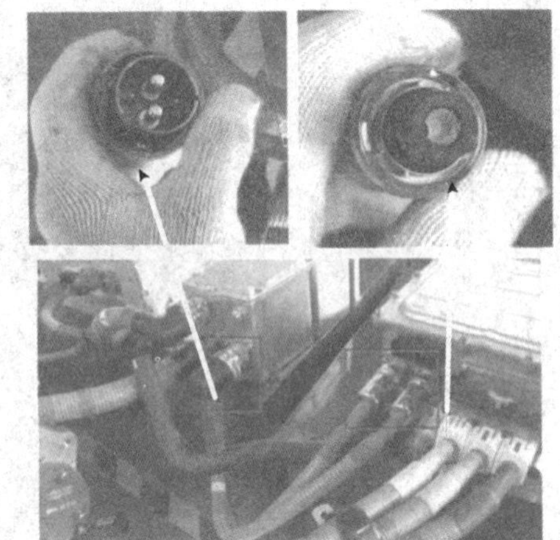

图 2－45　电机控制器线缆

7. 慢充线束

慢充线束是连接车载充电机到慢充口之间的线束，如图 2－47 所示。

8. 快充线束

快充线束是连接车辆快充口和高压控制盒之间的线束，如图 2－48 所示。

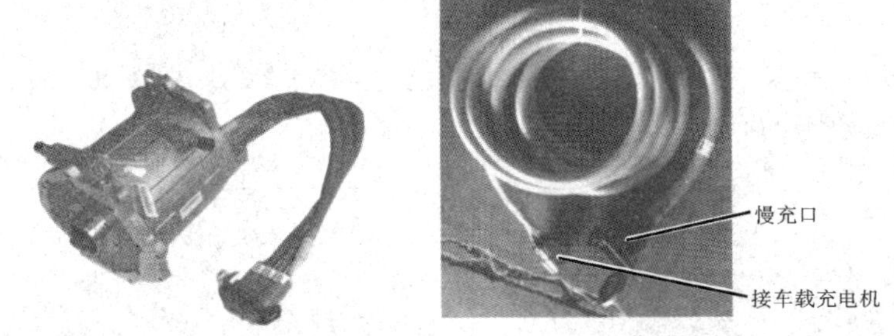

图 2－46　电机三相交流动力线　　图 2－47　慢充线束　　图 2－48　快充线束

(二) 整车高压线束/线缆插拔方法

以北汽新能源 EV200 为例，整车高压线束/线缆插拔方法按照锁止机构设置分为三种类型，分别是三级锁止机构、二级锁止机构和航空插头。

1. 三级锁止机构插拔方法

以动力蓄电池直流端线缆为例，高压线缆端设置三级锁止机构。插拔步骤如图 2－49 所示，将蓝色锁销轻轻向后拉出，待锁销与底部橘黄色外壳接触即解除第一道锁。侧向按压刻有“PRESS”标识的锁扣，同时两侧均匀用力向外推出插接件灰色壳体，待蓝色锁销与灰色壳体外侧凹槽完全贴合即解除第二道锁。向上轻轻顶起插接件底部锁扣解除第三道锁，两侧轻微晃动向外拔出插接件即可。安装时以倒序进行，注意三级锁止机构依次插拔，越级强行插拔将导致插接件锁止机构失效。

2. 二级锁止机构插拔方法

以车载充电机直流输出端为例，直流输出端设置两级锁止机构。插拔步骤如图 2－50 所示，首先将绿色锁舌轻轻向后拉出，其次同时向下按压航空插头顶部锁扣，最后均匀用力向后拉出。安装时将航空插头针孔与插接件端子对齐推入，将绿色锁舌轻轻推入底部。

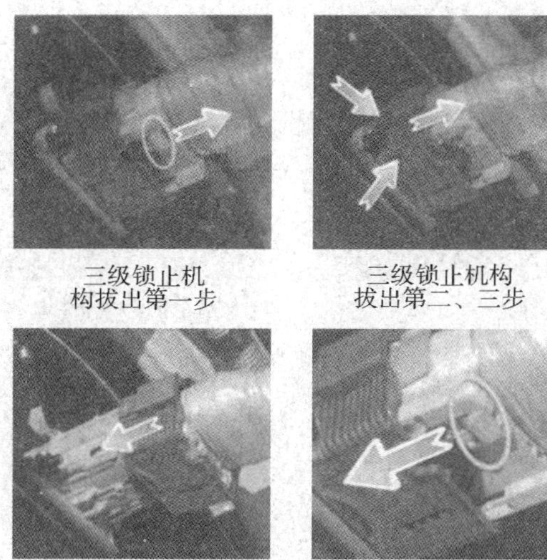

三级锁止机构拔出第一步　　三级锁止机构拔出第二、三步

三级锁止机构插入第一步　　三级锁止机构插入第二步

图 2 – 49　三级锁止机构插拔步骤

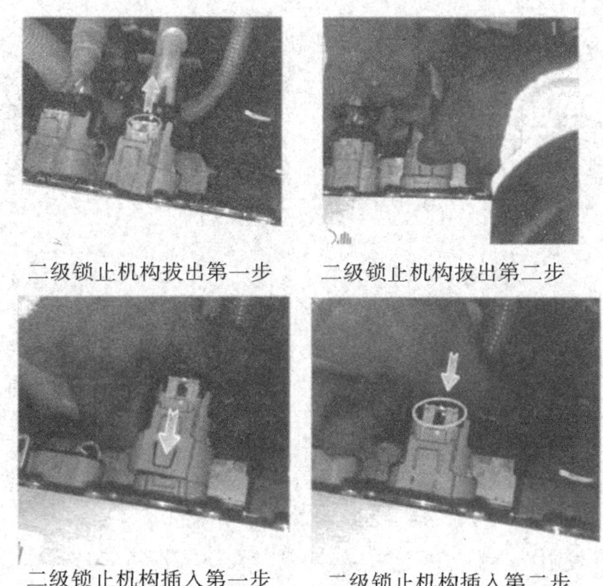

二级锁止机构拔出第一步　　二级锁止机构拔出第二步

二级锁止机构插入第一步　　二级锁止机构插入第二步

图 2 – 50　二级锁止机构插拔步骤

3. 航空插头插拔方法

以 DC/DC 变换器高压输入端为例，如图 2 – 51 所示，逆时针轻轻旋转航空插头端部螺母，待旋松后均匀地用力向后拉出。安装时首先将绝缘体针孔与接插件端子对齐，其次轻轻推入使航空插头内止口与插接件定位键咬合，最后顺时针旋转航空插头端部螺母直至拧紧。

（三）高压线束检测

车辆用高压线束需要具备耐老化、阻燃性、耐磨损等性能，不得出现裂痕、导体暴露等故障。如果发生损坏将会给车辆及车上人员造成安全隐患。因此需要检查各个高压线束外观是否正常。在各高压线束外观状态良好的前提下，还需要保证其内部线路的导通和绝缘性能的良好。对于慢充充电线（见图 2 – 52）来说还要测试其电阻值是否正常。

航空插头拔出第一步

航空插头拔出第二步

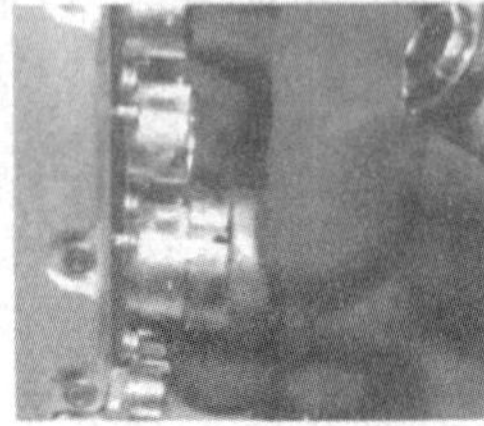

航空插头插入第一步

航空插头插入第一步

航空插头插入第三步

图 2－51　航空插头插拔步骤

车辆端充电枪:
L_1、L_2、L_3:交流电源
N:交流电源
CC:控制确认
CP:充电连接确认
PE:车身地

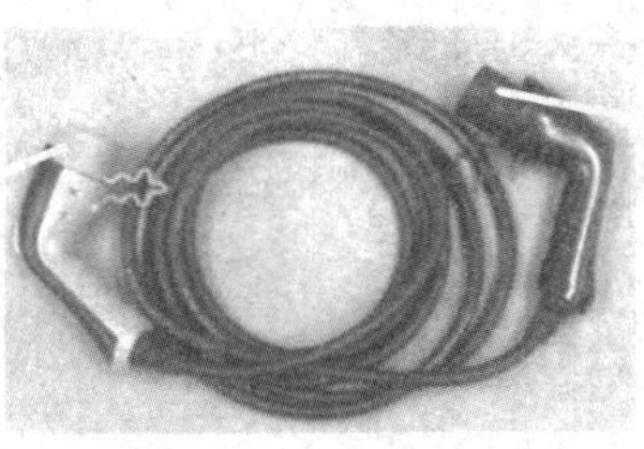

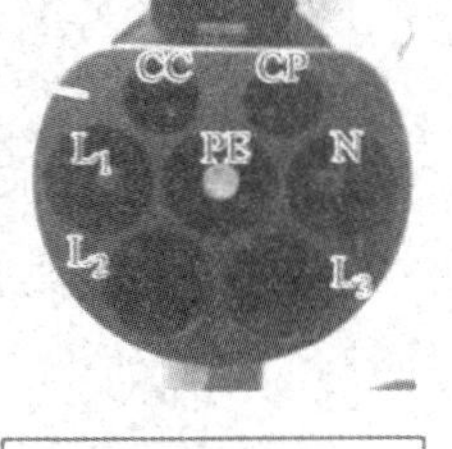

充电桩端充电枪:
L_1、L_2、L_3:交流电源
N:交流电源
CC:控制确认
CP:充电连接确认
PE:车身地

图 2－52　慢充充电线

根据国际电动汽车标准规定，绝缘电阻应大于 100 Ω/V（按动力蓄电池的标称电压计算），将绝缘等级分为 3 等：低于 100 Ω/V 表示绝缘等级差；100～500 Ω/V 之间表示良；大于 500 Ω/V 表示绝缘等级优。测量绝缘电阻时，用约 DC 500 V 电压进行测量，而测量应在施加 1 min 后进行。各高压线束的绝缘阻值标准见表 2－2～表 2－7。

表 2－2　动力蓄电池高压线缆

图示	项目	标准
接高压控制盒端　接动力蓄电池端	电源正极（B 脚）绝缘阻值/MΩ	≥1.4
	电源负极（A 脚）绝缘阻值/MΩ	≥1.0

表 2-3　电机控制器线缆

图示	项目	标准
  Z键位 Y键位 接高压控制盒端	电源正极（B 脚）绝缘阻值/MΩ	≥100
	电源负极（A 脚）绝缘阻值/MΩ	≥100

表 2-4　快充线束

图示	项目	标准
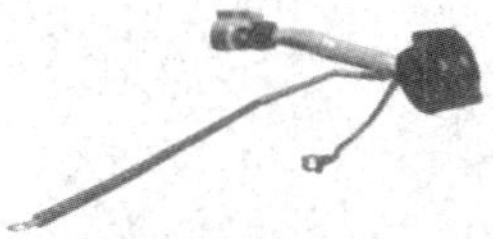  接高压控制盒	电源正极（B 脚）绝缘阻值	无穷大
	电源负极（A 脚）绝缘阻值	无穷大

表 2－5　慢充线束

图示	项目	标准
	电源正极（L 脚）绝缘阻值/MΩ	≥20
 慢充口	电源负极（N 脚）绝缘阻值/MΩ	≥20

表 2－6　高压附件线束

图示	项目	标准
 接高压控制盒插件	DC/DC 变换器电源正极（A 脚）绝缘阻值/MΩ	≥20
	PTC 电源正极（B 脚）绝缘阻值/MΩ	≥500
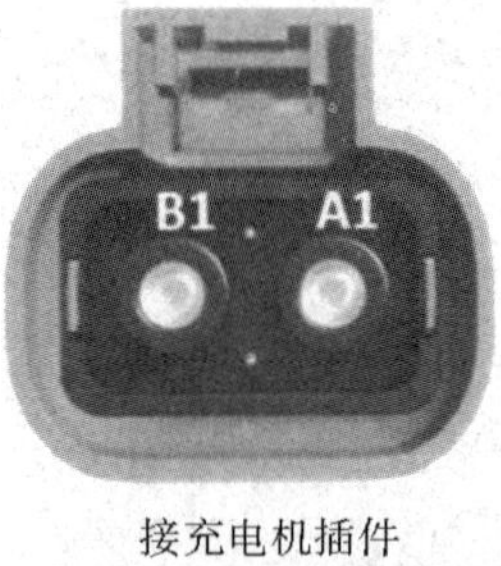 接充电机插件	压缩机电源正极（C 脚）绝缘阻值/MΩ	≥5
	PTC－A 组负极（D 脚）绝缘阻值/MΩ	≥500
 接DC/DC变换器插件	充电机电源正极（E 脚）绝缘阻值/MΩ	≥20
	充电机电源负极（F 脚）绝缘阻值/MΩ	≥20

续表

图示	项目	标准
	DC/DC 变换器电源负极（G 脚）绝缘阻值/MΩ	≥20
接空调压缩机插件	压缩机电源负极（H 脚）绝缘阻值/MΩ	≥5
 接空调PTC插件	PTC－B 组负极（J 脚）绝缘阻值/MΩ	≥500

表 2－7　慢充充电线

图示	项目	标准
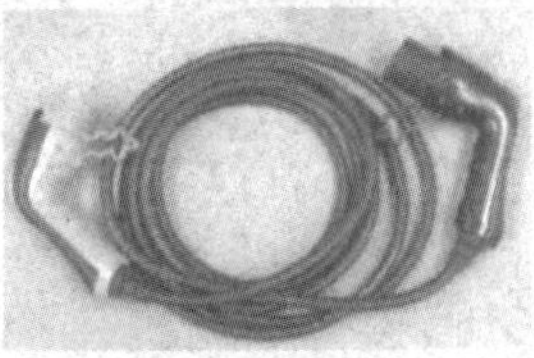	交流电源正极（L 脚）绝缘阻值/MΩ	≥20
	交流电源负极（N 脚）绝缘阻值/MΩ	≥20
充电桩端充电枪	车辆端充电枪阻值（CC 脚与 PE 脚）/Ω	阻值 680±3%（16 A） 阻值 220±3%（32 A）
 车辆端充电枪	桩端充电枪阻值（CC 脚与 PE 脚）/Ω	<0.5

五、新能源汽车维护工具使用

电动汽车车辆高压部分维护一定要坚持“安全第一”的原则，为防止电击伤害。在维护前，维护人员必须做好高压安全防护，正确选择和佩戴绝缘防护用具，使用高压检测工具。传统部分（如制动系统、行驶系统、转向系统等）的维护也应正确使用相关检查和维护工具。

（一）高压防护工具

1. 绝缘手套

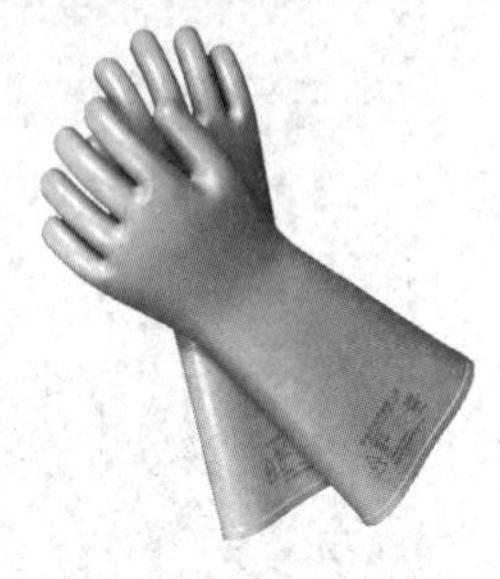
图 2-53 绝缘手套

绝缘手套是用天然橡胶制成的，起到对人的保护作用，具有防电、防油、耐酸碱等功能，如图 2-53 所示。绝缘手套主要在操作高压电器设备时使用，如动力电池高压回路放电、验电，高压部件的拆装，绝缘手套最长使用时间不得超过 6 个月，以防橡胶老化。

绝缘手套铭牌上有最大使用电压，电压值越大，手套越厚。应根据测量实物的最大电压值选择绝缘手套。

（1）使用绝缘手套前必须进行充气以检验气密性，如图 2-54 所示，检查步骤：

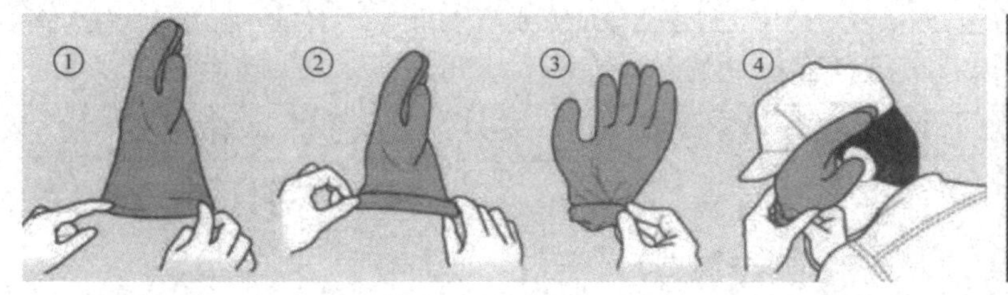

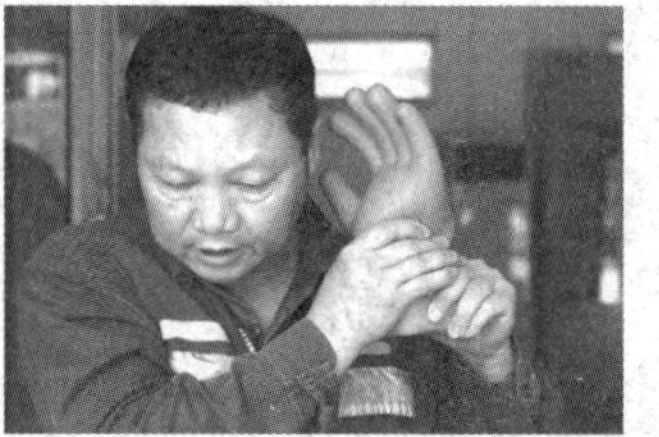
图 2-54 绝缘手套气密性检查

①选择绝缘手套袖口处横向位置；

②将手套从袖口处向指尖方向卷 1 ~ 2 圈；

③用一只手封紧袖口位置；

④检查是否会漏气，发现有任何破损都不能使用。

（2）当戴绝缘手套作业时，应将衣袖口放进手套筒内，以防发生意外。

（3）绝缘手套使用完后，应将内外擦洗干净，待干燥后，撒上滑石粉放置平整，以防受压受损，且不能放置于地上。

2. 绝缘帽

图 2-55 绝缘帽正确佩戴方式

当电动汽车处于举升状态，进行维护时应使用绝缘帽。使用前应检查绝缘帽有无裂缝或损伤，有无明显变形，下颚带是否完好、牢固，佩戴时必须按照头围大小调整并系好下颚带，图 2-55 所示为绝缘帽正确佩戴方式。

3. 绝缘鞋

绝缘鞋是高压操作时使人与大地绝缘的防护用具，一般在较潮湿的场所使用。穿戴绝缘鞋前需检查鞋面有无划痕、鞋底有无断裂、鞋面是否干燥，如图 2-56 所示。绝缘鞋应放在干燥、通风处，不能随意乱放，并且避免接触高温、尖锐物和酸碱油类物质。

4. 防护目镜

检查和维护电动汽车时需要佩戴防护目镜（见图 2-57）。防护目镜主要用于防御电器

拉弧产生的电火花对眼睛的损伤。使用前需要对防护目镜进行检查，看有无裂痕、损坏。

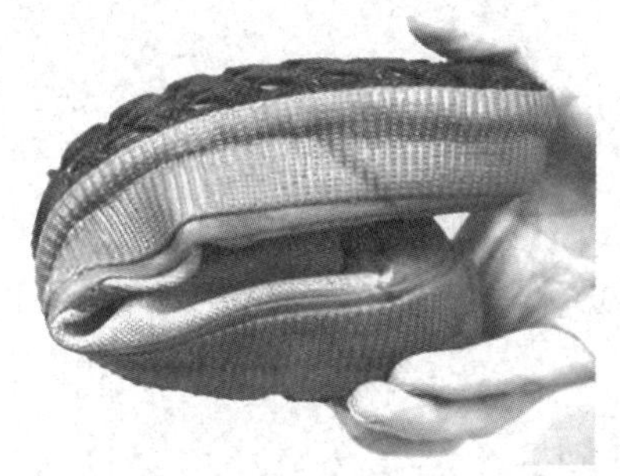

图 2－56　绝缘鞋检查

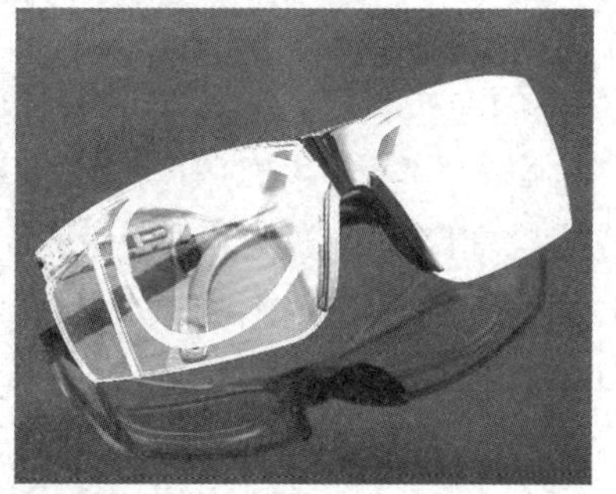

图 2－57　防护目镜

5. 绝缘服

绝缘服（见图 2－58）主要用于维护人员带电作业时的身体防护。

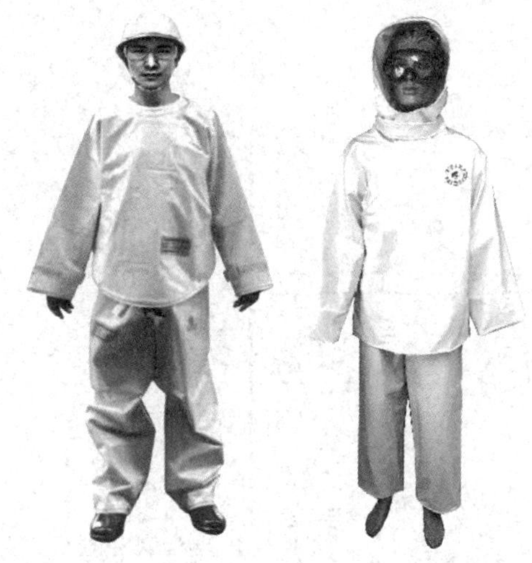

图 2－58　绝缘服

6. 绝缘垫

绝缘垫（见图 2－59）是具有较大电阻率和耐电击穿的胶垫，主要在电动汽车维护时用于地面的铺设，起到绝缘的作用，在雨季湿度大或者地面潮湿时，绝缘垫就更加重要了。

7. 绝缘工具

在维修高压系统时必须使用电工专用绝缘工具，如图 2－60 所示。使用绝缘工具时，要加强日常保养，防止受潮、损坏和脏污。

图 2－59　绝缘垫

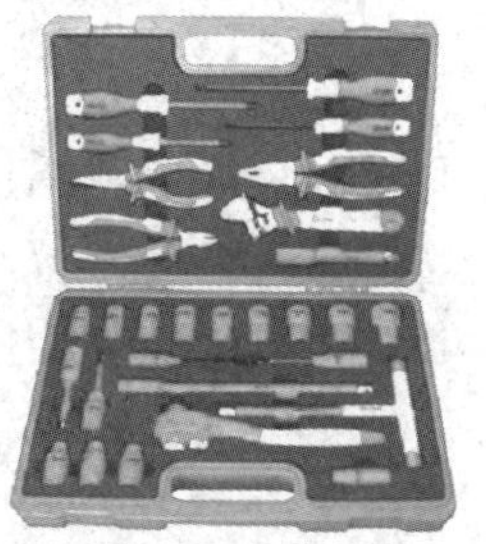

图 2－60　绝缘工具

（二）高压检测工具

1. 绝缘表

绝缘电阻是表征电动汽车电气安全好坏的重要参数。高压电线绝缘介质的老化或受潮湿环境影响等会导致高压电路和车辆底盘之间的绝缘性能下降，负极线通过绝缘层和底盘构成漏电回路，使底盘电位上升，危及乘客的人身安全。为了消除高压电对车辆和驾乘人员的潜在威胁，保证电动汽车电气系统的安全，在电动汽车维护时需要使用绝缘表检测绝缘电阻。

绝缘表主要分为绝缘电阻表和数字测试绝缘表两种。

（1）绝缘电阻表。绝缘电阻表又称兆欧表，由一个手摇发电机、表头和三个接线柱（L、E 和 G）组成，如图 2－61 所示。L 为接线端，E 为搭铁端，G 为屏蔽端（也叫作保护环），一般被测绝缘电阻都接在 L 端和 E 端之间，但当被测绝缘体表面漏电严重时，必须将被测物的屏蔽环或不需测量的部分与 G 端相连接。这样漏电流就经由屏蔽端 G 直接流经发电机的负极形成回路。

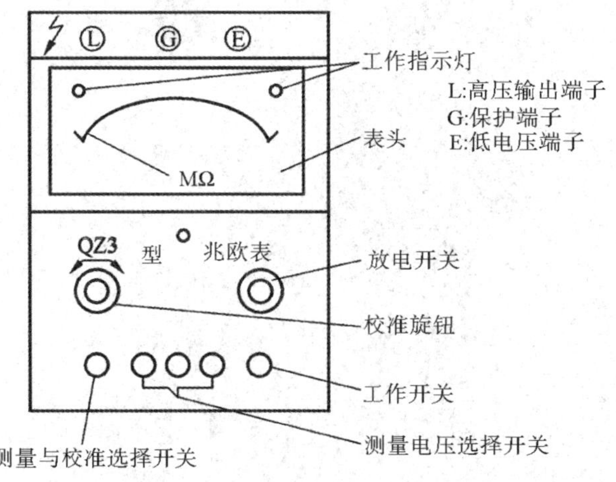

图 2－61　绝缘电阻表组成

绝缘电阻表的额定电压有 250 V、500 V、1000 V、2500 V 等几种，测量范围有 500 MΩ、1000 MΩ、2000 MΩ 等几种。用绝缘电阻表测量绝缘电阻时应该根据什么原则选择呢？

①根据额定电压等级选择，见表 2－8。

表 2－8　根据额定电压等级选择

被测设备额定电压	选用摇表额定电压
<500 V	500 V 或 1000 V
≥500 V	1000 V 或 2500 V

②根据电阻量程范围选择。表头刻度线上有两个小黑点，小黑点之间的区域为准确测量区域。在选表时应使被测设备的绝缘电阻值在准确测量区域内，如图 2－62 所示。

③工作状态试验。使用绝缘电阻表测量绝缘电阻前需要检查绝缘电阻表是否处于正常工作状态，先将其放在平稳、牢固的地方，然后进行断路试验（见图 2－63）和短路试验（见图 2－64）。

断路试验：将 L 端和 E 端分开，由慢到快摇动手柄使发电机达 120 r/min 的额定转速，观察指针是否指在标度尺“∞”的位置，如果是，为正常。

短路试验：将 L 端和 E 端短接，由慢到快摇动手柄使发电机达到 120 r/min 的额定转速，观察指针是否指在标度尺“0”的位置，如果是，则为正常。

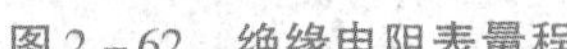
图 2－62　绝缘电阻表量程

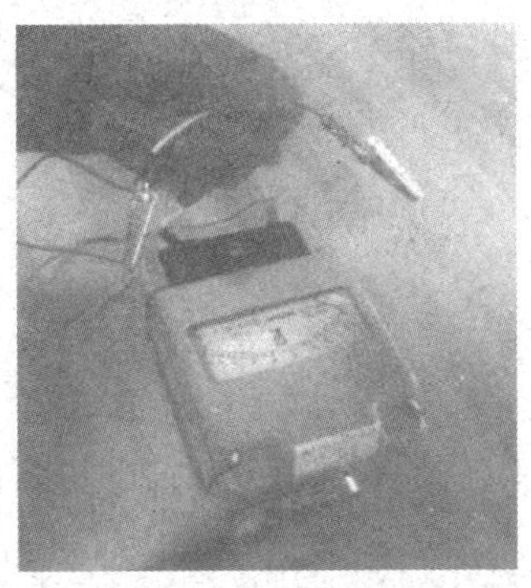
图 2－63　断路试验

图 2－64　短路试验

④摇表使用注意事项。为了保证安全，测量前必须将被测设备电源切断，并对地短路放电，决不允许设备带电进行测量。

检测过程中，被测设备上不能有人。

摇表的引线应用多股软线，且两根引线不能绞在一起，以免造成测量数据不准确。

测量绝缘电阻时，一般只用“L”和“E”端，但在测量电缆对地的绝缘电阻或被测设备的漏电流较严重时，就要使用“G”端，并将“G”端接屏蔽层或外壳。线路接好后，可按顺时针方向转动摇把，摇动的速度应由慢而快，当转速达到 120 r/min 左右时，保持匀速转动，1 分钟后读数，并且要边摇边读数，不能停下来读数。

测试完毕后，先拆线然后停止摇动摇表，防止电气设备向摇表反向充电损坏摇表。

禁止在雷电时或高压设备附近测绝缘电阻。

（2）数字测试绝缘表。数字测试绝缘表是一种由电池供电的绝缘测试仪，它可以测量交/直流电压、接地耦合电阻和绝缘电阻。数字绝缘表上有三个插线孔对应三根表笔（两红一黑），根据测量数据的不同选用不同的插线端子。就像绝缘电阻表一样，检查其是否处于正常状态。数字测试绝缘表使用之前也需要进行断路试验（见图 2－65）和短路试验（见图 2－66）。

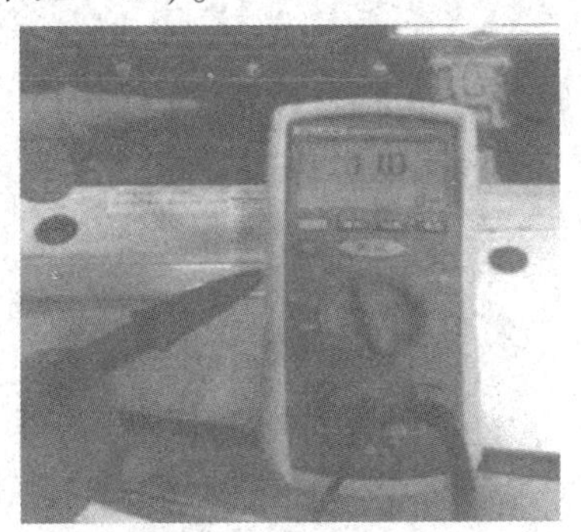
图 2－65　断路试验

图 2－66　短路试验

①数字测试绝缘表的使用步骤。

根据测试车辆的电压范围值选择量程。例如，对于 EV200 除 PTC 控制器选 500 V 挡位，其他绝缘电阻检测选用 1000 V 挡位。

将绝缘测试表笔与部件高压端子接触，负极表笔与部件壳体或车体接触。

按住绝缘测试表笔测试键或表体的测试键，待数值稳定后，读取屏幕上数据，即为绝缘电阻值。

②注意事项。

必须在断电情况下进行绝缘电阻的测量。

一定是各导电端子与车体或壳体之间的测量。

因为高压部件内部有电容存在，严禁对端子之间的绝缘电阻测量。

绝缘阻值测量需要保持1 min，待数值稳定后结束测量。

由于绝缘表两表笔之间的电压为1000 V，因此测量过程中注意保持手指与身体不能与任何导电部位接触。

2. 钳形电流表

钳形电流表又叫电流钳，是利用电流互感原理制成的，分为指针式和数字式两种，本书主要以数字式钳形电流表为主来介绍。电流钳可以在不断开电路的情况下测量线路电流，电流钳使用前应先确认它是否正常工作。

（1）测量之前应检查钳口上是否有污物，检查被测导线是否绝缘。

（2）根据额定功率估测额定电流，选择合适的量程挡位，不可用小量程测量大电流。如果电流大小无法估算，就选最大量程，以防烧表。如果读数过小，再切换至小量程重新测量。严禁在测量过程中切换量程挡。

（3）测量时被测导线应垂直放在钳形电流表的钳口中心。钳形电流表测量时一次只能测量一根导线，不可以同时测量多根导线。

（4）钳形电流表上有额定电压，不能用钳形电流表去测量超过额定电压的高压电路电流，否则容易造成事故或引起触电危险。

（5）测量时，测量人员应戴绝缘手套，穿绝缘鞋，双手不得触碰其他设备，防止短路和搭铁。如果被测电流较小，应将被测导线缠绕几圈后放进钳口内测量，如图2－67所示。

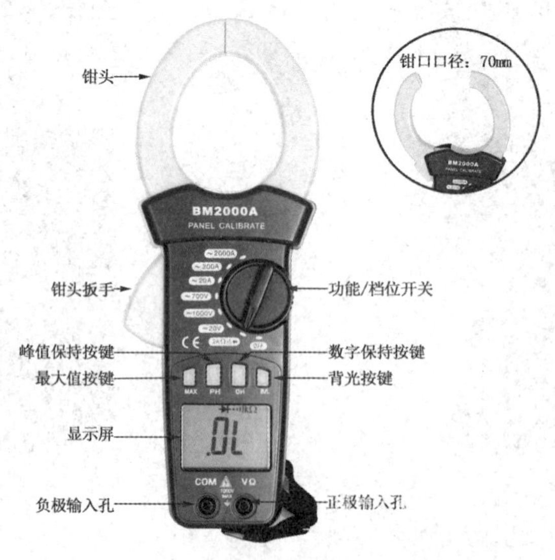

图2－67　钳形电流表

实际电流值 = 表盘读数/导线缠绕的圈数。

3. 绝缘工具

绝缘工具属于高压作业工具，如图 2 – 68 所示，是能够保证带电作业安全的工具。和传统工具相比，增加了抗高压的绝缘层，从而保证维护人员的人身安全。

4. 放电工装

由于电动汽车整车动力电池以及一些高压部件带有电容，断开电源后，电容还会存储部分电量，因此电动汽车需要使用放电工装（见图 2 – 69）对高压端口进行放电，避免产生触电危险。

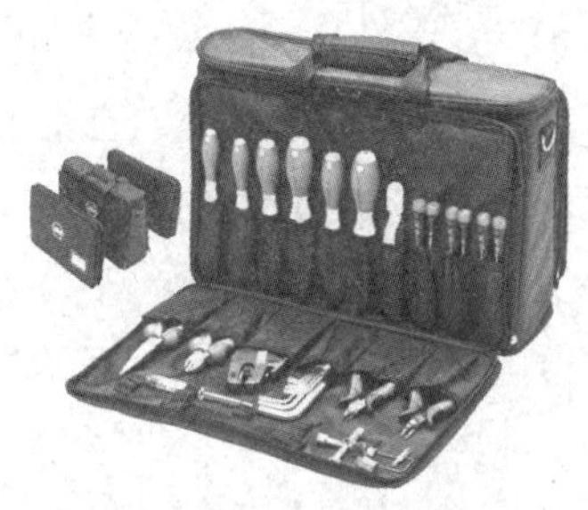

图 2 – 68　绝缘工具

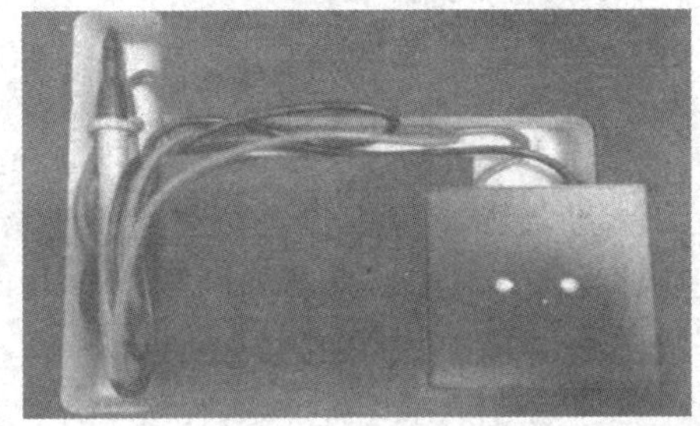

图 2 – 69　放电工装

（三）传统维护工量具

1. 轮胎气压表

轮胎气压表用于测量轮胎气压，可直接按在气嘴上，在不漏气后读取数据，可以避免气压不足或过高造成的轮胎使用寿命减短。图 2 – 70 所示为实车测胎压。

2. 轮胎花纹深度尺

轮胎花纹深度尺，如图 2 – 71 所示，可以很快地测出轮胎花纹深度，判断轮胎的磨损情况。使用时需要多次测量轮胎不同位置的花纹深度。

图 2 – 70　实车测胎压

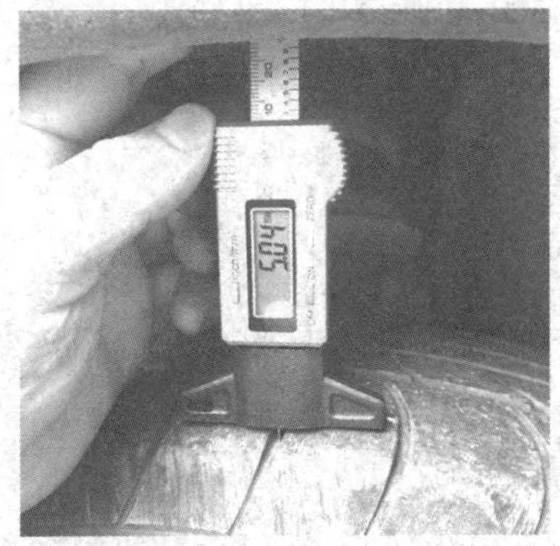

图 2 – 71　轮胎花纹深度尺

3. 冰点仪

冰点仪（图 2 – 72）是根据溶液含量与折射率的对应关系设计的光学仪器，可测量乙二醇和丙二醇冷却液的结晶冰点，用以测量电动汽车冷却液和玻璃水的冰点。

4. 外径千分尺

外径千分尺（图 2 – 73）是依据螺旋放大的原理制成的，即螺杆在螺母中旋转一周，螺杆便沿着旋转轴线方向前进或后退一个螺距的距离。千分尺是比游标卡尺更精密的长度测量工具，读数一般精确到小数点后三位，最后一位为估读值。外径千分尺可以用来测量制动片厚度等。

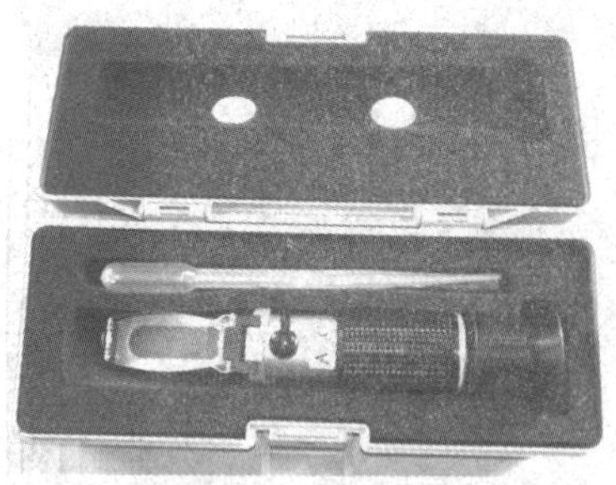

图 2－72　冰点仪

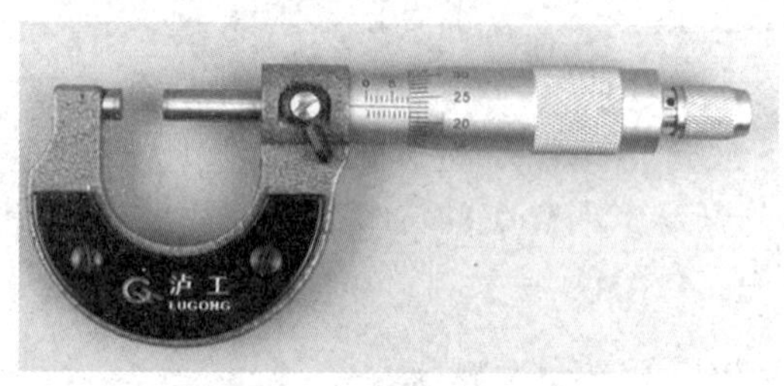

图 2－73　外径千分尺

（四）检测与维护操作前的工作

（1）新能源车辆操作人员须经专业岗位培训，持证上岗。

操作 1000 V 电压以下车辆须持有低压电工上岗证，操作 1000 V 以上电压车辆须持有高压电工上岗证，如图 2－74 所示。

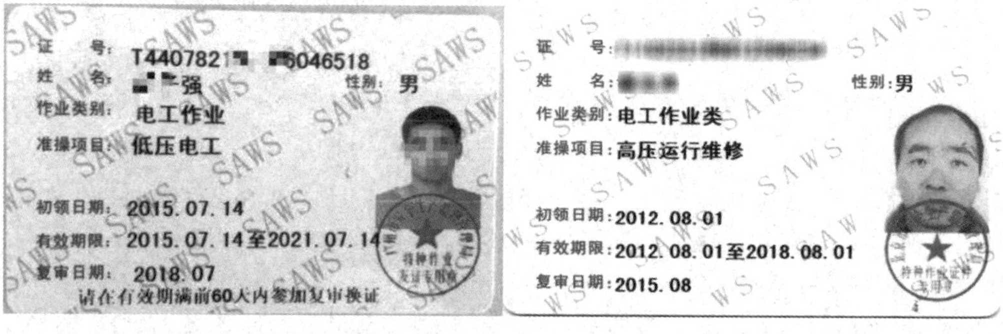

证　号：T4440782 6046518
姓　名：强　性别：男
作业类别：电工作业
准操项目：低压电工
初领日期：2015.07.14
有效期限：2015.07.14至2021.07.14
复审日期：2018.07
请在有效期满前60天内参加复审换证

证　号：
姓　名：　性别：男
作业类别：电工作业类
准操项目：高压运行维修
初领日期：2012.08.01
有效期限：2012.08.01至2018.08.01
复审日期：2015.08

图 2－74　高低压作业上岗证

（2）2 人以上方可操作（设监护人），如图 2－75 所示。

（3）设置标志牌并签字，如图 2－76 所示。

图 2－75　2 人以上操作

图 2－76　标志牌

（4）车间工作现场环境应符合标准，警示牌、绝缘垫、隔离桩、绝缘辅助用具、绝缘基本用具、专用检测仪器仪表外观检查及功能性检查逐一就位，如图 2－77 所示。

（5）钥匙置于 OFF 挡，妥善保管。严禁置于他人可触及处，如图 2－78 所示。

图 2－77　车间工作现场环境

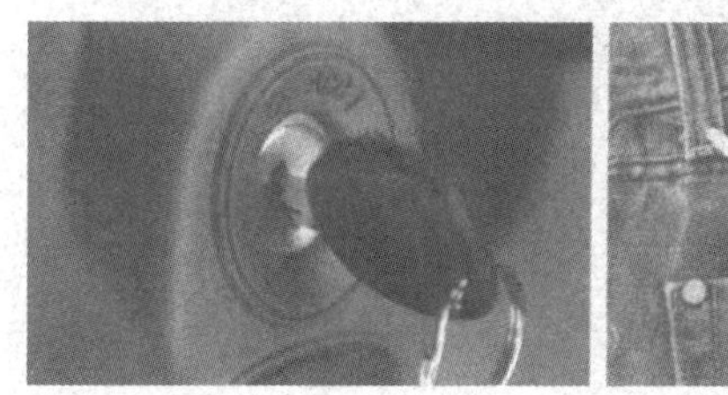

图 2－78　钥匙保管

（6）断开低压蓄电池负极桩连接，绝缘处理后放置标牌，如图 2－79 所示。

（7）断开维修开关（35 针低压插头），妥善处理。严禁置于他人易触及处，如图 2－80 所示。

图 2－79　低压蓄电池处理

图 2－80　断开维修开关（35 针低压插头）

（8）升车后先断开动力电池低压插头，后断开高压插头，如图 2－81 所示。

图 2-81　断开动力电池连接线束

(9) 对高压插头验电、放电、验电，如图 2-82 所示。

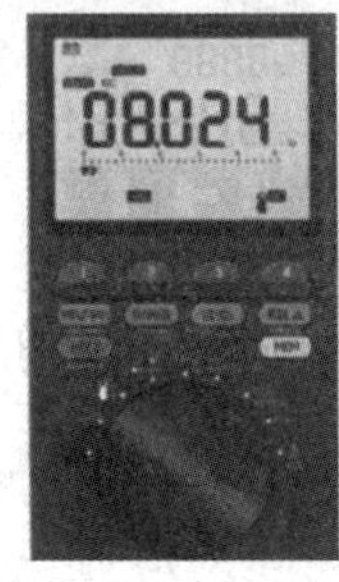

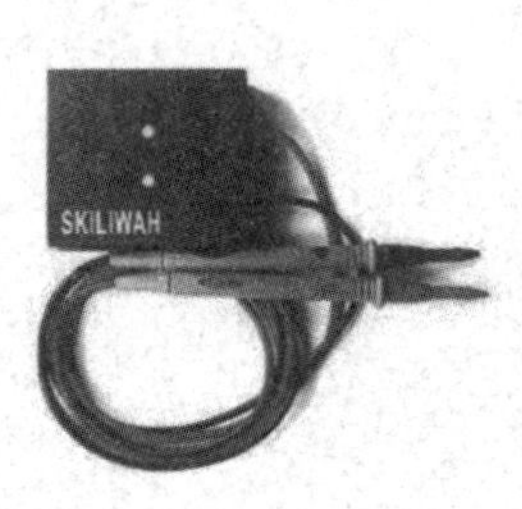

图 2-82　高压插头验电、放电、验电

(10) 对插头绝缘做防护处理，如图 2-83 所示。

图 2-83　插头绝缘防护处理

六、高压维修作业标准

电动汽车（包括混合动力汽车）涉及高压电，只有在维修过程中保证按照工作流程进行，才能保护我们自身安全和车辆、设备安全。

(一) 新能源汽车维修流程

新能源汽车（高电压车辆）维修时必须严格按照流程进行，高电压车辆维修风险分析如图 2-84 所示。

(二) 新能源汽车维修规范

维修高电压车辆时，必须遵循高电压安全操作规范和机动车维修操作规范。在高电压安全操作规范中要求：

(1) 对于车辆维修过程中的高压配件必须立即标识明显的高压勿动警示，并禁止将带

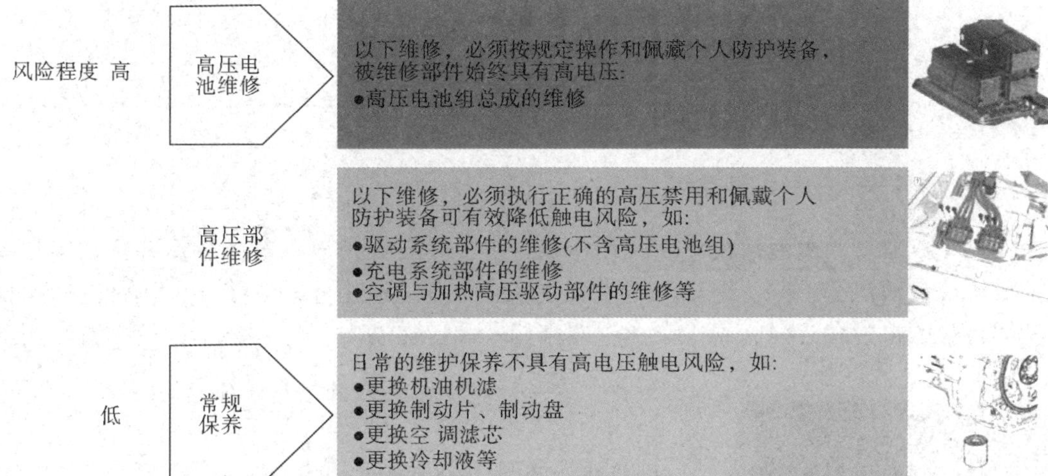

图 2－84　高电压车辆维修风险分析

有高压电的部件放置在无人看管的环境下。

（2）在高电压维修与维护过程中，维护人员禁止带有手表、金属笔等金属物品在身上。

（3）严禁非专业人员对高压部件进行移除及安装。

（4）未经过高压安全培训的维修人员，不允许对高压部件进行维修等操作。

（5）车辆在充电过程中不允许对高压部件进行拆装、维修等工作。

（6）维修前必须进行高电压禁用操作。

（7）维修完毕后上电前，确认车辆无人操作。

（8）更换高压部件后，测量搭铁是否良好。

（9）电缆接口必须按照标准力矩拧紧。

（10）在执行车辆维护与维修期间，必须同时有两名持有上岗证的人员进行工作，其中一名人员作为工作的监护人，工作职责为监督维修的全过程。当发生触电事故时，监护人应立即采取有效措施执行急救。专业的急救流程如图 2－85 所示。

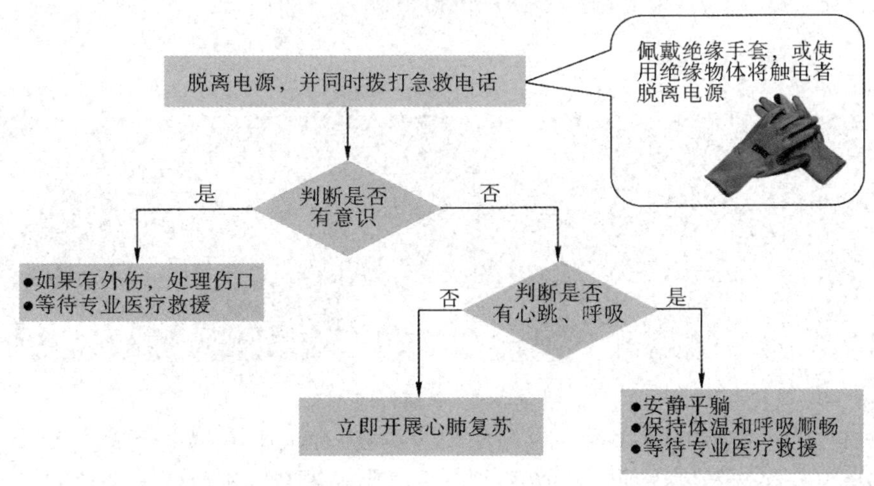

图 2－85　专业的急救流程

任务二　车辆安全操作

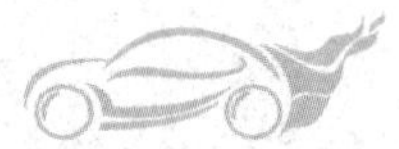

一、正确驾驶与使用电动汽车

电动汽车依靠动力电池输出电能驱动车辆行驶，具有零排放、节能环保和操作简单等特点。与传统燃油汽车不同，电动汽车没有手动挡和自动挡之分，它依靠电机带动减速器改变车辆行驶的快慢和方向，不需要离合器来切断和传递动力。电动汽车的驾驶方法更加简单、方便。

图 2－86　起动开关

（一）车辆起动

起动开关如图 2－86 所示，分为 4 个挡位。

LOCK：拔下起动钥匙，锁转向盘锁止，此时大多数电路不能工作。

ACC：转向盘解锁，个别电器和附件可以工作。

ON：高压通电，所有仪表、警告灯和电路工作。

（1）当钥匙转动到 ON 挡时，至少停 3～5 s，使整车通电并完成自检，观察仪表显示正常后，再转动钥匙至 START 位置。

（2）当车辆起动时，应踩着制动踏板转动钥匙至 START 位置。

（3）电动汽车刚起动时会有“嗡嗡”的响声，这是水泵的声音，不影响正常使用。

（4）变速杆处于驻车挡或空挡（P/N）位置才能起动汽车，当变速杆处于其他位置时，车辆无法起动。

（二）换挡方式和挡位设置

电动汽车的换挡方式有变速杆式换挡和旋钮式换挡两类。北汽新能源 E150EV 电动汽车使用的是变速杆式，EV200 电动汽车使用的是旋钮式。

1. 变速杆式

变速杆式有三个挡位位置（见图 2－87）：D、R、N。

图 2－87　变速杆式

（1）前进挡 D。在换 D 位之前，应先踩制动踏板，否则挡位选择无效。

（2）倒挡 R。在选择倒挡前，应确保车辆处于静止状态，然后踩下制动踏板，轻轻压下手柄，再挂挡。

（3）空挡 N。在选择空挡前，确保车辆处于静止状态。

2. 旋钮式

（1）前进挡 D。在旋转到 D 位之前，应先踩下制动踏板，否则挡位选择无效，如图 2－88 所示。

图 2－88　旋钮式

（2）倒挡 R。在旋转到 R 位之前，要确保车辆处于静止状态。踩下制动踏板后，将旋钮旋至 R 位。

（3）空挡 N。在选择空挡前，确保车辆处于静止状态。

（4）经济模式 E。旋至 E 位时踩下制动踏板，会有制动能量回收功能。左侧 E＋和 E－在 E 位有效，表示制动能量回收强度。其中，旋钮旋到当前挡时对应字母显示冰蓝色，其余挡位字母为白色。

当车辆静止时，驾驶人进行换挡操作的同时必须踩下制动踏板才能换挡成功。如果未踩下制动踏板，仪表显示当前换挡旋钮的物理挡位并闪烁，此时需换至 N 位，重新进行换挡操作。

车辆运行中，当车速低于 5 km/h 且不为 0 时，驾驶人进行换挡操作，D－R 位、E－R 位或者 R－D 位、R－E 位不需要踩制动踏板；当车速高于 5 km/h 时，D－R 位、E－R 位或者 R－D 位、R－E 位之间转换，仪表显示当前挡位位置并闪烁，整车不响应加速需求。

（三）电动汽车驾驶操作

（1）先将钥匙插入点火开关并转动到 ON 挡，如图 2－89 所示。

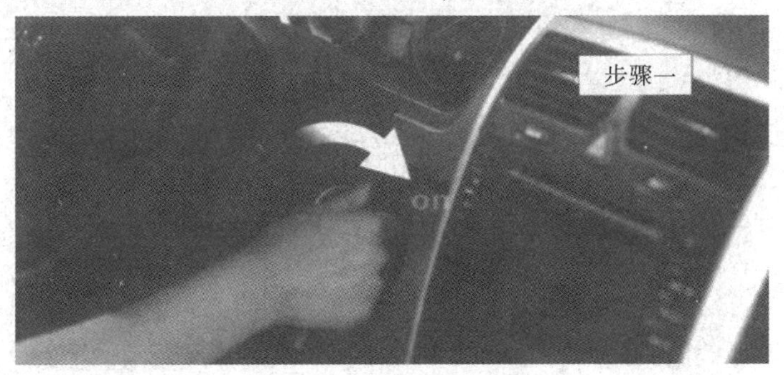

图 2－89　钥匙转到 ON 挡

（2）系统自检后“READY 灯”点亮，表明车辆准备完毕，可以行驶，如图 2－90 所示。

（31）检查 SOC 电量表，电量表分为十格，每格表示 10% 的电量。蓝色代表放电，绿色代表充电，如图 2－91 所示。

（4）踩下制动踏板，准备起动，如图 2－92 所示。

（5）将换挡杆换至 D 位，准备起动，如图 2－93 所示。

图 2－90　READY 灯点亮

图 2－91　SOC 电量显示

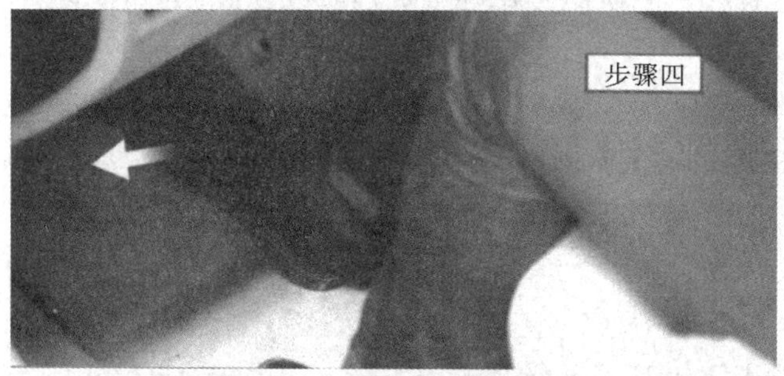

图 2－92　踩下制动踏板

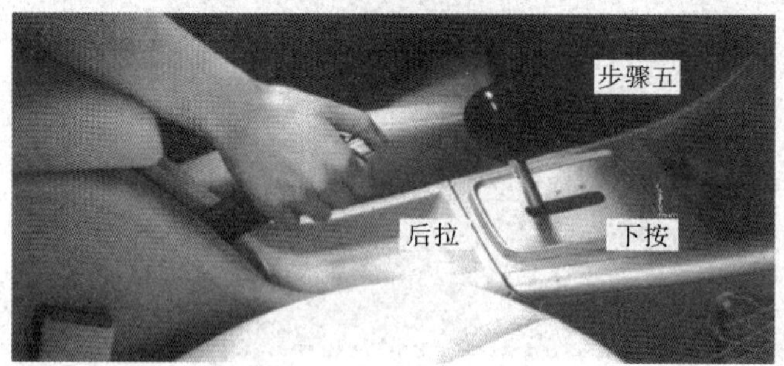

图 2－93　挡位换至 D 位

（6）松开驻车制动，如图 2－94 所示。

（7）缓抬制动踏板，车辆行驶，如图 2－95 所示。

二、车辆维护保养的内容

新能源纯电动汽车的维护保养有和传统汽车相同的地方，也有一些维护保养项目和内

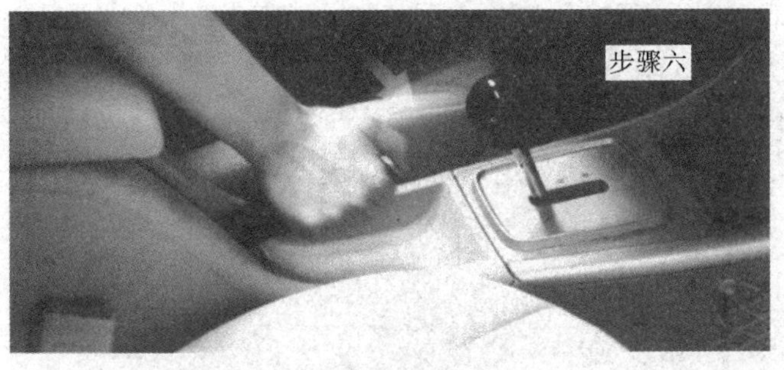

图 2－94　松开驻车制动

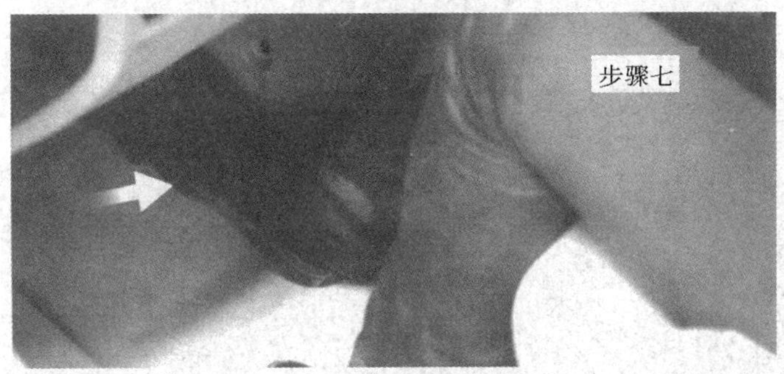

图 2－95　缓慢松开制动踏板

容在传统汽车中是没有的，具体如下。

（一）检查

1. 外观检查。检查全车漆面、前后风窗、左右车窗、前后车灯表面等是否完好；检查确认车顶装饰条粘贴良好无损坏，车门、舱盖、灯具安装各处缝隙均匀，过渡无明显阶差。除此之外，还要检查充电口开启开关是否正常，充电口盖是否能够正常开启。图 2－96 所示为新款 EV200 的外观。

图 2－96　新款 EV200 的外观

2. 内饰检查。检查确保门内侧、门框、转向盘、仪表台、变速杆、中央扶手箱、座椅、地毯、车顶内饰等安装可靠，无划伤，无脏污，车内无杂物、无缺件、无漏装，如图 2－97 所示。

3. 充电主要功能检查。先连接慢充线，检查慢充过程，仪表上应出现充电指示灯，中控台屏幕显示充电画面；再连接快充线检查，仪表上也应出现充电指示灯，中控台屏幕显示充电画面，如图 2－98 所示。

图 2－97　车辆内饰检查

图 2－98　车辆充电功能检查

4. 诊断仪测试检查。连接诊断仪，读取车辆故障码。如有故障码，应先清除故障码，再起动车辆，重新读取故障码，如故障码不再出现，说明刚才读出的故障码是随机出现的；如故障码再次出现，则需要进一步维修，最终交给客户的应是一辆没有故障的车。此外，还要查看系统版本号，以确认是否需要更新或升级，如图 2－99 所示。

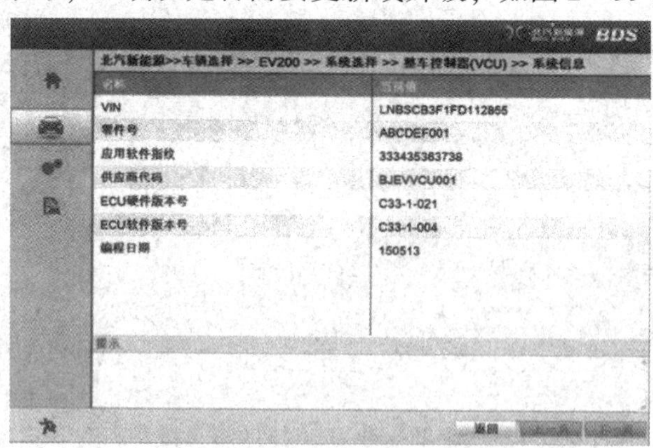

图 2－99　车辆检测设备检查

5. 油液检查。检查各种油液液位应正常，如图 2－100 所示。

6. DC/DC（PEU）输出电压检测。

（1）将车钥匙置于 OFF 挡，断开所有用电器并拔出钥匙。

（2）打开护盖并裸露出低压蓄电池正极。

（3）使用专用万用表电压挡测量低压蓄电池的电压，并记录此电压值。

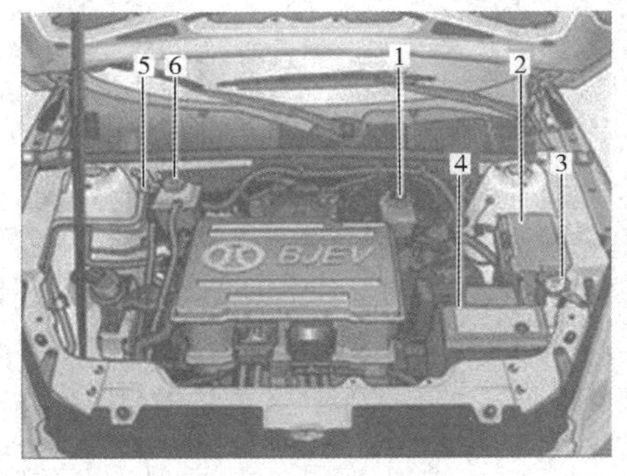

图 2－100　车辆前机舱

1－制动液储液罐　2－熔丝盒（位于盖板下面）　3－风窗玻璃清洗液储液罐
4－蓄电池　5－空调制冷剂加注口　6－冷却液膨胀罐

（4）将车钥匙插入后置于 ON 挡位置。

（5）使用专用万用表电压挡测量低压蓄电池正负极的电压，这时所测得的电压值是 DC/DC 的输出电压。

检测结果：DC/DC 的正常输出电压在 13.2－13.5 V（车型不一样，数值可能会有变化）之间（关闭车上用电设备的情况下）。

7. 底盘主要项目检查。

（1）轮胎、轮辋。轮胎表面无割伤，胎压正常；轮辋及螺栓无划伤，无生锈；翼子板内衬齐全。

（2）动力电池底板。电池底板平整，无凹陷、无划伤、无锈蚀，与车身连接牢固；高压线束连接正常。

（3）动力电池。检查是否有漏液，是否有过浸水痕迹等。慢充线束护套无损坏，固定可靠。

（4）制动软管。制动软管完好，无渗漏。

（5）减速器放油口检查。减速器放油螺栓无损坏、无渗漏。

（6）悬架（见图 2－101）。悬架弹簧、减振器完好。

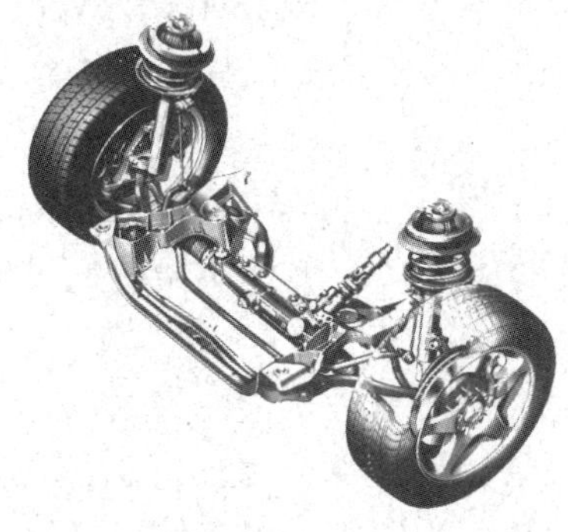

图 2－101　车辆底盘悬架

（7）半轴、转向器。保护胶套无损坏，万向节工作正常。

（8）驱动电机的检查与维护。检查是否存在散热不良、滴水、脏污、壳体变形、异响、动力输出卡滞等现象。

8. 高压电缆及低压线束的检查。

(1) 检查高压电缆的敷设是否遵循横平竖直原则，有无S状走线、生拉硬拽、缠绕绞织等现象。譬如，高压电缆敷设到拐弯处不得硬拉成直角状，应弯成大于该电缆直径一倍尺寸的弯弧形，且在两头设立固定点。

(2) 检查高压电缆的敷设是否与车辆低压线束（包括信号线束）交叉并行，如并行应检查与低压线束及信号线束间隔是否大于150 mm；使用Ω状跨过交叉的，检查两端固定是否牢靠，跨线处包裹铝箔或锡箔是否完好，应使用铝箔纸或锡箔纸包裹低压及信号线束，包裹固定好之后检查包裹物表面接地是否可靠（电阻值应小于0.1 Ω）；检查在一些信号线上（如CAN通信线）使用的磁环是否完好。

(3) 检查高压电缆是否沿车架敷设；如有悬空处，检查固定线缆两端的固定抱箍是否可靠，线缆是否成半弧形固定。

(4) 检查高压电缆的固定抱箍是否可靠；过孔处的防护是否完好；过刃口处的防护是否完好。

(5) 检查高压电缆进入各设备接线盒处是否成半弧形接入；进入设备接线盒的固定点是否可靠，离设备入线位置是否在200 mm左右。

(6) 为防备雨水进入设备接线盒，应确保接线盒高压电缆在进入设备接线盒处固定在低于进入口处，如无法避免高于接线盒，进入口应在固定完电缆后打胶密封。注意：胶应涂抹在进入口处的外部。

(7) 检查高压电缆的外部防护层是否有破损或扭绞，如果出现破损或扭绞必须重新做好防护和捋顺扭绞；如外部防护破损严重，则必须更换该电缆。

（二）车辆外观清洗

电动汽车和燃油汽车一样，使用一段时间后，车身都会变脏，需要清洗。除了驾驶方面有一些不同，电动汽车和燃油汽车的清洗也是有很大区别的。

电动汽车外观的清洗和传统燃油汽车的清洗方法是一样的。正确清洗的步骤分为：冲车、喷清洗液、擦洗、冲洗、擦车、验车。由于车辆快充口安装在前格栅处，因此在洗车时应尽量避免高压水枪直接对准前格栅冲刷。为了防止前机舱内部进水，导致绝缘无法通电，电动汽车各主要部件都已做防水试验，满足IP67防水防电等级标准。高压电池安装在车身底部，高压水流的冲击可能会造成水渗入高压电池箱影响绝缘，因此也应避免冲刷底盘。

(1) 冲车。用高压水枪清洗，冲水方向与车身漆面保持30°~45°，枪头与车身距离保持在16~60 cm范围内。清洗时应按“车顶—车身前后及玻璃—后视镜—车轮挡泥板—轮胎—车门板下部—底盘”的顺序冲洗。

(2) 喷清洗液。车辆冲洗完后向车身喷洒泡沫清洗液。

(3) 擦洗。手持海绵从上到下擦洗车身，保证无漏擦之处。

(4) 冲洗。按第一步冲车的顺序用清水冲洗车身。

(5) 擦车。首先用一块半湿的长抹布从车前向车后擦拭，然后按照正确的方法将整个车从前至后从上到下擦一遍。打开车门，擦净车门及边框处的水，然后把抹布洗净、拧干，擦拭前后风窗玻璃和车门玻璃。

(6) 验车擦完后要求车身干净无漏擦，门边干净无水渍、污渍。

（三）驾驶室清洗

经过长期使用，驾驶室内座椅表面的污渍、脚垫上的烟灰、仪表台上的灰尘等都会影响驾驶室内美观，因此需要定期对驾驶室进行清洁。

（1）除尘。用吸尘器按由上而下的顺序清除各部件上的灰尘，除尘前需要将车内杂物取出。

（2）清洗。清洁时驾驶室应根据各部位材质不同，选择不同的清洗液，按从上到下的顺序清洗：车内顶棚—仪表台—转向盘套—内门板—车内座椅—安全带—脚垫。

（3）除菌、除臭。将专用杀菌剂喷涂在座椅、脚垫等处，清除异味并抑制细菌的滋生。

需要注意的是：对车内件进行清洗时，要用中性的洗涤液进行清洗，千万不要用含有较强酸碱性的物质清洗。在清洗时要注意避免音响、收音机、CD 等电器设备进水而受到腐蚀。

（四）机舱清洗

进行机舱的清洁（见图 2 - 102）时，需先关闭点火开关，10 min 后用布擦拭。机舱内布置了很多的高压设备，如充电机、高压控制器、高压线束插头等，因此禁止私自掀开机舱盖冲洗，否则会造成高压部件各插接器受潮，导致车辆出现绝缘故障，无法行驶。如需清洗，需专业人士操作。

图 2 - 102　机舱清洁

擦拭时不得使用潮湿的抹布接触高压部件。确实有必要清洁机舱时，尽量单手操作，同时不要手扶车身。如果检查线路插头部位，发现锈蚀痕迹，应使用专业清洗剂处理。

（五）其他维护保养项目

1. 变速器的维护保养

对于初期保养，变速器磨合后，建议 3000 km 或 3 个月更换润滑油，以后进行定期维护（见表 2 - 9）。其维护保养应在整车特约维修点进行。

表 2-9　维护周期表

里程/km	1万	2万	3万	4万	5万	6万	7万	8万
时间/月	6	12	18	24	30	36	42	48
原则	H	B	H	B	H	B	H	B

注：B—在维护保养检查必要时更换润滑油，H—更换润滑油。

（1）维护周期以里程表读数或月数判断，以先到为准。表 2-9 显示了 8 万 km 以内的定期维护，超过 8 万 km 按相同周期进行维护。

（2）适用于各种工况行驶（重复的短途行驶；不平整或泥泞的道路上行驶；多尘路上行驶，极寒冷季节或盐碱路上行驶；极寒冷季节的重复短途行驶）。

（3）如因其他维修作业（不因换油）提升车辆时，也应同时检查变速器是否漏油。

（4）根据整车驾驶性能及供应商要求，整车将在维护保养时进行软件更新。

（5）要求润滑油为 GL-475W-90 合成油，持续使用温度≥140 ℃，油量为 0.9~1.1 L。维护保养时，润滑油的检查方法如下。

①确认车辆是否处于水平状态，以检查油位。

②检查变速器是否有漏油痕迹，如有，应分析漏油原因，修理漏油部位。

③拆下油位螺塞，检查油位。如润滑油与油位螺塞孔齐平，则说明油位正常。否则，应补加规定润滑油，直到油位螺塞孔口出油为止，如图 2-103 所示。

维护保养时，润滑油的更换方法如下。

在换油前，必须停车断电，水平提升车辆。

在升起车辆的状态下，检查油位以及是否漏油，如有漏油，应处理。

拆下放油螺塞，排放废油。

给放油螺塞涂布少量密封胶并按规定力矩（12~18 N·m）拧紧，如图 2-104 所示。

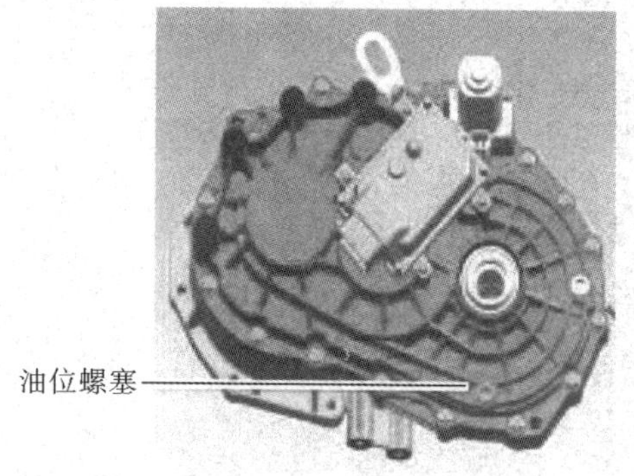

图 2-103　减速器的油位螺塞

图 2-104　减速器的放油螺塞

2. 制动系统的日常保养

主要集中检查制动总泵储液罐的液面高度是否符合要求，制动踏板的自由行程是否太大，电动真空泵的管路是否存在松动，驻车制动的拉索收紧程度及手柄拉起的齿数是否符合要求等。

3. 冷却系统维护及冷却液补充和加注

依据整车保养里程保养，建议频次为每 2 年完全更换一次。

检查冷却液液位时需确保整车处于冷车状态，查看液面是否处于“MIN”与“MAX”

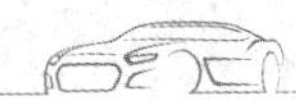

之间，如低于“MIN”，需添加冷却液至“MIN”与“MAX”之间。

冷却液加注：冷却液型号应满足“－40 ℃”的使用要求，整车加注量：风冷充电机车型为3.8 L，水冷充电机车型为4.5 L。手工加注流程见图2－105。

一次加注：大约加3 L冷却液。

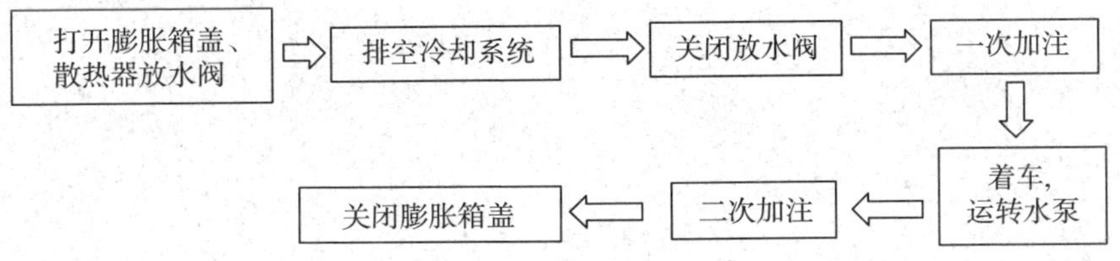

图2－105　冷却液加注流程

二次加注：使膨胀箱液位在“MIN”和“MAX”之间。

注：手工加注存在驱动电机和控制器中冷却液无法彻底排出现象，使实际加注量可能低于标准值。

4. 充电系统维护保养

（1）车载充电机日常保养注意事项。

①检查散热风扇是否有异物。

②散热翅上尽可能减少杂物，保证散热时风道畅通。

③低压插接器是否有松动，保证插接器可靠插接。

④检查高压插接器是否可靠插接。

⑤检查外壳是否有明显碰撞痕迹，对充电机内部模块是否造成损坏。

⑥检查后用干燥过滤后的高压气进行去尘清洁处理。

（2）DC/DC变换器日常保养注意事项。

①散热翅上尽可能减少杂物，保证散热时风道畅通。

②低压连接器是否有松动，保证连接器可靠连接。

③检查高压连接器是否可靠连接。

④检查外壳是否有明显碰撞痕迹，对DC/DC变换器模块是否造成损坏。

⑤检查后用干燥过滤后的高压口气进行去尘清洁处理。

5. 动力电池维护

视情况对动力电池进行相应的维护，譬如对于使用时间较长（超过2年）的，还应进行容量检查，以及对动力电池组并行进行均衡充电维护。

对两年以上车辆的建议：一是可以使用外接绝缘测试仪对全车高压系统进行绝缘测试；二是可以分段对高压线缆用普通绝缘测试仪进行绝缘测试。

（六）日常维护保养里程、间隔时间（见表2－10）

表2－10　保养里程间隔表

保养类别	保养项目	累计行驶里程/km					
		10 000	20 000	30 000	40 000	50 000	以此类推
A级保养	全车保养	√		√		√	
B级保养	高压安全检查		√		√		√

（七）日常维护及保养项目（见表 2－11）

表 2－11　日常维护检查表

保养项目及内容								
系统类别	检查内容	处理方法	A 级保养			B 级保养		
			项目	配件及材料	数量或价格	项目	配件及材料	数量或价格
动力电池系统	安全防护	检查并视情况处理	√			√		
	绝缘	检查并视情况处理	√			√		
	插接器状态	检查并视情况处理	√			√		
	标识	检查并视情况处理	√					
	螺栓紧固力矩	检查并视情况处理	√		√			
	动力电池加热功能检查	检查并视情况处理	√					
	外部检查	清洁处理	√					
	数据采集	分析并视情况处理	√			√		
电机系统	安全防护	检查并视情况处理	√			√		
	绝缘检查	检查并视情况处理	√			√		
	电机及控制器冷却检查	检查并视情况处理	√			√		
	外部检查	清洁处理	√			√		
电器电控系统	机舱及各部位低压线束防护及固定	检查并视情况处理	√			√		
	机舱及各部位	检查并视情况处理	√			√		
	插接器状态							
	机舱及底盘高压线束防护及固定	检查并视情况处理	√		√			
	机舱及底盘各高、低压电器固定及插接器连接状态	检查并视惰处理	√			√		
	蓄电池	检查电量状态，并视情况处理	√			√		
	灯光、信号	检查并视情况处理	√			√		
	充电口及高压线	检查并视情况处理	√			√		
	高压绝缘监测系统	检测并视情况处理	√					
	故障诊断系统报警监测	检测、检查并视情况处理	√					

续表

保养项目及内容								
系统类别	检查内容	处理方法	A 级保养			B 级保养		
			项目	配件及材料	数量或价格	项目	配件及材料	数量或价格
制动系统	驻车制动器	检查效能并视情况处理	√			√		
	制动装置	泄漏检查	√			√		
	制动液	液位检查	√	更换制动		√	检查视情	
	制动真空泵、控制器	检查是否漏气，并视情况处理	√			√		
	前、后制动摩擦副	检查并视情更换	√			√		
转向系统	转向盘及转向管柱连接紧固状态	检查并视情况处理	√			√		
	转向器本体连接紧固状态	检查并视情况处理	√			√		
	检查转向横拉杆间隙及防尘套	检查并视情况处理	√			√		
	检查转向助力功能	路试并视情况处理	√					
车身系统	风窗及刮水器	检查并视情更换处理	√	添加风窗洗涤剂	材料收费	√	检查并视情况添加	
	顶风窗	检查并视情况处理	√	加注润滑脂	润滑脂 250 g	√	加注润滑脂	润滑脂 250 g
	座椅及滑道	检查并视情况处理	√			√		
	门锁及铰链	检查并视情况处理	√			√		
	机舱铰链及锁扣	检查并视情况处理	√			√		
	后背门（厢）铰边及锁	检查并视情况处理	√			√		
传动及悬架系统	变速器	检查变速器连接、紧固及渗漏	√	更换变速器齿轮油	E150EV 单减 1.1 L		检查并视情添加	
					多减 2 L			
					C70 为 1.1 L			
	传动轴	检查球笼间隙及防罩，并视情况处理	√			√		
	轮辋	检查、紧固，视情况处理	√			√		
	轮胎	检查胎压，并视情况处理	√			√		
	副车架及各悬置连接状态	检查紧固	√					
	前后减振器	检查渗漏情况并紧固，并视情更换	√					

续表

保养项目及内容								
系统类别	检查内容	处理方法	A级保养			B级保养		
			项目	配件及材料	数量或价格	项目	配件及材料	数量或价格
冷却系统	冷却液液位及冰点	液位及冰点测试，视情添加	√	更换冷却液	冷却液 6 L	√	检查视情况添加	
	冷却管路	检查渗漏情况并处理	√			√		
	水泵	检查渗漏情况并处理	√			√		
	散热器	检查并清洁	√			√		
空调系统	空调冷、暖风功能	测试并处理	√					
	压缩机及控制器	检查压缩机及控制器安装及线束插接器状态	√					
	空调管路及连接固定	管路防护检查并视情况检漏处理	√			√		
	空调系统冷凝水排水口	检查、处理	√					
	空调滤芯	检查处理	√	更换空调滤芯	滤芯收费（首次保养免费）	√	清洁	

任务三　仪表信息识读

一、仪表符号说明

仪表盘上各种符号的含义

汽车仪表是人与汽车的交互界面，为驾驶人提供所需的车辆运行参数、故障、里程等信息，是汽车必不可少的部件，仪表显示的内容可以直观地告诉驾驶人车辆当前的运行状况。新能源汽车仪表和传统燃油车的仪表作用是一样的，但是其显示的内容则有着很大的区别，以北汽新能源 EV160 为例，新能源汽车的仪表显示内容如图 2－106 所示。

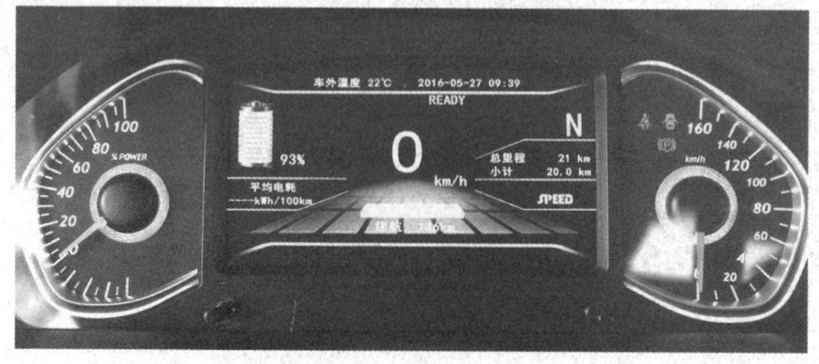

图 2－106　仪表显示内容

新能源汽车仪表符号说明见表2-12。

表2-12　仪表符号说明

序号	功能说明	序号	功能说明
1	驱动电机功率表	15	EPS故障指示灯
2	前雾灯	16	安全带未系指示灯
3	示廓灯	17	制动故障指示灯
4	安全气囊指示灯	18	防盗指示灯
5	ABS指示灯	19	充电线连接指示灯
6	后雾灯	20	驻车制动指示灯
7	远光灯	21	车门未关指示灯
8	跛行指示灯	22	车速表
9	蓄电池故障指示灯	23、25	左/右转向指示灯
10	电机及控制器过热指示灯	24	READY（准备）指示灯
11	动力电池故障指示灯	26	REMOTE（远程）指示灯
12	动力电池断开指示灯	27	室外温度显示
13	系统故障指示灯	A	行车电脑显示屏调节按钮
14	充电指示灯	B	行车电脑显示屏调节按钮

二、仪表按钮说明

仪表下端有两个按钮，从左至右分别称为按钮A和B，其功能见表2-13。

表2-13　按钮A和B功能

	当前显示模式	开关按住时间	开关放开后显示模式
按钮A	平均电耗	$T<2$ s	保养里程
	保养里程	$T<2$ s	平均电耗
		$T>10$ s	保养里程复位至10 000kM
按钮B	车速	$T<2$ s	数字电压值
	数字电压值	$T<2$ s	数字电流值
	数字电流值	$T<2$ s	数字转速值
	数字转速值	$T<2$ s	瞬时电耗
	瞬时电耗	$T<2$ s	车速
	任意模式	$T>3$ s	小计清零
	充电模式	$T<2$ s	车辆充电信息

三、声音报警说明

新能源汽车仪表除了显示图文信息之外，通常还具有声音警示功能。见表2-14。

表 2-14　声音报警说明

序号	功能	报警条件
1	通信故障报警	仪表与总线失去联系时，持续鸣叫
2	充电已满	当电量达到 100% 时且无充电故障，连续鸣叫 10 s
3	声音一	车辆有一级严重故障时，持续鸣叫
4	声音二	车辆有二级故障时，持续鸣叫 20 s
5	声音三	车辆有三级故障时，鸣叫一声
6	READY 提示音	收到 READY 指示灯有效信号时，蜂鸣器简短鸣叫一声
7	R 位有效提示音	蜂鸣器简短鸣叫一声
8	充电故障报警	充电发生故障时，连续鸣叫 10 s
9	充电提醒指示	电量低于 30% 时，充电提醒指示灯点亮，鸣叫一声

任务四　车辆充电操作

一、充电装置分类

动力电池充电设备是电动汽车子系统之一，它的功能是将电网的电能转化为车载动力电池的电能。电动汽车充电装置总体上可分为车载充电装置和非车载充电装置两种。

车载充电装置是指安装在电动汽车上，采用地面交流电网对电池组进行充电的装置。包括车载充电机和再生能量充电装置。非车载充电装置即地面充电装置，也就是通常所说的充电桩，它可以满足多种电动汽车的充电需求。

（一）便携充电

便携充电是指使用随车附带的便携充电线连接到普通家用插座上进行充电，如图 2-107 所示。这是一种非常方便的充电方式，只要能找到普通家用插座就可以充电，但是充电速度比较慢，我们称之为慢充。通常新能源汽车的便携充电插头为 16 A，有些车型会配备 10 A 的转换接头。

图 2-107　奇瑞 eQ 电动汽车便携充电装置

一般来说，普通家用插座的电压为220 V，电流为10 A，便携充电装置理论上功率为2.2 kW，而在实际使用中充电功率一般来说只有1.5 kW。也就是说，使用便携充电装置为一辆北汽新能源EV200纯电动汽车（续驶里程200 km，电池容量30.4 kW·h）充满电需要20 h；为一辆比亚迪e6纯电动汽车（续驶里程300 km，电池容量57 kW·h）充满电需要近40 h。便携充电装置只是作为其他充电方式的一种补充，方便用户随时对车辆进行补电。

（二）家用充电桩

家用充电桩是最常见的一种充电装置。一般私人用户购买电动汽车都会附赠一个家用充电桩。当然，只有充电桩是不够的，还需要有车位并且物业同意安装才行。

在充电速度方面，由于每个厂商提供的充电桩规格都不一样，所以充电速度也不尽相同。宝马i3所配备的充电墙盒功率为7.4 kW；启辰晨风有2种家用充电桩，低配版的是3.6 kW，高配版的则是6.6 kW；腾势同样提供2种家用充电桩可供使用，功率分别为10 kW和20 kW。不同型号的家用充电桩虽然输出功率有差异，但是都能保证一晚上将蓄电池充满，基本可以满足普通用户的用车需求。

（三）公共充电桩

家用充电桩虽然不错，但还有很多用户由于没有固定车位或居住的小区无法安装家用充电桩，公共充电桩就成了唯一的选择。公共充电桩一般分为快充和慢充两种，前者使用直流对车辆充电，后者使用交流对车辆充电。

公共充电桩通常由国家电网、南方电网这类电力企业建设并维护经营。今后，随着电动汽车产业的成熟，将会有不少民营资本进入这一领域。

二、车辆充电操作

（一）北汽新能源EV160充电操作

以北汽新能源汽车为例，充电系统的快速充电和慢速充电插孔分别位于车辆前格栅标志和车身左后方处，如图2－108所示。快充电插孔盖板开启时，直接摁住车辆前格栅标志右侧内平面即可开启；慢充电插孔盖板开启手柄位于驾驶人座椅左下方。

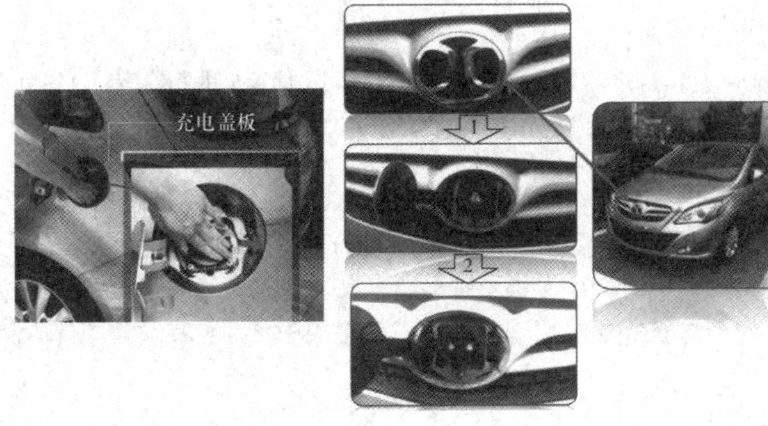

图2－108　慢充电插孔（左）与快充电插孔（右）

新能源汽车动力电池充电时宜采用慢充（即车载充电）方式，电动汽车慢充系统是通过车载充电机完成动力电池的充电工作，如图 2－109 所示。

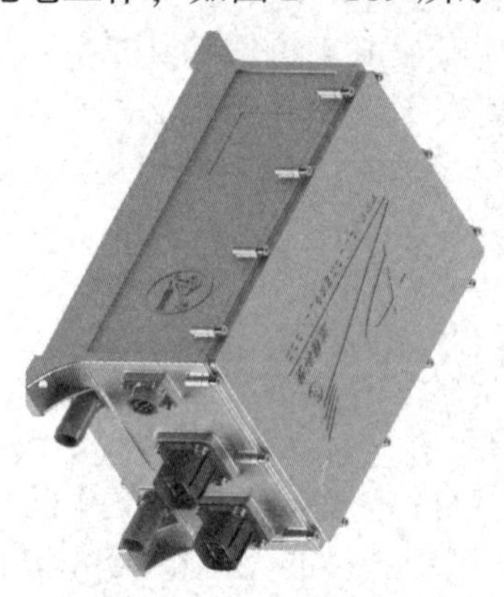

图 2－109　车载充电机

车载充电机是采用高频开关电源技术，主要功能是将交流 220 V 的市电转换为高压直流电给动力电池进行充电，保证车辆正常行驶。车载充电机由电池管理系统（BMS）智能控制充电，无须人工看守。电池管理系统随时监测电池的工作状态，当电池电芯的温度在 0～55 ℃时才可以进行充电。车载充电机外表面设有相应的指示灯，可以根据指示灯的亮灭情况判断充电机的工作状态。

POWER：电源指示灯，当接通交流电后，电源指示灯亮起。

RUN：工作指示灯，当充电机接通电池进入充电状态后，充电指示灯亮起。

FAULT：警告指示灯，当充电机内部有故障或错误操作时亮起。

车辆进入充电状态后，组合仪表的行车电脑显示屏自动点亮，显示当前充电信息，10 s 后屏幕熄灭。

1. 充电桩充电操作流程

（1）车辆停放平稳，关闭点火开关并取下车钥匙，拉紧驻车制动器。

（2）打开慢充或快充电插孔盖板。

（3）检查充电枪有无破损现象，然后连接充电枪。

（4）刷卡选择充电模式，观察仪表充电界面显示内容是否正常。

（5）充电完成后，先刷卡结算电费，然后取下充电枪。

2. 充电状态说明

（1）仪表充电信息。图示中点亮表示动力电池正在进行加热，此时动力电池外围会出现一层红色光晕。充电电流显示负值时，表示动力电池正在充电，显示正值时，表示动力电池正在放电。以北汽 EV160 为例，如图 2－110 所示。

（2）充电已满。动力电池电量充满后，行车电脑显示屏自动点亮，蜂鸣器鸣叫，提示电量已经充满，10 s 后屏幕熄灭。以北汽 EV160 为例，如图 2－111 所示。

（3）充电故障。充电过程中车辆出现故障，行车电脑显示屏自动点亮，充电故障指示灯点亮，蜂鸣器鸣叫，提示 10 s 后熄灭。此时应立刻联系 4S 店专业维修人员，切勿擅自对车辆进行拆卸。

（二）特斯拉充电操作

特斯拉充电插孔位于驾驶人侧后尾灯侧面，如图 2－112 所示。可以通过车内触摸屏或充电接头上面按钮打开充电盖板。充电口的打开有三种方式：操作中控大屏；长按遥控

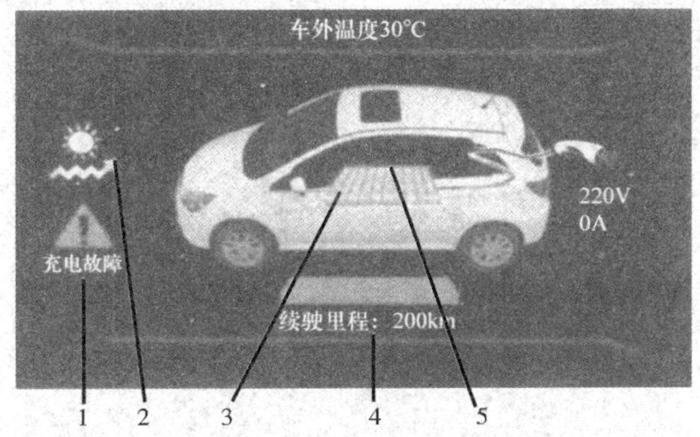

图 2－110　仪表充电信息

1－充电故障指示灯　2、5－动力电池正在加热　3－电量指示　4－续驶里程

图 2－111　充电已满

钥匙的尾部；如果是在特斯拉超级充电站，拿着充电枪靠近充电口，按一下充电枪上的按键，车身上的充电口也会自动打开。

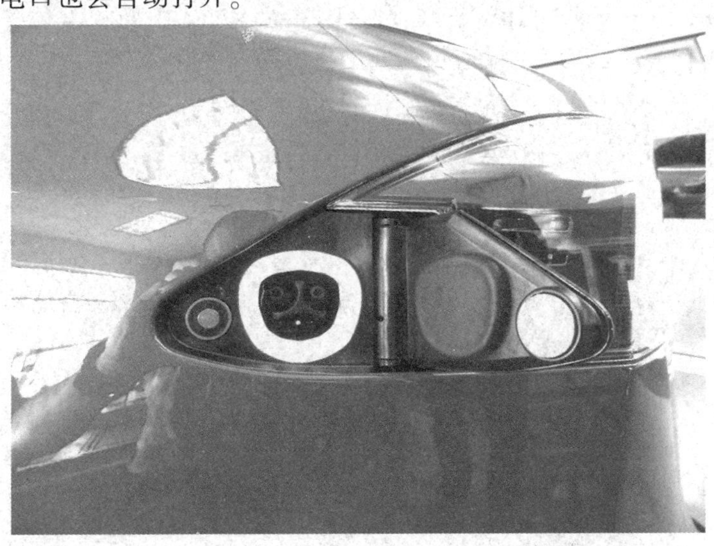
图 2－112　特斯拉充电插孔

特斯拉充电主要采用移动通用接头、高功率壁挂接头和直流快充三种方式。移动通过接头适用于家庭电源，可以随时随地进行车辆补充充电，如图 2－113 所示。

高功率壁挂充电接头最大输入电压为交流 240 V，最大功率 20 kW，最大充电电流为

80 A，配备双充电器的可以每小时充电续驶 90 km，如图 2－114 所示。

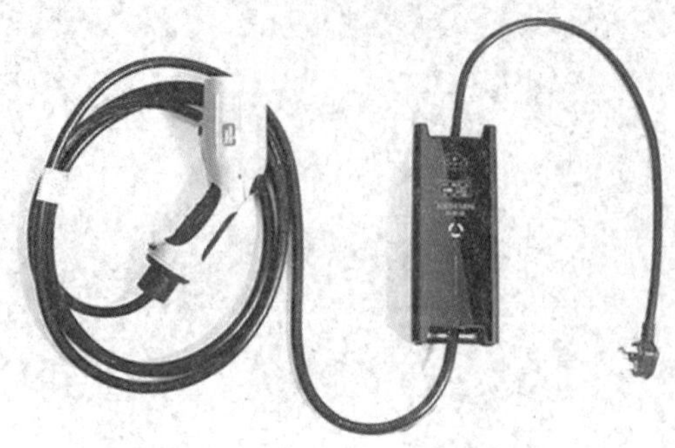

图 2－113　特斯拉移动通用插头

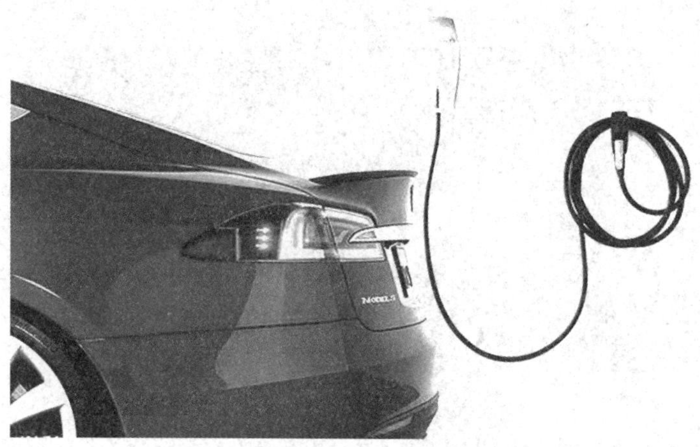

图 2－114　特斯拉高功率壁挂充电接头

特斯拉电动汽车在车辆的充电插孔上设有充电指示灯，不同的颜色表示不同的充电状态。见表 2－15。

表 2－15　特斯拉充电状态说明

序号	充电指示灯	充电状态说明
1		白色，说明按下充电接口已准备就绪，但是还没有充电
2		蓝色，说明已接收到充电信号，充电接口锁止

续表

序号	充电指示灯	充电状态说明
3		绿色，闪烁表示正在充电，不闪烁表示充电完成
4		黄色闪烁，表示充电电流减小，通常是由于充电接头没有锁住
5		红色，说明充电系统有故障，无法进行充电，应立即检修

按照厂家要求，对车辆进行充电时必须关闭点火开关，但通常仪表会自动转换到当前充电信息显示界面，不同的车型仪表显示充电信息的内容和时长也各不相同。以特斯拉电动汽车为例，仪表显示的当前充电信息有充电率、充电后的增加里程、车辆可续驶里程、充电时间、充电电压以及充电电流等内容，如图 2－115 所示。

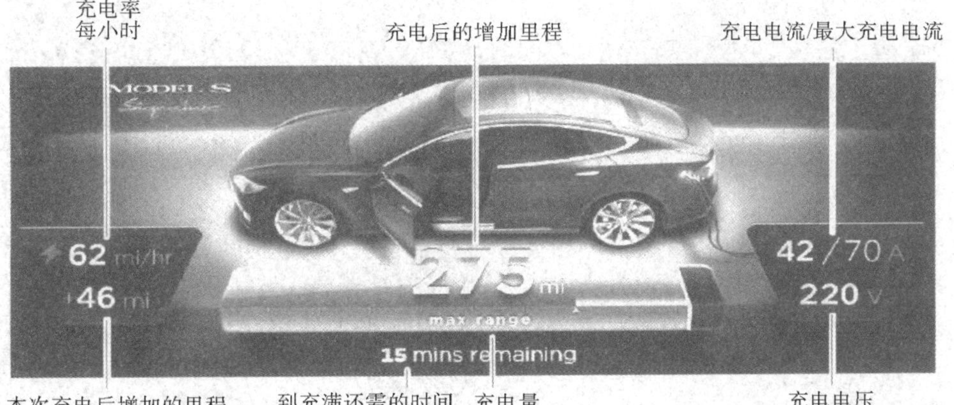

图 2－115　特斯拉充电信息仪表显示

任务五　任务实训

一、任务实施

1. 实施准备

（1）实训物品准备。心肺复苏训练用人体模型；高压安全防护用品套件。

（2）安全注意事项

①任务实施场地明亮整洁、通风良好。

②禁止携带钥匙、手表、首饰等物品进行任务实施。

③安全防护用品属于专用物品，严禁用于其他用途。

④安全防护用品应设有专用的存放区域。

2. 实施内容

①人工呼吸救护演练。

②胸外心脏按压演练。

③安全防护用品规范使用。

④安全防护用品型号识读。

3. 实施记录

任务实施记录单见表2－16。

二、任务检验

1. 自检

参与实训练习的学员自我完成质量检验。

表2－16　任务实施记录单

序号	防护用品	产品型号说明
1		
2		
3		
4		
5		

2. 互检

由完成相同实操练习项目的学员相互进行质量检验。

3. 终检

由专职质量管理人员（教师）进行专业检查。

三、教学评估

由教师依据教学目标对教学过程及结果进行价值判断。

思考与练习

1. 新能源汽车有哪些安全隐患？
2. 检测与维护操作前的工作有哪些？
3. 仪表可以有哪些信息？
4. 以特斯拉为例，谈谈怎样给新能源汽车充电？
5. 如何检测高压线束？

项目三　动力电池及管理系统

学习目标

☆了解蓄电池分类、原理及其型号
☆了解车辆充电系统慢充、快充方式的工作原理
☆熟悉动力电池系统的基本结构及管理系统的功能
☆掌握车载充电机的更换及动力电池绝缘检测
☆掌握动力电池系统故障及排除方法

任务一　动力电池系统

一、蓄电池基础知识

基础知识：蓄电池

蓄电池通常简称电池，是将化学能转化成电能的一种装置。电池内部的电化学特性决定了该电池是否可以充电。可充电电池内部结构之间所发生的化学反应是可逆的，也叫二次电池，新能源汽车上的动力电池均为二次电池。

（一）动力电池技术参数

新能源汽车动力电池是确保车辆能够正常工作的基础，因此动力电池性能好坏显得尤其重要。国标针对电动汽车动力电池系统建立了一系列的相关标准，范围覆盖电芯、模组、动力电池包和动力电池管理系统。涉及的产品类型包括混合动力汽车、插电式/增程式混合动力汽车、纯电动乘用车和商用车，基本构成一个完整的体系。

1. 额定电压

动力电池额定电压又称标称电压，额定电压＝单体电芯额定电压×单体电芯串联数。动力电池实际工作电压是随着不同使用条件而不断变化的，其电压状态主要有以下 4 种。

（1）开路电压。开路电压是指电池在没有连接外电路或负载时的电压。开路电压与电池剩余能量有一定的联系，剩余电量显示利用的就是这个原理。

零部件号	E00008302	E00008417
额定电压	332 V	320 V
电芯容量	91.5 A·h	80 A·h
额定能量	30.4 kW·h	25.6 kW·h

连接方式　　3P91S　1P100S

电池系统供应商　　BESK　　PPST

电芯供应商　　SKI　　ATL

BMS 供应商　　SK innovation　　E - power

总质量　　291 kg　　295 kg

总体积　　240 L　　240 L

工作电压范围　　250 ~ 382 V　　250 ~ 365 V

能量密度　　104 W · h/kg　　86 W · h/kg

体积比能量　　127 W · h/L　　107 W · h/L

（2）工作电压。工作电压是指电池在工作状态下，即电路中有电流通过时，电池正负极之间的电势差。在电池放电工作状态下，当电流流过电池内部时，必须克服内阻，因此工作电压总是低于开路电压。

（3）放电截至电压。放电截至电压是指电池充满电后进行放电，放完电时达到的电压。若此时继续放电则为过度放电，对电池的使用寿命和性能有很大的损伤。

（4）充电限制电压。充电限制电压是指充电过程中由恒流变为恒压充电的电压。

2. 电芯容量

电芯容量是指动力电池所能够储存的电量，是衡量电池性能的重要指标之一。动力电池电芯容量 = 单体电芯容量 × 单体电芯并联数量。电芯容量是由电池电极活性物质决定的，主要取决于活性物质的数量、质量以及活性物质的利用率。

容量用 C 表示，单位用 A · h 或 mA · h 表示。

公式：$C = It$，即电芯容量 C（A · h）= 放电电流 I（A）× 放电时间 t（h）。

3. 额定能量

动力电池额定能量是衡量电池性能的重要指标之一，单位为 kW · h。动力电池额定能量 = 动力电池额定电压 × 动力电池容量。

额定能量是汽车厂商公布的电池储备电量大小的度量单位。1 kW · h 的物理意义是功率为 1 kW 的电器工作 1 h 所消耗的电能。对于日常生活中来说，1 kW · h 即 1 度电。

4. 连接方式

3P91S：3 并 91 串，表示由 3 个单体电池并联成一组，共有 91 组串联在一起。

1P100S：1 并 100 串，表示由 100 个单体电池串联而成。

5. 能量密度

能量密度是指电池单位体积或单位质量所释放出来的能量，通常用体积能量密度（W · h/L）和质量能量密度（W · h/kg）表示。常见电池能量密度对比见表 3 - 1。

表 3 - 1　常见电池能量密度对比

电池类别	铅酸电池	镍镉电池	镍氢电池	锂电池
质量能量密度/（W · h/kg）	30 ~ 50	50 ~ 60	60 ~ 70	130 ~ 150
体积能量密度/（W · h/L）	50 ~ 80	130 ~ 150	190 ~ 200	350 ~ 400

6. 电池内阻

电池内阻是指蓄电池在工作时，电流流过电池内部所受到的阻力，它包括欧姆内阻和极化内阻。欧姆内阻主要是由电极材料、电解液、隔膜电阻及各部分零件的接触电阻组成，与电池的尺寸、结构和装配等因素有关。

电池内阻不是常数，在充放电过程中随时间不断变化。这是因为活性物质的组成，电解液的浓度和温度都在不断地改变，不同类型的电池内阻不同。即便是相同类型的电池，由于内部化学特性不一致，内阻也不一样。电池内阻很小，一般用 mΩ 来衡量它。内阻是电池性能的重要技术指标之一，正常情况下，内阻小的电池电流放电能力强，内阻大的电池放电能力弱。

7. 剩余电量

剩余电量是指动力电池内部的可用电量占标称容量的比例，是电池管理系统中的一个重要监控数据，电池管理系统根据 SOC State－Of－Charge 值控制电池的工作状态。

8. 充放电倍率

充放电倍率用来表示电池充放电时电流大小的比率，即倍率。

充放电倍率＝充放电电流/额定容量。

9. 放电深度 DOD

在电池的使用过程中，电池放出的容量占其额定容量的百分比称为放电深度（DOD）。放电深度的高低和二次电池的充电寿命有很大的关系。二次电池的放电深度越深，其充电寿命就越短，会导致电池的使用寿命变短，因此在使用时应尽量避免深度放电。

10. 电池供应商

新能源汽车动力电池种类繁多，供应商也各不相同。以北汽新能源纯电动乘用车配套电池为例，其配套信息见表 3－2。

表 3－2　新能源汽车电池配套信息

车辆型号	电池类型	电池容量/（kW·h）	续驶里程/km	供货商
E150EV	磷酸铁锂	25.6	150	普莱德/光宇
EV160	磷酸铁锂	25.6	150	普莱德
EV200	三元镍钴锰酸锂	30.4	200	爱思开
ES210	三元锂	38	210	爱思开
EU260	三元锂	41.4	260	普莱德/宁德时代
EX200	三元锂	30.4	200	爱思开
EX260	三元锂	38.6	260	孚能科技
EC180	三元锂	20.3	180	国轩高科

从北汽新能源相关车型的变迁来看，在北汽新能源的纯电动乘用车中，只有 2014 年早期的两款车型采用磷酸铁锂电池，自 2014 年 12 月之后推出的其余 8 款车型均采用三元电池。在目前更看重纯电动乘用车续驶里程的情况下，磷酸铁锂电池因能量密度低，体积较大，已经在乘用车领域逐步被三元电池所取代。三元锂电池以其能量密度高，体积较小等优点成为北汽新能源纯电动乘用车的黄金搭挡。同样在业界以搭载磷酸铁锂电池为代表的比亚迪，在电动乘用车方面近两年也在向三元锂电池体系靠拢。可见，在没有更好的电池技术出现之前，三元锂电池已成为当下多数车企在纯电动乘用车上的主要选项。

（二）镍氢电池（见图 3－1）

斯坦福·沃弗辛斯基是美国著名科学家、发明家，被誉为“太阳能光伏之父”，毕生拥有近 400 项专利，在他 50 年的工作生涯中，最著名的发明包括薄膜光电、太阳能电池

板、光电制造器、镍氢电池和能够在汽车中安全储氢的固体氢燃料储存技术等。在斯坦福所有的发明中，最优秀的是镍氢反应电池。这是一款可用来为混合动力汽车充电的便携电池，同时它也非常环保。镍氢电池现在主要应用于混合动力汽车，2011 年在 HEV 市场占 56%，零售市场（包括遥控车、玩具、家用电器、数码摄像机）占 24%，无绳电话占 11%，其他市场为 9%。镍氢电池主要由中国和日本企业生产，占全球产量的 95% 以上。

早在 20 世纪 60 年代末，人们就发现了一种新型功能材料——储氢合金，储氢合金在一定的温度和压力条件下可吸放大量的氢，因此被人们形象地称为“吸氢海绵”。其中有些储氢合金可以在强碱性电解质溶液中，反复充放电并长期稳定存在，从而为我们提供了一种新型负极材料，并在此基础上发明了镍氢电池。镍氢电池是 20 世纪 90 年代发展起来的一种新型绿色电池，具有高能量、长寿命、无污染等特点，因而成为世界各国竞相发展的高科技产品之一。

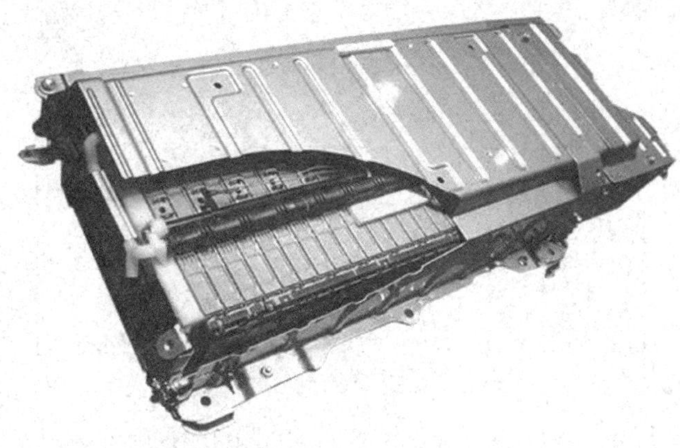

图 3－1　镍氢电池

1. 镍氢电池结构

镍氢电池由氢离子和金属镍合成，电量储备比镍镉电池多 30%，密度比镍镉电池小，使用寿命也更长，并且对环境无污染。镍氢电池的缺点是价格比镍镉电池要贵很多，性能比锂电池要差一些。

镍氢电池中的金属部分实际上是金属氢化物，用在镍氢电池的制造上，它们主要分为两大类。最常见的是 AB5 一类，A 是稀土元素的混合物或者再加上钛 Ti；B 则是镍（Ni）、钴（Co）、锰（Mn），或者还有铝（Al）。另一类高容量电池含多种成分的电极主要由 AB_2 构成，A 则是钛（Ti）或钒（V），B 则是锆（Zr）或镍（Ni），再加上一些铬（Cr）、钴（Co）、铁（Fe）和锰（Mn）。所有这些化合物扮演的都是相同的角色，可形成金属氢化物。镍氢电池结构如图 3－2 所示。

2. 镍氢电池工作原理

镍氢电池是一种碱性电池，负极采用由储氢材料作为活性物质的氢化物电极，正极采用氢氧化镍即镍电极，电解质为氢氧化钾溶液。镍镉/镍氢电池的充电过程非常相似，都要求恒流充电，以防止电池过充电。充电器对电池进行恒流充电，同时检测电池的电压和其他参数。为避免损坏电池，电池温度过低时不可快速充电，当电池温度低于 10 ℃时，应转入涓流充电方式。当电池温度达到规定数值后，必须立即停止充电。

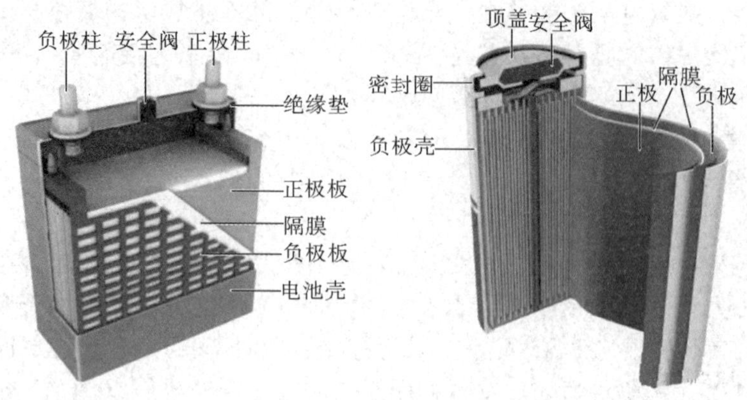

图 3-2　镍氢电池结构

充电过程中，水在电解质溶液中分解为氢离子和氢氧离子，氢离子被负极吸收，负极从金属转化为金属氢化物。放电过程中，氢离子离开了负极，氢氧离子离开了正极，氢离子和氢氧离子在电解质中结合成水并释放电能（见图 3-3）。

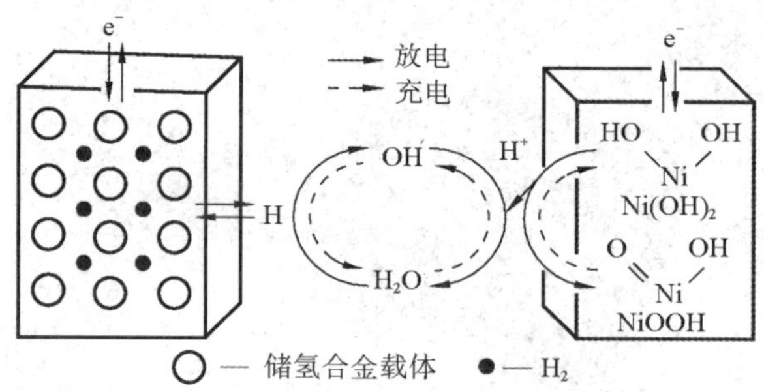

图 3-3　镍氢电池在碱性电解液中进行反应的模型

3. 镍氢电池型号

通常在电池体上看到的 AAA、AA、C、D、N、F、SC 等字母都是美规型号标识。在我国除了几种电池按号称呼之外，其他还是采用美国的命名方式。此外，针对二次锂电池的型号表示方法是采用五位数（圆柱形）或六位数（方形），如 14500、103450 等。常见电池型号、尺寸对照见表 3-3。

表 3-3　常见电池型号、尺寸对照

序号	美国型号	中国型号	尺寸（平头）
1	AAAA	AAAA	高度（41.5±0.5）mm，直径（8.1±0.2）mm
2	AAA	7 号	高度（43.6±0.5）mm，直径（10.1±0.2）mm
3	AA	5 号	高度（48.0±0.5）mm，直径（14.1±0.2）mm
4	A	A	高度（49.0±0.5）mm，直径（16.8±0.2）mm
5	SC	SC	高度（42.0±0.5）mm，直径（22.1±0.2）mm
6	C	2 号	高度（49.5±0.5）mm，直径（25.31:0.2）mm
7	D	1 号	高度（59.0±0.5）mm，直径（32.3±0.2）mm
8	N	N	高度（28.5±0.5）mm，直径（11.7±0.2）mm
9	F	F	高度（89.0±0.5）mm，直径（32.3±0.2）mm

平头电池的正极是平的，没有突起，主要适用于做电池组点焊使用的电池芯。一般同等型号尖头的电池（可以用作单体电池供电的），在高度上就多了 0.5mm，以此类推。有的电池在很多时候并不是规规矩矩的 AAA、AA、A、SC、C、D、N、F 这些主型号，前面还时常有分数 1/3、2/3、1/2、3/2、4/5、5/4、7/5，这些分数表示的是电池体与标准型号相对应的高度。例如 2/3AA 就是表示高度是一般 AA 电池的 2/3；再如 4/5 A 就是表示高度是一般 A 电池的 4/5。

4. IEC 镍氢/镍镉电池标识

根据 IEC（国际电工委员会）标准规定，镍镉和镍氢电池标志由 5 部分组成。

（1）电池种类。

KR——表示镍镉电池；

HF——表示方形镍氢电池；

HR——表示圆形镍氢电池。

（2）电池尺寸。圆形电池直径/高度，方形电池高度/宽度/厚度，数值之间用斜杠隔开，单位为 mm。

（3）放电特性符号

L——表示适宜放电电流倍率为 0.5C 以内；

M——表示适宜放电电流倍率为 0.5 ~3.5C；

H——表示适宜放电电流倍率为 3.5 ~7.0C；

X——表示电池能在 7 ~15C 高倍率的放电电流下工作。

（4）高温电池符号用 T 表示。

（5）电池连接片表示。

CF——代表无连接片；

HH——表示电池带串联连接片；

HB——表示电池带并联连接片。

例如：HF18/07/49——表示方形镍氢电池、宽度为 18 mm、厚度为 7mm、高度为 49 mm；KRMT33/62HH——表示镍镉电池、放电电流倍率为 0.5 ~3.5C、高温系列单体电池、无连接片、直径为 33 mm、高度为 62 mm。

5. BYD 镍氢/镍铬电池标志

BYD 镍氢/镍铬电池标志通常也由 5 部分组成。

（1）电池类型。

D——代表镍铬电池；

H——代表镍氢电池。

（2）电池型号。分别为 A、AA、AAA、AAAA、SC、C、D、N 等多种型号。

（3）电池标称容量。

（4）电池特性。

A——代表尖头电池；

B——代表平头电池；

H——代表高温电池；

P——代表可用于大电流放电。

(5) 代表组合电池的单体个数。

例如：D AA 800 H×5；H SC 2200 P×3；D AA 800 B×3。

6. 镍氢电池应用特性

大功率镍氢电池广泛用于油电混合动力汽车，最具代表性的例子就是丰田 Prius，该车使用了特别的充放电程序，使电池充放电寿命可足够车辆使用 10 年。虽然密度比锂离子电池低，但由于对安全保护、温度控制等要求更低，因此仍然有部分纯电动汽车使用镍氢电池。

就单体电池电压来看，镍氢与镍镉电池的标称电压都是 1.2 V，而锂电池标称电压为 3.6 V。镍氢电池应用特性见表 3－4。

表 3－4　镍氢电池应用特性

序号	应用特性
1	质量比功率高。目前商业化的镍氢功率型电池能达到 1350 W·h/kg
2	循环次数多。目前应用在电动车上的镍氢动力电池，80% 放电深度（DOD）循环可达 1000 次，为铅酸电池的 3 倍以上。100% DOD 循环寿命也在 500 次以上，在混合动力汽车中可使用 5 年以上
3	无污染，不含铅、镉等对人体有害的金属，为 21 世纪绿色环保电源
4	耐过充过放，无记忆效应
5	使用温度范围宽，正常使用温度范围为 －30～55 ℃，贮存温度范围为 －40～70 ℃
6	安全、可靠，在短路、挤压、针刺、安全阀工作能力、跌落、加热、耐振动等安全性和可靠性试验中无爆炸、燃烧现象

（二）锂离子电池

1. 锂离子电池结构

锂离子电池主要由电芯和保护板两大模块组成。电芯相当于锂电池的心脏，管理系统相当于锂电池的大脑。电芯主要由正极材料、负极材料、电解液、隔膜和外壳组成。保护板主要由保护芯片或管理芯片、MOS 场效应管、电阻、电容和印制电路板等元件组成。

锂离子电池的封装形式主要有圆柱形、方形和软包。

圆柱形锂离子电池分为磷酸铁锂、钴酸锂、锰酸锂、钴锰混合、三元材料不同体系，外壳分为钢壳和聚合物两种，不同材料体系电池有不同的优点。目前，圆柱主要以钢壳圆柱磷酸铁锂电池和三元材料为主，常见型号有 14650、17490、18650、21700、26650 等。

圆柱形锂离子电池结构包括正极盖、安全阀、PTC 元件、电流切断机构、垫圈、正极、负极、隔离膜、壳体，内部采用螺旋绕制结构，用一种非常精细而渗透性很强的聚乙烯、聚丙烯或聚乙烯与聚丙烯复合的薄膜隔离材料在正、负极间间隔而成，如图 3－4 所示。

方形锂离子电池通常是指铝壳或钢壳方形电池，内部主要通过叠片这种形式，即在一正极上放置隔膜然后是负极，以此类推，叠加而成。电池内部充有电解质溶液，另外还设有安全阀和 PTC 元件（正温度系数热敏电阻），以便电池在不正常状态或输出端短路时保护电池不受损坏，如图 3－5 所示。

软包锂离子电池（见图 3－6）是液态锂离子电池套上一层聚合物外壳，与其他电池最大的不同之处在于软包装材料（铝塑复合膜），这也是软包锂离子电池中最关键、技术

难度最高的材料。软包装材料通常分为三层，即外阻层（一般为尼龙 BOPA 或 PET 构成的外层保护层）、阻透层（中间层铝箔）和内层（多功能高阻隔层）。三元软包锂离子电池容量比同等尺寸规格的钢壳锂电池高 10% ~15%、比铝壳电池高 5% ~10%，而质量却比同等容量规格的钢壳电池和铝壳电池更轻，因此补贴新政对三元软包锂离子电池更有利。

锂离子电池正极应用材料和制作工艺不同，其性能参数也存在一定的差异。锂离子电池性能参数对比见表 3 –5。其中，钴酸锂电池由于稳定性较差，价格较高，很少用作动力电池。

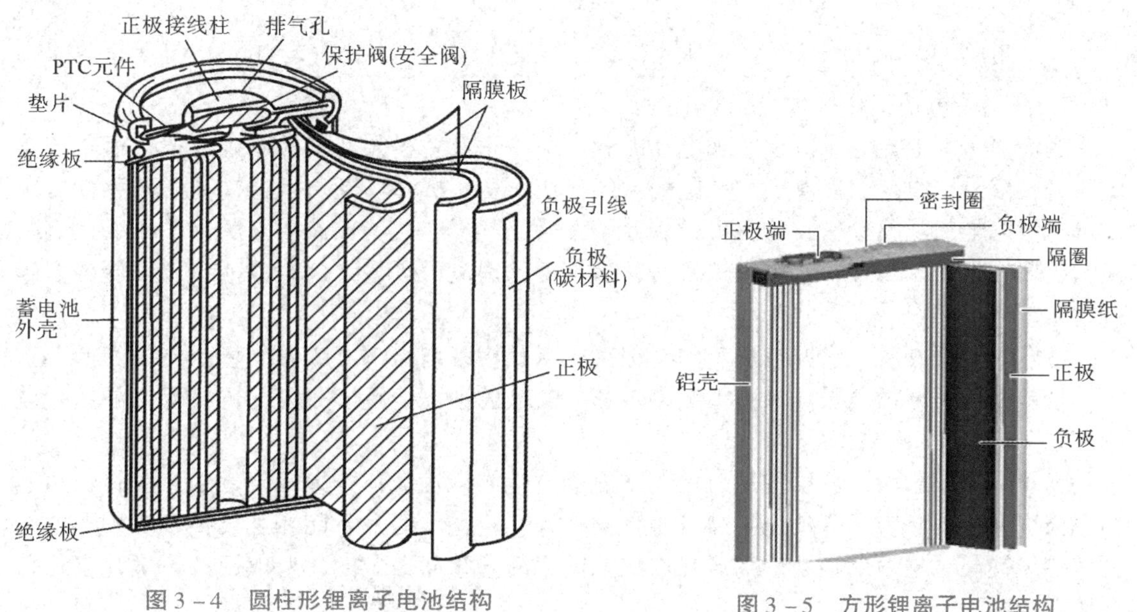

图 3 –4　圆柱形锂离子电池结构

图 3 –5　方形锂离子电池结构

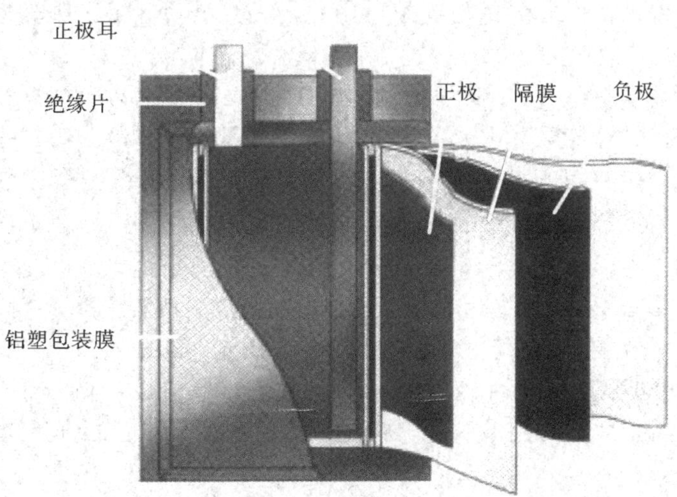

图 3 –6　软包锂离子电池结构

表 3-5 锂离子电池性能参数对比

序号	性能参数	钴酸锂	三元锂	锰酸锂	磷酸铁锂
1	电压平台	3.7 V	3.7 V	3.8 V	3.2 V
2	最高电压	4.2 V	4.2 V	4.2 V	3.7 V
3	最低电压	2.6 V	3.0 V	2.5 V	2.65 V
4	循环寿命	>300 次	>800 次	>500 次	>2000 次
5	环保性能	含钴	含钴、镍	无毒	无毒
6	安全性能	差	较好	良好	优秀
7	适用领域	小电池	小电池、小型动力电池	动力电池	动力电池、超大容量电源

2. 锂离子电池工作原理

当锂离子电池充电时，在外加电场的影响下，正极材料分子里面的锂元素被氧化脱离出来，变成带正电荷的锂离子，在电场力的作用下从正极移动到负极，锂离子迁移并以原子形式嵌入电极材料碳中，与负极的碳原子发生化学反应。从正极出来的锂离子嵌入到负极的石墨层状结构当中，从正极出来转移到负极的锂离子越多，这个电池可以存储的能量就越多。

放电时刚好相反，内部电场转向，锂离子从负极脱离出来，顺着电场的方向又回到正极，重新变成钴酸锂分子。从负极出来转移到正极的锂离子越多，电池可以释放的能量就越多。

在每一次充放电循环过程中，锂离子充当电能的搬运载体，周而复始地从正极—负极—正极来回移动，与正、负极材料发生化学反应，将化学能和电能相互转换，实现了电荷的转移。锂离子电池就是因锂离子在充放电时来回迁移而命名的，所以锂离子电池又称作摇椅电池。

3. 锂离子电池型号

不同的锂电池厂家有不同的命名规则，但通用型电池厂家都遵循统一的标准，根据电池名称就可以知道电池的尺寸等信息。根据国际电工委员会规定，圆柱形和方形电池的型号规则如下。

（1）圆柱形电池。用 3 个字母后跟 5 个数字表示。3 个字母，第一个字母表示负极材料，I——表示有内置的锂离子，L——表示锂金属或锂合金电极；第二个字母表示正极材料，C——表示钴，N——表示镍，M——表示锰，V——表示钒；第三个字母为 R 表示圆柱形。5 个数字中，前 2 个数字表示直径，后 3 个数字表示高度，单位都为 mm。

（2）方形电池。用 3 个字母后跟 6 个数字表示。3 个字母，前两个字母的意义和圆柱形一样，后一个字母为 P 表示为方形。6 个数字中，前 2 个数字表示厚度，中间 2 个表示宽度，后面 2 个表示高度（长度），单位也为 mm。

例如：ICR 18650 电池就是直径为 18 mm，高度为 65 mm 的圆柱形电池；ICP 053353 电池就是厚度为 5mm，宽度为 33 mm，高度（长度）为 53 mm 的方形电池。锂离子电池实物如图 3-7 所示。

4. 锂离子电池应用特性

（1）电压高。锂离子电池单体电压由于使用的正极材料不同，其额定电压也有所不同，最高可达 3.8 V。锂离子电池电压是镍镉、镍氢电池的 3 倍，约是铅酸电池的 2 倍，

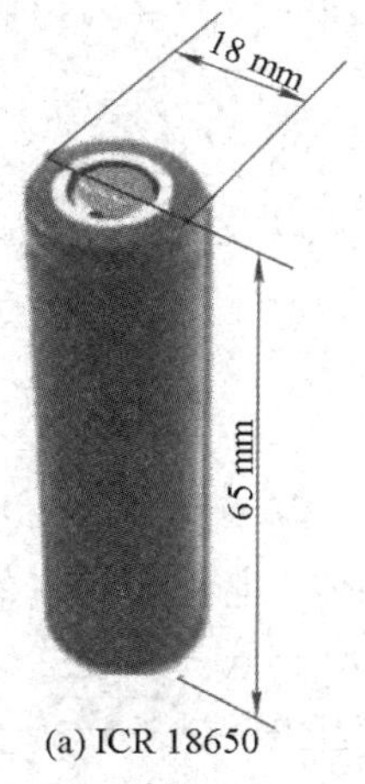

(a) ICR 18650

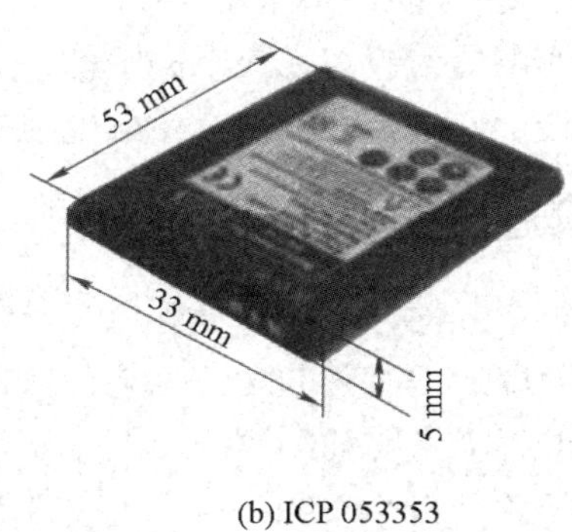

(b) ICP 053353

图 3－7　锂离子电池实物

这也是锂离子动力电池比能量高的一个重要原因。

组成相同电压的动力电池组时，锂离子动力电池使用的串联数目会大大少于铅酸电池和镍氢电池。动力电池中单体电池数量越多，电池组中单体电池的一致性要求就越高，寿命就越不好控制。在实际使用过程中，电池组有故障，一般是其中一、两个单体电池出问题，然后导致整组电池出现问题。因此不难理解为什么 48 V 的铅酸电池比 36 V 的铅酸电池故障反馈要高，从这个角度来讲锂电池更适合于动力电池的使用。例如 36 V 的锂电池组只需要 10 个单体电池即可；而 36 V 铅酸电池则需要 18 个单体电池，即 3 个 12 V 的电池组，而 12 V 的铅酸电池又由 6 个单体电池组成。

（2）能量密度大。比能量大，高达 150 W·h/kg，是镍氢电池的 2 倍，是铅酸电池的 4 倍。因此质量是相同能量铅酸电池的 1/3～1/4。从这个角度讲，锂电池消耗的资源就少，而且锰酸锂电池中所使用到的元素储量也比较多。体积小，能量密度高达 400 W·h/L，体积是相同能量铅酸电池的 1/2～1/3。这就提供了更合理的结构和更美观的外形设计条件、设计空间。

（3）寿命长。锂离子电池的循环次数可达 1000～3000 次。以容量保持在 70% 计算，电池组 100% 充放电循环次数可以达到 2000 次，使用年限可达 5～8 年，寿命为铅酸电池的 2～3 倍。随着技术的革新，电池寿命会越来越长，性价比会越来越高。

（4）应用范围宽。低温性能好，锂离子动力电池可在 －40～＋55 ℃之间工作。而水溶液电池（比如铅酸电池、镍氢电池）在低温时，由于电解液流动性变差会导致性能大大降低。

（5）无记忆。每次充电前不需要放电，可以随时随地进行充电。电池充放电深度对电池寿命影响不大，可以全充全放。

（6）无污染。锂离子动力电池中不存在有毒物质，因此被称为绿色电池，是国家重点扶持项目。而铅酸电池和镉镍电池由于存在有害物质铅和镉，国家必然会加强监管和治理，相应企业的成本也会增加。虽然锂电池没有污染，但从节约资源的角度考虑，锂离子动力电池回收、回收中的安全性以及回收成本也都需要综合考虑。

（7）安全隐患。由于锂离子动力电池能量高，材料稳定性较差，容易出现安全问题。2013 年世界上知名的手机和笔记本电脑电池（正极材料为钴酸锂和三元材料）生产企业，

日本三洋、索尼等公司要求电池的爆喷率控制在 4×10^{-8} 以下，国内公司能达到 10^{-6} 级别就已经不错了。

（8）价格高。相同电压和相同容量的锂离子动力电池价格是铅酸电池的 3～4 倍。随着锂离子动力电池市场的扩大、成本的降低、性能的提高，以及铅酸电池价格的提高，锂离子动力电池的性价比是有可能超过铅酸电池的。

二、动力电池系统基本组成

在新能源汽车中，动力电池与管理系统、驱动电机及控制系统、整车控制器是三个最重要的核心部件，即通常所说的“三大电”。电控空调系统、电控转向系统、电控制动系统是新能源汽车的三个主要辅助系统，即“三小电”。这 6 个电气系统作为新能源汽车的关键部件，对整车的动力性、经济性、可靠性和安全性起着决定性的作用。

电动汽车动力电池系统主要包括动力电池储能系统、动力电池管理系统和动力电池充电系统三大部分。动力电池是新能源汽车的核心，为整车提供驱动车辆行驶的电能。动力电池系统的很多零部件通常集成在一个密闭的箱体内，叫作动力电池箱或电池包，安装在车身底部的前后桥与两侧纵梁之间，北汽 EV200 动力电池箱体如图 3－8 所示。将动力电池安装在该位置具有较高的碰撞安全性，还可以降低车辆的重心，简化车身结构。

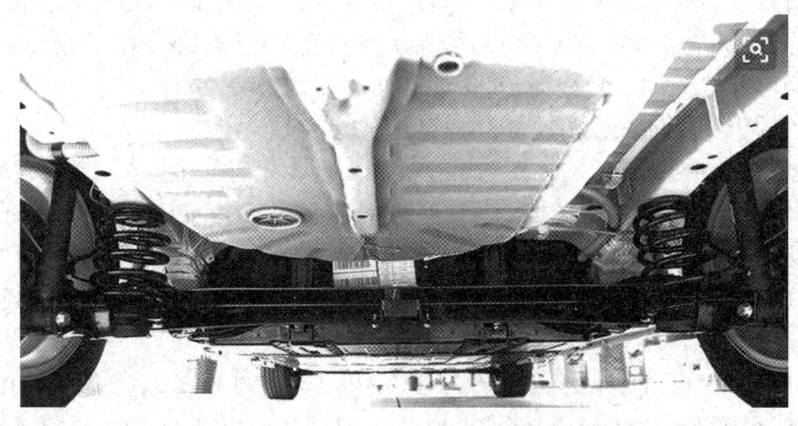

图 3－8　北汽 EV200 动力电池箱体

（一）动力电池箱

动力电池箱主要包括动力电池模组、电池管理系统、辅助元器件以及动力电池箱体等部件。

动力电池箱是用来支撑、固定和包围动力电池系统组件的，具有承载保护动力电池模组及电气元件的作用。新能源汽车的电池箱体大都是通过螺栓固定在车身底板下方，其防护等级为 IP67。当进行整车维护时，需观察电池箱体螺栓是否有松动，箱体是否有破损变形，密封法兰是否完整。电池箱体表面不得有划痕、尖角、毛刺、焊缝及剩余油迹等外观缺陷。

（二）电池单体

电池单体即电芯，是构成动力电池模组的最小单元。按正极材料来分，主要有钴酸锂、锰酸锂、磷酸铁锂以及镍钴锰酸锂三元材料等。常见的新能源汽车动力电池单体有圆

柱形和长方体形，根据壳体材料不同，又有金属外壳和软包外壳等类型。

（三）电池模组

由于电池单体的容量有限，要想达到车辆的使用要求，往往对若干个电池单体按照一定的规律进行组合，进而构成电池模组。电池模组是指电池单体经过串联或并联的方式进行组合，并设置保护线路板及外壳后能够直接提供电能的组合体，如图 3－9 所示。电池模组的组合方法主要有先并后串、先串后并和混联三种，是组成动力电池系统的次级结构之一。

图 3－9　电池模组

（四）辅助元器件

动力电池箱内的辅助元器件按照作用分类，主要有电子控制单元、继电器组件、信息采集元件、温度调节元件、保护装置以及高低压连接线束等部件。以北汽新能源 EV160 车型为例，动力电池箱内的辅助元器件见表 3－6。

表 3－6　动力电池箱内的辅助元器件

名称	图示	名称	图示
主控盒		从控盒	
高压盒		高压继电器	
维护插接器	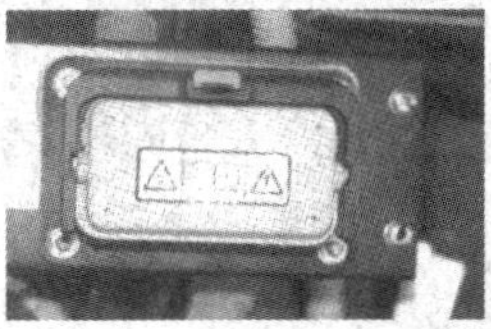	高压断路器	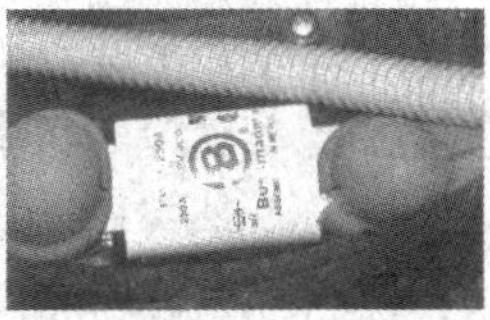

续表

名称	图示	名称	图示
电加热膜		温度传感器	
预充电阻		加热断路器	
分流器		连接线束	

（1）主控盒。主控盒是动力电池管理系统的控制中心，用来控制总正继电器、加热继电器以及预充继电器，还通过 CAN 总线与 VCU 进行通信。

（2）从控盒。从控盒用来分别采集左右电池组的单体电压和模组温度，然后通过 CAN 总线将信息输送给主控盒。

（3）高压盒。高压盒的主要作用是采集总电压、电流、监测高压绝缘情况等，然后通过 CAN 总线将信息传输给主控盒。

（4）高压继电器。电池包内通常设有多个高压继电器，也叫断路器或继电器。电池管理系统要完成对继电器的驱动与状态检测，通过与整车控制器通信协调后进行控制。电池包内的继电器一般有总正、总负、预充以及加热继电器等。

（5）维护插接器。维护插接器也叫维修开关或紧急开关，在特定时刻能够实现高压系统的电气隔离，是保证电动汽车高压电气安全的关键部件。在车辆维修或存在漏电危险等特殊情况时，使用维修开关人工切断高压电路。

（6）高压断路器。高压断路器也叫高压熔断器，是最简单的电器保护装置。它串联在被保护电路中，用来保护电气设备免受过载和短路电流的损害。当电路或电路中的设备过载发生故障时，熔件发热熔化，从而迅速切断电路，达到保护电路或电气设备的目的。

（7）电加热膜。动力电池的电加热膜外表为一层绝缘硅胶，因此又称硅胶电热膜或硅橡胶电热片，是一种采用耐高温、高导热、绝缘性能好、强度高的硅橡胶和耐高温的纤维增强材料以及金属发热膜电路集合而成的软性电加热膜元件。当加热电路工作时，通过电加热膜对动力电池进行加热。

（8）温度传感器。电池的化学性能受环境温度的影响非常大，为了保证电池的使用性能必须使电池工作在合理的温度范围之内，温度传感器用来检测动力电池电芯温度。

（9）预充电阻。对于高于 60 V 的高压系统，其上电过程必须大于 100 ms。在上电过

程中应该采用预充过程来缓解高压冲击，以提高整车的安全性能。

预充管理是新能源汽车必不可少的重要环节，主要作用是对驱动电机控制器的大电容进行充电和缩小高压系统电压差，以减少高压继电器在接触时产生的火花拉弧，降低冲击、增加安全性。预充电阻与预充继电器配合工作，共同完成车辆的预充电过程。

(10) 加热断路器。当动力电池的加热电流过大时，加热断路器会熔断，以保护加热系统零部件。

(11) 分流器。新能源汽车动力电池工作电流的测量方案主要有霍尔式电流传感器和电阻分流器两种。分流器是一个能够通过极大电流的电阻，其阻值是严格设计好的，串接在直流电路里。当高压电流过分流器时，分流器两端产生毫伏级直流电压差值信号，该信号输送给电池管理系统，用以计量该直流电路里的电流值。

(12) 连接线束。动力电池箱体内部连接线束主要分为高压线缆、低压线缆和 CAN 信号线。

三、动力电池管理系统

电池管理系统（BMS）是保证动力电池正常使用、行车安全、数据采集和提高电池寿命的一种关键技术。它能提升动力电池的工作性能，预防个别单体电池早期损坏，有利于电动汽车的顺利运行，并具有保护和警告功能。电池管理系统相当于人的大脑，不仅要保证动力电池系统安全可靠的使用，还要充分发挥动力电池的性能并延长其使用寿命。电池管理系统作为动力电池和整车控制器（VCU）以及驾驶人沟通的桥梁，通过控制高压继电器的动作来控制动力电池的充放电，并向整车控制器上报动力电池系统的运行参数与故障信息。

电池管理系统是动力电池的核心部件，是集检测、控制与管理为一体的控制单元，主要由主控盒、从控盒、高压盒、温度调节装置以及信号采集单元等部件组成，如图 3－10 所示。

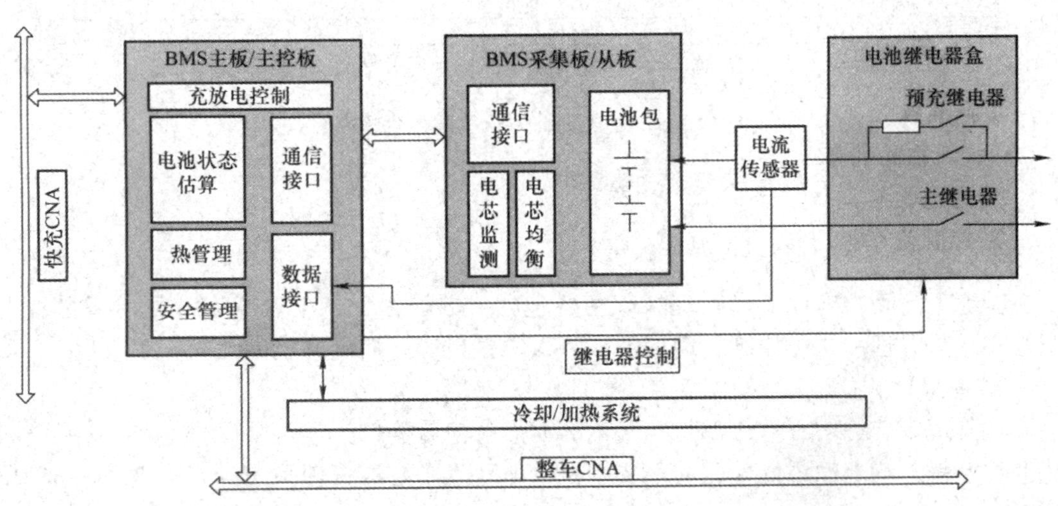

图 3－10　动力电池管理系统架构

动力电池管理系统具体任务有电池状态估算、数据采集、温度管理、绝缘检测、安全管理、充放电管理、故障管理以及数据传输等项目。以北汽 EV160 为例，新能源汽车动力

电池系统实车运行数据如图 3 – 11 所示。

例>>EV160-2016款>>系统选择>>动力电池系统(BMS)(2017年4月1日以前生产)>>数据流		
名称	当前值	单位
动力电池内部总电压	326.20	V
动力电池充放电电流	0.00	A
动力电池外部总电压	326.20	V
整车状态机编码	30	
直流母线电压实际值	163.50	V
BMS自检计数器	3	
动力电池负端继电器当前状态	开启	
冷却风扇状态	开启	
动力电池正端继电器当前状态	关闭	
动力电池预充继电器当前状态	关闭	
正极对地绝缘电阻	2000	kΩ
负极对地绝缘电阻	2000	kΩ
动力电池允许最大充电电流	0.0	A
动力电池允许最高充电端电压	360.00	V
当前状态允许最大放电功率	70.00	kW
当前状态允许最大馈电功率	38.40	kW

（1）

例>> EV160- 2016款>>系统选择>>动力电池系统(BMS)(2017年4月1日以前生产)>>数据流		
名称	当前值	单位
动力电池SOC	26%	
动力电池可用容量	0.20	A•h
动力电池可用能量	0.06	KW•h
单体电芯最高电压	3.26	V
最高电压单体序号	35	
单体电芯最低电压	3.25	V
最低电压单体序号	83	
单体电芯最高温度	16	℃
最高温度单体序号	1	
单体电芯最低温度	15	℃
最低温度单体序号	3	
1号子板EEPROM故障状态	正常	
2号子板EEPROM故障状态	正常	
3号子板EEPROM故障状态	正常	
4号子板EEPROM故障状态	正常	
5号子板EEPROM故障状态	正常	

（2）

图 3 – 11　动力电池系统实车运行数据

四、动力电池能量管理系统的检测

（一）动力电池管理系统的采集内容

在功能上，动力电池能量管理系统主要包括：数据采集、电池状态计算、能量管理、安全管理、热管理、均衡控制、通信功能和人机接口等。控制方式如图 3 – 12 所示。

1. 数据采集

电池管理系统的所有算法都是以采集的动力电池数据作为输入，采样速率、精度和前置滤波特性是影响电池系统性能的重要指标。电动汽车电池管理系统的采样速率一般要求大于 200 Hz（50 ms）。

2. 电池状态计算

电池状态计算包括电池组荷电状态（State of Charge，SOC）和电池组健康状态（State of Health，SOH）两方面。SOC 用来提示动力电池组剩余电量，是计算和估计电动汽车续

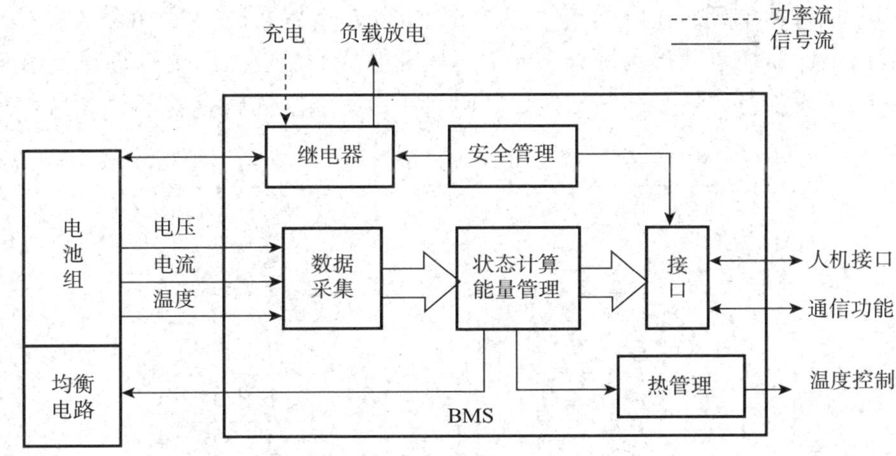

图 3－12　电池管理系统控制方式

驶里程的基础。SOH 用来提示电池技术状态，预计可用寿命等健康状态的参数。

3. 能量管理

能量管理主要包括以电流、电压、温度、SOC 和 SOH 为输入进行充电过程控制，以 SOC、SOH 和温度等参数为条件进行放电功率控制两个部分。

4. 安全管理

监视电池电压、电流、温度是否超过正常范围，防止电池组过充电、过放电。现在，在对电池组进行整组监控的同时，多数电池管理系统已经发展到对极端单体电池进行过充电、过放电、过热等安全状态管理。

5. 热管理

在电池工作温度超高时进行冷却，低于适宜工作温度下限时进行电池加热，使电池处于适宜的工作温度范围内，并在电池工作过程中总保持电池单体间温度均衡。对于大功率放电和高温条件下使用的电池，电池的热管理尤为必要。

6. 均衡控制

由于电池的一致性差异导致电池组的工作状态是由最差电池单体决定的。在电池组各个电池之间设置均衡电路，实施均衡控制是为了使各单体电池充放电的工作情况尽量一致，提高整体电池组的工作性能。

7. 通信功能

通过电池管理系统实现电池参数和信息与车载设备或非车载设备的通信，为充放电控制、整车控制提供数据依据是电池管理系统的重要功能之一，根据应用需要，数据交换可采用不同的通信接口，如模拟信号、PWM 信号、CAN 总线或 I2C 串行接口。

8. 人机接口

根据设计的需要设置显示信息以及控制按键、旋钮等。电池管理系统的主要工作原理可简单归纳为：数据采集电路采集电池状态信息数据后，由电子控制单元（ECU）进行数据处理和分析，然后电池管理系统根据分析结果对系统内的相关功能模块发出控制指令，并向外界传递参数信息。

（二）动力电池管理系统的主要数据采集参数

如图 3－13 所示，系统包括电池、温度传感器、电流传感器、电池平衡器单元、电池

监控单元和电池管理单元。在电池组中一共有 12 个串联的模块，其中每个模块由 4 个电池串联组成。电池监控单元检测所有电池的电压和模块的温度。电池管理单元负责与电池系统中的其他单元进行通信并控制它们，同时显示电池系统的状态给车辆其他系统。

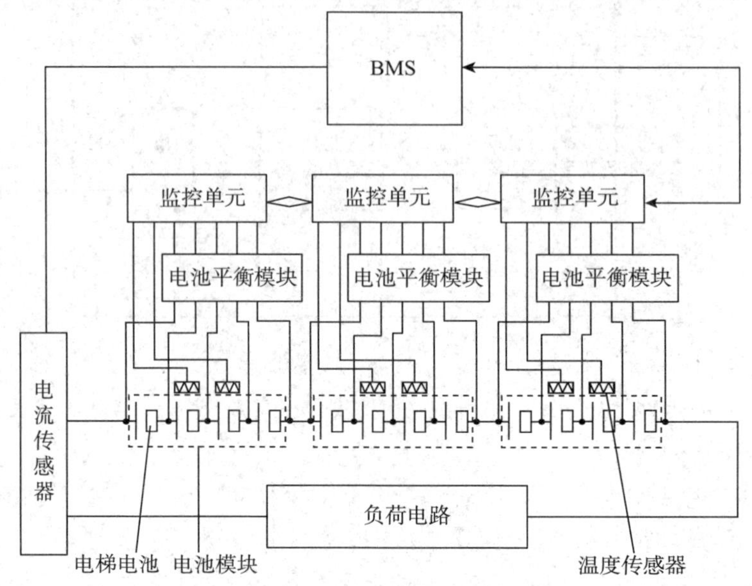

图 3－13　电池管理系统示意图

电池管理系统的主要功能是监测电压、电流、温度，计算 SOC 和最大功率，控制电流接触器来保证电池是否正确，并识别故障情况，监测绝缘状况，并与车辆网络进行通信。

早期的电池管理系统仅仅进行电池一次测量参数（电压、电流、温度等）的采集，之后发展到二次参数（SOC、内阻）的测量和预测，并根据极端参数进行电池状态预警。现阶段，电池管理系统除完成数据测量和预警功能外，还通过数据总线直接参与车辆状态的控制。

1. 单体电压采集方法

电池单体电压采集是动力电池组管理系统中的重要一环，其性能好坏或精度高低决定了系统对电池状态信息判断的准确程度，并进一步影响了后续的控制策略能否有效实施。常用的单体电压检测方法有 5 种。

（1）继电器阵列法。图 3－14 所示为基于继电器阵列法的电池电压采集电路原理框图，其由端电压传感器、继电器阵列、A/D 转换芯片、光耦、多路模拟开关等组成。如果需要测量 n 块串联成组电池的端电压，就需要将 $n+1$ 根导线引入电池组中各节点。测量第 m 块电池的端电压时，单片机发出相应的控制信号，通过多路模拟开关、光耦合继电器驱动电路选通相应的继电器，将第 m 和 $m+1$ 根导线引入到 A/D 转换芯片。通常开关器件的电阻都比较小，配合分压电路之后由于开关器件的电阻所引起的误差几乎可以忽略不算，而且整个电路结构简单，只有分压电阻和模数转换芯片还有电压基准的精度能够影响最终结果的精度，通常电阻和芯片的误差都可以做得很小。所以，在所需要测量的电池单体电压较高而且对精度要求也高的场合最适合使用继电器阵列法。

（2）恒流源法。恒流源电路进行电池电压采集的基本原理是，在不使用转换电阻的前提下，将电池端电压转化为与之呈线性变化关系的电流信号，以此提高系统的抗干扰能力。在串联电池组中，由于电池端电压也就是电池组相邻两节点间的电压差，故要求恒流

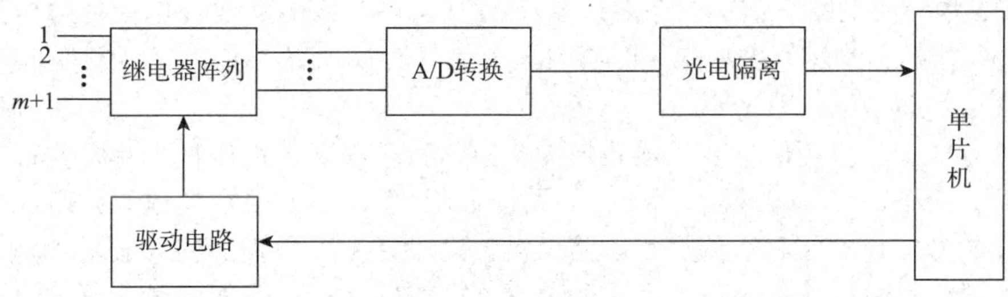

图 3－14　基于继电器阵列法的电池电压采集电路原理图

源电路具有很好的共模抑制能力，一般在设计过程中多选用集成运算放大器来达到此种目的。出于设计思路和应用场合的不同，恒流源电路会有多种不同形式，图 3－15 即为其中一种，它是由运算放大器和绝缘栅型场效应晶体管组合构成的减法运算恒流源电路。

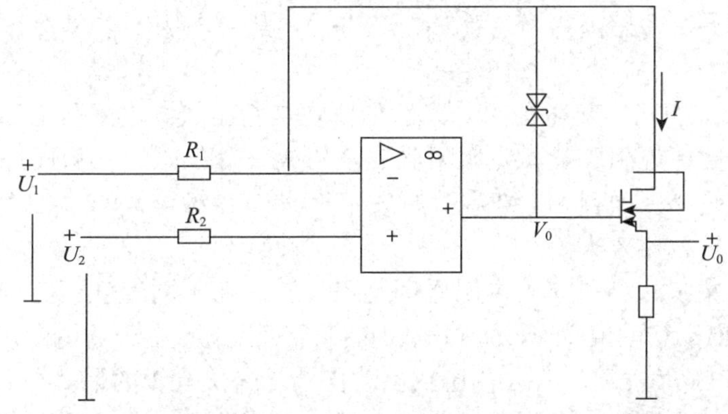

图 3－15　运算放大器和场效应晶体管组合构成的减法运算恒流源电路

由运算放大器的结构可知，该电路是具有高开环放大倍数并带有深度负反馈的多级直接耦合放大电路，其输入级采用差动放大电路，并集成在同一硅片上，故两者的性能匹配非常好，且中间级具有很高的放大能力。由差动电路原理可知，这种电路具有很强的共模信号抑制能力，所以在用运算放大器对电池组的单体电压进行测量时，由于高的共模抑制性和放大能力，测量精度将会得到提高。绝缘栅型场效应晶体管是利用输入回路的电场效应来控制输出回路电流的一种半导体器件，当其工作在可变电阻区时，输出量漏极电流，与输入量漏源电压 U_0 呈线性关系，且管子的栅、源间阻抗很高，造成的漏电流很小，而漏、源间导通电阻很小，造成的导通压降很低。

图 3－14 中 U_1 和 U_2 的差即为电池端电压，U_0 为恒流源电路输出电压。不难看出，运算放大器输出端连接场效应晶体管实现了电路的负反馈作用，使电路保持在平衡状态。其中，V_0 是运算放大器的输出电压；VR_1，是电阻 R_1，上的电压降；V_1 是运算放大器的输入差模电压，即 $V=u-U$，当电路处于平衡状态时，$E=0$。恒流源电路结构较简单，共模抑制能力强，采集精度高，具有很好的实用性。

（3）隔离运放采集法。隔离运算放大器是一种能够对模拟信号进行电气隔离的电子元件，广泛用作工业过程控制中的隔离器和各种电源设备中的隔离介质。一般由输入和输出两部分组成，两者单独供电，并以隔离层划分，信号经输入部分调制处理后经过隔离层，再由输出部分解调复现。隔离运算放大器非常适合应用于电池单体电压采集电路中，它能将输入的电池端电压信号与电路隔离，从而避免了外界干扰而使系统采集精度提高，可靠性增强。

(4) 压/频转换电路采集法。当利用压/频(V/f)转换电路实现电池单体电压采集功能时，压/频变换器的应用是关键，它是把电压信号转换为频率信号的元件，具有良好的精度、线性度和积分输入等特点。

该采集方法中，电压信号直接被转换为频率信号，随即就可以进入单片机的计数器端口进行处理，而不需 A/D 转换。此外，为了配合压/频转换电路在电池单体电压采集系统中的应用，相应选择电路和运算放大电路也需加以设计，以实现多路采集的功能。这种方法所涉及的元件比较少，但是压控振荡器中含有电容器，而电容器的相对误差一般都比较大，而且电容越大相对误差也越大。

2. 电池温度采集方法

电池的工作温度不仅影响电池的性能，而且直接关系到电动汽车使用的安全问题，因此，准确采集温度参数显得尤为重要。采集温度并不难，关键是如何选择合适的温度传感器。目前，使用的温度传感器很多，比如，热电偶、热敏电阻、热敏晶体管、集成温度传感器等。

(1) 热敏电阻采集法。热敏电阻采集法的原理是利用热敏电阻阻值随温度的变化而变化的特性，用一个定值电阻和热敏电阻串联起来构成一个分压器，从而把温度的高低转化为电压信号，再通过 A/D 转换得到温度的数字信息。热敏电阻成本低，但线性度不好，而且，制造误差一般也比较大。

(2) 热电偶采集法。热电偶的作用原理是双金属体在不同温度下会产生不同的热电动势，通过采集这个电动势的值就可以通过查表得到温度的值。由于热电动势的值仅和材料有关，所以热电偶的准确度很高。但是由于热电动势都是毫伏等级的信号，所以需要放大，外部电路比较复杂。一般来说金属的熔点都比较高，所以热电偶一般都用于高温的测量。

(3) 集成温度传感器采集法。由于温度的测量在日常生产、生活中用得越来越多，所以半导体生产商们都推出了很多集成温度传感器。这些温度传感器虽然很多都是基于热敏电阻式的，但都在生产的过程中进行校正，所以精度可以媲美热电偶，而且直接输出数字量，很适合在数字系统中使用。

3. 电池工作电流采集方法

常用的电流检测方式有分流器、互感器、霍尔元件电流传感器和光纤传感器 4 种，各种方法的特点见表 3-7。

表 3-7 各种电流检测方式特点

项目	分流器	互感器	霍尔元件电流传感器	光纤传感器
插入损耗	有	无	无	无
布置形式	需插入主电路	开孔、导线传入	开孔、导线传入	—
测量对象	直流、交流、脉冲	交流	直流、交流、脉冲	直流、交流
电气隔离	无隔离	隔离	隔离	隔离
使用方便性	小信号放大需控制处理	使用较简单	使用简单	—
使用场合	小电流、控制测量	交流测量、电网监控	控制测量	高压测量
价格	较低	低	较高	高
普及程度	普及	普及	较普及	未普及

其中，光纤传感器昂贵的价格影响了其在控制领域的应用；分流器成本低、频响应

好，但使用麻烦，必须接入电流回路；互感器只能用于交流测量；霍尔传感器性能好，使用方便。

目前，在电动车辆动力电池管理系统电流采集与监测方面应用较多的是分流器和霍尔传感器。

（三）动力电池的均衡管理

为了平衡电池组中单体电池的容量和能量差异，提高电池组的能量利用率，在电池组的充放电过程中需要使用均衡电路。

根据均衡过程中对所传递的能量的处理方式不同，均衡电路可以分为能量耗散型均衡和非能量耗散型（即无损均衡），国外有些文献又分别称之为被动均衡（Passive Balancing）和主动均衡（Active Balancing）。

能量耗散型均衡主要通过令电池组中能量较高的电池利用其旁路电阻进行放电的方式损耗部分能量，以期达到电池组能量状态的一致。这种均衡结构以损耗电池组能量为代价，并且由于生热问题导致均衡电流不能过大，适用于小容量电池系统以及能量能够及时得到补充的系统，如混合动力汽车。宝马公司 ActiveE 混合动力汽车即采用了由 PrehGmbH 公司提供的带有能量耗散式均衡系统的 BMS。

1. 能量耗散型均衡管理

能量耗散型是通过单体电池的并联电阻进行分流从而实现均衡的。这种电路结构简单，均衡过程一般在充电过程中完成，对容量低的单体电池不能补充电量，存在能量浪费和增加热管理系统负荷的问题。能量耗散型一般有两类。

（1）恒定分流电阻均衡充电电路。每个电池单体上都始终并联一个分流电阻。这种方式的特点是可靠性高，分流电阻的值大，通过固定分流来减小由于自放电导致的单体电池差异。其缺点在于无论电池充电还是放电过程，分流电阻始终消耗功率，能量损失大，一般在能够及时补充能量的场合适用。

（2）开关控制分流电阻均衡充电电路。分流电阻通过开关控制，在充电过程中，当单体电池电压达到截止电压时，均衡装置能阻止其过充电并将多余的能量转化成热能。这种均衡电路工作在充电期间，特点是可以对充电时单体电池电压偏高者进行分流。其缺点是由于均衡时间的限制，导致分流时产生的大量热量需要及时通过热管理系统耗散，尤其在容量比较大的电池组中更加明显。例如，10 A · h 的电池组，100 mV 的电压差异，最大可达 500 mA · h 以上的容量差异，如果以 2 h 的均衡时间，则分流电流为 250 mA，分流电阻值约为 14 Ω，则产生的热量为 2 W · h 左右。

能量耗散型电路结构简单，但是均衡电阻在分流的过程中，不仅消耗了能量，而且还会由于电阻的发热引起电路的热管理问题。由于其实质是通过能量消耗的办法限制单体电池出现过高或过低的端电压，所以，只适合在静态均衡中使用，其高温升等特点降低了系统的可靠性，不适用于动态均衡。该方式仅适合小型电池组或者容量较小的电池组。

2. 非能量耗散型均衡管理

非能量耗散型电路的耗能相对于能量耗散型电路小很多，但电路结构相对复杂，可分为能量转换式均衡和能量转移式均衡两种方式。

（1）能量转换式均衡。能量转换式均衡是通过开关信号，将电池组整体能量对单体电池进行能量补充，或者将单体电池能量向整体电池组进行能量转换。其中单体能量向整体能量转换，一般都是在电池组充电过程中进行，电路如图 3 – 16 所示。该电路是检测各个

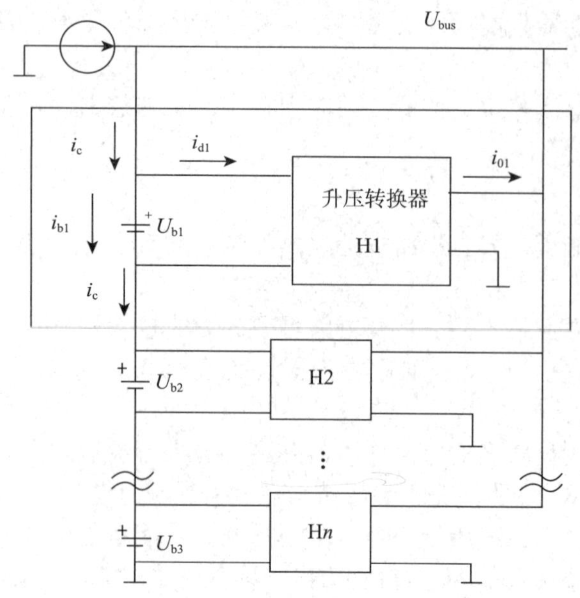

图 3－16　单体电压向整体电压转换方式

单体电池的电压值，当单体电池电压达到一定值时，均衡模块开始工作。把单体电池中的充电电流进行分流从而降低充电电压，分出的电流经模块转换把能量反馈回充电总线，达到均衡的目的。还有的能量转换式均衡可以通过续流电感，完成单体到电池组的能量转换。

电池组整体能量向单体转换，电路如图 3－17 所示。这种方式也称为补充式均衡，即在充电过程中，首先通过主充电模块对电池组进行充电，电压检测电路对每个单体电池进行监控。当任一单体电池的电压过高时，主充电电路就会关闭，然后补充式均衡充电模块开始对电池组充电。通过优化设计，均衡模块中充电电压经过一个独立的 DC/DC 变换器和一个同轴线圈变压器，给每个单体电池上增加相同的次级绕组。这样，单体电压高的电池从辅助充电电路上得到的能量少，而单体电压低的电池从辅助充电器上得到的能量多，从而达到均衡的目的。此方式的问题在于次级绕组的一致性难以控制，即使次级绕组匝数完全相同，考虑到变压器漏感以及次级绕组之间的互感，单体电池也不一定获得相同的充电电压。同时，同轴线网也存在一定的能量耗散，并且这种方式的均衡只有充电均衡，对于放电状态的不均衡无法起作用。

能量转换式电路是一种通过开关电源来实现能量变换的电路。相对于能量转移式均衡电路来说，它的电路复杂程度降低了很多，成本也降低了。但对同轴线圈，由于绕组到各单体之间的导线长度和形状不同，变压比有差异，导致对每个单体电池均衡的不一致，有均衡误差。另外同轴线圈本身由于电磁泄漏等问题，也消耗了一定的能量。

（2）能量转移式均衡。能量转移式均衡是利用电感或电容等储能元件，把能量从电池组中容量高的单体电池通过储能元件转移到容量比较低的电池上，该电路是通过切换电容开关传递相邻电池间的能量，从而达到均衡的目的（见图 3－18）。另外，也可以通过电感储能的方式，对一相邻电池间进行双向传递。此电路的能量损耗很小，但是均衡过程中必须有多次传输，均衡时间长，不适于多串的电池组。改进的电容开关均衡方式，可通过选择最高电压单体与最低电压单体电池间进行能量转移，从而使均衡速度增快。能量转移式中均衡能量的判断以及开关电路的实现较困难。

能量转移式均衡是一种电池容量补偿的方法，就是从容量高的电池取出一些电量来补偿容量低的电池。这个方法虽然可行，但是由于在实际电路中需要对各个单体电池电压进行检测判断，电路会很复杂，且体积大、成本高。另外，能量的转移是通过一个储能媒介来实现的，存在一定的消耗及控制问题。该均衡方式一般应用于中大型电池组中。

除上述均衡方法外，在充电应用过程中，还可采用涓流充电的方式实现电池的均衡。这是最简单的方法，不需要外加任何辅助电路。其方法是对串联电池组持续用小电流充电。由于充电电流很小，这时的过充电对满充电池所带来的影响并不严重。由于已经充饱

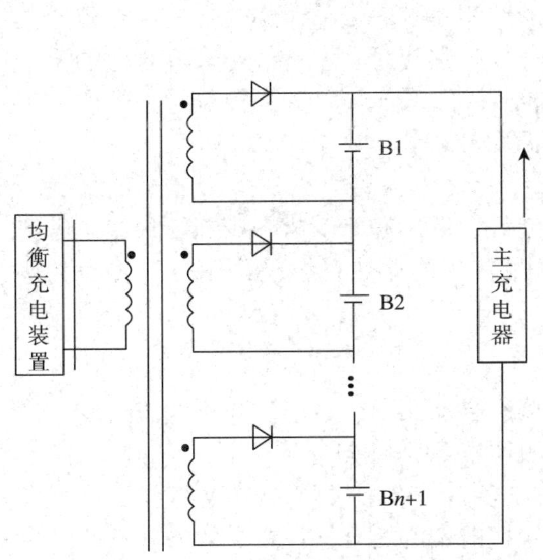

图 3-17　补充式均衡示意图

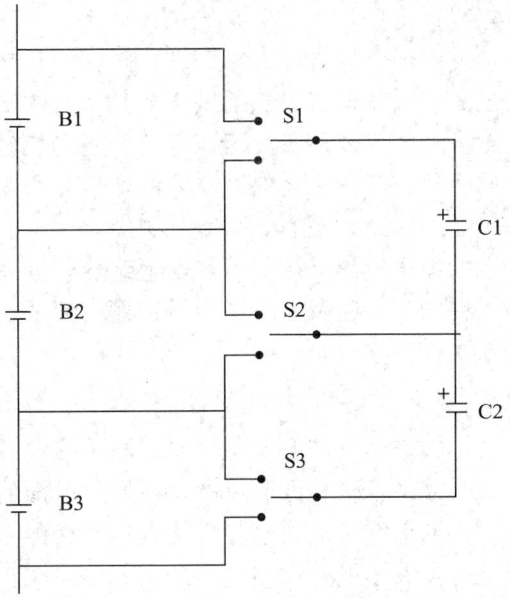

图 3-18　能量转移式均衡

的电池没办法将更多的电能转换成化学能，多余的能量将会转化成热量。而对于没有充饱的电池，却能继续接收电能，直至到达满充点。这样，经过较长的周期，所有的电池都将会达到满充状态，从而实现了容量均衡。但这种方法需要很长的均衡充电时间，且消耗相当大的能量来达到均衡。另外，在放电均衡管理上，这种方法是不能起任何作用的。

（四）动力电池的热管理

1. 动力电池热管理系统的功能

由于过高或过低的温度都将直接影响动力电池的使用寿命和性能，并有可能导致电池系统的安全问题，并且电池箱内温度场的长久不均匀分布将造成各电池模块、单体间性能的不均衡，因此，电池热管理系统对于电动车辆动力电池系统而言是必需的。可靠、高效的热管理系统对于电动车辆的可靠安全应用意义重大。

电池组热管理系统有如下五项主要功能：

（1）电池温度的准确测量和监控。

（2）电池组温度过高时的有效散热和通风。

（3）低温条件下的快速加热。

（4）有害气体产生时的有效通风。

（5）保证电池组温度场的均匀分布。

2. 电池内传热的基本方式

电池内热传递方式主要有热传导、对流换热和辐射换热 3 种方式。电池和环境交换的热量也是通过辐射、传导和对流 3 种方式进行。

热辐射主要发生在电池表面，与电池表面材料的性质相关。

热传导是指物质与物体直接接触而产生的热传递。电池内部的电极、电解液、集流体等都是热传导介质，而将电池作为整体，电池和环境界面层的温度和环境热传导性质决定了环境中的热传导。

热对流是指电池表面的热量通过环境介质（一般为流体）的流动交换热量，它也和温差成正比。

对于单体电池内部而言，热辐射和热对流的影响很小，热量的传递主要是由热传导决定的。电池自身吸热的大小与其材料的比热容有关，比热容越大，散热越多，电池的温升越小。如果散热量大于或等于产生的热量，则电池温度不会升高。如果散热量小于所产生的热量，热量将会在电池体内产生热积累，电池温度升高。

3. 电池组热管理系统形式

按照传热介质，可将电池组热管理系统分为空冷、液冷和相变材料冷却 3 种。考虑到材料的研发以及制造成本等问题，目前最有效且最常用的散热系统是采用空气作为散热介质。

（五）动力电池的电安全管理

电安全管理系统主要包括烟雾报警、绝缘检测、自动灭火、过电压和过电流控制、过放电控制、防止温度过高、在发生碰撞的情况下关闭电源等功能。

电动汽车动力电池系统电压常用的有 288 V、336 V、384 V 以及 544 V 等，已经大大超过了人体可以承受的安全电压，因此，电气绝缘性能是电安全管理重要的内容，绝缘性能的好坏不仅关系到电气设备和系统能否正常工作，更重要的是还关系到人的生命财产安全。

现阶段电池包外壳多采用金属材料制成，要求在符合表 3 – 8 要求的电压条件下，电池包正极和负极与金属外壳之间的绝缘电阻应大于 10 MΩ。

表 3 – 8　电压与绝缘电阻测试的等级

蓄电池包额定工作电压（单箱）U_i/V	绝缘电阻测试仪器的电压等级/V
$U_i \leqslant 60$	250
$60 < U_i \leqslant 300$	500
$300 < U_i \leqslant 750$	1000

动力电池在电动车辆上安装应用，因此，必须满足车辆部件的耐振动、耐冲击、耐跌落、耐烟雾等强度和可靠性要求，保证可靠应用。为满足防水、防尘要求，电池包应满足规定的 IP 防护等级，根据车辆的总体要求，一般的 IP 防护等级要求不低于 IP55。在极端工况下，通过电池安全管理系统应能实现电池包的高压断电保护、过电流断开保护、过放电保护、过充电保护等功能。

五、动力电池性能指标与检测方法

（一）动力电池性能指标

电池作为测试对象的形式有单体和电池组两种形式。单体是电池最基本的单元，称为单元电池，是构成车用动力电池的基础。单元电池的电压和能量都十分有限，使用过程中一般都是以串并联的形式成组的提升输出电压和功率。为了方便电池的安装运输和使用，一般将若干个单元电池以串并联的方式构成动力电池组。动力电池组装在具有一定尺寸和接口的电池盒内，再配以电池管理系统后，在电动车辆上安装和使用。

常见的车用动力电池有铅酸电池、镍氢电池、锂离子电池等。每种电池根据各自技术原理有不同的特性，各种电池在比容量、充放电次数、技术成熟度性能上有差别，典型电池的参数值见表 3 – 9。

表 3－9　电池参数表

电池类型	单体电压/V	比容量/A·h/kg	循环次数/次	技术成熟度	成本
铅酸电池	2.0	50	500	成熟	低
镍氢电池	1.2	80	2000	较成熟	较低
锂离子电池（磷酸铁锂）	3.2	150	2000	较成熟	较高

铅酸电池技术最成熟价格较低，但比容量较低且循环寿命较短；镍氢电池循环寿命较长技术较为成熟，但单体电压较低；锂离子电池单元电压较高，循环寿命和比容量也相当可观，但成本相对比较高。目前锂离子电池在电动汽车动力电池的应用上拥有更广阔的前景，目前市场上应用较多的电池正极材料有磷酸铁锂、锰酸锂和三元材料，目前还有关于钛酸锂作为负极电极材料电池的研究。

电动汽车用动力电池的主要性能指标包括电压、内阻、容量和比容量、能量以及效率等。要使电动汽车能与传统的燃油汽车相竞争，关键就是要开发出比能量高、比功率大、使用寿命长的高效电池。目前针对评价动力电池性能已经有了较为完善的法规和测试方法。总结下来，主要从电池基本性能、循环性能（使用寿命）和安全来对电池的好坏做出评价（见表 3－10）。

表 3－10　动力电池常见性能评价

<table>
<tr><th>评价指标</th><th>单体</th><th>模块</th><th>包/系统</th></tr>
<tr><td rowspan="2">基本性能</td><td colspan="3">一致性（容量、能量、内阻、功率）</td></tr>
<tr><td>绝热量热测试（ARC）分析，Cp 测试</td><td>不同温度、倍率下的充放电性能</td><td>BMS 功能测试，不同温度、倍率下充放电性能，高低温启动、能量效率</td></tr>
<tr><td rowspan="2">循环性能</td><td colspan="3">常规寿命（考虑因素：充放电电流、工作 SOC 区间）</td></tr>
<tr><td>日历寿命（电池质保期）</td><td>模拟工况寿命</td><td>实际工况寿命（FUDS 工况、US06 工况、MVEC 工况、NEDC 工况）</td></tr>
<tr><td rowspan="2">安全性能</td><td colspan="3">电可靠性、机械可靠性、环境可靠性</td></tr>
<tr><td colspan="2">过放电、过充电、短路、跌落、挤压、针刺、海水浸泡、加热、温度冲击</td><td>EMC、短路保护、过充电保护、过放电保护、不均衡充电、模拟碰撞、挤压、机械冲击、跌落、振动、翻转、外部火烧、结露、冷热循环、砂尘、淋雨、浸水、盐雾、过温</td></tr>
</table>

在基本性能的评价上，通过测试电池的容量、内阻和输出功率来评定电池的基本性能。由于测试的对象是用在汽车上的动力电池，因此测试会包括有动力电池的单个电池，即单元（单体）检测。也有针对串并联的电池模组进行检测。

在循环性能测试上，主要测试的是整个动力电池的常规使用寿命，考虑的因素有充放电电流和工作的 SOC 范围。

安全性能是动力电池运用在汽车上非常重要的一个指标，结合车辆的运行工况，会测试动力电池的电可靠性等因素。

此外，除了对动力电池本身的检测外，在国家和行业规定的标准中，还有包括有对动力电池管理系统的检测。

国家质检总局在 2001 年发布了《电动道路车辆用铅酸蓄电池》（GB/T 18332. 1—2001）、《电动道路车辆用锂离子蓄电池》（GB/Z 18333—2001）以及《电动道路车辆用金属氢化物镍蓄电池》（GB/T 18332. 2—2001）三项国家标准。随着电动汽车和动力电池技术的发展，国家发改委又于 2006 年发布了《电动汽车用铅酸蓄电池》（QC/T 742—2006）、《电动汽车用锂离子蓄电池》（QC/T 743—2006）和《电动汽车用金属氢化物镍蓄电池》（QC/T 744—2006）三项汽车行业标准，分别规定了电动汽车三种动力电池的性能、试验方法、检验规则和标识运输及存储要求。

（二）动力电池性能检测方法

常用的动力电池技术指标的检测方法，包括荷电状态（SOC）、内阻、容量、循环寿命、一致性等检测方法。

1. SOC 状态检测

电池的荷电状态（SOC）被用来反映电池的剩余容量状况，这是目前国内外比较统一的认识，其数值上定义为电池剩余容量占电池容量的比值。

荷电状态（SOC）是动力电池重要的技术参数，只有准确知道电池的荷电状态，才能更好地使用电池。因为电池组的 SOC 和很多因素相关且具有很强的非线性，从而给 SOC 实时在线估算带来很大的困难，还没有一种方法能十分准确地测量电池的荷电状态。目前主要的测量方法有以下几种：开路电压法、安时积分法、内阻法等。

（1）开路电压法。利用电池的开路电压与电池的 SOC 的对应关系，通过测量电池的开路电压来估计 SOC。开路电压法比较简单，但是，开路电压法适用于测试稳定状态下的电池 SOC，不能用于动态的电池 SOC 估算。

（2）安时积分法。安时积分法是通过负载电流的积分估算 SOC，该方法实时测量充入电池和从电池放出的电量，从而能够给出电池任意时刻的剩余电量（见图 3－19）。这种方法实现起来较简单，受电池本身情况的限制小，宜于发挥实时监测的优点，简单易用、算法稳定，成为目前电动汽车上使用最多的 SOC 估算方法。

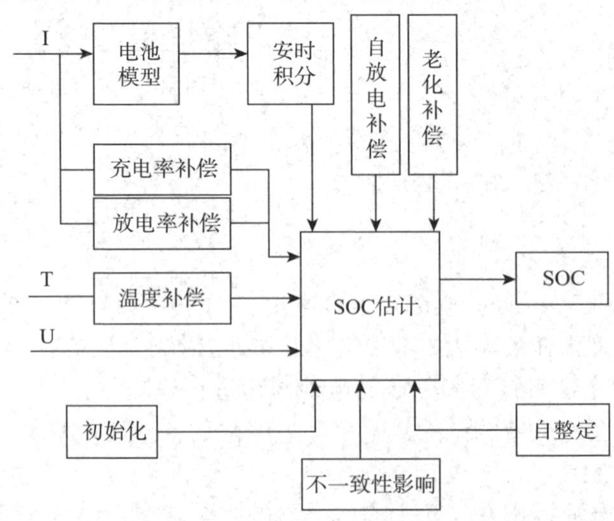

图 3－19　安时积分法常规估算模型

（3）内阻法。电池的 SOC 与电池的内阻有一定的联系，可以利用电池内阻与 SOC 的

关系来预测电池的荷电状态。图 3 – 20 所示是电池内阻测试仪。

2. 内阻检测

内阻是电池最为重要的特性参数之一，绝大部分老化的电池都是因为内阻过大而造成无法继续使用。通常电池的内阻阻值很小，一般用毫欧来度量它。不同电池的内阻不同，型号相同的电池由于各电池内部的电化学性能不一致所以内阻也不同。对于电动汽车动力电池而言，电池的放电倍率很大，在设计和使用过程中尽量减小电池的内阻，确保电池能够发挥其最大功率特性。

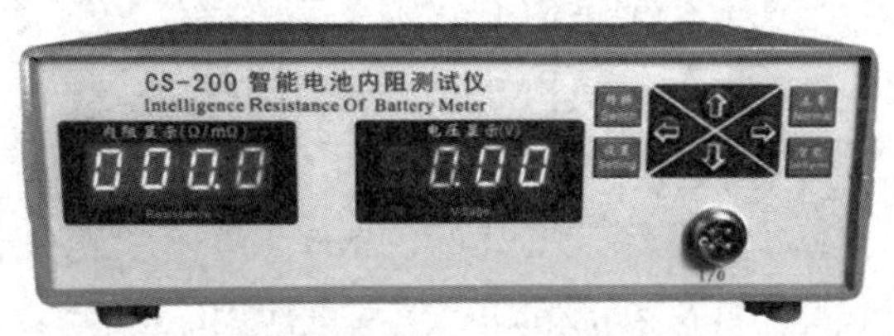

图 3 – 20　电池内阻测试仪

锂离子电池的内阻不是固定不变的常数，而是在使用过程中主要受荷电状态（SOC）和温度等因素的影响。

内阻测量是一个比较复杂的过程，目前主要有两种方法，即直流放电法和交流阻抗法。

（1）直流放电法。直流放电法是对蓄电池进行瞬间大电流放电（一般为几十到上百安培），然后测量电池两端的瞬间压降，再通过欧姆定律计算出电池内阻。该方法比较符合电池工作的实际工况，简单易于实现，在实践中得到了广泛的应用。但该方法的缺点是必须在静态或脱机的情况下进行，无法实现在线测量。直流放电测试仪如图 3 – 21 所示。

图 3 – 21　直流放电测试仪

（2）交流阻抗法。交流阻抗法是一种以小幅值的正弦波电流或者电压信号作为激励源，注入蓄电池，通过测定其响应信号来推算电池内阻。该方法的优点在于用交流法测量时间较短，不会因大电流放电对电池本身造成太大的损害。

3. 容量检测

电池容量是指在一定条件下（包括放电率、环境温度、终止电压等），供给电池或者电池放出的电量，即电池存储电量的大小，是电池另一个重要的性能指标。容量通常以安培・小时（A・h）或者瓦特・小时（W・h）表示。A・h 容量是国内外标准中通用容量表示方法，延续电动汽车电池中概念，表示一定电流下电池的放电能力，常用于电动汽车

电池。图 3－22 所示为电池容量测试仪与测试方法。

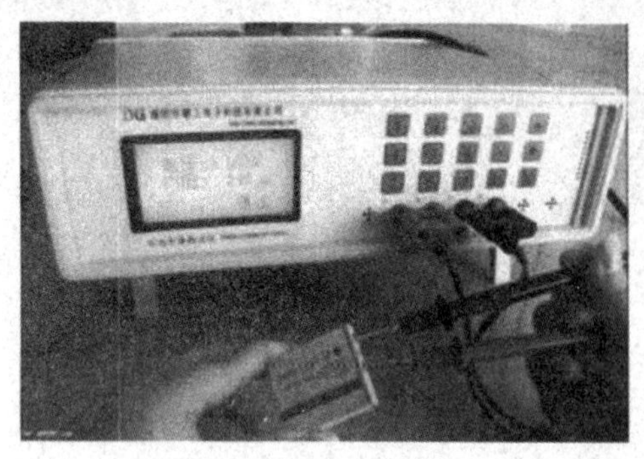

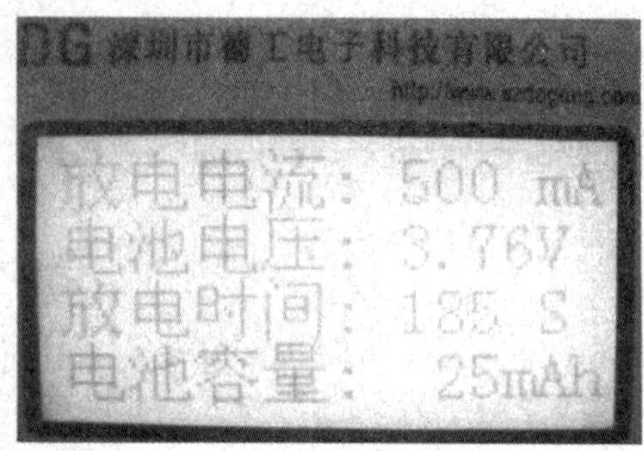

图 3－22　电池容量测试仪与测试方法

电池容量测试的标准流程为：放电阶段→搁置阶段→充电阶段→搁置阶段→放电阶段。具体为：用专用的电池充放电设备，在特定温度条件下，蓄电池以设定好的电流进行放电，至蓄电池电压达到技术规范或产品说明书中规定的放电终止电压时停止放电，静置一段时间，然后再进行充电。

充电一般分为两个阶段，先以固定电流恒流充电，至蓄电池电压达技术规范或产品说明书中规定的充电终止电压时转恒压充电，此时充电电流逐渐减小，至充电电流降至某一值时停止充电，充电后静置一段时间。在设定好的环境下以固定的电流进行放电，直到放电终止电压为止，用电流值对放电时间进行积分计算出容量（以 A · h 计）。

4. 寿命检测

电池在使用过程中的容量会逐渐损失，导致锂离子电池容量损失原因很多，有材料方面的原因，也有生产工艺方面的因素。一般认为，当蓄电池用旧只能充满原有电容量 80% 的时候，就不再适合继续在电动汽车上使用，可以进行梯次利用、回收、拆解和再生。

电池的寿命有循环寿命和日历寿命之分，其中应用最多的是循环寿命。

常规的循环寿命测试方法基本上就是容量测试充放电过程的循环。典型的方法是：将蓄电池按充满电，蓄电池在特定温度和电流下放电，直到放电容量达到某一预先设定的数值，如此连续重复若干次。再将电池充满电，将电池放电到放电截止电压检查其容量。如果蓄电池容量小于额定容量的 80% 终止试验，充放电循环在规定条件下重复的次数为循环寿命数。

上述这种静态测试方法可以检测出同批次或不同批次动力电池的性能，但是却无法反映出动力电池应用于电动汽车时的性能表现及使用时间。随着不同种类电动汽车动力系统构型、车辆行驶工况和所处气候条件的差异，导致在实际使用过程中，动力电池的工作环境有显著差别。

5. 一致性检测

电池容量分为单元电池的容量和电池组的容量，在现有的动力电池技术水平下，电动汽车必须使用多块电池构成的电池组来满足使用要求。由于同一类型、同一规格、同一型号电池间在开路电压、内阻、容量等方面的参数值存在差别，即电池性能存在不一致性，使动力电池组在电动汽车上使用时，性能指标往往达不到单电池原有水平，使用寿命缩短，严重影响其在电动汽车上的应用，有必要对电池组的一致性进行测试与评价。

电池开路电压间接地反映了电池的某些性能，保证电池开路电压的一致，是保证性能

一致的一个重要方面。一般采用的方法是将电池静置数十天，测其满电荷电状态下储存的自放电率以及满电状态下不同储存期内电池的开路电压，通过观察自放电率和电压是否一致来对电池的一致性进行评价。根据静态电压配组的方法最简单，但准确度较差，仅考虑带负载时电压的情况，未考虑带电荷时间和输出容量等参数，往往需要结合其他方法一起使用。

容量是体现电池性能的一个重要参数。可按标准的容量测试流程计算容量，再根据容量及分布对一致性进行评价。这种方法具有操作简单、设备便宜、厂家易于实施等特点；但工作状态和使用环境不同，都会引起电池电压、容量特性的变化，在指定条件下的容量一致，并不能保证电池在实际充放电过程中保持一致，图 3－23 所示为电池容量分容柜。图 3－24 所示为动力电池的一致性检测示意图。

图 3－23　电池容量分容柜

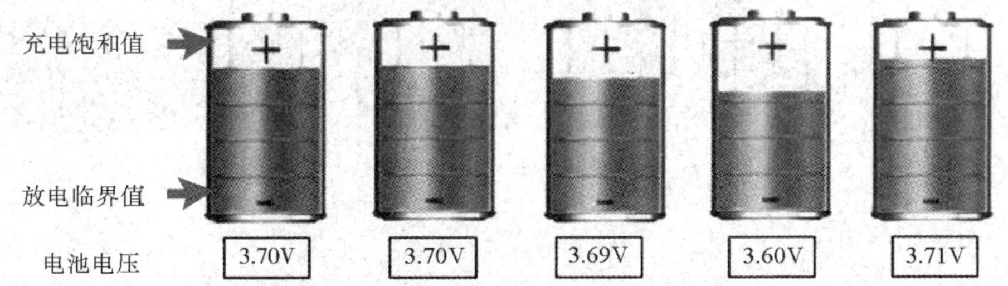

图 3－24　动力电池的一致性检测示意图

如前文所述，电池的内阻可以快速地测量，因此被广泛用于评价电池的一致性。准确测量内阻数值也有较大的难度，在目前仅能作为定性参考，很难作为定量、精确的依据。

任务二　车辆充电系统

动力电池充电系统是新能源汽车的电能补给系统，主要分为常规充电（俗称慢充）和快速充电（俗称快充）两种方式。新能源汽车的充电系统包括慢充电插孔、快充电插孔、车载充电机、高压控制盒、充电连接线以及相关的控制单元等部件，如图 3－25 所示。

新能源汽车的充电控制策略通常为预充电—恒流充电—涓流充电（恒压）—结束，如图 3 – 26 所示。预充电过程不是每次充电时都有，当电池单体电压低于 2.7 V 时，如果直接进入恒流充电会损害电池，此时自动开启预充模式，电压升高至一定值以后转为恒流充电模式。恒流充电是指以恒定的电流充电至 70% ~80% 电池电量，此时电压达到最高限制电压，然后转为涓流充电模式。涓流充电是以 30% 的时间充入 10% 的电量，之后充电过程结束。

快充和慢充是一个相对的概念。快充为大功率直流充电，通常 1 h 之内可以充满电池容量的 80%；慢充是指交流充电，充电过程需 6 ~8 h。电动汽车充电快慢与充电机功率、电池充电特性和温度等因素紧密相关。在当前动力电池技术水平下，即使快充也需要 30 min 以上才能充到电池容量的 80%，超过 80% 以后为了保护动力电池的安全，充电电流必须变小。

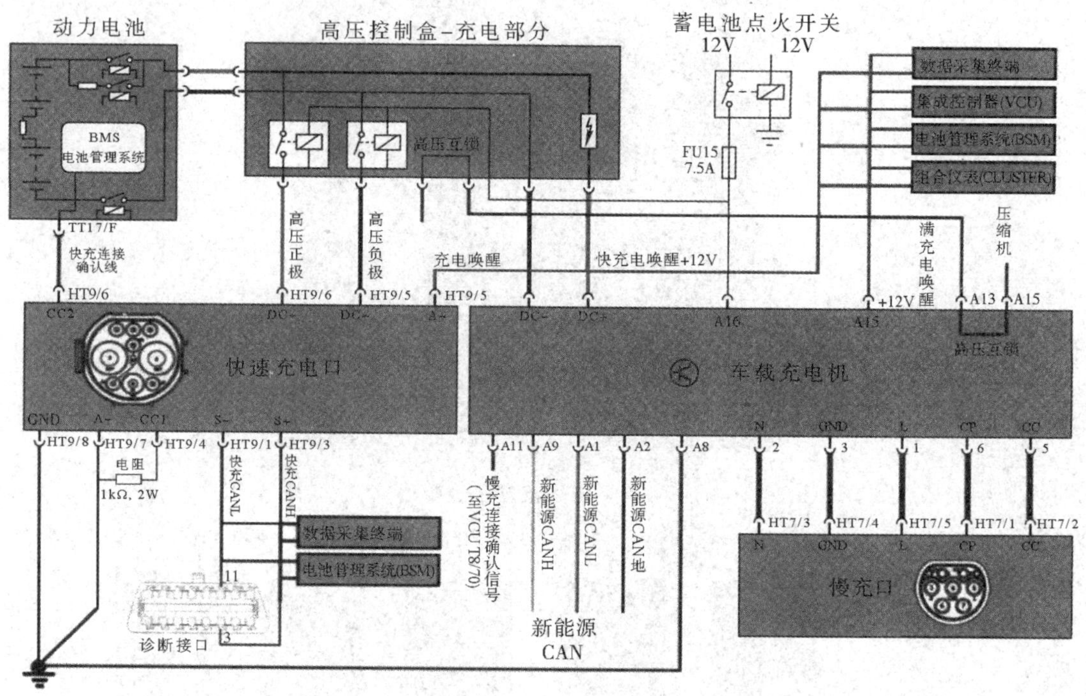

图 3 – 25　充电系统

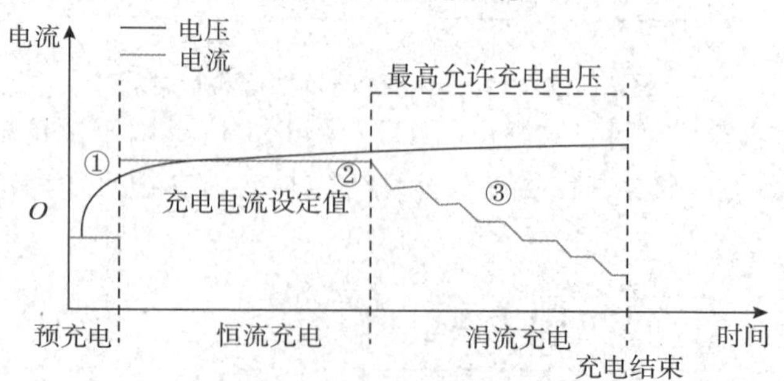

图 3 – 26　充电控制策略

国内常见电动汽车充电估算时间见表 3 – 11。

表 3－11　国内常见电动汽车充电估算时间

序号	车型	慢充时间/h	快充时间/h	续驶里程/km
1	北汽 E150E	8	2	150
2	比亚迪 E6	20	2	300
3	江淮和悦 IEV5	8	2.5	200
4	奇瑞 EQ	8～10	0.5	200
5	腾势	5	1.5～2	250
6	荣威 E50	6～8	1.5	180
7	长安 E30	8	1.5	160
8	启辰 E30	8	1.5	180
9	众泰知豆 E20	6	1	120

一、慢充系统

慢充系统是使用普通的交流 220 V 单相民用电，通过车载充电机将交流电变换为高压直流电，从而给动力电池充电。车载充电机采用高频开关电源技术，由 BMS 控制智能充电，无须人工看守，保护功能齐全，具有过压、欠压、过流、过热、输出短路、反接等多种保护功能，当充电系统出现异常会及时切断供电。新能源汽车慢充电插孔端子如图 3－27 所示。充电功率取决于车载充电机功率，目前主流有 2 kW、3.3 kW、6.6 kW。

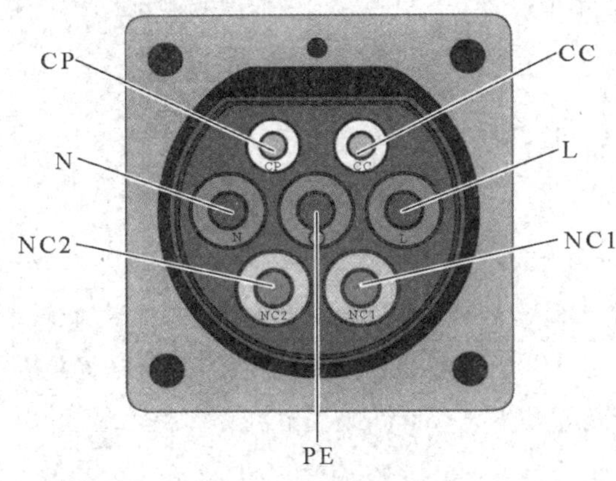

图 3－27　慢充电插孔

CP—充电控制；CC—充电连接确认；N—中性线；L—A 相；PE—地线；NC1—B 相；NC2—C 相

(一) 车载充电机工作原理

车载充电机内部可分为主电路、控制电路、线束及标准件三部分。主电路前端将交流电转换为恒定电压的直流电，主电路后端为 DC/DC 变换器，将前端转出的直流高压电变换为合适的电压及电流供给动力电池。

新能源汽车的车载充电机控制电路具有控制场效应管开关，与 BMS 之间进行通信，监测充电机工作状态以及与充电桩握手等功能。线束及标准件用于主电路与控制电路的连接，固定元器件及电路板。车载充电机工作原理如图 3－28 所示。

车载充电机的工作均由 BMS 发出指令进行控制，包括工作模式指令、动力电池允许最大电压、充电允许最大电流、加热状态的电流值等。充电机通过 CAN 总线与车辆进行

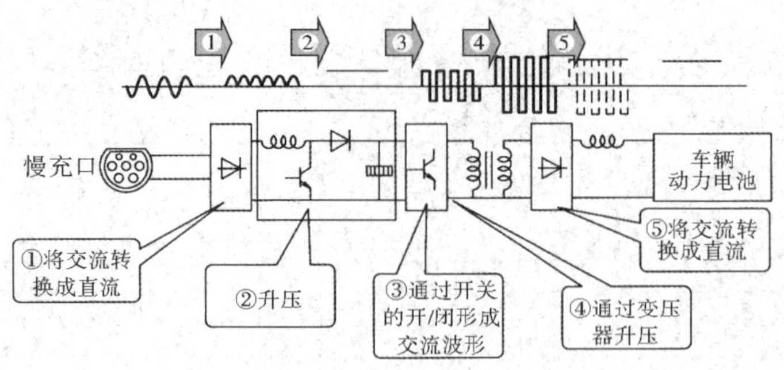

图 3-28　车载充电机工作原理

通信，通信内容包括动力电池单体、模块和总成的相关技术参数，充电过程中电池的状态参数，充电机工作状态参数以及车辆基本信息等。

充电前，系统会自动检测箱体内部的电池温度，若温度高于 55 ℃或低于 0 ℃时，电池管理系统将自动切断充电回路，此时无法充电。若有低于 0 ℃的温度点，则启动加热模式，加热继电器闭合进行加热，待所有电芯温度点都高于 5 ℃时停止加热，然后启动充电程序，充电过程中充电桩电流显示为 12 ~ 13 A。

加热状态时，充电机停止充电，此时 BMS 闭合负极继电器和加热继电器，通过电热元件给动力电池包内的电芯进行加热，加热电流由充电机向加热元件直接供电。

慢充状态时，动力电池高压正负继电器闭合，车载充电机首先判断其输出端的电压值，当监测到电压值满足充电要求后，充电机将闭合其输出端继电器并开始工作。慢充工作流程见表 3-12。

表 3-12　慢充工作流程

序号	车载充电机	动力电池、BMS	VCU、仪表、数据终端
1	220 V 上电	待机	待机
2	12 V 低压供电并等待指令	唤醒	唤醒
3	接收指令并执行加热流程	BMS 监测电池状态并发送加热指令	
4	接收指令并停止工作	BMS 监测电池温度并发送停止指令	
5	接收指令并执行充电流程	BMS 待充电机反馈后发送充电指令	
6	接收指令并停止工作	BMS 监控电池状态并发送完成指令	
7	完成充电后 1 min 内控制充电桩结算	待机	待机

（二）车载充电机接线端子识别

1. 奇瑞新能源 eQ1 车载充电机插件（见图 3-29）

（1）插件 A1：充电机电源输入，交流 220 V。

（2）插件 A2：充电机控制信号，与整车低压线缆连接。

（3）插件 A3：充电机高压输出端，与动力电池慢充输入线连接。

2. 北汽 EV160 车载充电机插件（见图 3-30）

3. 比亚迪 e6 车载充电机插件（见图 3-31）

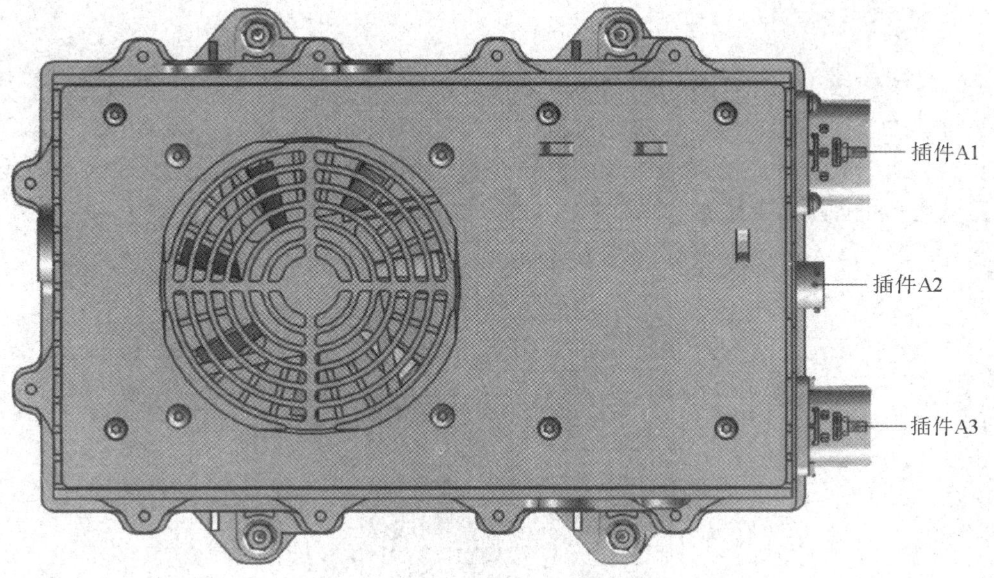

图 3－29　奇瑞新能源 eQ1 车载充电机插件

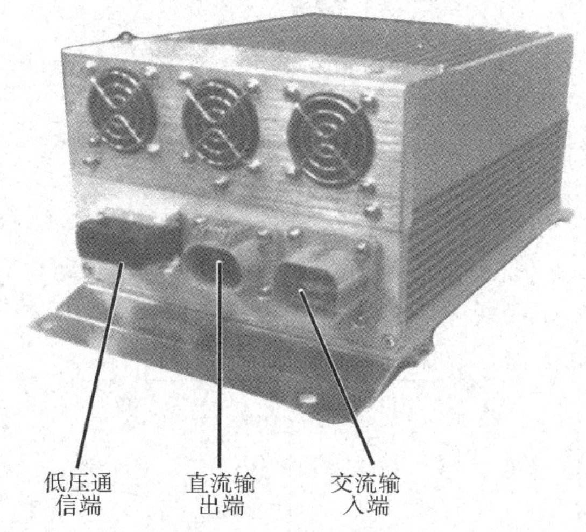

图 3－30　北汽 EV160 车载充电机插件

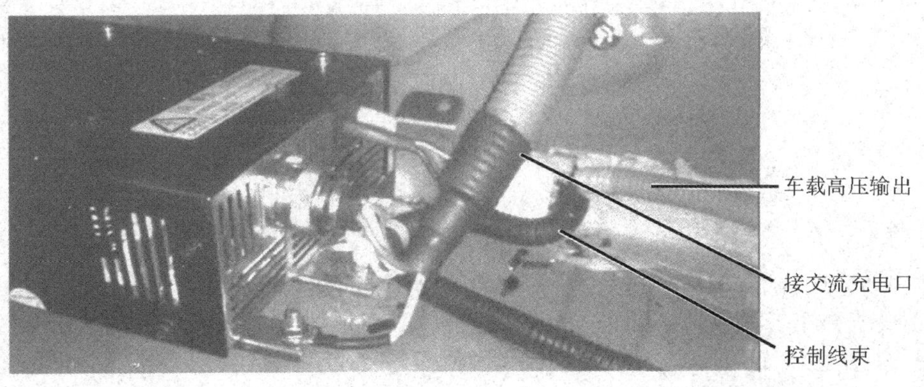

图 3－31　比亚迪 e6 车载充电机插件

二、快充系统

快充系统使用工业 380 V 三相电通过功率变换后，将直流高压大电流通过高压动力电缆直接向动力电池进行充电，在快充过程中电流显示值通常在 13. 2 ~46. 2 A。快充系统主要部件包括快充桩、快充电插孔、车内高压线束、高压配电盒以及动力电池等。新能源汽车快充插孔端子如图 3 –32 所示。

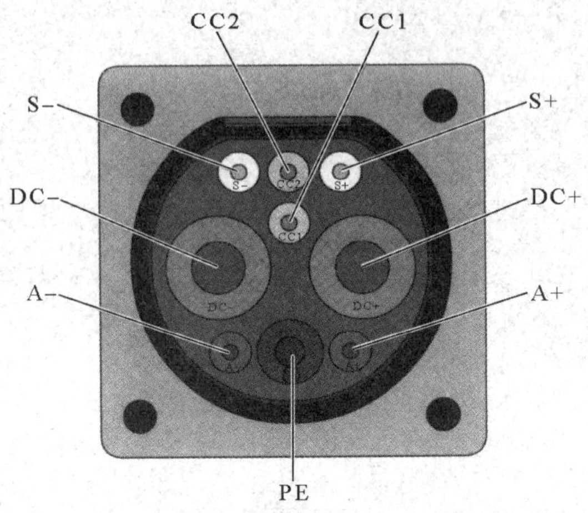

DC –—高压直流电源负极；DC +—高压直流电源正极；PE—车身地（搭铁）；
1 –—低压辅助电源负极；A +—低压辅助电源正极；CC1—充电连接确认；
2 – CC2—充电连接确认；S +—充电通信 CAN – H；S –—充电通信 CAN—L

图 3 –32　快充插孔端子

快充桩安装在固定的充电场所，与 380 V 交流电源连接。电流经过 PFC 功率因数模块、DC/AC 逆变模块、高频变压器、AC/DC 整流器后，与电动汽车快充插孔相连接。快充桩工作原理如图 3 –33 所示。

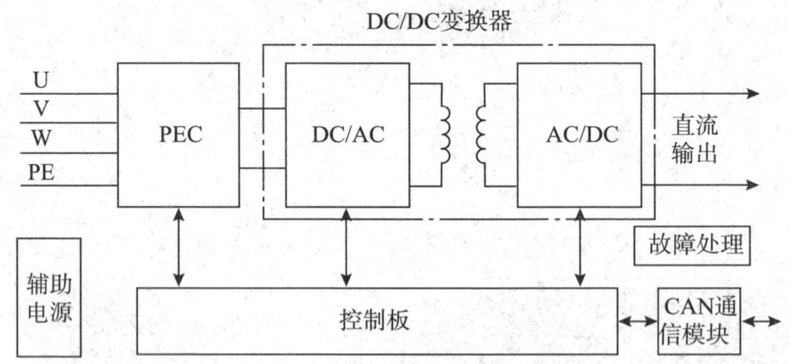

图 3 –33　快充桩工作原理

新能源汽车快充时的电流大小受动力电池内部温度的影响，当电池温度小于 5 ℃时停止充电，5 ~15 ℃时充电电流为 20 A 左右，15 ~45 ℃时充电电流为 50 A 左右，大于 45 ℃时停止充电。

当车辆充电时，起动钥匙位于 OFF 位，充电枪连接正常后，首先充电桩发出 12 V 低压电信号唤醒整车控制器（VCU），此时仪表板充电插头指示灯点亮，表示充电枪连接正常。VCU 输出 12 V 低压电信号，唤醒动力电池管理系统和 DC/DC 变换器，动力电池内部自检合格后通过 CAN 线向充电桩发出充电请求信号并开始充电。

充电过程中，主控盒与从控盒采集的电池电压和温度等信息通过 CAN 总线与 VCU 和充电机通信，充电机随时调节充电电流和电压，保证充电数据的安全合理。当充电结束拔出充电枪后，VCU 控制车辆的高压系统下电。

三、换电技术

三分钟电动车电量从无到满，换电技术靠谱吗

目前，新能源汽车动力电池的能量密度和续驶里程还不能满足大部分车主长途行驶的要求，而且每次充电的时间又太长，充电基础设施也不算很完善，使新能源汽车的使用和推广受到严重限制。因此，有些汽车厂商提出可以像更换手机电池那样快速地更换新能源汽车的动力电池，使快速换电技术成为新能源汽车领域的一个研究热点。

换电技术可以在几分钟之内完成动力电池更换作业，这一操作过程主要是利用专业设备自动完成的。虽然解决了充电慢的问题，但是动力电池的结构设计和换电站建设也给广大汽车制造商增加了很大的成本。

具备快速换电功能的动力电池采用模块化设计，具有通用性和互换性，方便安装与拆卸，可实现集中充电与快速更换的结合。电池箱体外壳设有固定销锁止机构、螺栓锁止机构、导向机构、动力电池电源线插座、电池管理系统通信线插座以及位置传感器等部件。以北汽 EU260 为例，动力电池快速插接件如图 3－34 所示。

图 3－34　动力电池快速插接件

任务三　动力电池故障与处理

一、绝缘电阻监测系统

新能源汽车采用电力驱动系统，内部有几百伏的高压电，有着极高的绝缘要求。而汽车是一个不断运动的部件，随着使用年限增加、系统振动、部件老化、温湿度变化等因素的影响，都有可能导致车辆整体绝缘性能下降。这不仅会影响车辆运行，还将危及车上人员的人身安全，因此电动汽车高压电气系统绝缘性能是一个至关重要的技术指标。

（一）绝缘电阻监测系统工作原理

新能源汽车的高压电路应按 GB/T 18384.3—2015 中的规定提供直接接触防护，布置在乘客舱或行李舱外部的 B 级高压电路（60～1500 V）的防护性能应满足 IP67 的要求。当各高压部件、接口的通断导致系统暴露产生潜在危险时，B 级电压系统应自动不带电。

动力电池正负极通过绝缘层与底盘构成电流回路，当整车绝缘下降时漏电电流就会增大，漏电电流达到一定值时，将危及乘客安全以及整车电气系统的正常运行。新能源汽车的绝缘电阻监测系统主要是通过在正极动力电缆与底盘、负极动力电缆与底盘之间分压的方式，来测量动力电缆相对于车辆底盘的绝缘程度。为了简化结构，通常将绝缘电阻监测模块设在动力电池系统内，并把绝缘电阻监测功能集成到 BMS 上，如图 3－35 所示。

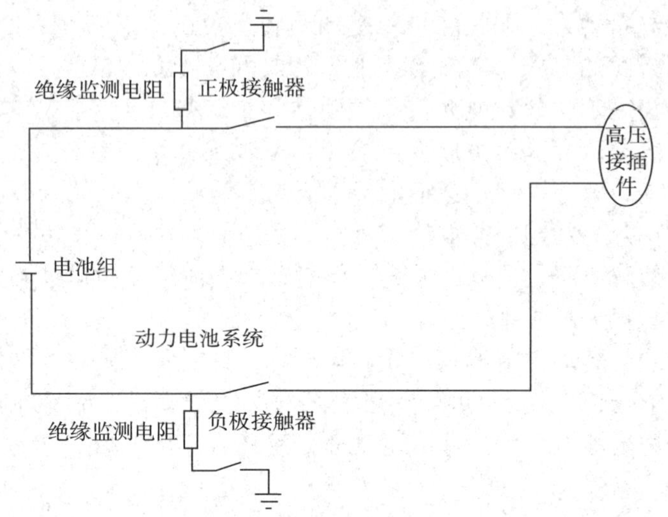

图 3－35　绝缘电阻监测电路

动力电池系统的绝缘阻值分为正极与外壳、负极与外壳两部分。在高压电断开的情况下用绝缘表测量正极对地和负极对地绝缘阻值，均应大于等于 500 Ω/V，否则为不合格。

（二）绝缘阻值测量流程

测量电气设备的绝缘电阻是检查其绝缘状态最简便的方法，普遍使用绝缘表测量绝缘电阻。绝缘表又叫兆欧表，在工作时自身会产生高电压，而测量对象也是电气设备，所以必须正确使用，以免造成人身伤害或设备损坏。

1. 检测方法

（1）试验前关闭点火开关，拆卸低压蓄电池负极连接线。

（2）拔下维修开关，交专人保管或锁起来，以防误插。

（3）断开动力电池高压电缆插接件，并用放电工装进行放电。

（4）对绝缘表进行初步检查，确认绝缘表工作正常。

（5）选择合适的量程，连接测试线，按下测试键，读取其绝缘电阻值，如图 3－36 所示。

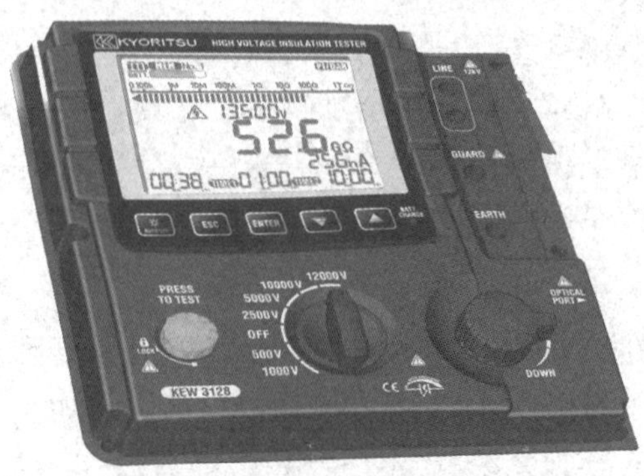

图 3－36　绝缘阻值测量

2. 注意事项

（1）测量前，必须断开被测设备电源并进行放电，严禁带电测量，以保证人身和设备的安全。

（2）被测物表面要清洁，减少接触电阻，确保测量结果准确。

（3）测量大电容电机和较长电缆的绝缘电阻时，必须适当延长测量时间才能得到正确的结果。

（4）遇阴雨潮湿的天气或环境湿度太大时，不宜进行测量工作。

（5）测试输出电压插孔输出的是高压电，严禁用手直接触摸测试笔。

（6）电池能量不足时应及时更换，长期存放时应取出电池，以免电池漏液损坏绝缘表。

（7）空载时，如有数字显示，属正常现象，不影响测试。

（8）在进行 MΩ 测试时，如果读数不稳定可能是环境干扰或绝缘材料不稳定造成的，此时可将“G”端接到被测部件的屏蔽端，即可使读数稳定。

（9）为保证测试安全性和减少干扰，测试线外皮采用硅橡胶材料，请勿随意更换测试线。

二、动力电池更换流程

（一）动力电池更换流程

（1）车辆停放平稳，铺设车辆防护用品。

（2）操作人员穿戴好高压安全防护用品。

（3）断开 12 V 蓄电池负极，并用绝缘胶带包裹负极连接线、蓄电池极柱。

（4）拆下维修开关（有的车型没有维修开关）。

（5）举升车辆，拆卸动力电池线束护板。

（6）拆卸动力电池高低压线束。

（7）测量动力电池端正负极端子输出电压是否为 0 V，如果高压端带电需等待几分钟再次进行测量，严禁带电操作。

（8）用放电工装对高压负载端进行放电。

（9）将动力电池举升车推入车辆底部，托住动力电池总成底部，按顺序拆卸动力电池总成固定螺栓。

（10）缓慢降下动力电池举升车，并将动力电池推出车外。

（11）安装时将动力电池移至车辆下方，缓慢升起电池举升车，使动力电池两侧的定位销对准车辆下方定位孔。

（12）按顺序依次拧紧动力电池的固定螺栓，安装动力电池高低压线束插接件及电池护板。

（13）车辆复位，检查车辆上电和充电是否正常。

（二）拆装注意事项

动力电池属于高压危险产品，维修人员在拆装过程中需注意以下事项。

（1）动力电池黄线连接部分或者贴有高压标识的零部件在拆卸时应严格注意安全操作规范。

（2）动力电池卸下前应立即断开电池维修开关，且开关插座进行覆盖绝缘保护。

（3）动力电池动力输出出口插座必须进行绝缘覆盖保护，避免异物落入造成触电。

（4）拆卸过程中，注意采样信号线不得用力拉拔、过度弯曲，以防采样信号线受损坏。

（5）安装过程，螺钉紧固力矩必须按照设计要求，使用专业工具紧固。

（6）动力铜排连接片与模组连接位置装配前应除尘、去污。

（7）动力电池拆卸过程中注意零部件标识，以免遗漏或装错。

（8）安装完成后必须对紧固件打扭力标（在紧固件及其安装面上用油漆笔画线）。

（9）在动力电池拆卸和安装过程中禁止以下情况发生：暴力拆卸、跌落、碰撞、模组倾斜、重压模组、采样信号线过度拉扯、人为短路等非正常工作行为；禁止非工作人员拆卸。

（10）动力电池属高压器件，操作不当易造成人员伤亡。所有拆装过程及注意事项应严格参照本拆装规范。

三、维护插接器

维护插接器（MSD）也叫维修开关或紧急开关，在特定时刻能够实现高压系统的电气隔离，是保证电动汽车高压电气安全的关键部件。在车辆维修或存在漏电危险等特殊情况时，使用维修开关切断高压电路。维修开关的安装位置各车型都不一样，主要分布在后排座椅下方、中央扶手箱下方、行李舱内以及前排乘客座椅下方等位置。

根据 SAE 标准，当维修开关打开后，可以断开电池系统输出端子之间的任何电压。在继电器断开的情况下，MSD 断开后 5 s 内，所有外部电池端子的直流电压应小于 60 V。原则上，MSD 可以设置在动力电池内的任意一个位置，不过一般分为以下三种：SD1—电池正极和正极继电器 C1 之间；SD2—电池组中心，这里是动力电池额定电压的中间分压位置；SD3—电池负极和负极继电器 C2 之间。如图 3－37 所示。

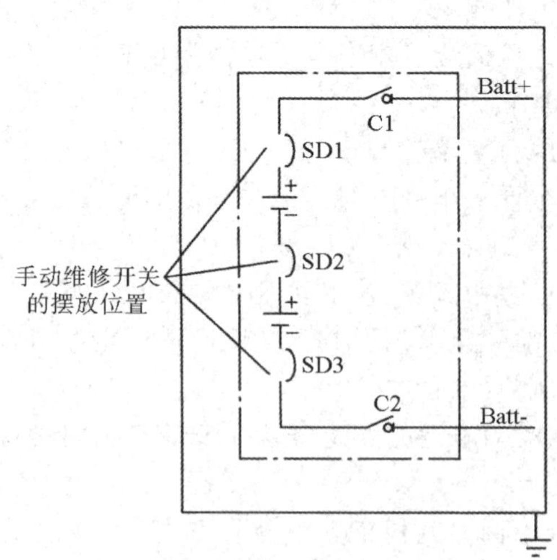

图 3－37　维护插接器设置位置

维修开关采用两阶段打开方式，内置高压互锁触点，插合后的防护等级为 IP67，插拔寿命在 500 次以上。拆卸方法大致相同。以江淮 iEV6S 为例，维修开关位于车辆后排座下

方，在拆卸维修开关之前必须要关闭点火开关，断开低压蓄电池负极连接线，在拔下维修开关后，还需等待10 min左右才可以进行下一步的维修工作，以确保高压剩余电量消耗完毕。

(1) 首先拆卸维护插接器开关盖板的4条固定螺栓。

(2) 打开维护插接器的二次锁扣，如图3-38所示。

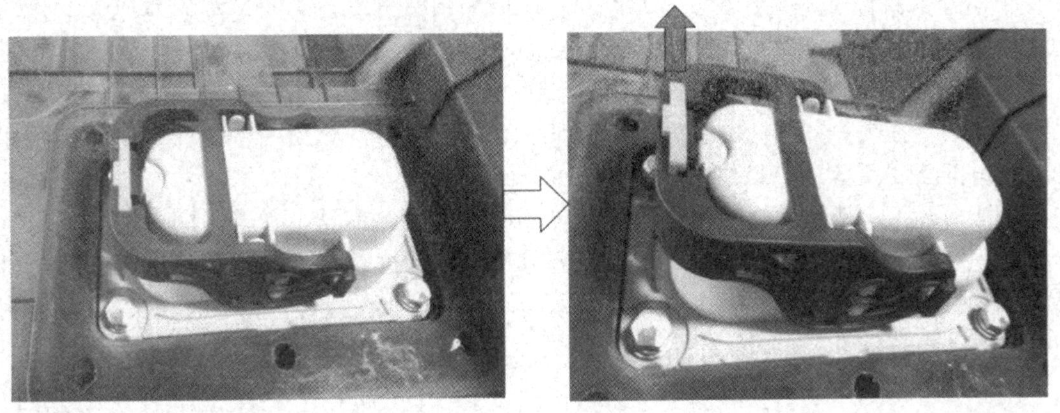

图3-38　打开二次锁扣

(3) 按住维护插接器卡扣，按图3-39所示方向转动维护插接器的把手，然后向上用力直至把手垂直，然后取出维护插接器并安全放置，以防他人误插。

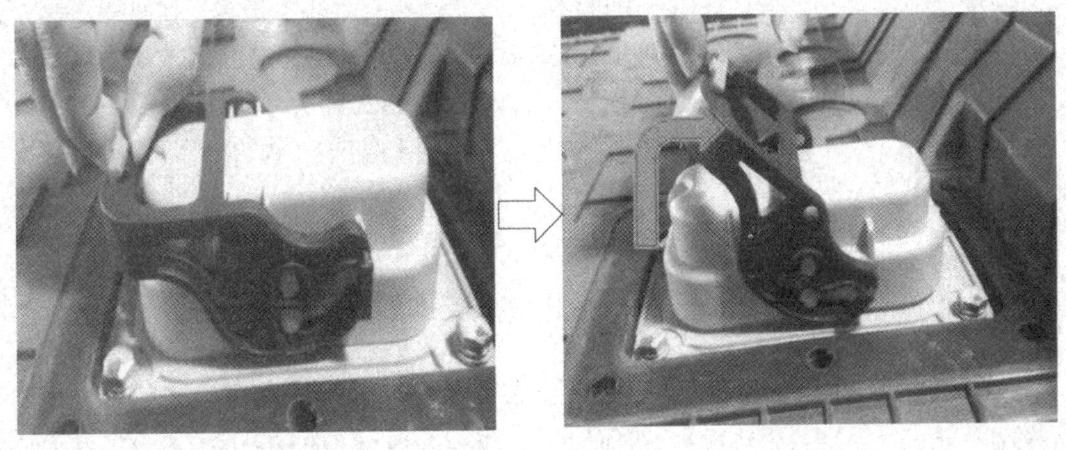

图3-39　取出维护插接器

四、动力电池系统常见故障

电动汽车的动力电池系统属于高压部件，其好坏直接影响着整车的安全性及可靠性。在动力电池系统中，从故障发生的部位看，分为传感器故障、执行器故障（接触器故障）和部件故障（电芯故障）等。

动力电池系统故障按照故障发生的部位不同可以分为单体电池故障、电池管理系统故障、线路或连接件故障。

（一）单体电池故障

(1) 单体电池SOC偏低或偏高。这种情况下电池性能正常，无须更换。如果单体电

池SOC偏低，则该电池在汽车行驶过程中，电压最先达到放电截止电压，使得电池组实际容量降低，应对该单体电池进行补充充电。如果单体电池SOC偏高，则该电池在充电末期最先达到充电截止电压，影响充电容量，需对该单体电池进行单独补充放电。

（2）单体电池容量不足和单体电池内阻偏大。这种情况电池性能衰退严重，应立即更换。在电池组中，最小的单体电池容量也限制了整个电池组的容量，因此发生单体电池容量不足故障会影响车辆续驶里程。如果锂离子电池内阻过大，会严重影响电池的电化学性能，例如充放电过程中的极化严重、活性物质利用率低、循环性能差等。

（3）单体电池内部短路、单体电池外部短路。这种情况会影响行车安全。如果单体电池极性装反，在强振动下锂离子电池的极耳、极片上的活性物质、接线柱、外部连线和焊点可能会折断或脱落，造成单体电池内部或外部短路。

通常情况下，造成单体电池前两种故障的原因可能包括两个：一是动力电池成组时单体电池一致性问题，单体电池的SOC、容量和内阻本身就存在差异；二是单体电池在成组应用过程中因为应用环境差异（如温度、充放电电流）而造成的一致性差异增加，加剧单体电池的不一致性。

（二）电池管理系统故障

电池管理系统对于保障电池组的安全及使用寿命，最大限度发挥电池系统效能具有重要作用。电池管理系统通常对单体电压、总电压、总电流和温度等进行实时监控采样，并将实时参数反馈给整车控制器。

电池管理系统除了对电池性能参数进行监控、实施电性能管理以外，还具有以热管理为主的应用环境管理，实施对电池的加热和冷却，确保电池的良好应用环境温度以及温度场的一致性。

若电池管理系统发生故障，就失去了对电池的监控，不能估计电池的SOC，容易造成电池的过充、过放、过载、过热以及不一致性问题的增加，影响电池的性能、使用寿命和行车安全。

电池管理系统故障包括CAN通信故障、总电压测量故障、单体电压测量故障、温度测量故障、电流测量故障、继电器故障、加热器故障和冷却系统故障等。

（三）线路或连接件故障

线路或连接件故障的诊断对于确保行车安全和整车的可靠性同样重要。例如，因为车辆的振动，电池间的连接螺栓可能会出现松动，电池间接触电阻增大，发生电池间虚接故障，以致电池组内部能量损耗增加，造成车辆动力不足和续驶里程短，在极端情况下还能引起高温，产生电弧，熔化电池电极和连接片，甚至造成电池着火等极端电池安全事故。

在电动汽车运行过程中，单体电池之间可能发生相对跳动，造成两电池间的连接片折断。电池箱和电动汽车的电气连接也是故障的高发点，电插接器在经历长时间振动后容易产生虚接，出现易烧蚀、接触不良等故障。

动力电池系统常见故障及处理方法见表3－13。

表 3－13 动力电池系统常见故障及处理方法

项目	故障现象	故障后果	处理方法
单体电池	单体电池 SOC 偏低	电池组容量降低，电动汽车续驶里程短	对单体电池单独充电
	单体电池 SOC 偏高		对单体电池单独放电
	单体电池容量不足	电池组充电不足、使用寿命减少，电动汽车续驶里程短	更换单体电池
	单体电池内阻偏大	电池组充电不足、使用寿命减少，电动汽车动力不足、续驶里程短	
	单体电池过充电	电池内部短路、电池热失控，严重时会起火、爆炸	检查电池管理系统
	单体电池过放电		
	单体电池内部短路	电池热失控，严重时会起火、爆炸	更换单体电池
	单体电池外部短路		排除短路故障、更换单体电池
	单体电池极性装反		更换单体电池
电池管理系统	CAN 通信故障	无法监控电动汽车	检查 CAN 网络
	总电压测量故障	无法监控总电压	检查总电压测量模块
	单体电压测量故障	无法监控单体电压	检查单体电压测量模块
	温度测量故障	无法监控电池温度	检查温度测量模块
	电流测量故障	无法监控电池电流	检查电流测量模块
	冷却系统故障	电池温度偏高	检查冷却风扇控制线路
线路或连接件	电池间虚接	电动汽车动力不足、续驶里程短	紧固电池连接
	电池间断路	电动汽车无法起动	检查电池连接
	快速熔断器断开		检查快速熔断器
	动力电插接器断开		检查动力电插接器
	信号电插接器虚接	插接器易烧蚀，电动汽车动力不足	
	信号电插接器故障	无法监控电动汽车	检查信号电插接器
	正极接触器故障	电动汽车无法起动	检查接触器
	负极接触器故障		
	电源线短路	电池热失控，严重时会起火、爆炸	检查电源线

任务四 任务实训

一、任务实施

1. 实施准备

（1）实训物品准备。新能源汽车整车；车辆防护用品三件套；高压安全用电警示牌；

高压安全防护用品；动力电池举升车；绝缘工具；放电工装；维修手册；万用表；绝缘表；举升机。

（2）安全注意事项

①任务实施场地拉设警示隔离带，放置安全用电警示牌，如图 3－40 所示。

图 3－40　设置安全隔离放置安全警示牌

②拆装动力电池前，必须断开低压蓄电池负极，并妥善保管车钥匙。

③操作人员必须经过安全培训，工作场地保持干净整洁。

④操作过程中必须穿戴高压安全防护用品，并使用绝缘工具，检查并调校设备仪器（见图 3－41）。

⑤确保举升机和动力电池举升车等设备性能正常（见图 3－42）。

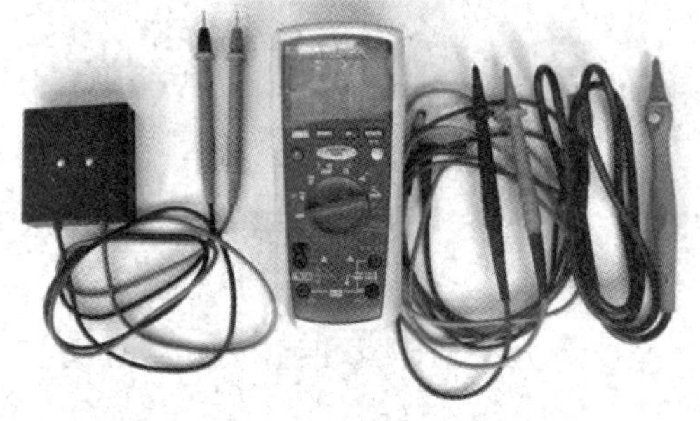

图 3－41　检查并调校设备仪器

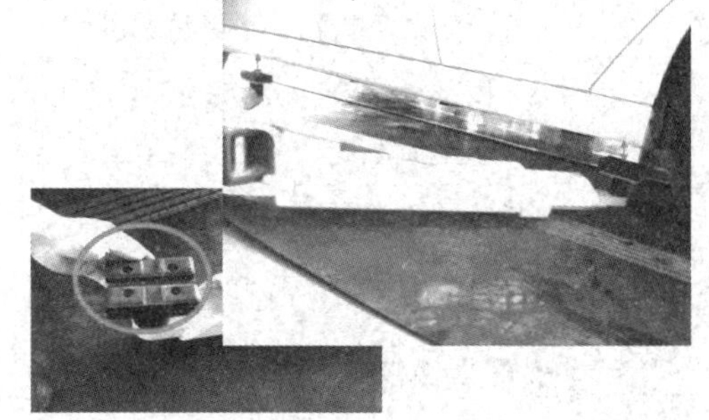

图 3－42　检查举升机

⑥禁止私自打开动力电池箱体外壳。

2. 实施内容

①动力电池绝缘阻值测量。

②动力电池总成更换。

3. 实施记录。任务实施记录单见表 3－14。

表 3－14　任务实施记录单

序号	检测线路	检测数据
1	正极与外壳	
2	负极与外壳	

二、任务检验

1. 自检

参与实训练习的学员自我完成质量检验。

2. 互检

由完成相同实操练习项目的学员相互进行质量检验。

3. 终检

由专职质量管理人员（教师）进行专业检查。

三、教学评估

由教师依据教学目标对教学过程及结果进行价值判断，具体如表 3－15 所示。

表 3－15　教学评估表

评价类别	具体分值	教学反馈
知识掌握		
能力培养		
教学过程		
情感态度		
合计		
总结		

思考与练习

1. 简述汽车镍氢电池的工作原理。
2. 简述车载充电机的工作原理。
3. 简述汽车绝缘阻值测量流程及注意事项。

项目四 驱动电机及控制器的结构与检测

学习目标

☆了解电动汽车对驱动电机性能的要求
☆了解驱动电机管理系统检测
☆掌握电机与控制器的维护与保养
☆驱动电机系统常见故障的检测与排除

任务一 驱动电机及控制系统概述

一、系统概述

驱动电机系统是车辆行驶的主要执行机构，其特性决定了车辆的主要性能指标，直接影响车辆动力性、经济性和用户驾乘感受。可见，驱动电机系统是纯电动汽车中十分重要的部件。

驱动电机系统由驱动电机、驱动电机控制器构成，通过高低压线束、冷却管路，与整车其他系统作电气和散热连接（见图 4－1）。

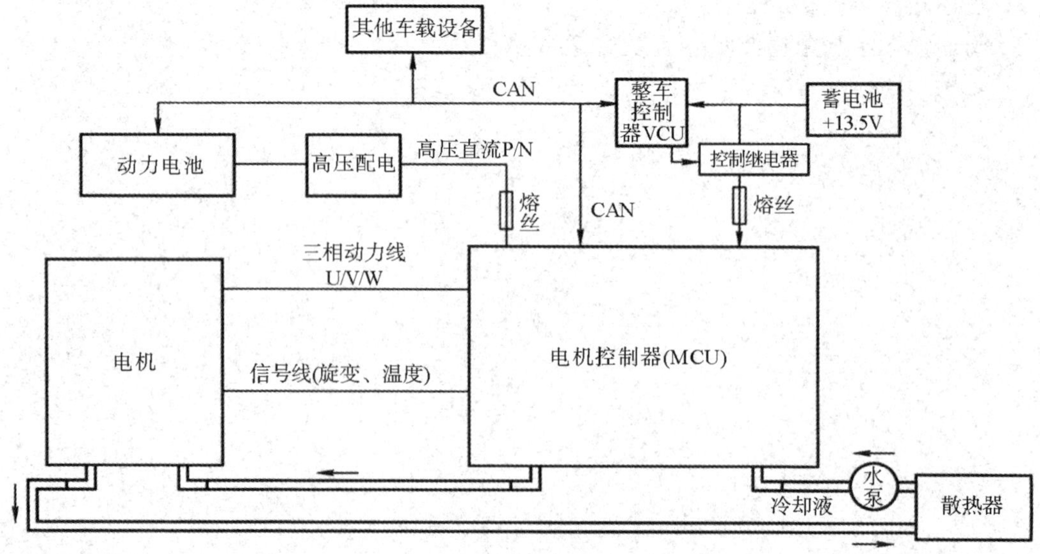

图 4－1 驱动电机系统

整车控制器（VCU）根据驾驶人意图发出各种指令，电机控制器响应并反馈，实时调整驱动电机输出，以实现整车的怠速、前行、倒车、停车、能量回收以及驻坡等功能。电机控制器另一个重要功能是通信和保护，实时进行状态和故障检测，保护驱动电机系统和整车安全可靠运行。

二、电动汽车对驱动电机性能的要求

电机是电动汽车驱动系统的核心部件，其性能直接影响电动汽车驱动系统的性能，电动汽车对驱动电机性能要求主要包括以下几个方面。

（1）结构紧凑、尺寸小、功率密度高、转矩密度高。纯电动汽车的整车布置空间有限，因此要求电机的结构尽量紧凑，便于安装布置。

（2）可靠性要求高。能够在恶劣的条件下可靠工作，电机应具有较高的可靠性耐温和耐蚀性，并且能够在较恶劣的条件下长期使用。

（3）重量轻、效率高、高效区广。驱动电机重量轻有利于降低整车的重量，延长汽车续航里程。电机可通过采用铝合金外壳等途径降低其重量，各种控制装置和冷却系统的材料也尽可能选用轻质材料。

（4）低噪声、低振动、舒适性强。为了满足驾驶舒适性的要求，要求电机低噪声，低振动。

三、电机及分类

电动车电机分类

（一）电机概述

电机是指依据电磁感应定律实现电能的生产、传输和使用的能量转换机械，按功能分可以将电机分为发电机、电动机和变压器。发电机的功能是将机械能转变为电能；电动机的功能是将电能转换为机械能，在电动汽车上，车辆由电动机所驱动，因此又称电动机为驱动电机；变压器的功能是改变交流电压的大小，也就是将一种电压等级的交流电能转为为同频率另外一种电压等级的交流电。

（二）电机分类

按运动形式分可将电机分为静止电机和运动电机，变压器为静止电机，运动电机又可分为直线电机与旋转电机。按工作电源种类划分为（见图4－2）：直流电机和交流电机。直流电机按结构及工作原理可划分为：无刷直流电机和有刷直流电机。有刷直流电机可划分为：永磁直流电机和电磁直流电机。电磁直流电机划分为：串励直流电机、并励直流电机、他励直流电机和复励直流电机。永磁直流电机划分为：稀土永磁直流电机、铁氧体永磁直流电机和铝镍钴永磁直流电机。其中交流电机还可分为：同步电机和异步电机。同步电机可划分为：永磁同步电机、磁阻同步电机和磁滞同步电机。异步电机可划分为：感应电机和交流换向器电机。感应电机可划分为：三相异步电机、单相异步电机和罩极异步电机等。交流换向器电机可划分为：单相串励电机、交直流两用电机和推斥电机。

（三）常见新能源汽车驱动电机的类型

1. 特斯拉电机

特斯拉电机为自主研发的三相感应电机（见图4－3），拥有最优的缠绕线性，能极大减少阻力和能量损耗。同时，相对整车，其电机体积非常小。

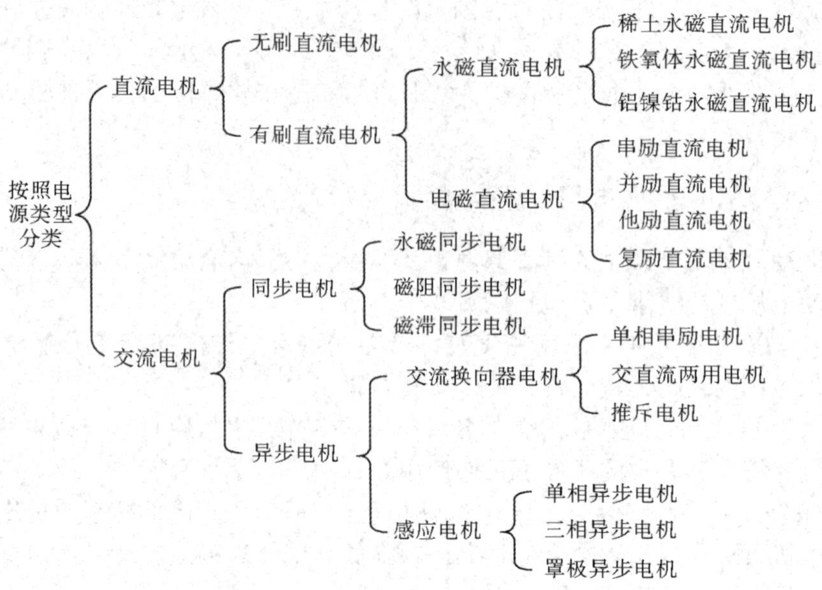

图 4－2　电机分类

通过高性能信号处理器将制动、加速、减速等需求转换为数字信号，控制转动变频器将电池组的直流电与交流电相互转换，以带动三相感应电动机提供汽车动力。

2. 比亚迪电机

比亚迪电动汽车现在使用的电机为交流无刷永磁同步电机（见图 4－4），通过采集电机旋变信号进行工作。当车辆要行驶时，电机通过旋转变压器检测到电机的位置，位置信号通过控制器的处理，发送相关信号给控制器 IGBT，逻辑信号控制 IGBT 开断，控制器输出的近似正弦波交流电。

图 4－3　特斯拉驱动电机

图 4－4　比亚迪 E6 驱动电机

电机额定功率 75 kW，最大功率为 120 kW，电机由外圈的定子与内圈的转子组成，是汽车的唯一动力源，可向外输出转矩，驱动汽车前进后退；同时也可以作为发电机发电（例如，在高坡下滑、高速滑行以及制动过程中把势能或者动能通过电机转化为电能存储）。

3. 荣威 E50 电机

荣威 E50 使用的电机是交流同步电机，电机总成采用 DEXRON © HP 油冷的方式冷却（见图 4－5）。

定子是由三相绕组构成的回路，三相绕组分别为 U/V/W，以 Y 形方式连接。Y 形连

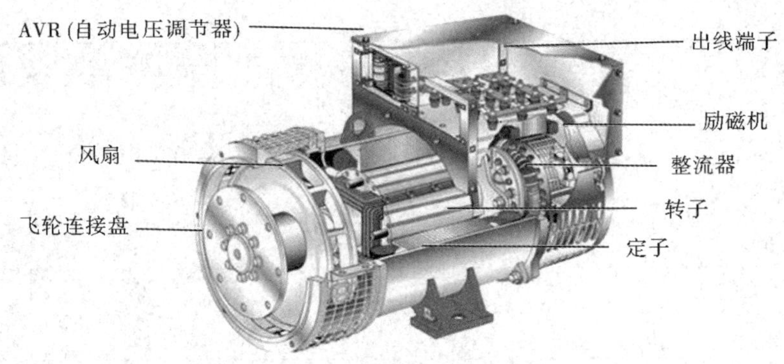

图 4 – 5　无刷四极交流同步电机结构图

接方式的特点是每个回路都连接在同一个端点，车辆的高压电缆分别连接到电机的每个绕组上。

驱动/发电电机转子的两端都由轴承支撑，定子产生磁场，并推动转子实现顺时针或逆时针的转动。

四、驱动电机主要性能指标及特点

（1）主要性能指标见表 4 – 1。

表 4 – 1　驱动电机主要性能指标

序号	性能指标	定义
1	额定功率	在额定条件下的输出功率
2	持续功率	规定的最大、长期工作的功率
3	峰值功率	在规定的持续时间内，电机允许的最大输出功率
4	额定转速	额定功率下电机的最低转速
5	额定转矩	电机在额定功率和额定转速下的输出转矩
6	峰值转矩	电机在规定的持续时间内允许输出的最大转矩
7	堵转转矩	转子在所有角位堵住时所产生的转矩最小测得值
8	电机效率	驱动电机输出功率与输入电功率的百分比
9	控制器效率	控制器输出电功率与输入电功率的百分比
10	驱动电机系统效率	驱动电机系统的输出功率与输入电功率的百分比。输入电功率包含为确保驱动电机系统正常运行的其他器件电功率

（2）各种驱动电机的基本性能比较见表 4 – 2。

表 4 – 2　驱动电机基本性能比较

项目	直流电机	三相异步电机	永磁同步电机	开关磁阻电机
功率密度	低	中	高	较高
过载能力/%	200	300 ~ 500	300	300 ~ 500
峰值效率/%	85 ~ 89	94 ~ 95	95 ~ 97	90
负荷效率/%	80 ~ 87	90 ~ 92	97 ~ 85	78 ~ 86
功率因数/%	–	82 ~ 85	90 ~ 93	60 ~ 65

续表

项目	直流电机	三相异步电机	永磁同步电机	开关磁阻电机
恒功率区	-	1:5	1:2.25	1:3
转速范围/（r/min）	4000～6000	12 000～20 000	4000～10 000	可以大于15 000
可靠性	一般	好	优良	好
结构的坚固性	差	好	一般	优良
电机的外形尺寸	大	中	小	小
电机质量	重	中	轻	轻

五、驱动电机管理系统认知

（一）驱动电机管理系统主要部件

驱动电机系统是电动汽车核心系统之一，是车辆行驶的主要驱动系统，其特性决定了车辆的主要性能指标，直接影响车辆动力性、经济性和用户驾乘感受。以下介绍驱动电机管理系统的主要部件结构和检测技术。

1. 驱动电机管理模块

驱动电机管理模块（控制器），通常简称MCU，主要用于管理和控制驱动电机的运转速度、方向以及将驱动电机作为逆变电机发电。MCU的功能类似于传统汽车的发动机控制模块。

目前使用在纯电动汽车上的驱动电机管理模块主要有两种类型，一种是仅用于控制驱动电机的，即MCU；另一种是更具有集成控制功能的驱动电机管理模块，即MCU与DC/DC转换器功能，这类的驱动电机管理模块也被称为PCU（见图4-6）。

图4-6　驱动电机管理模块

DC/DC转换器是直流—直流的电压变换器，用于将动力电池或逆变器产生的电能转换成12 V低压电能，用于给12 V蓄电池充电和车身电气设备供电。

将MCU与DC/DC转换器集成化是目前纯电动汽车与混合动力汽车驱动电机管理模块发展的一个趋势，集成度更高的系统既节省了成本，也利于系统之间信息的共享与车辆部件位置的布置设计。

图4-7　动力控制单元

2. 逆变器

为了提高电机驱动系统的效率，HEV主要采用交流电机驱动。为了驱动交流电机，从直流获得交流电力的电力转换装置就被称为逆变器。

（1）构成。图4-7所示的是丰田普锐斯内置了逆变器之后的车载用动力控制单元

（Power Control Unit）的构成，图 4－8 所示为主回路构成。动力控制单元（PCU）由内置了动力装置元器件的 IPM、M/GECU（Motor/Generator Electric Control Unit）、电容器、电抗器、冷却系统、电流传感器等构成。

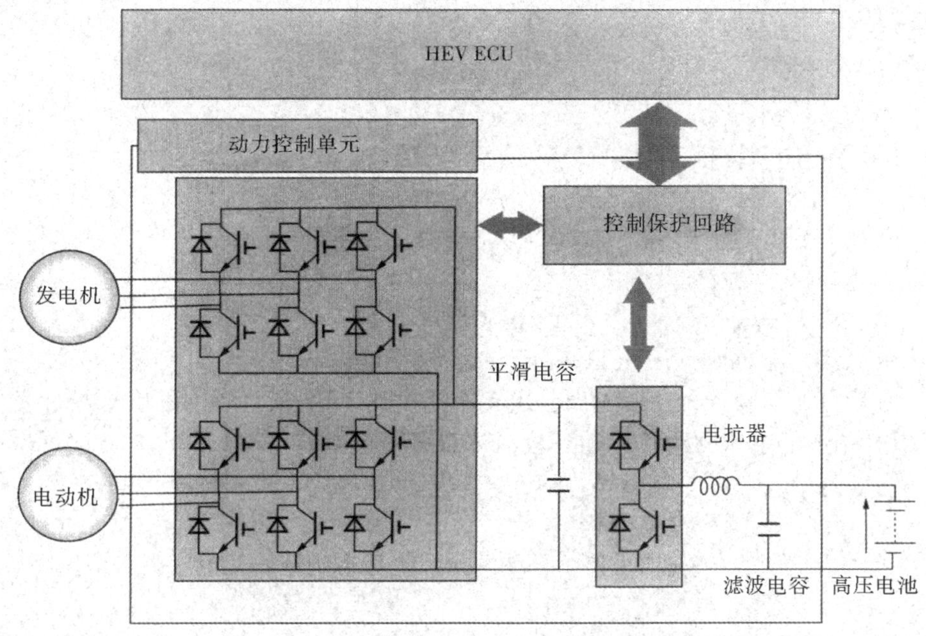

图 4－8　主回路构成

（2）控制。新能源汽车采用的驱动电机要求在停止及低速区域输出大转矩，在最高车速区域实现大功率输出等。现在主流电机为永磁交流同步电机，通过弱磁场控制，可以实现大范围的转速区域输出。

逆变器大多采用的是电压输出式，PWM 方式的矩形波输出电压的脉冲幅度定期变化。频率在数千赫兹以上的高频进行转换，将直流电压转换成交流电压。

影响电机输出的电压成分取决于基波分量，因此为了加大该基波，采用使逆变器输出电压波形变形增大电压基波分量的手法。图 4－9 所示的是逆变器的电压波形与调制度。在此，所谓的调制度是指逆变器电源电压与输出电压的基波分量的比。电压波形可划分为正弦波 PWM、过调制 PWM、矩形波 3 种。图 4－10 所示的是各自的适用区域。

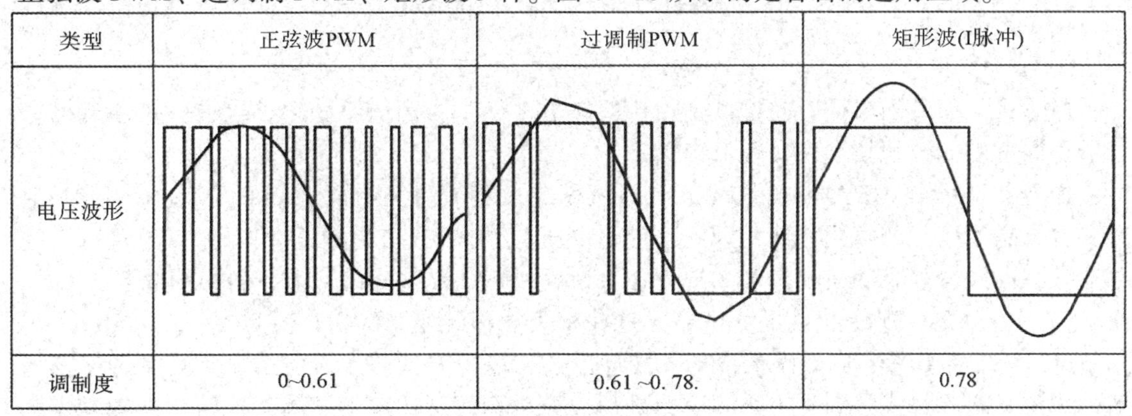

图 4－9　电压波形与调制度

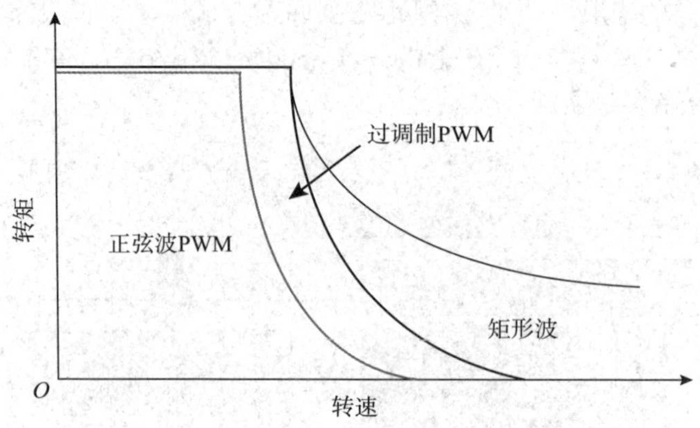

图 4－10　各电压波形的控制

（3）内部元件。车辆驱动用逆变器由于在高频下进行转换，功率半导体元器件要求转换高速化。另外，为了应对大功率输出，也要求高电压。因此，大多采用 IGBT（见图 4－11）兼具 MOS 构造的电压驱动特性与双极晶体管的强电力特性。

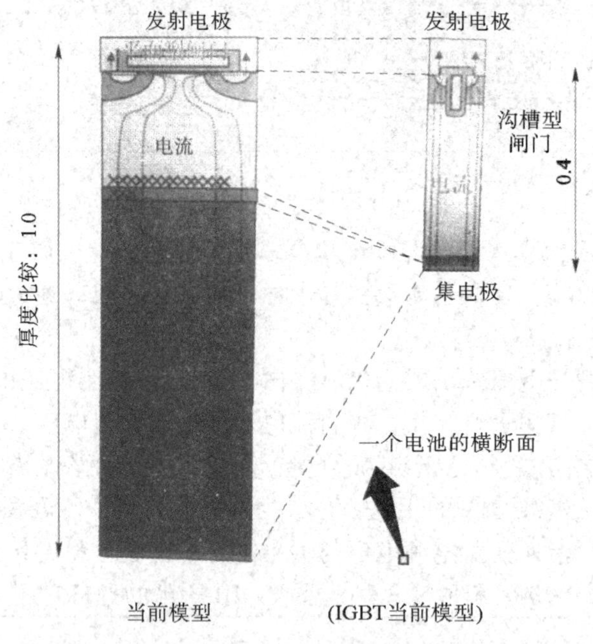

图 4－11　IGBT 的剖面

通过将平面型闸门构造向槽型闸门构造改进，使基本构造小型化，再进一步通过推进元器件厚度的薄板化技术来实现低损耗。

逆变器采用与 IGBT 同样的 FWD（同流用二极管）并列连接，二极管与 IGBT 同样，要求具有高耐压、低损耗特性，因此采用耐高压的 PIN 构造，另外，为降低二极管特有的导通状态向闭合状态切换时产生的损耗，一般通过形成晶格缺陷来减少转换损耗。

（4）冷却器。逆变器主要发热部分是功率半导体元器件 IGBT 和 FRD（Fast Recoverv Diode），需要对其进行高效率的冷却。冷却方式有风冷方式与水冷方式。大功率逆变器一般采用的是水冷方式。图 4－12 所示的是动力模块剖面。功率半导体元器件的冷却是借助动力模块内部绝缘印制电路板以及散热板，通过冷却器冷却。因此，降低热阻与提高冷却

器能力至关重要。

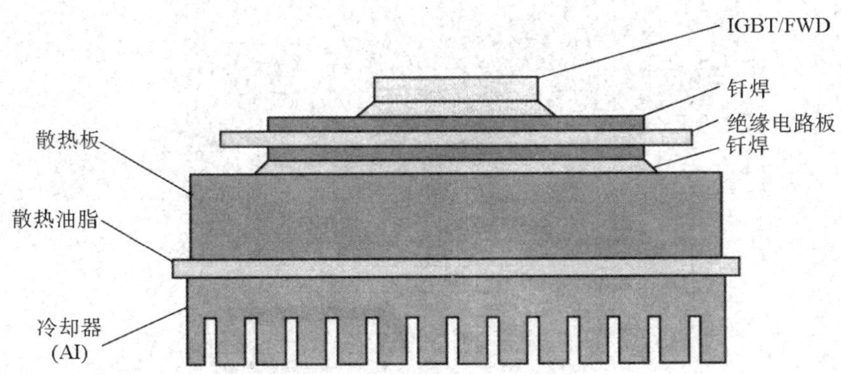

图 4－12　动力模块剖面

为了提高散热能力，新的技术中不通过散热润滑剂，而是采用将功率半导体元器件直接安装在冷却器上的直接冷却构造与双面冷却方式。图 4－13 所示为直接冷却构造。

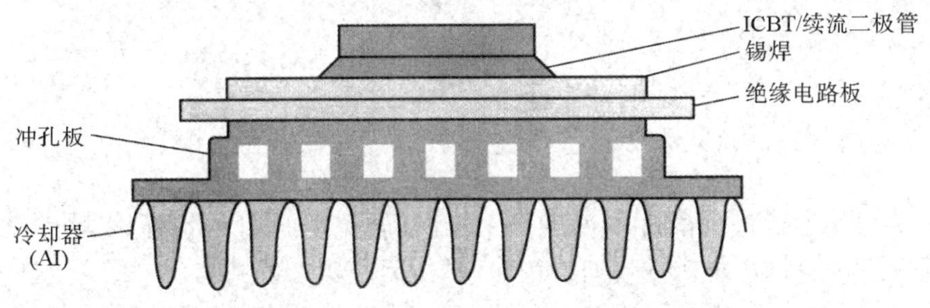

图 4－13　直接冷却构造剖面

在直接冷却构造中，线性膨胀系数较高的冷却器的热应力直接作用于绝缘电路板，因此，如何确保热收缩的长期可靠性是一个重要的技术。

（5）电容器。主电路电容器有平滑电容器和滤波电容器，前者用于平滑电机控制用电压，而后者主要用于高/电池的脉动平稳化。这些电容器由于具有低 ESR（Equivalent Series Resistance）、高耐压、寿命期限长、耐温特性良好等优点，采用薄膜电容器的情况有所增加，电容器元器件中，通过采用薄 PP 膜，可以实现电容器装置的小型化。单位体积的静电容量与薄膜厚度的二次方大致成正比，因此，薄膜化对于实现小型、轻量化来说，是最为有效的手段。另外，通过开发各种蒸镀方式，以最佳形式来应对较大的脉动和实现高安全性（自我保障功能）。

3. DC/DC 转换器

HEV、EV 配置两种电池，一种是作为行驶用电机电源的高电压主机电池（动力电池），另一种是作为车辆附件类及控制 ECU 电源的 12 V 辅助电池。

图 4－14 所示为混合动力系统组成示意图。EV 无法利用发动机的动力进行发电，因此一般搭载 DC/DC 转换器，进行主机电池向辅助电池的降压式直流－直流电力转换。HEV 可以通过交流发电机发电，但是混合动力系统为了改善油耗，要反复进行怠速停机与起动发动机，因此一般采用可以输出稳定电压、可高效率完成电力转换的 DC/DC 转换器。

另外，在 DC/DC 转换器的冷却方式中，有的在发动机舱内与逆变器整体化配置，通过冷却系统进行水冷冷却，有的搭载在行李舱内主机电池的电池盒上，通过风扇进行风

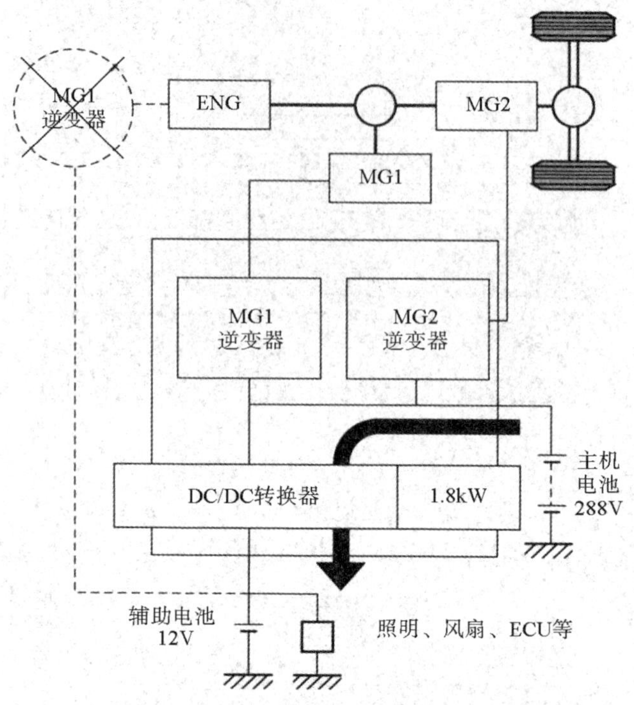

图 4－14　混合动力系统组成示意图

冷。冷却方式根据配置位置的环境温度与 DC/DC 转换器自身的损耗来决定，无论哪种，提高效率是共同的目标。丰田普锐斯 DC/DC 转换器主要参数见表 4－3。

表 4－3　丰田普锐斯 DC/DC 转换器的主要参数

项　目	参数值	项　目	参数值
输入电压/V	240～400	最大电流/A	120
输出电压/V	13～15 可变	工作温度范围/℃	－30～85

与一般所使用的 DC/DC 转换器不同，车辆用转换器要求输入电压范围广泛、温度范围广泛等。另外，由于搭载在行李舱内，冷却方式一般采用风冷方式。

4. 解角器

解角器又称解析器，是可靠性极高且结构紧凑的传感器，它可精确检测磁极位置。

（1）解角器的结构。解角器的定子包括三种线圈：励磁线圈 A、检测线圈 S 和检测线圈 C。解角器结构如图 4－15 所示。

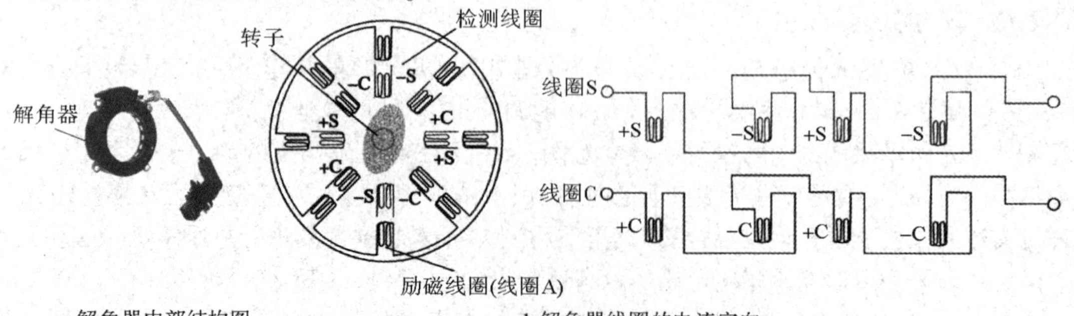

图 4－15　解角器的结构与工作原理

解角器的转子为椭圆形，椭圆形转子与 MG1、MG2 的永磁转子相连接，定子与转子间的距离随转子的旋转而变化。交流电流入励磁线圈 A，产生频率恒定的磁场。使用频率恒定的磁场，线圈 S 和线圈 C 将输出与转子位置对应的值。因此，驱动电机 – 发电机 ECU（MGECU）根据线圈 S 和线圈 C 输出值之间的差异检测出绝对位置。此外，MGECU 根据规定时间内位置的变化量计算转速。

（2）解角器的工作原理。检测线圈 S 的 +S 和 –S 错开 90°，+C 和 –C 也以同样的方式错开 90°，线圈 C 和 S 之间相距 45°检测线圈的电流流向，如图 4 – 15 所示。

由于解角器的励磁线圈中为频率恒定的交流电，因此无论转子转速如何，频率恒定的磁场均会由转子输出至线圈 S 和线圈 C。转子为椭圆形，解角器的定子与其转子之间的间隙随转子的旋转而变化。由于间隙的变化，线圈 S 和线圈 C 输出波形的峰值随转子位置的变化而变化。驱动电机—发电机 ECU（MGECU）持续监视这些峰值，并将其连接形成虚拟波形。驱动电机—发电机 ECU（MGECU）根据线圈 S 和线圈 C 值之间的差异计算转子的绝对位置。其根据线圈 S 的虚拟波形和线圈 C 的虚拟波形的相位差判定转子的方向。此外，驱动电机 – 发电机 ECU（MCECU）根据规定时间内转子位置的变化量计算转速。转子旋转 180°时线圈 A、线圈 S 和线圈 C 的输出波形如图 4 – 16 所示。解角器的工作原理如图 4 – 17 及动画所示。

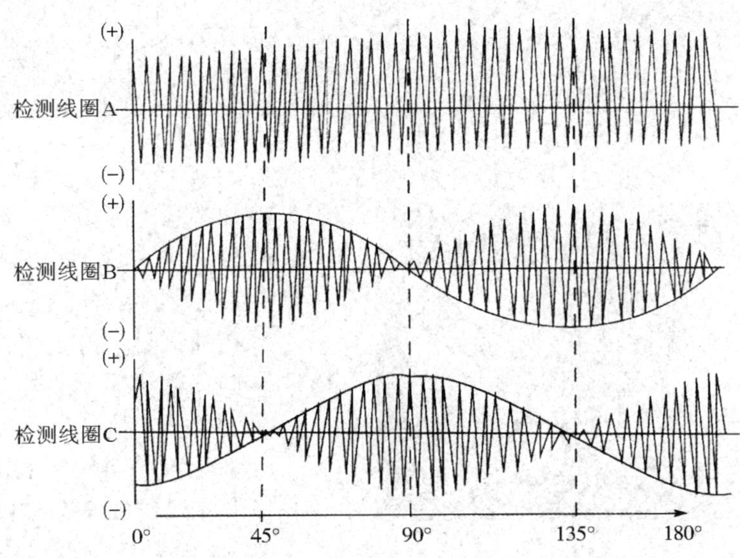

图 4 – 16　线圈 A、线圈 S、线圈 C 的输出波形

（二）常见车型驱动电机管理系统主要部件的位置、结构与特点

以下介绍具有代表性的比亚迪 E6、比亚迪秦以及北汽新能源 EV 系列车型驱动电机控制器和 DC/DC 转换器的安装位置、结构与特点。

1. 比亚迪 E6 驱动电机控制器

（1）驱动电机控制器的功能和安装位置。比亚迪 E6 的驱动电机控制器，简称电机控制器，是纯电动汽车整车驱动控制系统的核心，它的作用至关重要。简单地讲，类似于传统内燃机汽车的油量调节机构，都是通过调节加速踏板的幅度来进行车速和牵引力的控制。但是电机控制器相比较油量调节机构的结构、功能更为复杂全面。电机控制器不仅接受加速踏板的加减速信号，同时接受制动踏板、电机转速、车速、电机电枢电压、电流、

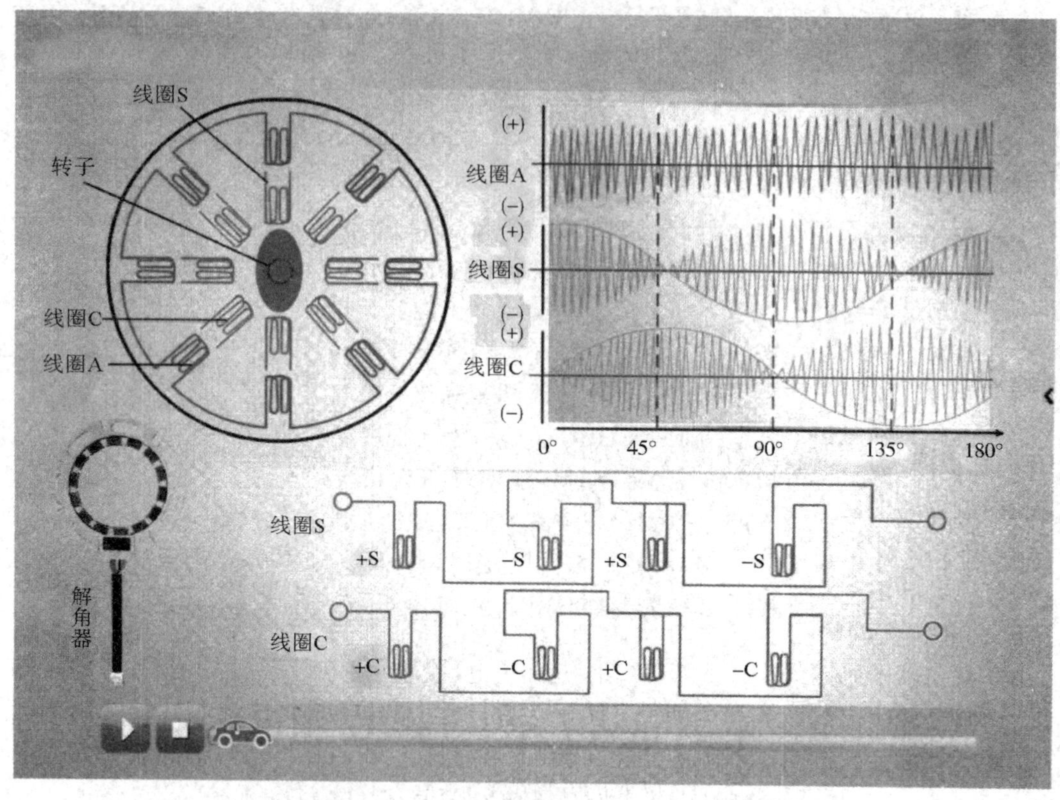

图 4－17　解角器的工作原理

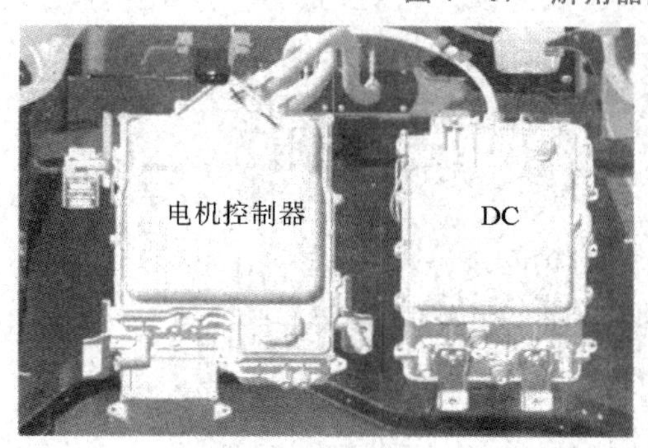

图 4－18　E6 电机控制器

冷却液温度等信号，经过对这些信号的分析完成对电机的精确控制。并且控制器会将这些信号的数值显示在外接显示屏上以供驾驶人随时掌握车辆状况。此外，控制器在电机发生过电流、过电压以及过热情况都会自动切断主电路以保护汽车以及乘员的安全。如图 4－18 所示为 E6 电机控制器，安装在前机舱右侧，靠近 DC/DC 转换器的位置。

驱动电机控制器类型为电压型逆变器，利用 IGBT（绝缘栅双极型晶体管）将直流电转换为交流电，额定电压为 318 V，主要功能是控制电动机和发电机等根据不同工况控制电机的正反转、功率、扭矩、转速等。即控制电机的前进、倒退、维持电动车的正常运转，关键零部件为 IGBT，IGBT 实际为大电容，目的是为了控制电流的工作，保证能够输出合适的电流参数。

驱动电机控制器总成包含上中下三层，上下层为电动机控制单元，中层为水道冷却单元，总成还包括信号接插件（包含 12 V 电源/CAN 线/挡位、节气门/旋变/电机过温信号线/预充满信号线等），2 根动力电池正负极接插件，3 根电机三相线接插件和 2 个水套接头及其他周边附件，如图 4－19 所示。

电机控制器的主要功能有：

①控制电机正向驱动、反向驱动、正转发电、反转发电。

②控制电机的动力输出，同时对电机进行保护。

③通过 CAN 与其他控制模块通信，接收并发送相关的信号，间接地控制车上相关系统正常运行。

④制动能量回馈控制。

⑤自身内部故障的检测和处理。

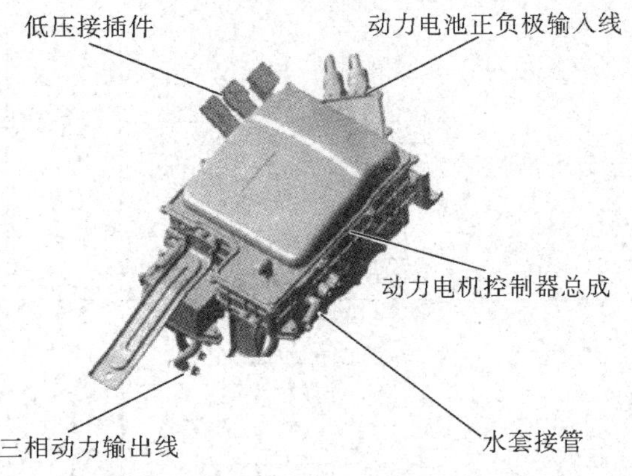

图 4－19　电机控制器主要接口示意图

(2) 驱动电机控制系统工作原理。驱动电机控制器系统主要由高压配电、控制器、驱动电机及相关的传感器组成，该系统核心为驱动电机控制器。

驱动电机控制器接受挡位开关信号、节气门深度、制动踏板深度、旋变等信号，经过一系列的逻辑处理和判断，来控制电机正、反转和转速等。

控制策略采用了经典的电机控制理论并注入了先进的控制算法，驱动永磁同步电机以最佳方式协调工作，核心 ECU——驱动电机控制器上层软件所依赖的下层硬件电路包括控制电路板和驱动电路板两块电路板。它们的分工有所不同：控制电路板又分为模拟通道采样单元、模数转换单元、DSP 处理单元、旋变解码单元、CAN 通信单元、挡位处理单元。驱动电路板包括信号隔离单元、保护信号选择单元、电源单元。控制电路板对采样的数据进行处理，计算出所需占空比，产生 PWM（正弦脉宽调制）；通过驱动电路板传递给 IGBT，供驱动电机工作。

图 4－20　驱动电机控制系统元件位置

驱动电机控制器系统元件位置和控制框图如图 4－20 和图 4－21 所示。

(3) 角度传感器。比亚迪 E6 电机检测电机转子旋转的角度和位置传感器采用旋转变压器形式，如图 4－22 和图 4－23 所示。

角度传感器又称旋转变压器，旋转变压器（简称旋变）是一种输出电压随转子转角变化的信号元件。电机转速由角度传感器进行控制和监测。

角度传感器由电机控制器模块监测，根据这些位置传感器的信号，电机控制器监测电机的角位置、转速和方向。角度传感器包含一个励磁线圈、两个驱动线圈和一个不规则形状的金属转子。金属转子以机械方式固定在电机轴上。将点火开关置于 ON 位置时，电机控制模块输出一个 5 V 交流电、一定频率的励磁信号至驱动线圈。驱动线圈励磁信号生成

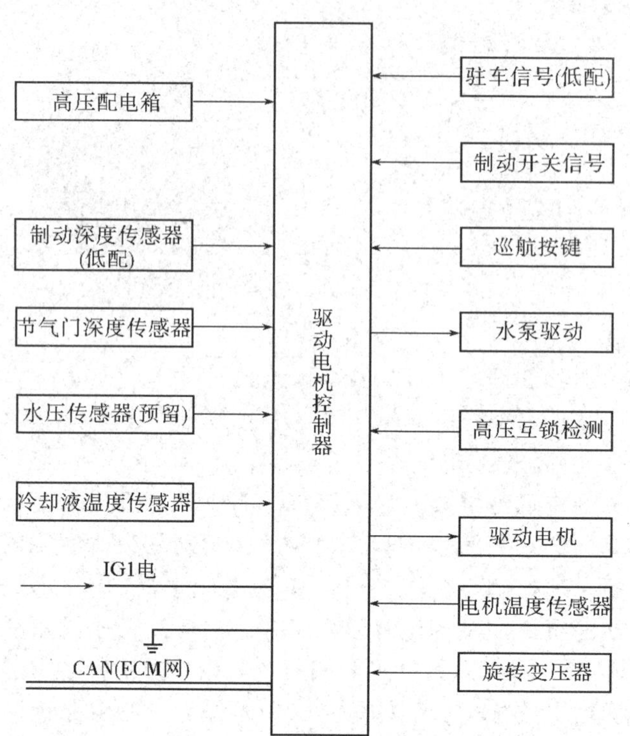

图 4－21　驱动电机控制系统框图

一个环绕两个从动线圈和不规则形状转子的磁场。然后，电机控制模块监测两个从动线圈电路，以获得一个返回信号。不规则形状金属转子的位置引起从动线圈的磁感应返回信号发生大小和形状的变化。通过比较两个从动线圈信号，电机控制模块能确定电机的确切角度、转速和方向。

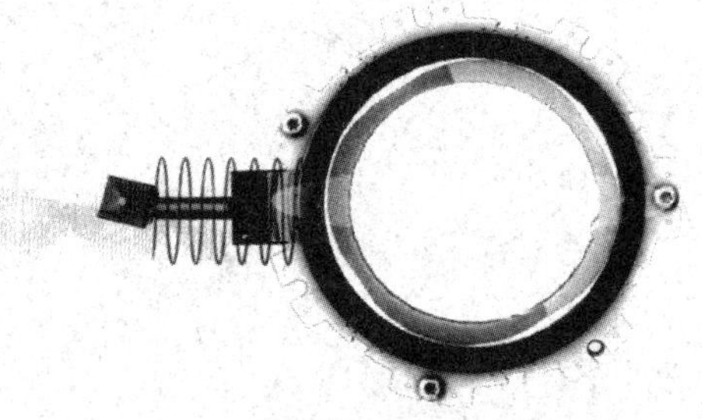

图 4－22　角度传感器工作原理

2. 比亚迪秦驱动电机控制器与 DC 总成

（1）整车安装位置。整车安装位置如图 4－24 所示。

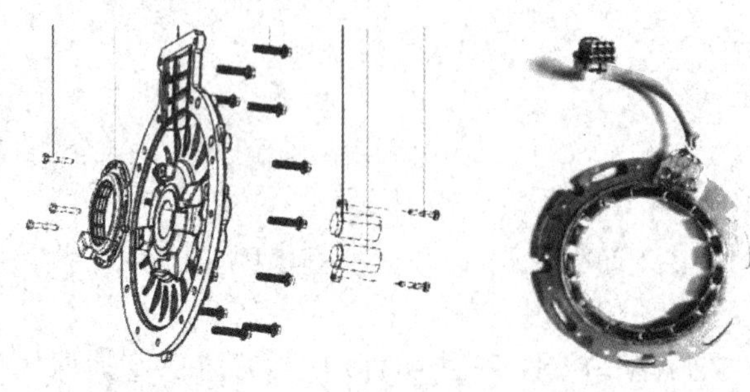

图 4－23　角度传感器（旋转变压器）安装位置及结构

（2）结构。比亚迪秦驱动电机控制器与 DC 总成结构如图 4－25 所示。

图 4-24　比亚迪秦驱动电机控制器与 DC/DC 位置图

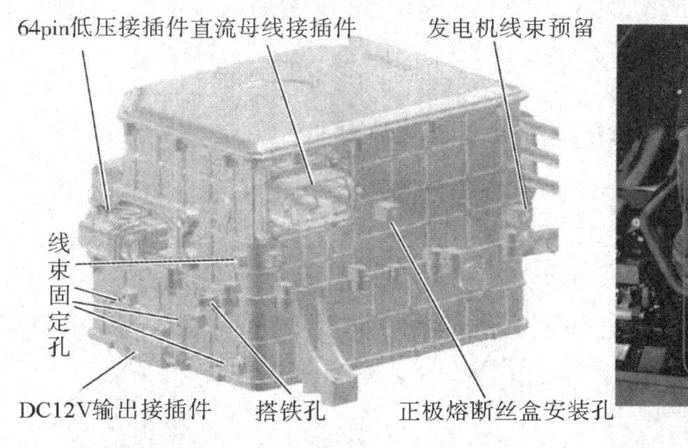

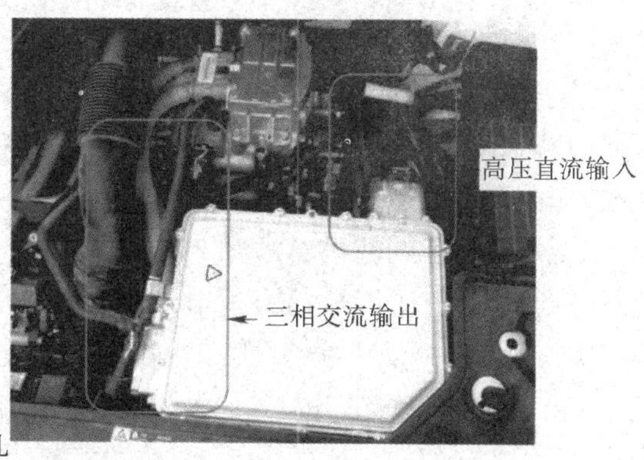

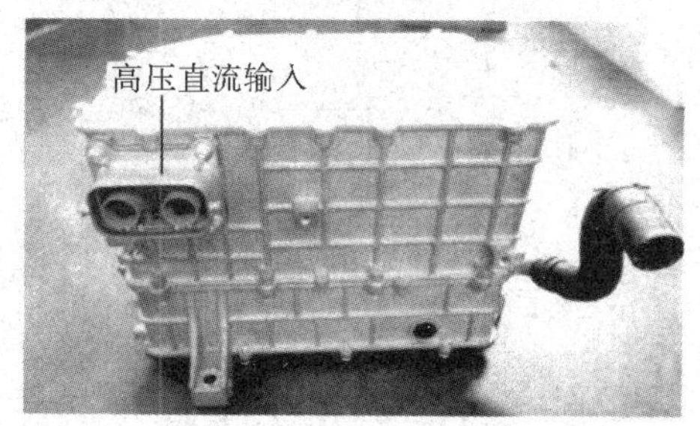

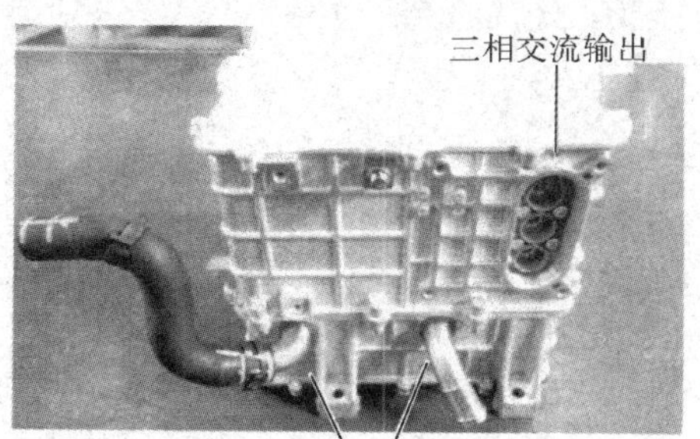

图 4-25　比亚迪秦驱动电机控制器与 DC/DC 结构

驱动电机控制器的功用如下。

①作为动力系统的总控中心，驱动电机的运行，根据工况控制电机的正反转、功率、

转矩、转速等；协调发动机管理系统工作（见图4－26）。

图4－26　比亚迪秦挡位控制器、驱动电机控制器与电机控制示意图

②硬件采集电机的旋变、温度、制动、加速踏板开关信号。

③通过CAN通信采集制动深度（制动踏板位置）、挡位信号、驻车开关信号、起动命令、电池管理控制器相关数据、控制器的故障信息。

④内部处理的信号有直流侧母线电压、交流侧三相电流、IGBT温度、电机的三相绕组阻值。

DC/DC转换器的功用如下（见图4－27）。

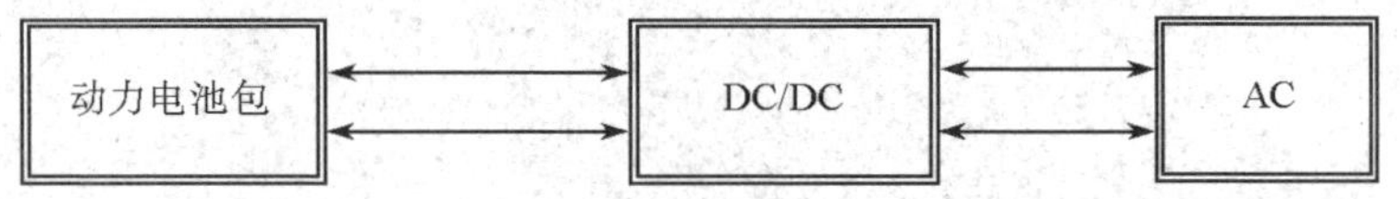

图4－27　比亚迪秦动力电池、DC/DC与用电器（空调）控制示意图

①在纯电模式下，DC的功能替代了传统燃油车挂接在发动机上的12 V发电机，和蓄电池并联给各用电器提供低压电源。DC在高压（500 V）输入端接触器吸合后便开始工作，输出电压标称13.5 V。

②发动机原地起动发电机发13.5 V直流电，经过DC升压转换500 V直流给电池包充电。

DC/DC转换器具有降压和升压功能。

①降压：负责将动力电池480 V的高压电转换成12 V电源。DC/DC在主接触吸合时工作，输出的12 V电源供给整车用电器工作，并且在低压电池亏电时给低压电池充电。

②升压：当动力电池电量不足时，DC/DC将发电机发出的电，供整车低压用电器用电后多余的量升压后给动力电池充电及空调（AC）用电。

DC/DC转换器系统框图如图4－28所示。

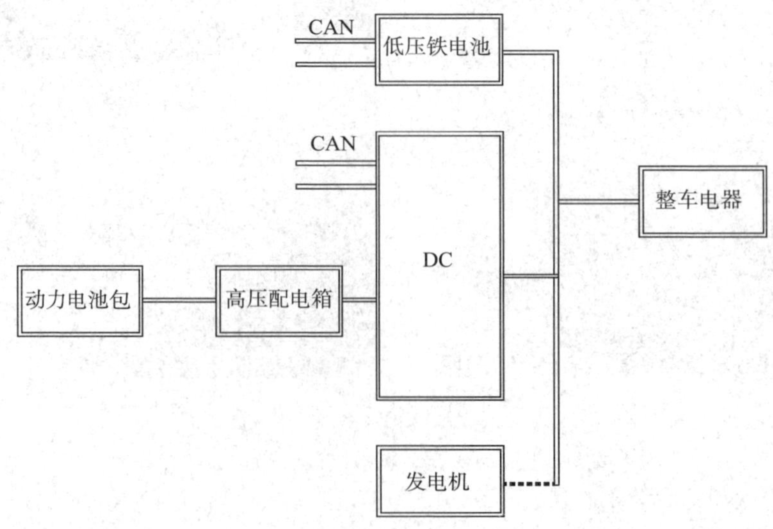

图4－28　比亚迪秦DC/DC系统框图

（3）参数。比亚迪秦驱动电机控制器与 DC 总成的参数见表 4－4。

表 4－4　比亚迪秦驱动电机控制器与 DC 总成的参数

类　别	项　目	参　数
电机驱动	工作电压等级	480 V
	最大功率	110 kW
	额定功率效率	≥95%
DC/DC	高压侧	300 ~ 550 V
	低压电压等级	12 V
	输出电流	120 A
	效率	≥90%
	质量	16 kg

3. 北汽新能源 EV 驱动电机控制器与 DC 总成

（1）整车安装位置。图 4－29 所示是北汽 E150EV 电机控制器与 DC/DC 在整车上的位置图。

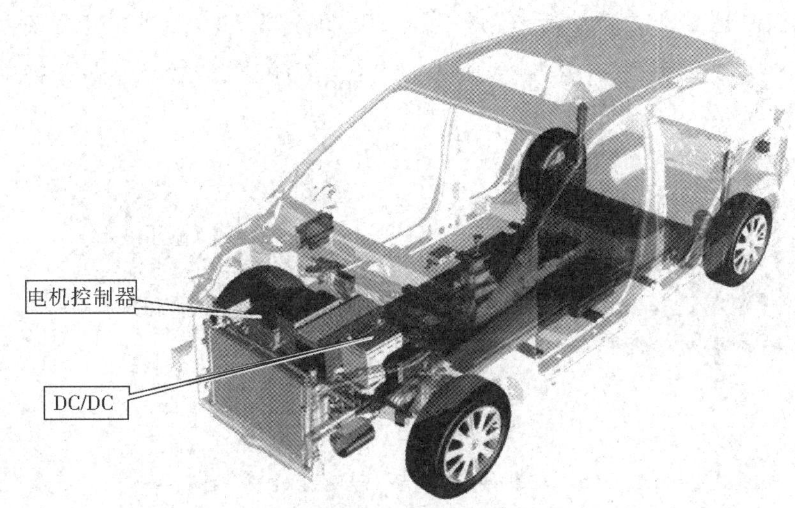

图 4－29　北汽 E150EV 电机控制器与 DC/DC 在整车上的位置

图 4－30 所示是北汽 E150EV 前舱的部件位置图。

图 4－30　北汽 E150EV 前舱部件位置

图 4－31 所示是北汽 EV200 前舱的部件位置图，DC/DC 集成在 PDU 内部。

图 4 – 31　北汽 EV200 前舱部件位置

（2）结构。驱动电机控制器 MCU 结构如图 4 – 32、图 4 – 33 所示，它内部采用三相两电平电压源型逆变器，是驱动电机系统的控制核心，称为智能功率模块，它以 IGBT（绝缘栅双极型晶体管）为核心，辅以驱动集成电路、主控集成电路。MCU 对所有的输入信号进行处理，并将驱动电机控制系统运行状态信息通过 CAN2.0 网络发送给整车控制器 VCU。驱动电机控制器内含故障诊断电路，当电机出现异常时，达到一定条件后，它将会激活一个错误代码并发送给 VCU 整车控制器，同时也会储存该故障码和相关数据。

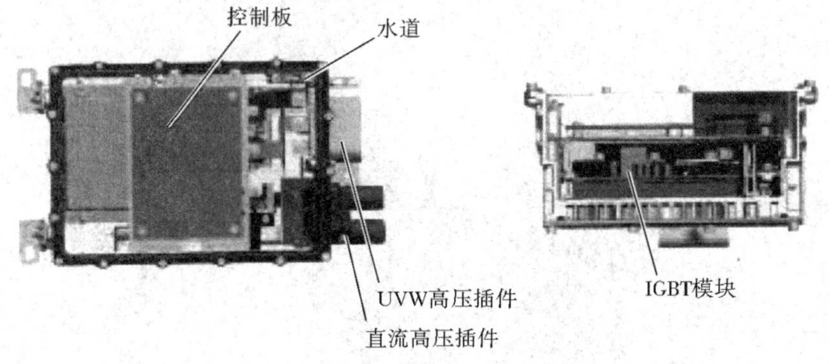

图 4 – 32　北汽 EV 驱动电机控制器 MCU 结构

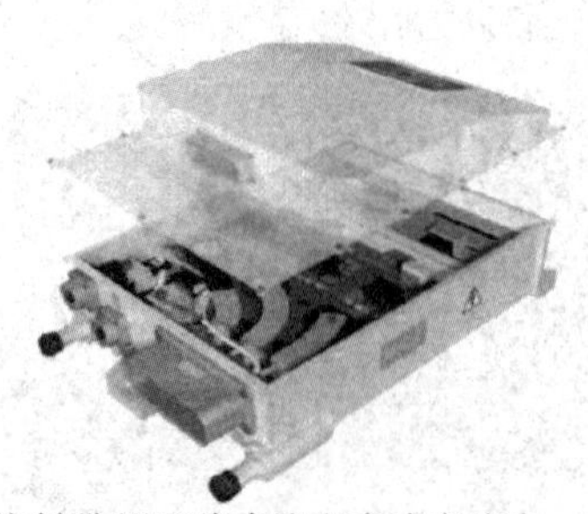

驱动电机控制器:用于将直流电变成交流电，管理和控制驱动电机的运转速度、方向以及将驱动电机作为逆变电机发电。

图 4 – 33　驱动电机控制器的结构

驱动电机控制器主要依靠电流传感器、电压传感器、温度传感器来进行电机运行状态

的监测，根据相应参数进行电压、电流的调整控制以及其他控制功能的完成。电流传感器用于检测电机工作实际电流，包括母线电流、三相交流电流。电压传感器用于检测供给电机控制器工作的实际电压，包括动力电池电压、12 V 蓄电池电压。温度传感器用于检测电机控制系统的工作温度，包括 IGBT 模块的温度。

北汽 EV 驱动电机控制器、IGBT、电流传感器如图 4－34 所示。

图 4－34　北汽 EV 驱动电机控制器、ICBT、电流传感器

DC/DC 转换器安装于前机舱位置，其主要功能是在车辆起动后将动力电池输入的高压电转变成低压 12 V 向蓄电池充电，以保证行车时低压用电设备正常工作。

（3）参数。DC/DC 转换器主要技术指标见表 4－5。

表 4－5　北汽 DC/DC 转换器主要技术指标

序号	项目	技术要求	备注
1	额定输入电压/频率	DC 380 V	—
2	输入电压范围	DC 290～420 V	—
3	输出 DC 额定值	DC 13.5 V/148 A	—
4	输出电压精度	≤±1%	—
5	源效应	<±0.2%	输入、输出全范围
6	负载效应	<±0.5%	输入、输出全范围
7	输出过电流保护	150～170 A	—
8	输入过电压保护	正常	—
9	输入欠电压保护	正常	—
10	遥控方式	遥控正对地控制加＋12 V 开机	—
11	过温保护	95 ℃关机	—
12	工作频率	200 kHz	±10%
13	纹波 V	≤1% V_0	20M 示波器，双绞线测试
14	工作效率	≥83%	额定输入、满载
15	隔离耐压	输入－输出 DC 2000 V/1 min	—
		输入－机壳 DC 2000 V/1 min	漏电流≤5 mA
		输出－机壳 DC 500 V/1 min	—
16	绝缘电阻	500 MΩ	输入－输出－机壳
17	工作温度	－20～65 ℃	—
18	储存温度	－30～75 ℃	—
19	工作湿度	5%～85% RH	—
20	储存湿度	5%～95% RH	—

续表

序号	项目	技术要求	备注
21	抗震性	频率范围：20 ~ 100 Hz，+6 dB/倍频；80 ~ 350 Hz，0.04 g2/Hz；350 ~ 2000 Hz，-6 dB/倍频，*X*、*Y*、*Z* 方向各 15 min	—
22	冲击（半正弦）	加速度：$a = 50\ g \pm 5\ g$；冲击时间：8 ~ 12 ms，*X*、*Y*、*Z* 方向各 6 次	—
23	冷却方式	自然冷	—
24	MTBF	50000 Hrs	—
25	接线方式	航空连接器	—
26	机壳尺寸	390 mm × 164 mm × 52 mm	—
27	产品质量	4.5 kg	—

六、驱动电机管理系统检测

（一）驱动电机管理系统的检测

驱动电机管理系统在控制驱动电机的同时，还会对驱动电机、解角器以及自身控制模块进行实时自检。大多数混合动力汽车或纯电动汽车的驱动电机控制器主要在以下方面实施自检。

1. 控制器供电和程序检测

（1）供电检测。电机控制器内部也会有来自车辆蓄电池的 12 V 参考电源，以运行驱动电机传感器及其他处理器。当连接的参考电源电压过低或过高时，控制器将会实行自我关闭，并对外输出诊断故障码。

（2）内部软件的自检测。电机控制器内部包括有电机控制单元、逆变器控制单元等，这些部件都有集成电路及 CPU 单元，在正常运行过程中，系统会实施进行自我对其自身读、写存储器的能力进行监测，这属于控制器的内部故障检测，一般不能进行维修处理。

2. IGBT 性能检测

驱动电机控制器 MCU 会根据整车控制器 VCU 的指令，控制 IGBT 的接通和断开，从而来实现驱动电机的输出或作为发电机工作。在对电机逆变的过程中，通过顺序启动 IGBT 的高电流开关晶体管，控制其相应的驱动电机或发电机的速度、方向和输出转矩。同时，控制器会检测每个 IGBT 的故障情况，当发现相应故障后，会关闭逆变器功能。

3. 驱动电机 U-V-W 相电流检测

由于驱动电机或发电机使用三相交流电运行，且 IGBT 通常会对应控制驱动电机或发电机的其中一个相，各相分别标识为 U、V、W。控制器通过监测连接到各驱动电机或发电机相的电流传感器，以便检测逆变器是否存在电流过大故障。

大多数电流传感器是驱动电机控制器总成内部的一部分，无法单独维修。

另外，由于所有的电机或发电机相电路是通过电气方式连接的，其电流总量应相同。电机控制器执行一次数学计算，以确认相电流传感器的精确性。如果 U-V-W 相电流传感器的相电流总量大致相同，则计算结果应接近零。如果 U-V-W 相电流相差较大，则会认为是故障。

4. 电机温度检测

在大多数的电机控制器模块内部会设置有温度传感器，用于检测连接电机电缆的温度，以及模块自身集成电路的温度。温度传感器是一个热敏电阻，它的电阻值随温度而改变，具有负温度系数。这表示随着温度升高，电阻减小；随着温度降低，电阻增大。

控制器通常向温度传感器提供一个 5 V 参考电压信号，并测量电路中的电压降。当被检测的电缆或集成电路温度低时，传感器电阻大，控制器模块检测到高电平信号电压。当温度升高时，传感器电阻减小，信号电压也降低。

5. 驱动电机位置传感器的检测

驱动电机位置传感器由驱动电机控制器监测。根据旋转变压器型位置传感器信号，电机控制器监测驱动电机发电机转子的角位置、转速和方向。

位置传感器包含一个主动线圈、两个从动线圈和一个不规则形状的金属转子。金属转子以机械方式固定在驱动电机发电机的轴上。车辆起动时，电机控制器输出一个 7 V 交流电、10 kHz 的励磁信号至驱动线圈。主动线圈励磁信号生成一个环绕两个从动线圈和不规则形状转子的磁场。然后，电机控制模块监测两个从动线圈电路，以获得一个返回信号。不规则金属转子的位置不同，使得从动线圈磁导返回信号的尺寸和形状也不同。通过对比两个从动线圈信号，电机控制器能够确定驱动电机发电机转子的精确位置、速度和方向。

6. 控制器高压绝缘检测

驱动电机控制器利用若干内部传感器测量混合动力或纯电动汽车来自动力电池的高电压。

驱动电机控制器测试高电压正极电路或高电压负极电路和车辆底盘之间是否存在失去隔离的情况，当检测到电机控制器或者相关电路在动力电池输出高电压后，存在对车辆底盘的电阻过低情况，系统将会将这一情况反馈给整车控制器，并与整车控制器一起切断车辆的高电压，避免发生事故。

（二）驱动电机管理系统运行注意事项

驱动电机管理系统运行时必须注意以下事项。

（1）电机系统上电顺序要求。在给电机控制器上高压电源之前，必须先将低压控制电源接通。断电时，先断开高压电源，再断开低压控制电源。

（2）电机控制器不能应用在与标称电压不符的电源上，这时控制器或者不能正常工作，或者会被烧毁。

（3）电机控制器只能与车用动力电池组配套使用，不要从事使用整流电源。

（4）故障出现在电机及控制器的任何地方都有可能导致重大的设备损坏，甚至是严重的人身伤害（即存在潜在的危险故障），因此，还必须采取附加的外部预防措施（如主接触器）用于确保安全运行，即使在故障出现时也应如此。

（5）对动力电池组进行充电时，应将电机控制器断开。

（6）车辆停止使用或长期驻车时，需将高、低压电源断开。

（7）装有该型号电机及其控制器的电动车辆出现故障，被拖车拖走维修时必须保证该电动车辆挡位处于空挡位置，实现电机轴与变速器输入轴的连接脱离，避免电机高压发电造成系统损坏以及安全事故。

任务二 电机与控制器的维护与保养

一、驱动电机控制器主要功能

电机控制器（见图4－35）是控制主牵引电源与电机之间能量传输的装置，它是由外界控制信号接口电路、电机控制电路和驱动电路组成的。不同厂家生产的电机控制器功能不尽相同，但大体均包含以下这些功能（见表4－6）。

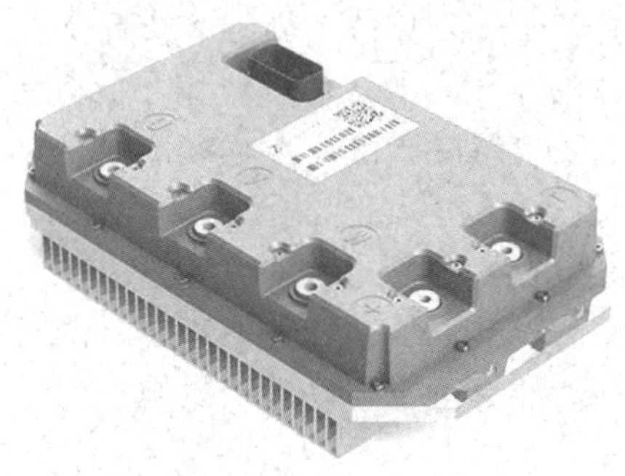

图4－35 电机控制器

表4－6 电机控制器功能

序号	电机控制器功能	备注
1	控制电机正、反转	变速杆置于D位时控制电机正转，变速杆置于R位时控制电机反转
2	控制电机加、减速	在控制器控制电机运行时，加速踏板踩深增大电机转速变快，加速踏板踩深减小电机的转速变慢
3	控制电机起动、停止	当变速杆置于D位或R位时电机起动，在踩脚制动踏板或拉住车制动或变速杆置N位或P位时电机停止
4	CAN通信	通过CAN总线能接收控制指令和发送电机参数，及时把挡位信息、电机转速、电机电流、旋转方向传给相关ECU，接受其他ECU传递的信息，如电压、电量等信息
5	检测电机转子的位置	根据旋转变压器等位置传感器采集的电机转子位置角度实现电机相应控制
6	过电流、过电压、过温保护	当电机过热、散热器过热、功率器过电流、过电压、过热时发出保护信号，停止控制器运行
7	制动与能量回馈	制动时能实现电机的制动、能量回馈

二、驱动电机控制器参数指标及含义

以下为某品牌纯电动汽车电机控制器（见表4－7）及其驱动电机（见表4－8）的参数指标。

表 4－7 电机控制器参数指标

技术指标	技术参数
直流输入电压	336 V
工作电压范围	265～410 V
控制电源	12 V
控制电源电压范围	9～16 V
标称容量	85kVA
重量	9 kg
防护等级	IP67
尺寸（长×宽×高）	403 mm×249mm×140mm

表 4－8 电机参数指标

技术指标	技术参数
类型	永磁同步
基速	2812 r/min
转速范围	0～9000 r/min
额定功率	30 kW
峰值功率	53 kW
额定转矩	102 N·m
峰值转矩	180 N·m
重量	45 kg
防护等级	IP67
尺寸（定子直径×总长）	（ϕ）245 mm×（L）280 mm

电机控制器参数指标中的标称容量（输出容量）反映了控制器可以控制的电机功率的能力，常见的控制器输出容量 15kVA、35kVA、50kVA、60kVA、100kVA、150kVA、200kVA、270kVA、300kVA、360kVA、420kVA 及以上。电机控制器的输出容量用 kVA 为单位表明该功率为视在功率。GB/T 18488. 1—2001《电动汽车用电机及其控制器技术条件》的附录 A 推荐了在 360 V、200 kW 及以下单台电机与控制器输出容量的匹配关系（见表 4－9）。

表 4－9 单台电机与控制器输出容量的匹配关系

电机额定功率/kW	控制器输出容量/kVA	电机额定功率/kW	控制器输出容量/kVA
5. 5	15	55	100
7. 5	15	75	150
11	35	90	150
15	35	110	200
18. 5	50	132	200
22	50	150	270

续表

电机额定功率/kW	控制器输出容量/kVA	电机额定功率/kW	控制器输出容量/kVA
30	60	160	330
37	60	185	360
45	100	200	420

三、驱动电机控制器结构及组成

驱动电机控制器整体由外壳、控制板、水道、直流高压插件、UVW 高压插接器、功率器件（IGBT 或 MOSFET）模块及驱动板等部件组成，北汽新能源 EC180 电机控制器结构如图 4－36～图 4－38 所示，该电机控制器为风冷式，无水道。

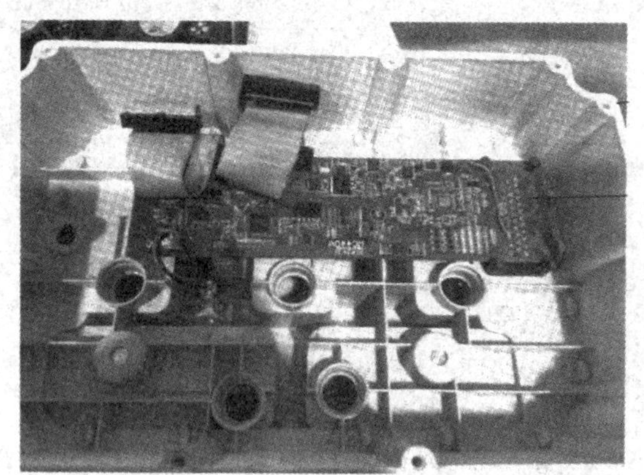

图 4－36　外壳与主控板

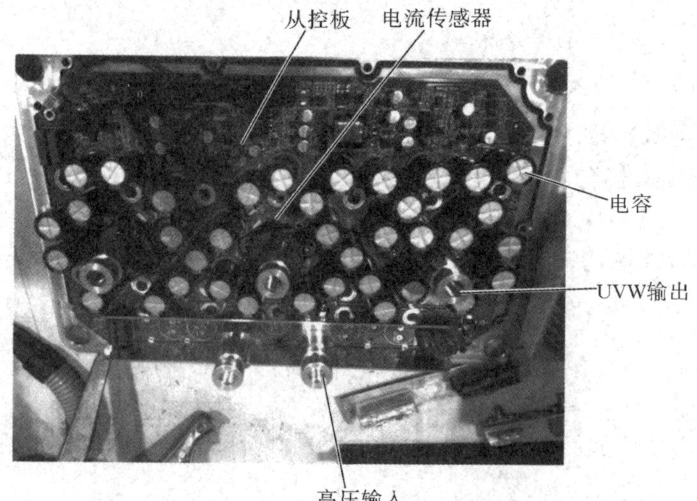

图 4－37　从控板与 UVW 高压输出端

（一）MOSFET 模块及驱动板

场效应晶体管按沟道材料和绝缘栅可分 N 沟道和 P 沟道两种；按导电方式分为耗尽型与增强型，结型场效应晶体管均为耗尽型，绝缘栅型场效应晶体管既有耗尽型的，也有增强型的。绝缘栅型场效应晶体管（Metal－Oxide－Semiconductor FET）简称 MOSFET。以平面 N 沟道增强型场效应晶体管为例介绍其工作原理（见图 4－39）。

图 4－38　功率器件（MOSFET）模块

平面 N 沟道增强型 MOS 管四个电极：漏极 D，源极 S，栅极 G 和衬底 B，具体工作原理如下。

当 UGS＝0 V 时，漏源之间相当两个背靠背的二极管，在 D、S 之间加上电压也不会形成电流，即管子截止（见图 4－40）。

当 UGS＞0 V 时，纵向电场将 P 区少子电子聚集到 P 区表面形成导电沟道，如果加有漏源电压，就可以形成漏极电流 id，即管子导通（见图 4－41）。

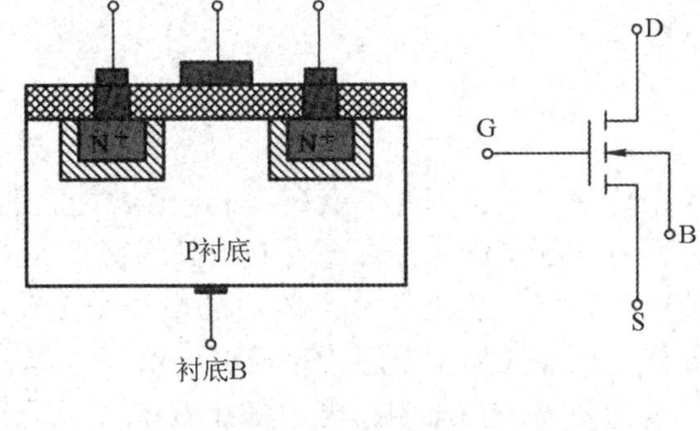

图 4－39　平面 N 沟道增强型场效应晶体管

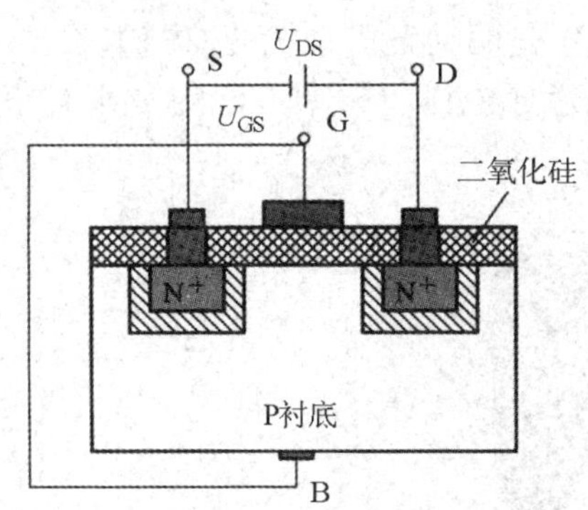

图 4－40　场效应晶体管截止

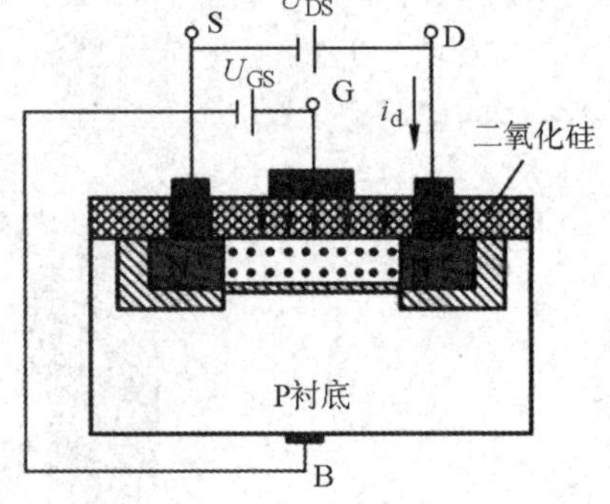

图 4－41　场效应晶体管导通图

电力 MOSFET 主要是 N 沟道增强型（见图 4－42），符号如图 4－43 所示。电力 MOSFET 导电机理与小功率 MOS 管相同，但结构上有较大区别。它采用多元集成结构，不同的生产厂家采用了不同设计。小功率 MOS 管是横向导电器件。电力 MOSFET 大都采用垂直导电结构，又称为 VMOSFET（Vertica1MOSFET）。按垂直导电结构的差异，分为利用 V

型槽实现垂直导电的 VVMOSFET 和具有垂直导电双扩散 MOS 结构的 VDMOSFET（Vertical Double－dif－fused MOSFET）。这里主要以 VDMOS 器件为例进行讨论。

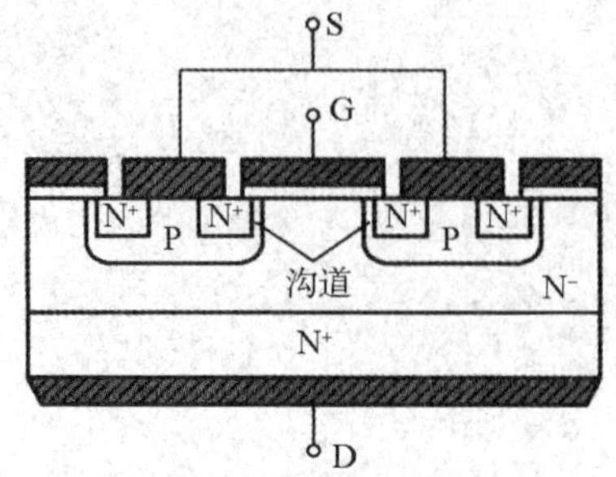

图 4－42　电力 MOSFET 结构（N 沟道增强型 VDMOS 一个单元截面图）

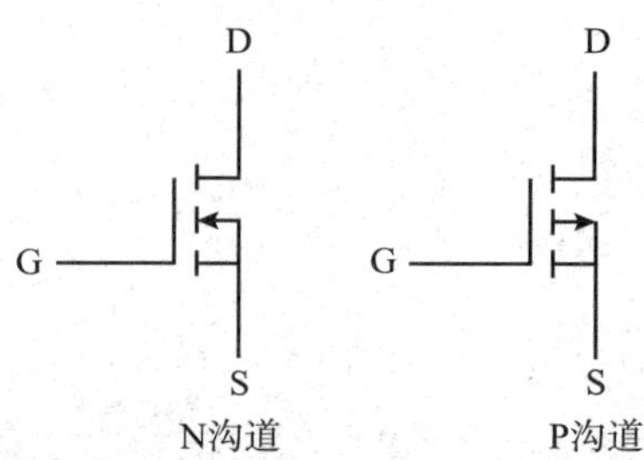

图 4－43　电力 MOSFET 电气符号

栅极是绝缘的，因此不会有栅极电流流过。但栅极的正电压会将其下面 P 区中的空穴推开，而将 P 区中的少子即电子吸引到栅极下面的 P 区表面。当 UGS 大于 UT（开启电压或阈值电压）时，栅极下 P 区表面的电子浓度将超过空穴浓度，使 P 型半导体反型成 N 型半导体。从而成为反型层，该反型层形成 N 沟道而使 PN 结 J_1 消失，漏极和源极导电。目前一般电力 MOSFET 耐压能力都在 1000 V 以下，通过电流为几安培到几十安培。

（二）IGBT 模块及驱动板

IGBT（绝缘栅双极型晶体管）模块（见图 4－44）是驱动电机系统的控制中心，又称智能功率模块。它的主要作用是将动力电池的直流电逆成电压、频率可调的三相交流电，供给配套的电机使用。

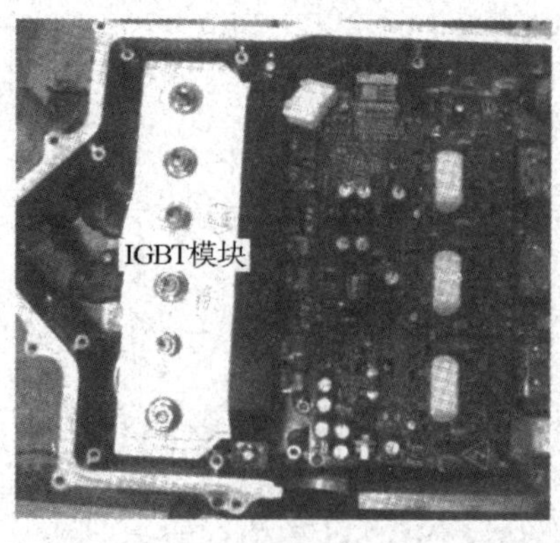

图 4－44　IGBT 模块

GTR（电力三极管）和GTO（门极可关断晶闸管）是双极型电流驱动器件，由于有电导调制效应，其通流能力很强，但开关速度较低，所需驱动功率大，驱动电路复杂。MOSFET的优点是单极型电压驱动器件，开关速度快，输入阻抗高，热稳定性好，所需驱动功率小而且驱动电路简单。将这两类器件取长补短结合而成的复合器件IGBT（绝缘栅双极型晶体管）综合了GTR和MOSFET的优点，具有良好的特性。

IGBT为三端器件具有栅极G、集电极C和发射极E，结构及符号如图4－45所示。IGBT比VDMOSFET多一层P＋注入区，形成了一个大面积的P＋N结J1，使IGBT导通时由P＋注入区向N基区发射少子，从而对漂移区电导率进行调制，使得IGBT具有很强的通流能力。简化等效电路表明，IGBT是GTR与MOSFET组成的达林顿结构，一个由MOSFET驱动的厚基区PNP晶体管。

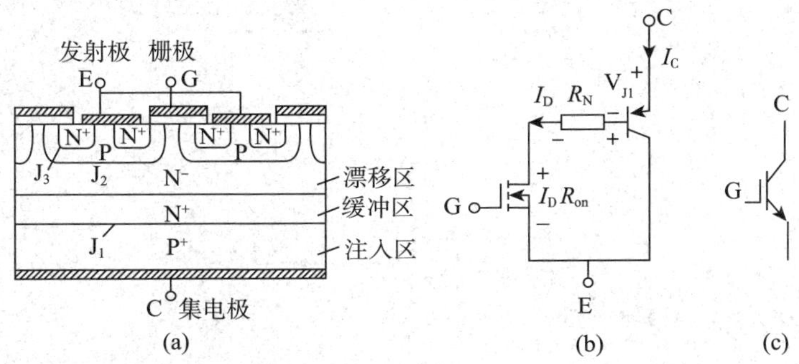

图4－45　IGBT结构、简化等效电路及电气图形符号

驱动原理与电力MOSFET基本相同，是一种场控器件，其通断由栅极与发射极电压UGE决定。当UGE大于开启电压UGE（th）时MOSFET内形成沟道，为晶体管提供基极电流，使得IGBT导通。当栅射极间施加反压或不加信号时，MOSFET内的沟道消失，晶体管的基极电流被切断，IGBT关断。

（三）三相两电平电压源型逆变电路

在三相逆变电路中应用最广泛的是三相桥式逆变电路。图4－46是采用IGBT的三相电压型桥式逆变电路。

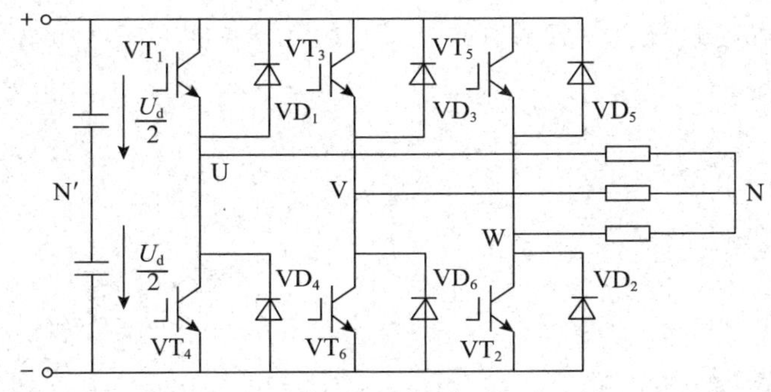

图4－46　采用IGBT的三相电压型桥式逆变电路

在电路的直流侧通常只有一个电容器就可以了，但为了分析方便，画作串联的两个电容，并标出假象的中点N′。三相电压型桥式逆变电路的基本工作方式是180°导电方式即每个桥臂导电角度为180°，同一相（即同一半桥）上下两臂交替导电，各相开始导电的角度差

120°。任一瞬间有三个桥臂同时导通。可能是上面一个臂下面两个臂，也可能是上面两个臂下面一个臂同时导通。应为每次换流都是在同一相上下两臂之间进行，也称为纵向换流。

下面来分析三相电压型桥式逆变电路的工作波形（见图 4 –47）。对于 U 相输出来说，当桥臂 1 导通时 $U_{UN'}=U_d/2$，当桥臂 4 导通时通 $U_{UN'}=-U_d/2$，因此 $U_{UN'}$ 的波形是幅值为 $U_d/2$ 的方波，$U_{VN'}$、$U_{WN'}$，的波形与 $U_{UN'}$ 的波形相同，只是相位依次相差 120°，如图 4 – 46a 所示。V、W 两相类似，可以看出电路的输出相电压有 Ud/2 和 – Ud/2 两种电平，因此这种电路称为两电平逆变电路。

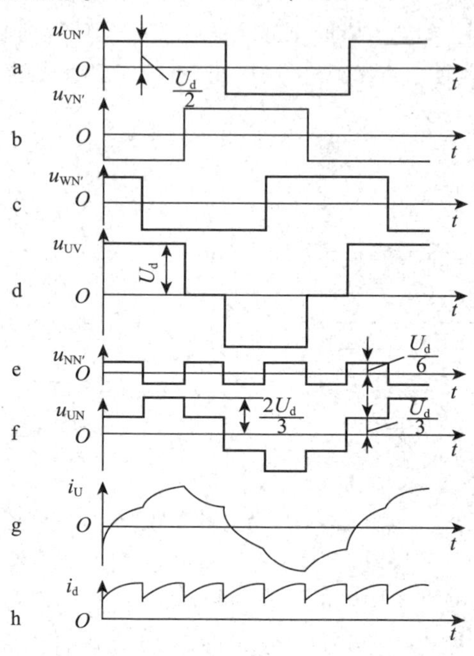

图 4 –47　三相电压型桥式逆变电路工作波形

负载线电压 u_{Uv}（见图 4 –47d），u_{vw}、u_{wu} 可由公式（1）算出：

$$
\begin{aligned}
u_{UV} &= u_{UN'} - u_{VN'} \\
u_{UW} &= u_{VN'} - u_{WN'} \\
u_{WU} &= u_{WN'} - u_{UN'}
\end{aligned}
\tag{1}
$$

假设负载中点和电源假想中点间电压 $u_{NN'}$，则负载各相的相电压为：

$$
\begin{aligned}
u_{UN} &= u_{UN'} - u_{NN'} \\
u_{VN} &= u_{VN'} - u_{NN'} \\
u_{WN} &= u_{WN'} - u_{NN'}
\end{aligned}
\tag{2}
$$

把上面公式进行整理得：

$$u_{NN'}=\frac{1}{3}\ (u_{UN'}+u_{VN'}+u_{WN'})\ -\frac{1}{3}\ (u_{UN}+u_{VN}+u_{WN}) \tag{3}$$

设负载为三相对称负载，则 $u_{UN}+u_{VN}+u_{WN}=0$，可以得到：

$$u_{NN'}=\frac{1}{3}\ (u_{UN'}=+u_{VN'}+u_{WN'}) \tag{4}$$

$u_{NN'}$ 波形如图 4 –47e 所示，它也是矩形波，但其频率是 $u_{UN'}$ 的三倍，幅值为其 1/3，即 $U_d/6$。

由式 2 与式 4 可得出 u_{UN}波形如图 4－46f。u_{VN}、u_{WN}的波形与 u_{UN}相同，仅相位依次相差 120°。负载参数已知时，可以由 u_{UN}波形求出 U 相的电流 i_U波形（见图 4－47g）。

四、电机控制策略

（一）驱动电机系统上下电控制策略

下面以某品牌纯电动汽车为例介绍驱动电机系统上下电控制策略（见图 4－48）。该车采用的是基于 STATE 机制的驱动电机系统上下电控制策略，基于整车 STATE 机制上下电策略要求，约束了该机制下 MCU（电机控制单元）在整车上下电过程各 STATE 中应该执行的动作、需要实现逻辑功能、允许及禁止的诊断等。

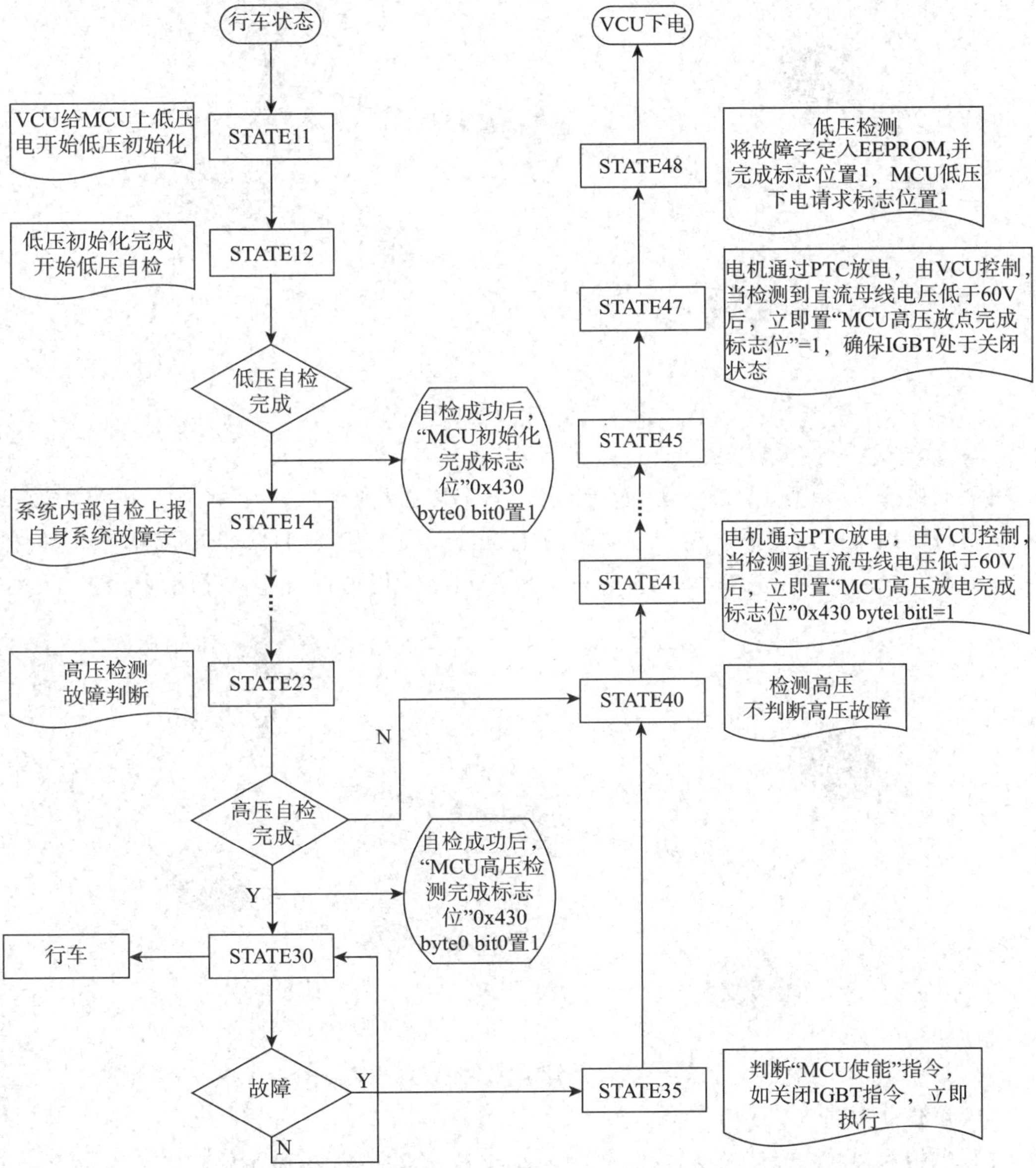

行车状态
VCU给MCU上低压电开始低压初始化
STATE11
低压初始化完成开始低压自检
STATE12
低压自检完成
自检成功后，“MCU初始化完成标志位”0x430 byte0 bit0置1
系统内部自检上报自身系统故障字
STATE14
高压检测故障判断
STATE23
高压自检完成
N
Y
自检成功后，“MCU高压检测完成标志位”0x430 byte0 bit0置1
行车
STATE30
故障
Y
N
STATE35
判断“MCU使能”指令，如关闭IGBT指令，立即执行
STATE40
检测高压不判断高压故障
STATE41
电机通过PTC放电，由VCU控制，当检测到直流母线电压低于60V后，立即置“MCU高压放电完成标志位”0x430 bytel bitl=1
STATE45
STATE47
电机通过PTC放电，由VCU控制，当检测到直流母线电压低于60V后，立即置“MCU高压放点完成标志位”=1，确保IGBT处于关闭状态
STATE48
低压检测将故障字定入EEPROM,并完成标志位置1，MCU低压下电请求标志位置1
VCU下电

图 4－48　某品牌纯电动汽车驱动电机系统上下电控制策略

（二）驱动电机系统工作模式

驱动电机系统工作模式包括驱动与发电两种工作模式。

1. 驱动电机系统驱动模式

驱动电机系统驱动模式如图 4－49 所示，整车控制器根据车辆运行的不同情况，包括车速、挡位、电池 SOC 值来决定，电机输出转矩/功率。当电机控制器从整车控制器处得到转矩输出命令时，将动力电池提供的直流电，转化成三相正弦交流电，驱动电机输出转矩，通过机械传输来驱动车辆。

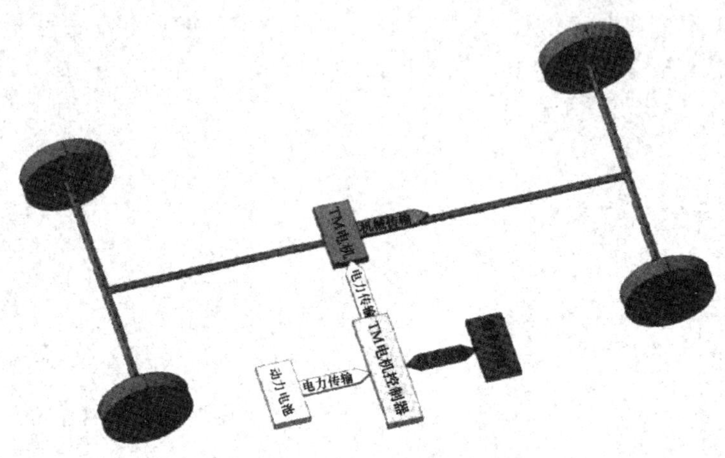

图 4－49　驱动电机系统驱动模式

2. 驱动电机系统发电模式

驱动电机系统发电模式如图 4－50 所示，当车辆在滑行或制动的时候，电机控制器从整车控制器得到发电命令后，电机控制器将电机处于发电状态。此时电机会将车辆机械能转化成电能。然后，三相正弦交流电通过电机控制器转化为直流电，存储到电池中。

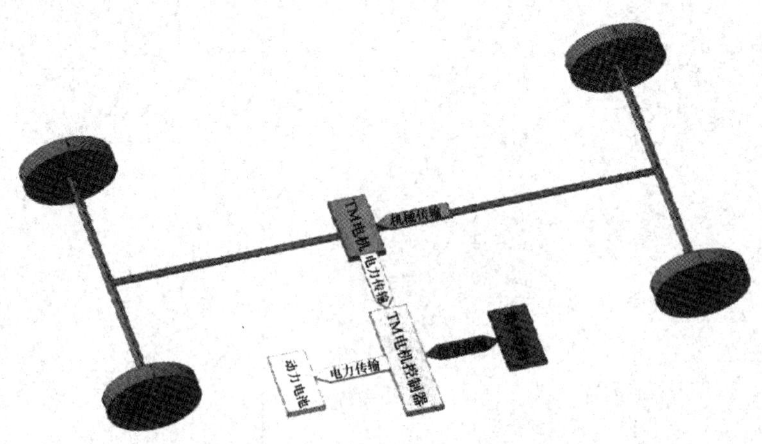

图 4－50　驱动电机系统发电模式

3. 温度保护功能

（1）电机温度保护。当控制器监测到驱动电机温度传感器显示：120 ℃≤温度＜140 ℃时，降功率运行；温度≥140 ℃时，降功率至 0，即停机。

（2）控制器温度保护。当控制器监测到散热基板温度：温度≥85 ℃时，超温保护，

即停机。当控制器监测到散热基板温度：85 ℃≥温度≥75 ℃时，降功率运行。

4. 制动能量回馈控制

传统燃油汽车制动消耗的能量接近车辆滚动阻力耗能与空气阻力耗能之和，而汽车在起停频繁的市区运行，车辆的大部分机械能都会消耗在制动过程中，因此回收汽车制动能量意义重大。依据车辆制动强度有关研究显示，优先使用制动能量回馈控制可以大幅度地提高整车经济性，在起停频繁的市区运行，通过车辆减速能量回收，可实现节能10%～15%。

整车控制器或电机控制器根据加速踏板和制动踏板的开度、车辆行驶状态信息以及动力电池的状态信息（如SOC值）来判断某一时刻能否进行制动能量回馈，在满足安全性能、制动性能以及驾驶人舒适性的前提下，回收部分能量，包括滑行和制动过程中的电机制动转矩控制。某些车辆当整车处于大于一定减速度的滑行能量回收状态时，车辆需要点亮制动灯，以提示后方车辆处于制动或减速状态，从而保证车辆行车安全。

根据加速踏板和制动踏板信号，制动能量回收可以分为两个阶段（见图4－51），简单的划分条件是：阶段一是在车辆行驶过程中驾驶人松开加速踏板但没有踩下制动踏板开始，阶段二是在驾驶人踩下了制动踏板后开始。

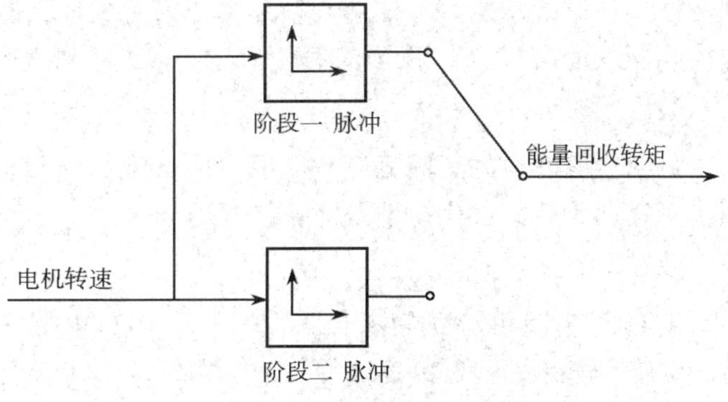

图4－51 制动能量回收两个阶段

制动能量回馈的原则：

（1）能量回收制动不应该干预ABS的工作。

（2）当ABS进行制动力调节时，制动能量回收不应该工作。

（3）当ABS报警时，制动能量回收不应该工作。

（4）当电驱动系统具有故障时，制动能量回收不应该工作。

5. 防溜车功能控制

纯电动汽车在坡上起步时，驾驶人从松开制动踏板到踩加速踏板过程中，会出现整车向后溜车的现象。在坡上行驶过程中，如果驾驶人踩加速踏板的深度不够，整车会出现车速逐渐降到0然后向后溜车现象。

为了防止纯电动车在坡上起步和运行时向后溜车现象，在整车控制策略中增加了防溜车功能。防溜车功能可以保证整车在坡上起步时，向后溜车小于10 cm；在整车坡上运行过程中如果动力不足时，整车车速会慢慢降到0，然后保持0车速，不再向后溜车。

五、电机的维护与保养

电机维护管理

在对驱动电机进行维护之前应当首先下电，然后根据以下步骤进行。

（1）检查高、低压线束插件是否插接牢靠（需下电）。

（2）检查电机轴承看是否有油脂漏出。

（3）检查电机温度传感器和速度传感器连接是否正常，接插件不要虚接。

（4）温度传感器的电阻值应当符合维修手册的要求（例如某车型规定在25 ℃左右温度传感器的电阻值为590～610 Ω）。

（5）检查车辆运行过程中驱动电机是否有异响，注意区分是机械噪声（类似“咔咔”“嗒嗒”声），还是电磁噪声（类似“滋～～”，频率高，刺耳），如果是后者，可暂时不考虑处理。

（6）检查驱动电机安装是否牢靠，紧固螺栓是否松动。

（7）检查驱动电机与减速器轴花键状态，如花键表面油脂有流失需及时补充（该操作可以1万～2万km做一次）。

六、电机控制器的维护与保养

在对驱动电机控制器进行维护之前应当首先断电，然后根据以下步骤进行。

（一）外观

定期检查控制器外壳，外壳若有明显的破损和裂痕请及时联系厂家更换。定期检查控制器顶部和侧边的胶塞，如遇胶塞不紧或者丢失应及时压紧或联系厂家补上胶塞。定期清理控制器表面的灰尘，重点清理位置为接线螺丝和线束插头位置。

（二）螺钉

定期检查螺钉的紧固程度。紧固时应将螺钉紧固至规定力矩，且摇动控制器的线束时螺钉不晃动为宜。如生锈请及时更换螺钉。

（三）配件检查

定期检查控制器上的熔断器是否完好，如有熔断器发黑或烧熔现象请及时联系厂家更换保险。定期检查控制器底部风扇是否工作，如风扇不转请检查风扇插头是否松动或更换风扇。

（四）保养时的注意事项

因控制器为高压带电部件，故人员在对控制器进行一系列操作时应首先确保控制器断电。控制器断电的判断方法：关掉车辆钥匙，仪表熄灭，关掉车辆急停开关。有条件的可用万用表测试控制器上B+与B-之间的电压，若为零则说明控制器已经断电。

任务三　驱动电机系统常见故障的检测与排除

一、驱动电机的性能评价参数与测量方法

（一）驱动电机定量参数

1. 电量参数

电压、电流、功率、频率、相位、阻抗、介电强度、谐波。

2. 非电量参数

转速、转矩、温度、噪声、振动。

通过这些参数，我们了解到电机运行时的工作特性，对被测电机进行性能评价。打个比方：假设我是一个电风扇的生产厂家，现在手上有两个电机，一个是直流电机A，另一个是交流电机B，我想挑效率更高的那一款电机作为电风扇产品的内部部件，那么我会选择测试一下这两个风扇电机的效率大小并进行比对，于是就有了图4-52所示的步骤。

经过以上步骤，我们可以轻松获取到 A、B 两个电机各自的转换效率，从而选择更高效率的电机。

（1）电机基本电量参数的测量。要测量电机的电量参数，就要关注最基本的电量参数：电压、电流、功率、频率、相位。这些参数是通过电子测量仪器进行测量的，根据测量项目的不同，一般会用到电压表、电流表、功率表、频率表等各种仪表。实际上，当前的电流参数测量技术非常成熟，通常使用功率分析仪（或功率计）即可满足电机所有基本电量参数的测量需求。

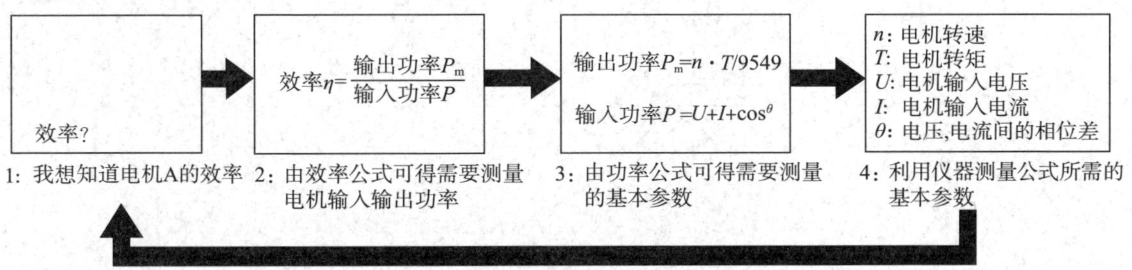

图 4－52　电机效率比较步骤

功率分析仪实际上是电压表、电流表、功率表和频率表的有机融合，它实现了高精度的电压、电流、频率、相位实时采集，并实时运算出功率结果，可以为使用者提供精准的电机电量参数测试结果，且不同参数之间的采集在时基上是同步的，保证了数据的有效性，见图 4－53。

针对这些电量参数的测试，测试仪器有对应的测试指标，如精度、带宽、采样率等，测试人员在选择测试仪器时要注意仪器的指标是否满足自身需要与相关测试标准要求。

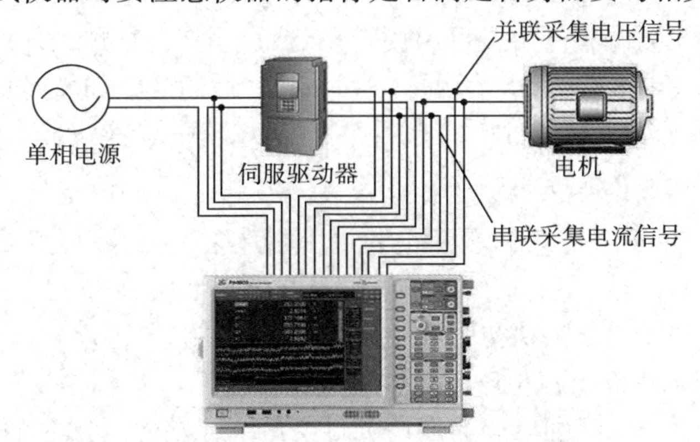

图 4－53　功率分析仪的基本测量原理

（2）电机性能参数的测量。电机性能的测量参数有负载特性测试、T－N 曲线测试、耐久测试、空载测试、堵转测试、起动电流。

①负载特性测试。测试目的：负载试验的目的是确定电机的效率、功率因数、转速、定子电流等。

测试方法：用伺服电机给被测电机加载，从 150% 额定负载逐步降低到 25% 额定负载，在此间至少选取 6 个测试点（必包含 100% 额定负载点），测取其电压、电流、功率、转矩、转速等参数并进行计算。

测试依据标准：《三相永磁同步电动机试验方法》（GBT 22669—2008）第 8 章负载实

验；《三相异步电动机试验方法》（GB/T 1032—2012）第7章负载特性实验。

从负载特性作用上看，主要是针对不同负载情况下电机特性的测试，保证电机在不同适用场合下仍能保持良好地运行，保证电机质量提高生产生活效率。

②T－N曲线的测试。测试目的：描绘出电机的转速、转矩关系特性曲线。

测试方法：通过控制被测电机的转速，测量从0转速到最高转速下，在不同转速点能输出的最大转矩，绘制出其关系曲线（见图4－54）。

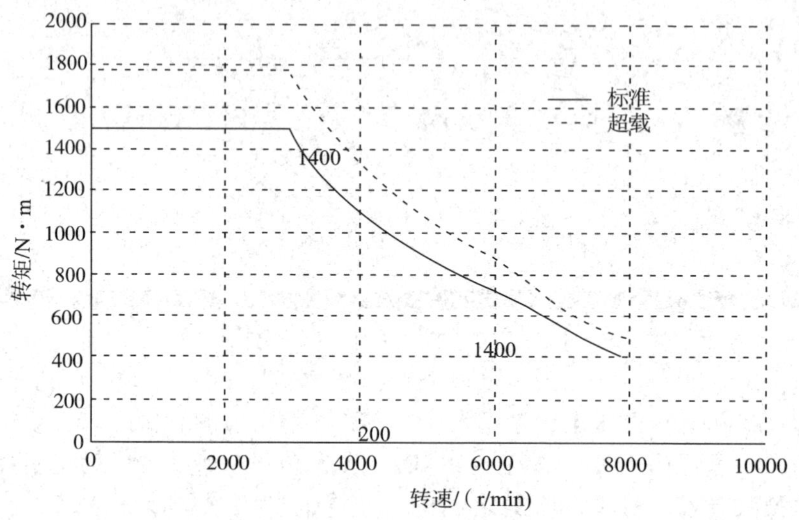

图4－54　永磁同步电机转速与转矩关系图

根据不同转速对应下的转矩来判断电机基本特性，直观地表现电机运行性能，更好地评估电机的运行状态。

③耐久性测试。在测试软件中，可由用户设定电机按某个测试方案来进行耐久测试，如：设定被测电机以80%的额定转速运行10 min，之后暂停5 min，再以120%的额定转速运行10 min等。测试该运行过程中的电压、电流、效率、转矩、转速等关键信息。

（二）驱动电机性能检测方法

试验检测方法可参考《电动汽车用电机及其控制器第二部分：检验方法》（GB/T 18488.2—2006）执行。

日常维修检测可按以下方法执行。

1. 测量定子绕组的冷态直流电阻

将电机在室内放置一段时间，用温度计测量电机绕组端部或铁芯的温度。当所测温度与冷却介质温度之差不超过2K时，即为实际冷态。记录此时的温度和测量定子绕组的直流电阻，此阻值即为冷态直流电阻。

具体实现方法有：伏安法、电桥法等。在实际应用场合，可以使用万用表来进行伏安法的测试。

2. 空载实验

《电机学实验指导书》上讲述的是△接法的测量方法。原理分析如下：采用△接法的测量方法时，只需一相绕组短接，测量一相得到的数据是线电压跟线电流，可以得出空载实验的空载阻抗。△接法电机等效电路如图4－55所示。

在小功率的应用场合（比如：家电等消费产品场合），三相异步电动机亦有好多采用

Y 接法。此时电机测量如果可以检测相电压或者线电压均可，下面将逐一分析。

Y 接法电机等效图如图 4－56 所示。

按照图 4－56 的等效图，若检测一相得到相电压、线电流，则可直接计算得出短路阻抗。若检测一相得到线电压、线电流，计算便可得到 2 倍的短路阻抗。

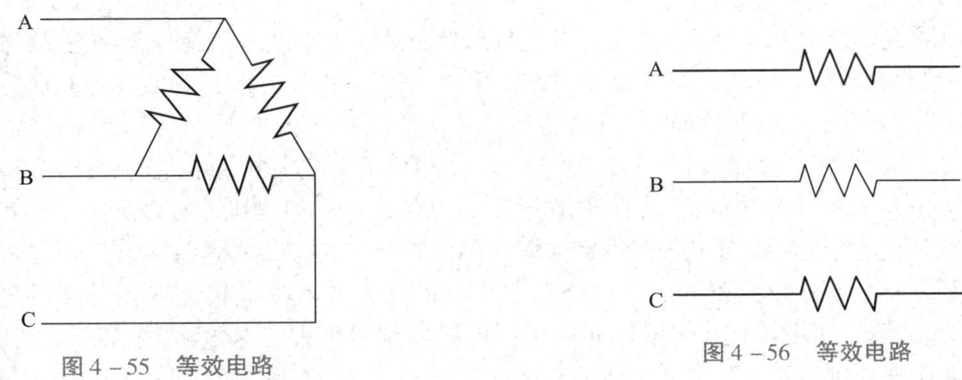

图 4－55　等效电路

图 4－56　等效电路

二、常见故障的诊断思路

（1）通过车辆使用情况或结合仪表指示的故障灯初步确定故障范围。

（2）使用专业诊断仪进入系统读取故障码及数据流，进行数据的分析比对。

（3）查阅维修资料，掌握整车控制策略及驱动电机系统的控制策略，掌握驱动电机系统的组成，特别是电机控制器采集信号所用的温度传感器、电机位置传感器等传感器，掌握正确的信号波形及数据范围。

（4）使用示波器或万用表对怀疑的部位进行在线的实时数据测量，判断波形及数据的正确性。

（5）高压安全断电、放电和验电操作。

（6）线路及连接器检查。初步检查线路及插接器是否连接牢固、位置是否正确、插接器内针脚是否有倒针或退针的现象。使用万用表测量相关线路电阻是否符合规定、有无短路或断路现象。

（7）如以上线路没有发现问题，尝试更换电机控制器或驱动电机。

三、常见典型故障案例

（一）E150EV 行驶中突然失去动力

1. 故障现象

车辆点火开关置于 ON，车辆在行驶当中突然踩加速踏板没有动力，仪表显示整车系统故障、动力电池断开故障。

2. 诊断思路

通过以前的一些经验得知只要仪表显示动力电池断开故障，大部分是高压系统中部件或电路出故障。可能原因为电机控制器故障、电机故障、动力电池故障、高压电路绝缘故障或空调压缩机故障。

3. 故障诊断与排除

用诊断仪检测出故障码 P0038（驱动电机相电流过流故障）、P0522（驱动电机超速故

障）、P0525（驱动电机直流断流故障），将电机控制器低压插头拔下后，将万用表旋至到直流电压挡，将万用表的表笔两端分别与电机控制器的线束输入端插件 31 号与 E2 线连接，显示 12 V 属正常。结合故障码的分析初步判断为电机控制器故障，造成车辆掉高压不能行驶，更换电机控制器故障排除。

4. 故障分析

此故障主要围绕 P0038（驱动电机相电流过流故障）、P0522（驱动电机超速故障）这 2 个故障码最终确定故障点，P0038 和 P0522 值得关注，因为 BMS 监测到电流过大导致动力电池断开，在发生过流的瞬间电机已经超速了，所以系统记录下了电机超速的故障码。之前维修案例中出现过故障码 P0519（电机超速保护故障），实际是电机旋变传感器故障，在此对比一下“P0519（电机超速保护故障）和 P0522（驱动电机超速故障）”看着内容有些相似，经过对故障码含义的解读和实际故障点对比，“电机超速保护”说明电机控制器还有能力控制电机的转速，则电机控制器没有故障，推断是电机旋变传感器故障。而“电机超速故障”说明电机已经实际超速了，电机控制器失去了对电机的控制。在此情况下，如果动力电池不能断开可能会使整车超速甚至导致发生事故。

（二）E150EV 动力电池断开故障灯亮

1. 故障现象

点火开关置于 ON，仪表显示整车系统故障灯和动力电池断开故障灯亮。

2. 诊断思路

可能原因为高压电路绝缘故障、高压控制盒故障、电机控制器故障、电机绕组故障、空调（加热）系统故障。

3. 故障诊断与排除

用诊断仪检测出故障码 P0031（电机控制器 IGBT 故障），经过故障码的分析，初步判断为电机控制器故障，造成动力电池掉高压无法行驶，更换电机控制器故障排除。

4. 故障分析

经过一些经验总结，各系统故障反馈到整车控制器（VCU）的时候，仪表上的整车系统故障灯都会点亮，高压系统出现绝缘和短路动力电池就会切断输出，同时点亮仪表“动力电池断开故障灯”。出现动力电池断开故障，可以依次对高压电器系统用排除法判断哪个系统存在故障（如：挂挡行车、启动空调压缩机或启动电加热器）。

（三）M30RB 间歇性断高压

1. 故障现象

车辆在行驶几千米出现偶尔掉高压现象，仪表显示动力电池故障指示灯亮，系统故障灯亮，车辆无法行驶。

2. 诊断思路

可能原因为动力电池故障、高压绝缘故障、电机控制器故障。

3. 故障诊断与排除

（1）使用故障检测仪读出故障码为 P0518，定义是电机控制器欠压故障，使用诊断仪清除故障码，故障码无法清除则说明存在现行故障。

（2）启动空调系统能正常工作。

（3）检测高压绝缘性能未发现异常。

（4）检查电机控制器低压电路电源正常，插接件也未发现退针现象。

通过以上检查判断空调系统正常，基本排除了动力电池故障。结合故障现象和故障码显示可以断定为电机控制器故障，更换电机控制器故障现象消失。

4. 故障分析

故障码为 P0518（电机控制器欠压故障），电机控制器是比较昂贵的部件，需要确定故障后才进行更换，以免更换后故障未能解决。因此需要把相关部件和外围电路进行排查，最终确定是电机控制器故障才进行处理，避免多次维修不能解决问题。

（四）M306 电机过热被限速 9 km/h

1. 故障现象

车辆行驶几千米以后，出现限速 9 km/h 现象，仪表显示电机控制器过热。

2. 诊断思路

可能原因为水泵故障、散热风扇故障、冷却液缺少或冷却系统内部堵塞。

3. 故障诊断与排除

用诊断仪读数据流显示电机控制器温度为 75 ℃，散热器风扇高速旋转，检查水泵工作正常，膨胀罐冷却液也不缺，水泵在工作过程中观察膨胀罐，发现有冷却液循环不畅现象，进一步对冷却系统进行水道堵塞排查，采用压缩空气对散热器、管路和电机控制器进行疏通，检查时发现电机控制器内部有阻塞。找到堵塞点用高压空气将电机控制器内部异物吹出，恢复冷却系统管路，加注冷却液后进行试车不再出现电机系统高温，故障排除。

4. 故障分析

M306 电机系统冷却方式采用水冷式，电机控制器和电机是串联式循环，因为电机控制器的温度在 75 ~ 85 ℃时电机降功率，当电机控制器温度高于 85 ℃时，电机将立即停止工作，所以此车电机控制器温度达到 75 ℃时被降功率。

（五）E150EV 仪表无故障报警

E150EV 仪表无故障报警、车辆无法起动。

1. 故障现象

车辆点火开关置于 ON，仪表已经显示 READY 灯亮，踩制动踏板，变速杆置于挂 D 位，踩加速踏板车辆没有反应。

2. 诊断思路

可能原因为动力系统故障、控制系统故障、传动系统故障。

3. 故障诊断与排除

使用诊断仪检测没有故障码，用钳式电流表检测电机控制器到电机的线束，显示有电流输出中，则说明电机工作正常。接下来检查传动系统：将车辆变速杆置于 N 位，举起车辆，两前轮很轻松同时向一个方向转动，把住一个车轮另一个车轮能自由转动，这说明差速器正常。初步分析可能是电机输出轴断裂或减速器齿轮断裂，拆下电机发现电机输出轴断裂（见图 4 - 57），更换电机总成故障排除。

4. 故障分析

车辆无法行驶主要有两大类故障。

（1）电气类故障导致车辆无法行驶时，基本上仪表都会显示动力电池故障和整车系统故障（除非仪表故障造成不显示）。

图 4-57　电机输出轴断裂

（2）机械类故障仪表没有监控，如果有严重故障时一般会导致异响。在诊断车辆故障时，首先要区分是电气类故障还是机械类，这样在故障诊断过程中可以避免走一些弯路。

（六）电机相序不对

电机相序不对导致车辆前进位车辆倒车，倒挡时车辆前进。

1. 故障现象

当驾驶人轻踩加速踏板后发现车在前进挡时倒退，在倒挡时前进。

2. 诊断思路

检查发现电机控制器接线牢固、正确。初步判断导致车辆反向行驶的故障原因可能是电机相序不正确、电机编码器的 A/B 信号位置不正确。

3. 故障诊断与排除

尝试调整电机相序，即调换电机的 U、V 或者 V、W 两相，故障排除。

（七）编码器信号异常

编码器信号异常可导致车辆行驶速度缓慢或无法行驶。

1. 故障现象

轻踩加速器后发现车不走，或者以很慢的速度移动，同时电机发热快。

2. 诊断思路

初步检查发现电机控制器接线都正确，则表明电机编码器信号可能异常了。

3. 故障诊断与排除

（1）如果电机编码器正常，更换电机相序，即调换电机的 U、V 或者 V、W 两相，然后试一下车辆是否可以正常行走了，如果仍然不能正常开动，说明编码器信号有问题了。

（2）判断电机编码器是否损坏。

①打开钥匙给控制器上电，用万用表测量电机编码器的供电电源，确认引脚 16/26 之间电压应该在 5 V 左右。

②控制器上电，挂空挡，手动推一下车或者拨动车轮，让电机旋转起来，查看仪表板的转速表是否有指示，或者用电脑上位机软件检查电机转速是否有显示。经检查编码器供电正常，电机旋转时无转速指示，表明电机编码器损坏，更换后故障排除。

4. 故障分析

编码器有四根线，分别为正/负/A/B 四根（16/26/27/28），如果用万用表测量 A/B 和负极是为正弦的波形。编码器供电异常、断线、端子接触不良、端子信号顺序错误、编码器损坏等均会导致电机编码器信号异常，从而使车辆行驶速度缓慢或无法行驶。

（八）行驶中间歇性出现车辆冲击

北汽新能源 EV 车辆行驶中间歇性出现车辆冲击。

1. 故障现象

车辆在行驶中偶尔报电机故障，车辆抖动后被限速，重新起动车辆正常，但行驶一段时间后此故障又出现。

2. 诊断思路

可能原因为电机旋变传感器信号故障、电机控制器故障、整车控制器故障。

3. 故障诊断与排除

通过试车此故障再现，故障的表现为偶发故障。虽然此故障出现时车辆没有断高压，但仪表已经报出电机故障，经过监控平台查看此车故障为电机系统 IGBT 故障。检查电机控制器与电机连接低压线束无退针与虚接现象，检查电机控制器低压控制插件 12 V 供电正常，其他针脚无退针虚接现象，将车辆升起检查电机旋变插件时，发现线束端端子有些异常，经过恢复后车辆正常。在试车过程中此故障再次出现，经过故障的再次出现初步判断为电机旋变可能存在故障。再次将车辆升起，用万用表测量电机旋变传感器的阻值，电机旋变分为三组正常值，第一组针脚 A – B 阻值为（33Ω ± 10）Ω。第二组针脚 C – D 阻值为（60Ω ± 10）Ω。第三组针脚 E – F 阻值为（60Ω ± 10）Ω，当测量第二组的阻值时发现有跳变现象，阻值在 5 ~ 15 Ω 之间变化，因此确定为电机旋变传感器故障，更换电机总成故障排除。

4. 故障分析

因为旋变传感器第二组的信号不稳定，在与其他两组进行信号对比时出现误差，此时电机控制器根据信号频率和弧度的变化及时对高压交流输出进行调整，表现到电机转速过程就是转速忽高忽低，与路面经过车轮传回来的反向力产生冲突，所以造成车辆剧烈振动。此故障的疑惑之处在于：旋变传感器绕组的电阻值在静态的时候为什么会变化，从理论上分析可能是旋变传感器的绕组受到磁干扰。此分析只是推断，待有检测设备和故障件时再进行试验，并采取数据进行详细分析。

（九）车辆无法行驶、底盘间歇异响

M30RB 车辆无法行驶、底盘间歇异响。

1. 故障现象

车辆在行驶中、起步时偶尔出现底盘异响，仪表整车系统故障灯点亮，车辆不能行驶。

2. 诊断思路

用诊断仪读取故障码 P0521（控制器相电流过小故障）、P0519（电机超速保护故障）、P0518（电机控制器欠压故障），可能原因是旋变传感器或线路故障、电机控制器内部故障。

3. 故障诊断与排除

经过试车此故障再现，使用车辆故障检测仪检读出故障码 P0521（控制器相电流过小故障）、P0519（电机超速保护故障）、P0518（电机控制器欠压故障），经过故障码的分析，初步判断以上故障码可能是电机旋变传感器或电机控制器故障。按从简到繁的原则用举升机把车辆举起（车辆上电的状态下），晃动电机旋变传感器端线束，车辆出现掉高压现象，将旋变传感器插接器拔下，发现塑料插接器内部卡槽损坏造成端子退针导致虚接。将插接器端子复位并用 AB 胶对卡槽进行修复，待胶凝固后插上插接器进行试车，此故障不再出现，故障排除。

4. 故障分析

此故障有底盘异响现象，首先要判断是机械故障还是电气故障，通过故障的表现，判断此现象为偶发故障，基本可以排除机械类故障。但是此车读出故障码 P0521（控制器相电流过小故障）、P0519（电机超速保护故障）、P0518（电机控制器欠压故障），其中电机超速和电流过小或欠电压，正常工作的情况是不可能同时出现的。通过此故障的检查和排除过程，分析旋变传感器插接器虚接为何会同时出现以上三个故障码。经查资料旋变传感器是有三组信号，通过解码电路处理后对三组信号进行对比，它的作用是判断电机转子的位置和监测电机的转速。而此车是其中一组信号线虚接产生瞬间信号失真，造成三组信号在同一时间内出现不一致的状态。由于旋变信号瞬间频率变化太大而触发了控制器，被判断为电机超速，超速只是一种假象，而电流和电压是实际的工况，如果用转速作基准和电流对比就出现电流过小，如果用电流作基准和转速对比就出现超速，因此就导致超速和电流过小的现象同时出现。

任务四　任务实训

一、任务实施

1. 实施准备

（1）物品准备。北汽新能源 EC180 纯电动汽车、警示标志、警示隔离带、遮栏、绝缘手套（等级 1000 V/300 A 以上）、皮手套、绝缘帽、绝缘鞋、防护镜、绝缘工具、汽车万用表、绝缘测试仪（表）、扭力扳手、通用工具套装、电机举升专用托架。

（2）注意事项。请务必按照老师的指导，合理使用绝缘安全护具，并严格按老师示范动作操作，做到安全、正确，并防止造成实操总成及车辆的损坏。操作时间为 120 min。

2. 实施内容

（1）断开蓄电池负极电缆。

（2）进行高压安全断电操作。

（3）拆卸电动真空泵。

（4）旋出固定螺钉组件，如图 4－58 中箭头 A 所示，取下驱动电机控制器上盖，如图 4－58 中①所示。图 4－58 中箭头 A 所示螺栓拧紧力矩为 2～3 N·m。

（5）旋出固定螺栓组件，如图 4－59 中箭头所示，拔出 MCU －W 线束①。

（6）旋出固定螺栓组件，如图 4－59 中箭头所示，拔出 MCU －V 线束②。

（7）旋出固定螺栓组件，如图 4－59 中箭头所示，拔出 MCU －U 线束③。图 4－59 中箭头所示螺栓拧紧力矩：14～16 N·m。

（8）拆卸左、右两侧侧护板。

（9）拆卸左、右两侧驱动轴总成装。

（10）断开电动压缩机连接插头，如图 4－60 中箭头 A 所示。

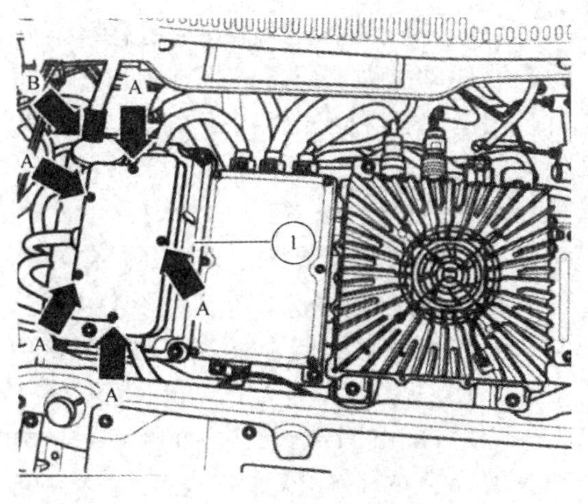

图 4－58　拆卸电机控制器上盖

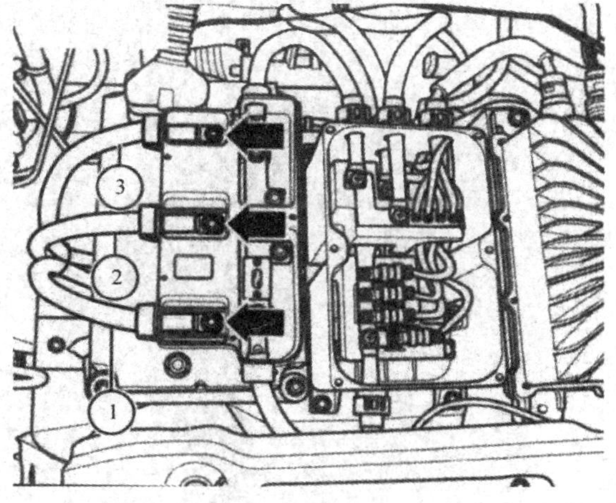

图 4－59　拆卸电机控制器线束

(11) 逆时针旋转动力电池高压线束接插件（见图 4－60 中箭头 B）至解锁状态，并拔出空调压缩机高压线束。

(12) 旋出固定螺栓（见图 4－60 中箭头 C 所示），使用扎带将电动压缩机（见图 4－60①）固定至车身上。图 4－60 中箭头 C 所示螺栓拧紧力矩为 18～22 N·m。

(13) 断开电机温度传感器插头，如图 4－61 中箭头 A 所示。

(14) 断开电机速度检测传感器插头，如图 4－61 中箭头 B 所示。

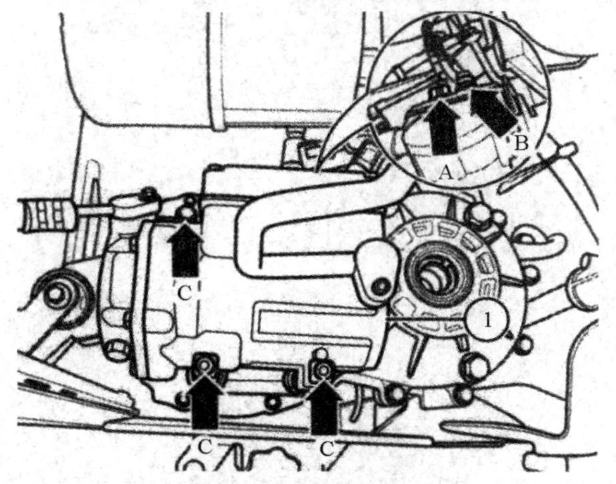

图 4－60　拆卸电动压缩机

图 4－61　拆卸电机温度传感器及速度检测传感器插接器

(15) 将举升装置置于减速器总成（见图 4－62①）与驱动电机总成（见图 4－62②）组件下部。

(16) 旋出固定螺栓，如图 4－63 中箭头所示，脱开右侧悬置（见图 4－63①）与车身的连接。图 4－63 中箭头所示螺栓拧紧力矩为 108～132 N·m。

(17) 旋出固定螺栓，如图 4－64 中箭头所示，脱开后侧悬置（见图 4－64①）与减速器总成的连接。图 4－64 中箭头所示螺栓箭头拧紧力矩为 90～110 N·m。

(18) 旋出固定螺栓（见图 4－65 中箭头 A）、固定螺栓（见图 4－65 中箭头 B），取下前侧悬置（见图 4－65①）。图 4－65 中箭头 A 所示螺栓拧紧力矩为 57～67 N·m，图 4－65 中箭头 B 所示螺栓拧紧力矩为 108～132 N·m。

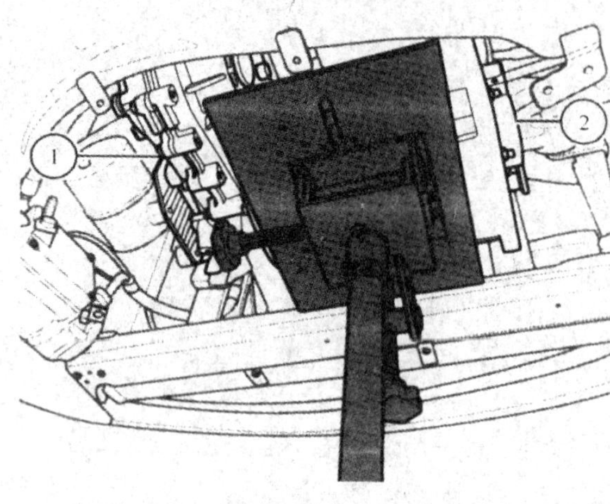

图 4－62　举升减速器总成与驱动电机总成

（19）降下减速器总成（见图 4－66①）与驱动电机总成（见图 4－66②）组件。提示由于空间原因降下减速器总成与驱动电机总成组件时需倾斜，必须在另一位装配工的协助下进行。

（20）旋出固定螺栓，如图 4－67 中箭头所示，分解驱动电机总成（见图 4－67①）与减速器总成（见图 4－67②）。图 4－67 中箭头所示螺栓拧紧力矩为 35～45 N·m。

（21）旋出固定螺栓，如图 4－68 中箭头所示，取下右侧悬置（见图 4－68①）。图 4－68 中箭头所示螺栓拧紧力矩为 57～67 N·m。

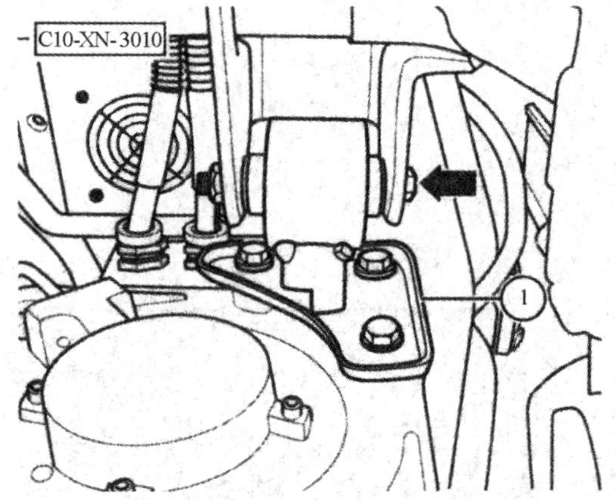

图 4－63　脱开右侧悬置与车身的连接

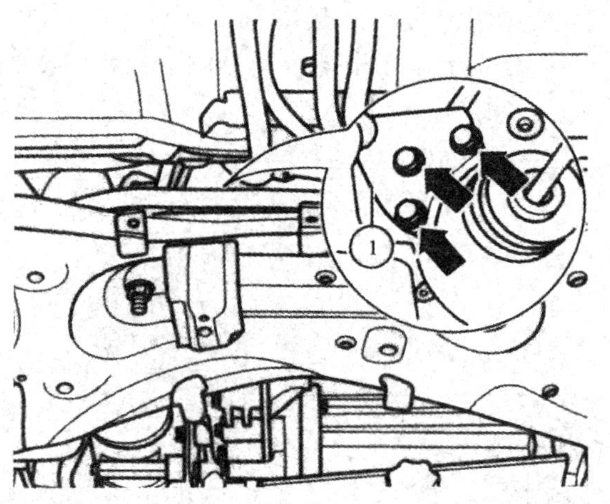

图 4－64　脱开后侧悬置与减速器总成的连接

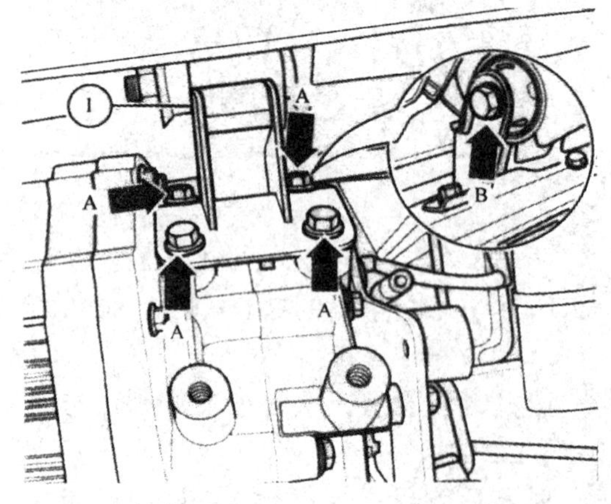

图 4－65　取下前侧悬置

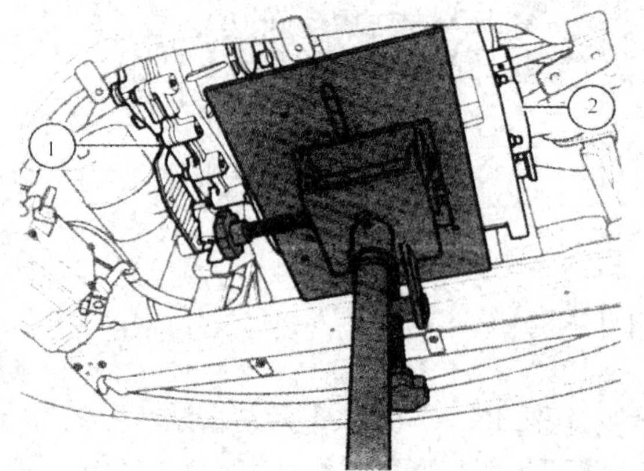

图 4－66　降下减速器总成与驱动电机总成组件

（22）旋出固定螺栓，如图 4－69 中箭头 A 所示，脱开线束固定卡，如图 4－69 中箭头 B 所示，拆下电机速度检测传感器（见图 4－69①）。图 4－69 中箭头 A 所示螺栓拧紧力矩为6～8 N·m。

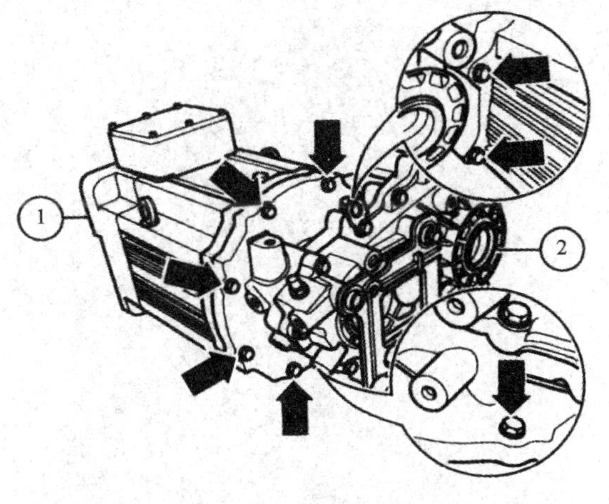

图 4-67 分解驱动电机总成与减速器总成

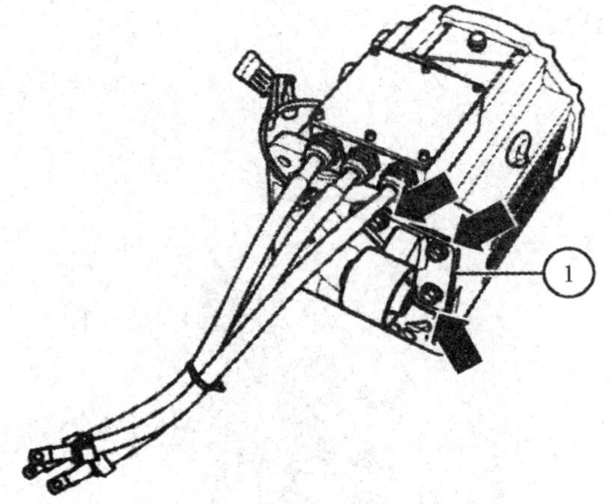

图 4-68 取下右侧悬置

(23) 旋出固定螺栓，如图 4-70 中箭头 A 所示，拆下驱动电机上盖（见图 4-70①），图 4-70 中箭头所示螺栓拧紧力矩为 2～3 N·m。

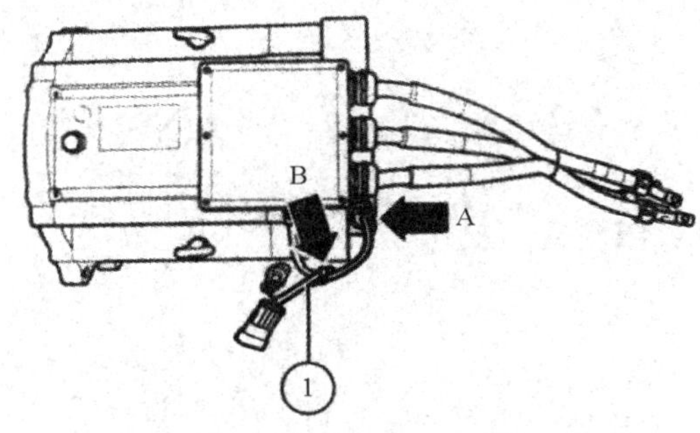

图 4-69 拆下电机速度检测传感器

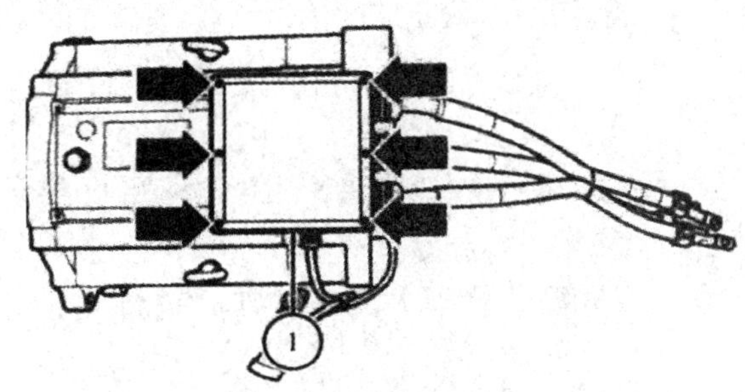

图 4-70 拆下驱动电机上盖

(24) 旋出固定螺栓组件，如图 4-71 中箭头 A 所示，旋松固定螺母，如图 4-71 中箭头 B 所示，拔出 MCU～U 线束（见图 4-71①）。图中箭头 A 所示螺栓拧紧力矩为 14～16 N·m。

(25) 旋出固定螺栓组件，如图 4-71 中箭头 A 所示，旋松固定螺母，如图 4-71 中箭头 B 所示，拔出 MCU -V 线束（见图 4-71②）。图 4-71 中箭头 A 所示螺栓拧紧力矩为 14～16 N·m。

(26) 旋出固定螺栓组件，如图 4-71 中箭头 A 所示，旋松固定螺母，如图 4-71 中箭头 B 所示，拔出 MCU -W 线束（见图 4-71③）。图 4-71 中箭头 A 所示螺栓拧紧力矩为 14～16 N·m。

安装以倒序进行，同时注意下列事项。

减速器连接花键（见图 4-72 中箭头 A）区域与驱动电动机花键（见图 4-72 中箭头 B）区域需要均匀涂抹润滑脂。润滑脂规格为德国力魔 LM48 润滑脂，使用量为 20 g。

(27) 各螺栓使用专业工具拧至规定力矩。

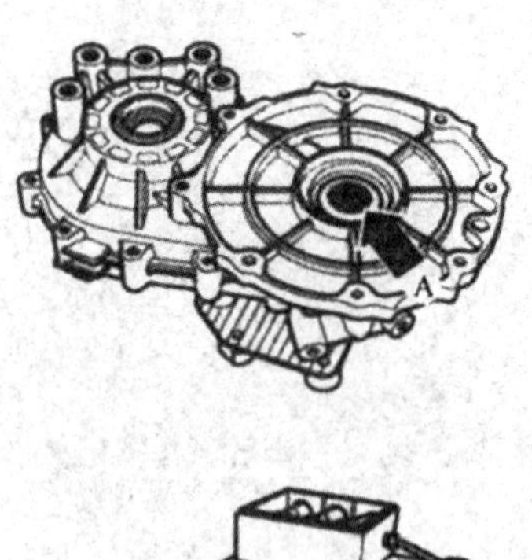

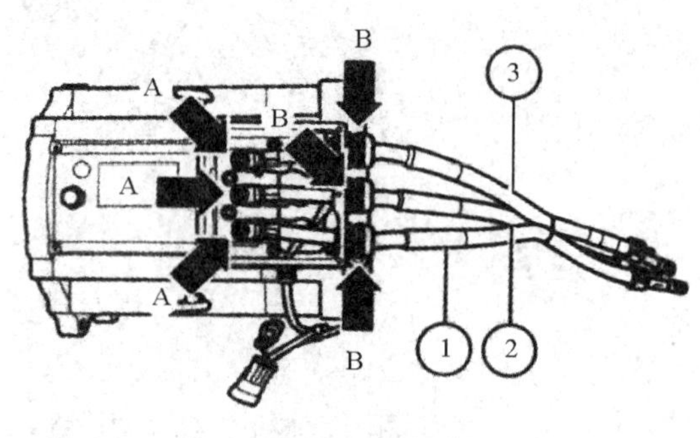

图 4－71　拆卸电机线束

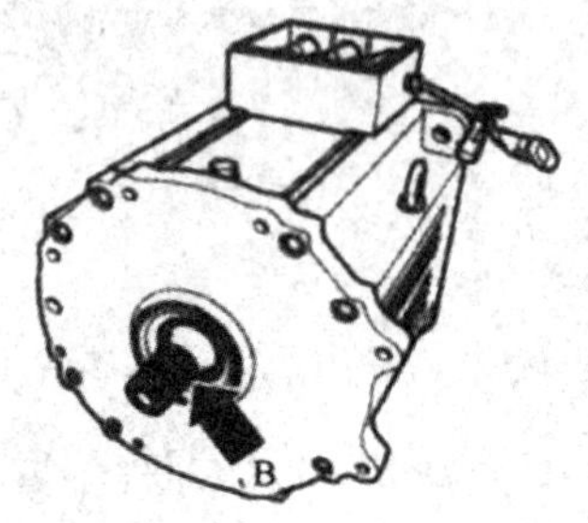

图 4－72　涂抹润滑脂

二、任务检验

1. 自检

参与实训练习的学员自我完成质量检验。

2. 互检

由完成相同实操练习项目的学员相互进行质量检验。

3. 终检

由专职质量管理人员（教师）进行专业检查。

三、教学评估

由教师依据教学目标对教学过程及结果进行价值判断。

思考与练习

1. 电动汽车对驱动电机性能方面有哪些要求？
2. 如何对驱动电机管理系统进行检测？
3. 怎样对电机控制器进行维护？
4. 驱动电机系统有哪些常见故障，应如何检测？

项目五　充电系统的结构与检修

学习目标

☆了解纯电动汽车充电机充电方式
☆掌握充电设施及安装调试
☆了解无线充电技术
☆掌握充电系统故障诊断与排除

任务一　充电系统概述

动力电池充电系统是电动汽车不可缺少的子系统之一。充电系统的作用是将电网的电能转化为电动汽车动力电池的电能。

一、纯电动汽车充电机

电动汽车充电机的分类有不同的方法，总体上可分为车载充电机和非车载充电机。

(一) 车载充电机

车载充电机指安装在电动汽车上的，采用地面交流电网和车载电源对蓄电池组进行充电的装置，包括车载充电机、车载充电发电机组和运行能量回收充电机。车载充电机通常使用结构简单、控制方便的接触式充电器，也可以是感应充电器，完全按照动力电池的种类进行设计，针对性较强。车载充电机一般设计为小充电率，充电时间长（一般是5～8 h），由于电动汽车受车载质量和体积的限制，车载充电机要求尽可能体积小、重量轻（一般小于5 kg）。车载充电机对于要充电的蓄电池是有针对性的，蓄电池的充电方式也是预先定义好的。由于充电机和蓄电池管理系统都装在车上，它们相互之间容易利用电动汽车的内部总线网络进行通信。

(二) 非车载充电机

非车载充电机即地面充电机。根据充电场所和充电需求的不同，地面充电机主要应用于家庭、充电站及各种公共场所。为了满足各种蓄电池的各种充电方式，通常地面充电机的功率、体积和重量都比较大，一般设计为大充电率。由于地面充电机和动力电池管理系统在物理位置上是分开的，因此它们之间必须通过有线或者无线进行通信。

地面充电机还需具备计量计费功能，一般情况下，充电机应至少能为以下三种类型动力电池中的一种充电：锂离子电池、铅酸电池、镍氢电池。根据动力电池管理系统提供的关于动力电池的类型、电压、温度和荷电状态的信息，地面充电机选择一种合适的充电方式为动力电池充电，以避免动力电池的过充和过热。

地面充电机通过把线缆的插头插入电动汽车上配套的插座上，在通信信号握手确认后，地面充电机将电能输入至电动汽车动力电池对其进行充电。充电器设置了一个锁止杠杆以利于插入和取出插头，同时杠杆还能提供一个确定已经锁紧的信号，如果没有此信号，充电器就不会给动力电池充电，以确保安全。地面充电机能显示充电电压、充电电流和充电电量，甚至所需充电费用等。

二、电动汽车充电方式

电动汽车充电方式

（一）传导式充电方式

传导式充电方式又称接触充电方式，接触充电方式通常采用传统的接触器控制，使用者把充电电源接头（插头）连接到汽车上（插座），即利用金属接触来导电。接触充电方式的最大优点是技术成熟、工艺简单和成本低廉。接触充电方式的缺点是导体裸露在外面不安全，而且会因多次插拔操作，引起机械磨损，导致接触松动，不能有效传输电能。接触式充电的最大问题在于它的安全性和通用性，为了使它满足严格的安全充电标准，必须在电路上采用许多措施使充电设备能够在各种环境下安全充电。

（二）无线充电方式

电动汽车无线充电方式的研究目前主要集中在感应式充电方式，不需要接触即可实现充电。感应充电方式是采用感应耦合方式充电，即充电电源和汽车接收装置之间不采用直接电接触的方式，而是采用由分离的高频变压器组合而成，通过感应耦合，无接触式传输能量。采用感应耦合方式充电，可以有效解决接触式充电的缺点。感应充电的最大优点是安全，因为充电器与车辆之间并无直接的电接触，即使车辆在恶劣的气候下，如雨雪天，充电也无触电的危险。

三、电动汽车充电模式

根据电动汽车动力电池组的技术和使用特性，电动汽车的充电模式存在一定的差别。对于电动汽车动力电池组充电方案的选择，现今普遍存在常规充电、快速充电和动力电池组快速更换三种模式，如表 5－1 所示。

表 5－1　电动汽车充电模式

充电模式	分类	特点	用　途
常规充电方式	小电流充电	充电电流不大于 15 A，充电功率小，一般为 1～3 kW。充电时间通常为 8～10 h	私家车、市内环卫车、企业商务车等车辆日均行驶里程都在蓄电池的续驶里程范围之内
	中电流充电	充电电流为 30～60 A，充电功率一般为 5～20 kW，采用三相四线制 380 V 供电或单相 220 V 供电	购物中心、饭店门口、停车场等公共场所的小型充电站

续表

充电模式	分类	特点	用　途
快速充电		一般充电电流为 150～400 A。充电机功率很大，一般为 50～100 kW，采用三相四线制 380 V 供电。充电时间为 20 min 至 2 h 内	在车辆运行的间隙进行快速补充电来满足运营需要，如公交车、出租车等车辆
动力电池组快速更换		直接更换电动汽车的动力电池组来达到为其充电的目的，时间一般为 5～10 min	车辆的动力电池组为标准化设计，易更换的车辆，例如运营车辆

（一）常规充电方式

蓄电池在放电终止后应立即采用小电流或中电流以恒压或恒流方式充电（在特殊情况下也不应超过 24 h），一般充电时间为 5～8 h，甚至长达 10～20 h，这种充电称为常规充电（普通充电）。尽管常规充电的充电时间较长，但可充分利用电力低谷时段进行充电，降低充电成本，并可提高充电效率和延长蓄电池的使用寿命。

常规充电方式的主要缺点是充电时间过长，有紧急运行需求时难以满足。常规充电方式通常适用于设计的续驶里程尽可能长，满足一天的运营需要，可利用晚间停运时间充电的电动汽车。在现阶段技术条件下，蓄电池的续驶里程大约为 200 km，如私家车、市内环卫车、企业商务车等车辆日均行驶里程都在蓄电池的续驶里程范围之内，均可采用常规充电方式。

1. 常规充电方式类型

常规充电分为小电流充电和中电流充电两种方式。小电流充电方式是以较小的电流根据动力电池的充电曲线进行充电，充电时间通常为 8～10 h，因采用恒流、恒压充电方式对动力电池充电，使整个充电过程更接近动力电池的固有特性，可有效避免动力电池的过充和欠充问题。这种方式以比较低的充电电流为动力电池充电，相关技术成熟可靠，充电机的工作和安装成本也比较低。小电流充电方式主要应用于家庭充电场合，典型的充电电流不大于 15 A，充电时间为 8～10 h（充到 95% 以上）。这种充电方式对电网没有特殊要求，直接从低压照明电路取电，充电功率小，一般为 1～3 kW。车载充电器可采用国标三口插座，基本不存在接口标准问题，由 220 V/16 A 规格的标准电网电源供电。在家中充电通常是晚上或在用电低谷期，有利于电能的有效利用，因此电力部门一般会采取一定的措施吸引电动汽车用户在用电低谷期充电。

电动汽车家用充电设备（车载充电机）和小型充电站多采用小电流充电方式。车载充电机是纯电动汽车的一种最基本的充电设备，充电机作为标准配置固定在车上或放在后备厢里，由于只需将车载充电机的插头插到家中的电源插座上即可进行充电，操作简单，实现方便，因此充电过程一般可由用户自己独立完成。对动力电池和电动汽车来说，小电流充电方式是最安全可靠的充电方式，但是难以满足使用者紧急或长距离行驶需求。

中电流充电方式主要应用在购物中心、饭店门口、停车场等公共场所的小型充电站。小型充电站的充电电流为 30～60 A，充电功率一般为 5～20 kW，采用三相四线制 380 V 供电或单相 220 V 供电，计费方式是投币或刷卡，用户只需将车停靠在小型充电站指定的位置上，接上电线即可开始充电。该方式的充电时间是：补电 1～2 h，充满 5～8 h（充到 95% 以上），在小型充电站使用中电流充电 1h，电动汽车的行驶里程可增加 40 km。

2. 常规方式的充电模式

电动汽车动力电池类型不同，适应的充电模式也不同。常规充电方式采用的充电模式

见表5－2。

表5－2 常规充电方式采用的充电模式

名称	分类	充电过程	特点
常规方式的充电模式	恒流充电模式	恒流充电模式是指电流维持在恒定值的充电模式，也是最常用的充电模式	控制简单，设备简单，仅适用于部分动力电池（如Ni/MH），不能将动力电池组完全充满电，充电效率低
	分级恒流充电模式	分级恒流充电模式是在普通恒流充电方式的基础上发展而来的，在初期用较大的电流进行充电，充电一定时间或充电电压达到一定值后改用较小电流，再充电一定时间或充电电压达到另一更高值后改用更小的电流	这种充电方式的效率较高，所需充电时间较短，充电效果也比较好，并且对延长动力电池组使用寿命有利，但对充电机系统有较高的要求。分级恒流充电模式适用于Ni/MH电池和锂离子电池的前期充电
	低压恒压浮充模式	低压恒压浮充模式不同于通常的将均充和浮充分开进行的方式，充电电源一直按照稳压限流的方式工作，蓄电池在浮充状态下渐渐补足失去的能量，直到充电至终止电压	这种充电方式具有原理简单、实现方便等特点，但有可能会导致蓄电池欠充，而且长时间充电会损害动力电池组，加速蓄电池自放电，适用于锂离子电池
	梯度恒压充电模式	在充电时根据电流衰减情况逐步提供充电电压，电流呈阶梯方式下降。在充电初期（1～3 h），蓄电池电压呈直线上升；在充电中期（3～7 h），充电电流接近指数衰减；在充电后期（8～12 h），当充电电流小于设定值时，终止充电或转入涓流充电阶段	梯度恒压充电模式综合了恒流充电方式和恒压充电方式的优点

（二）快速充电

快速充电又称应急充电，是以较大电流短时间在电动汽车停车的20 min至2 h内，为其提供短时充电服务，一般充电电流为150～400 A。快速充电不同于常规充电所采用的恒流、恒压充电方式。该充电方式是以150～400 A的大电流对蓄电池进行恒流充电，力求在短时间内充入较大的电量，充电时间应该与燃油车的加油时间接近，因此快速充电也可称为迅速充电，主要应用于大型充电站。

快速充电方式适用的主要对象是长距离行驶或需要进行快速补充电能的电动汽车，充电时间一般为10～30 min，充电容量可以达到蓄电池容量的80%，充电机功率很大，一般为50～100 kW，采用三相四线制380 V供电。快速充电方式采用1～3C的大充电电流，因电流较大，对技术、安全性要求也较高。快充方式主要在充电站中进行，由于功率和电流的额定值都很高，因此这种充电方式对电网有较高的要求，一般应靠近10kV变电站或充电站自建10kV变电站，在充电站的配电系统中需采取较为复杂的谐波抑制措施，与慢充方式相比，快充方式的安装成本相对较高，只适合大型充电站使用。这种充电方式对蓄电池的寿命有一定的影响，在短时间内接受大量的电量会导致蓄电池过熟。

快速充电方式是利用电动汽车动力电池在充电初期、中期可以接受较大的充电电流的

特性，并结合停充和脉冲放电的去极化技术来实现的。快速充电方式的主要优点是充电时间短，在短时间内（10～15 min）就能使蓄电池储电量达到80%～90%，与加油时间相仿，因此建设相应充电站时可不配备大面积停车场。相对常规充电方式，快速充电也存在一定的缺点，充电器充电效率较低，且相应的工作和安装成本较高；采用快速充电，充电电流大，这就对充电技术及充电的安全性提出了更高的要求，同时计量收费设计也需特别考虑。

快速充电适用于续驶里程适中（日平均里程大于蓄电池的续驶里程即200 km）的电动汽车，即在车辆运行的间隙进行快速补充电来满足运营需要，如公交车、出租车等车辆，日平均行驶里程为300 km左右，还有100 km左右的电量需要通过快速充电方式补充。快速充电方式对公用电网可能产生有害的影响，因而只适用于专用的充电站。

（三）动力电池组快速更换

动力电池组快速更换，通过直接更换电动汽车的动力电池组来达到为其充电的目的。动力电池组快速更换的时间与燃油汽车加油时间相近，需要5～10 min，快换可以在充电站、换电站完成，电动汽车蓄电池不需现场充电，但是需要电动汽车的动力电池实现标准化，即蓄电池的外形、容量等参数完全统一，同时，还要求电动汽车的构造设计能满足更换蓄电池的方便性、快捷性。由于动力电池组重量较大，更换动力电池组的专业化要求较强，需配备专业人员借助专业机械来快速完成动力电池组的更换。换电站的主要设备是动力电池组拆卸、安装设备。

电动汽车用户把车停在充换电站的指定区域，然后用更换动力电池组的设备将电能已经耗尽的动力电池组取下，更换上已经充满电的动力电池组。整个动力电池组更换过程一般在10 min内，时间很短，对于更换下的动力电池组，可以在充换电站充电，也可以集中收集起来在动力电池管理中心，进行维护和充电。

任务二　充电设施及安装调试

充电桩其功能类似于加油站里面的加油机，可以固定在地面或墙壁，安装于公共建筑（公共楼宇、商场、公共停车场等）和居民小区停车场或充电站内，可以根据不同的电压等级为各种型号的电动汽车充电。充电桩的输入端与交流电网直接连接，输出端都装有充电插头用于为电动汽车充电。

一、充电桩分类

依据充电的速度，充电桩一般提供常规充电和快速充电两种充电方式。快速充电桩（图5－1），俗称就是“快充”，它是固定安装在电动汽车外，与交流电网连接，直流充电桩的输入电压采用三相四线AC380 V（1±15%），频率50 Hz，输出为可调直流电，直接为电动汽车的动力电池充电。由于直流充电桩采用三相四线制供电，可以提供更大的功率输出，输出的电压和电流调整范围大，可以实现快充的要求。

常规充电桩（图5－2），俗称“慢充”，固定安装在电动汽车外，与交流电网连接，为电动汽车车载充电机（即固定安装在电动汽车上的充电机）提供交流电源的供电装置。交流充电桩只提供电力输出，没有充电功能，需连接车载充电机为电动汽车充电，相当于只是起了一个控制电源的作用。

图 5-1 快速充电桩

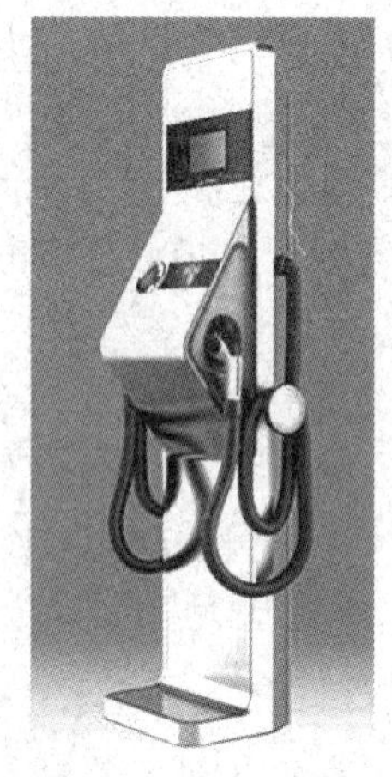
图 5-2 常规充电桩

按安装方式充电桩可分为落地式充电桩、挂壁式充电桩（见图5-3），落地式充电桩适合安装在不靠近墙体的停车位，挂壁式充电桩适合安装在靠近墙体的停车位。

按照安装地点，充电桩可分为公共充电桩和专用充电桩。公共充电桩是建设在公共停车场（库）结合停车泊位，为社会车辆提供公共充电服务的充电桩。专用充电桩是建设单位（企业）自有停车场（库），为单位（企业）内部人员使用的充电桩。自用充电桩是建设在个人自有车位（库），为私人用户提供充电的充电桩。充电桩一般结合停车场（库）的停车位建设。安装在户外的充电桩防护等级不应低于 IP54，安装在户内的充电桩防护等级不应低于 IP32。

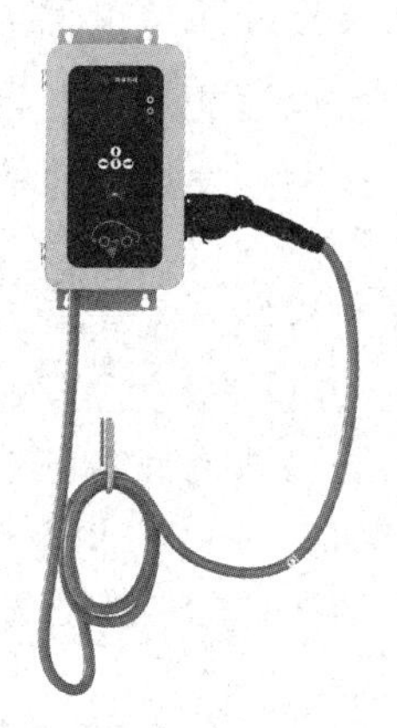
图 5-3 挂壁式充电桩

二、慢充电桩

（一）慢充电桩结构与刷卡交易工作流程

慢充电桩内部结构如图 5-4 所示，主回路由输入保护断路器、交流智能电能表、交流控制接触器和充电接口连接器组成，二次回路由控制继电器、急停按钮、运行状态指示灯、充电桩智能控制器和人机交互设备（显示、输入与刷卡）组成。

主回路输入断路器具备过载、短路和漏电保护功能。交流接触器控制电源的通断。连接器提供与电动汽车连接的充电接口，具备锁紧装置和防误操作功能。二次回路提供“启停”控制与“急停”操作。信号灯提供“待机”“充电”“充满”状态指示。交流智能电能表进行交流充电计量。人机交互设备则提供刷卡、充电方式设置与启停控制操作。

剩余电流是指低压配电线路中各相（含中性线）电流矢量和不为零的电流。通俗讲当用电侧发生了事故，电流从带电体通过人体或其他传导介质流到大地，使主电路进出线中的电流 L 线和 N 线中的电流大小不相等，此时电流的瞬时矢量合成有效值称为剩余电流。剩余电流动作保护器保护原理如图 5-5 所示，当剩余电流达到或超过给定值时，能自动

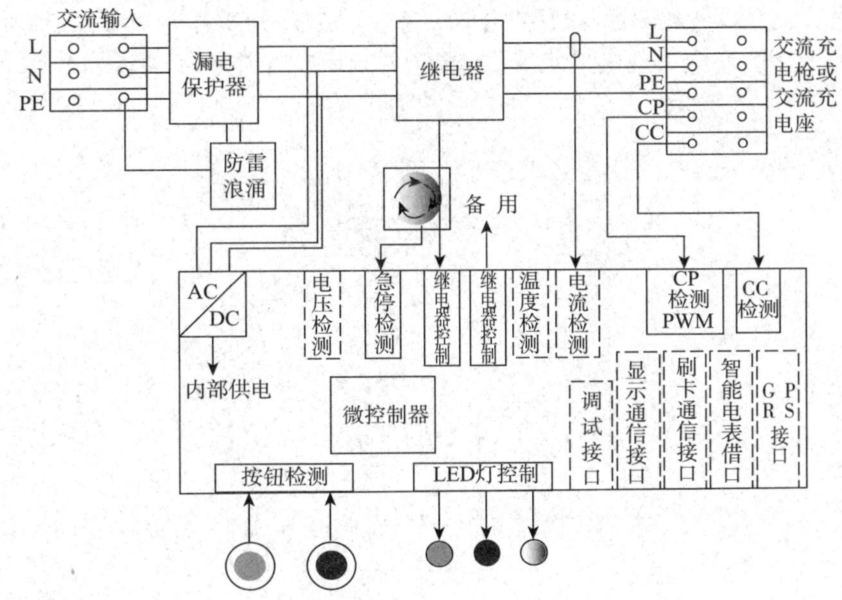

图5－4　慢充电桩内部结构示意图

断开电路的机械开关电器或组合电器。交流供电设备的剩余电流保护器宜采用A型或B型，符合GB 14048.2—2008，GB 16916.1—2014和GB 22794—2008的相关要求，应具备防故障电流的保护措施。（B型的剩余电流保护器，或A型的剩余电流保护器，或满足符合A型剩余电流保护功能的相关装置。）

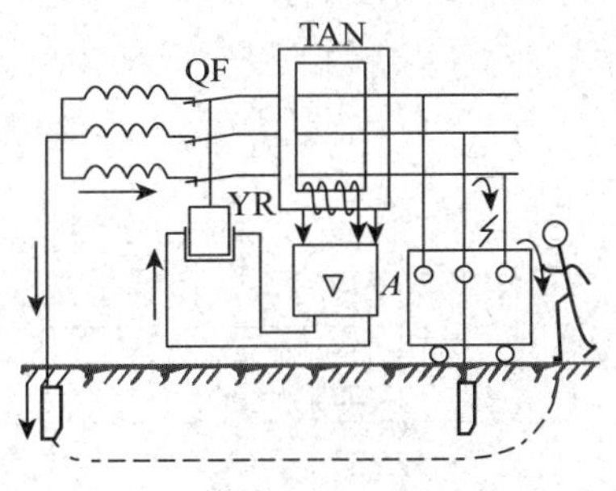

图5－5　剩余电流保护功能原理

（二）慢充控制引导电路原理

下面的电路（图5－6）由供电装置、接触器K1和K2、电阻R1、R2、R3、R4、RC、二极管VD1、开关S1、S2、S3、车载充电机和车辆控制装置组成。

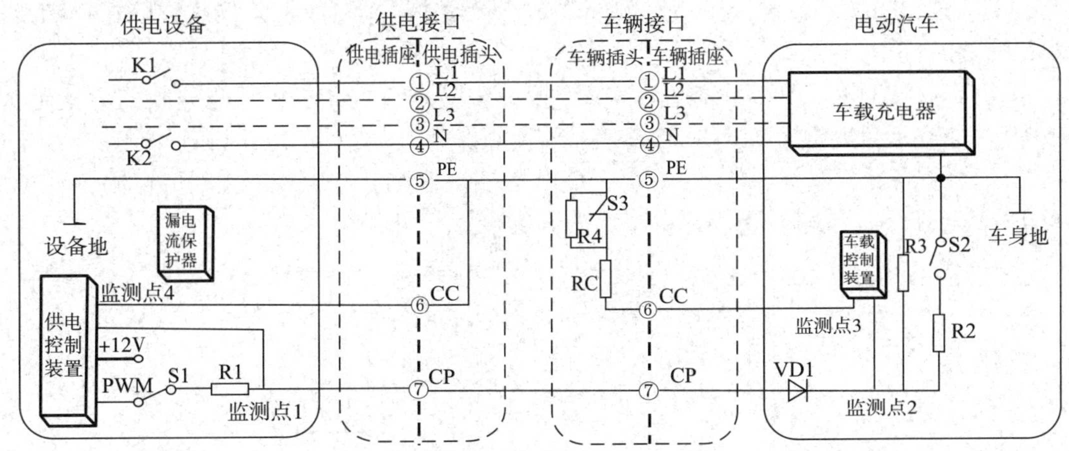

图5－6　充电模式3连接方式B的控制导引电路原理图

控制导引电路中也可以不配置开关S2（见图5－7），无S2开关的车辆应采用单相充电，且最大充电电流不超过8 A。若车辆不配置S2开关，此时供电设备无法与车辆进行交

互（S2 开关闭合通知供电设备此时可以进行充电，S2 开关断开通知供电设备此时应停止充电），为保障充电安全，规定只能采用单相充电，且充电电流不超过 8 A。

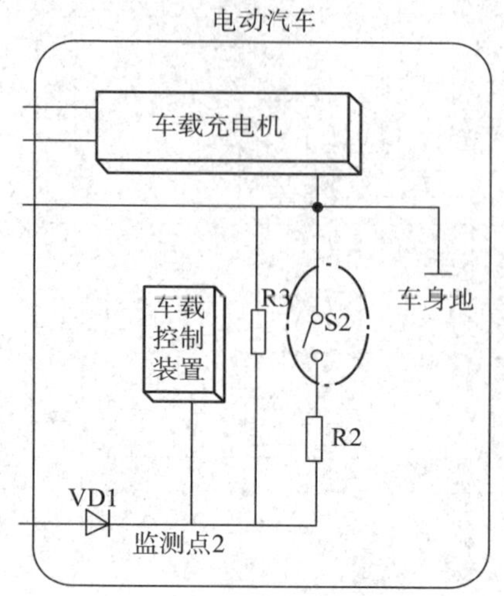

图 5 - 7　S2 开关电路原理图

若车辆插座配备有电子锁（方式 B/C + 大于 16 A），电子锁应在 K1、K2 接触器闭合前（机械锁闭合至 S2 开关闭合之间）锁定，并在状态 3（S2 开关闭合 + 监测点 1 为 6 V）中保持，在 S2 断开后和机械锁断开前断开，时序如图 5 - 8 所示。

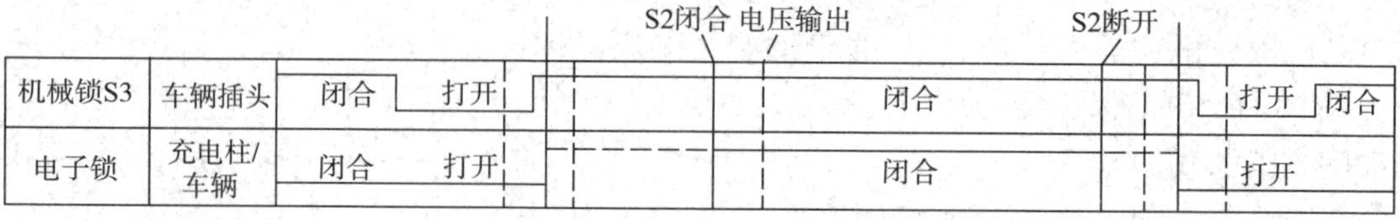

				S2闭合 电压输出	S2断开	
机械锁S3	车辆插头	闭合	打开	闭合		打开　闭合
电子锁	充电柱/车辆	闭合	打开	闭合		打开

图 5 - 8　S2 开关的闭和与断开时序图

当车辆插头与车辆插座插合后，充电桩通过测量检测点 4 电压值来判断供电插头与插座是否完全连接，车辆控制装置通过测量监测点 3 与 PE 之间的电阻值来判断车辆插头与车辆插座是否完全连接。

未连接时，S3 处于闭合状态，CC 未连接，监测点 3 与 PE 之间的电阻值为无穷大；半连接时，S3 处于断开状态，CC 已连接，监测点 3 与 PE 之间的电阻值为 RC + R4；全连接时，S3 处于闭合状态（见图 5 - 9），CC 已连接，监测点 3 与 PE 之间的电阻值为 RC，通过 RC 的电阻值，可以映射出充电电缆的额度容量（见表 5 - 3）。

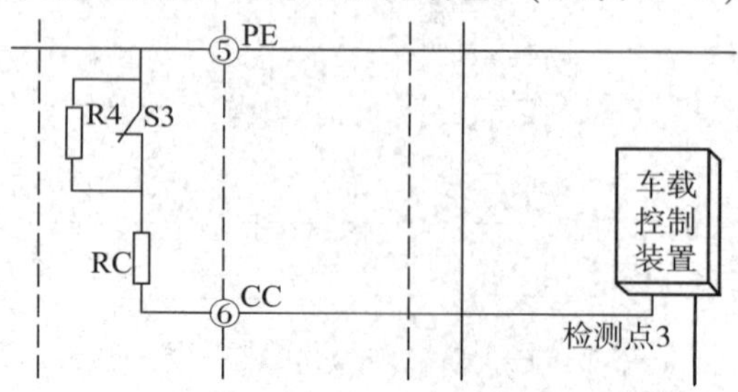

图 5 - 9　监测点 3 与 PE 之间的电阻值

表 5－3　电阻值映射电流值对照表

RC	充电电缆额度容量
1.5 kΩ/0.5 W	10 A
680 kΩ/0.5 W	16 A
220 kΩ/0.5 W	32 A
100 kΩ/0.5 W	63 A

如果充电桩无故障，并且供电接口已完全连接，则 S1 从 +12 V 链接状态切换至 PWM 连接状态，充电桩控制装置发出 PWM 信号。充电桩通过监测点 1 的电压值来判断充电装置是否完全连接。车辆控制装置通过测量监测点 2 的 PWM 信号，判断充电连接装置是否已完全连接（CP 检测）。

在车载充电机（OBC）自检没有故障，并且动力电池组处于可充电状态时，车辆控制装置闭合 S2。当达到操作人员设置的结束条件，操作人员对供电装置实施了停止充电的指令时，供电控制装置应能将控制开关 S1 切换到 +12 V 连接状态，当检测到 S2 开关断开时，在 100 ms 内通过断开接触器 K1 和 K2 切断交流供电回路，超过 3 s 未检测到 S2 断开，则可以强制带载断开接触器 K1 和 K2，切断交流供电回路。

供电设备检测车载充电机（见图 5－10）实际工作电流，当供电设备 PWM 信号对应的最大供电电流≤20 A，且车载充电机实际工作电流超过最大供电电流 +2 A 并保持 5 s 时或供电设备 PWM 信号对应的最大供电电流 >20 A，且车载充电机实际工作电流超过最大供电电流的 1.1 倍并保持 5 s 时，供电设备应在 5 s 内断开输出电源并控制开关 S1 切换到 +12 V 连接状态，这种情况下，可通过重新插拔电缆恢复充电。

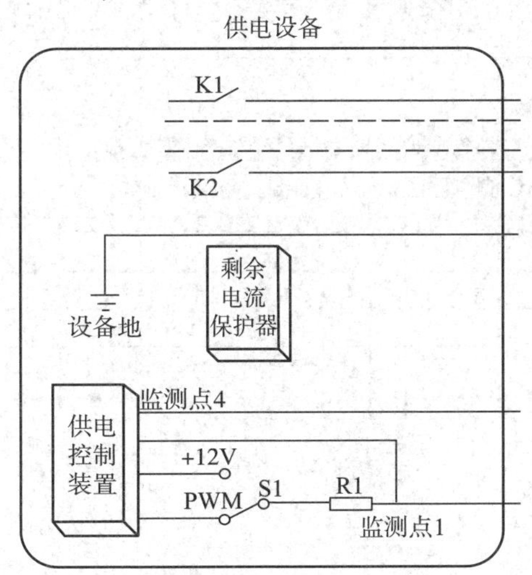

图 5－10　供电设备检测车载充电机

当电动汽车和充电桩建立电气连接后，车辆控制装置通过判断监测点 2 的 PWM 信号占空比确认供电设备的最大可供电能力，并且通过判断 RC 电阻值来确认电缆的额定容量。车辆控制装置对充电桩当前提供的最大供电电流值、车载充电机的额定输入电流值及电缆的额定容量进行比较，将其最小值设定为车载充电机当前最大允许输入电流，当设置完成后，车载充电机开始对电动汽车进行充电。非正常情况下结束充电或停止，车辆 S2 断开，监测点 1 的电压为 9 V，此时车辆接口还处于连接状态，供电设备应在 100 ms 内断开供电回路，保持 PWM 输出，这种情况下，不需要重新插拔电缆即可恢复充电。交流充电控制导引电路转换状态如图 5－11 所示，慢速充电连接控制时序及过程监控如图 5－12 所示。

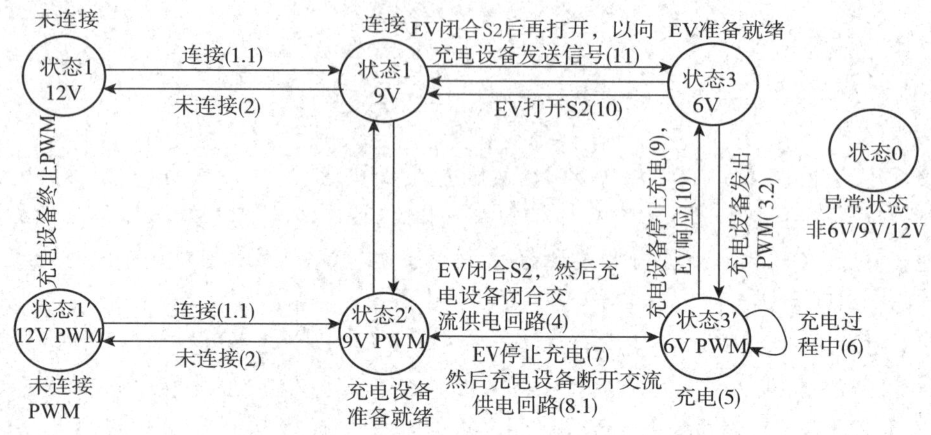

图 5－11　交流充电控制导引电路转换状态图

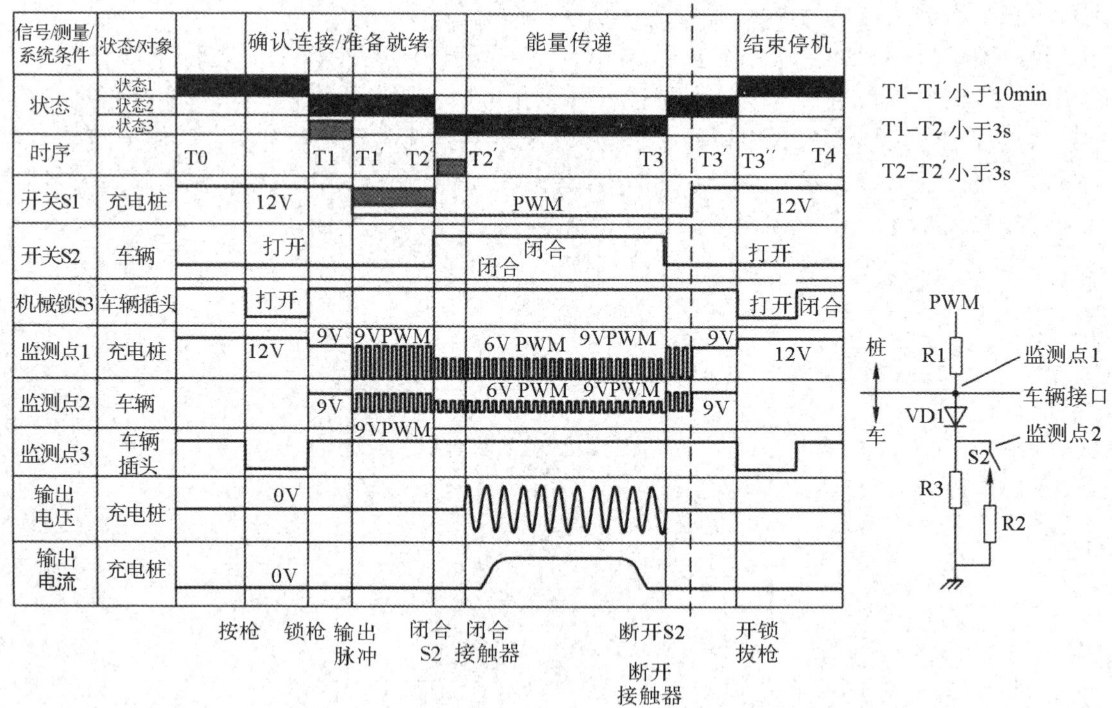

图 5－12　慢速充电连接控制时序及过程监控图

（三）慢充电流程解析

下面以某车型为例对慢充电流程进行解析，图 5－13 为该车充电机状态跃迁机制与整车 State 对照图，表 5－4 为其状态说明。

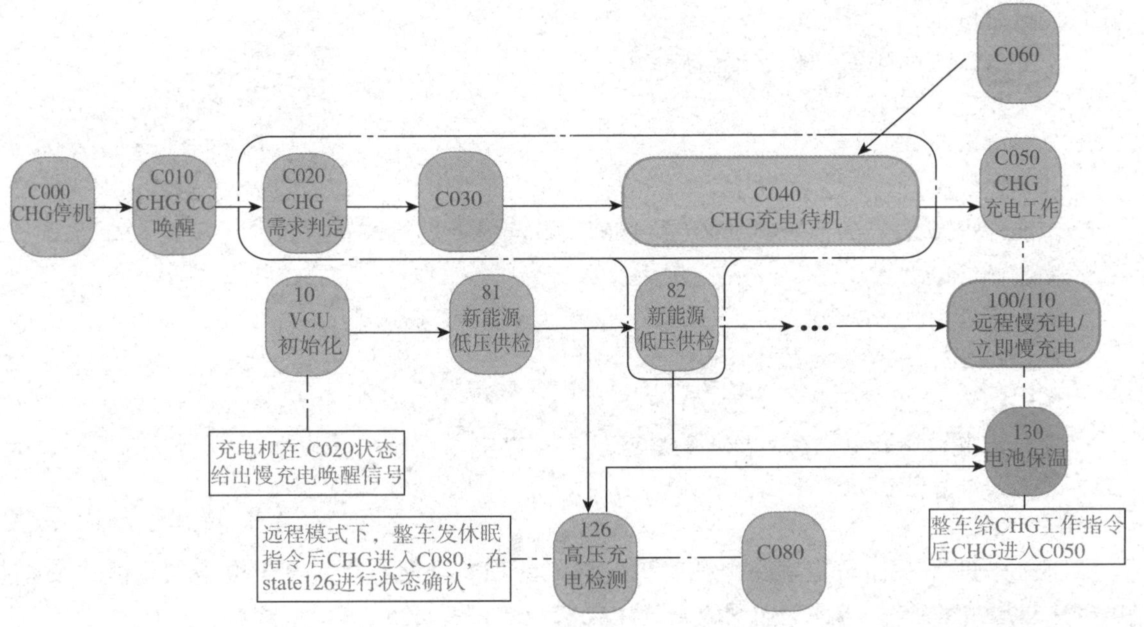

图 5－13　某车型充电机状态跃迁机制与整车 state 对照图

表 5－4　某车型充电机状态说明

编号	CHG	状态说明
C000	关机	S2 继电器断开；无唤醒输出；无 AC 供电；无 CAN 收发；不检测外部接口
C010	CC 唤醒	S2 继电器断开；无唤醒输出；无 AC 供电；有 CAN 收发；检测 CP 电压值
C020	需求判断	S2 继电器断开；有唤醒输出；无 AC 供电；有 CAN 收发；检测 CP 占空比
C030	AC 检测	S2 继电器闭合；有唤醒输出；无 AC 供电；有 CAN 收发；检测 CP 占空比
C040	充电待机	S2 继电器闭合；有唤醒输出；有 AC 供电；有 CAN 收发；检测 CP 占空比
C050	充电工作	C040
C060	充电恒压	C040
C080	休眠	S2 继电器闭合；无唤醒输出；有 AC 供电；有 CAN 收发；检测 CP 占空比

Step1：

（1）充电机

①充电机在插枪后被 CC 唤醒，由 C000（停机状态）进入 C010（CC 唤醒），开始检测 CC 电压值与 CP 电压峰值与占空比。

②充电机通过检测 CC 电压值判断充电连接是否正常（未连接、半连接及全连接）。

充电机从 C000 进入 C010。

（2）整车状态。充电枪可靠连接，整车未上电。

State 未启动。

（3）EVSE。供电线缆与桩端可靠连接，供电设备将 S1 由 12 V 切换至 PWM。

Step2：VCU 唤醒

（1）充电机

①充电机判断 CP 电压值和占空比正常后进入 C020。

②唤醒 VCU 和 RMS（12 V 高有效）；向 VCU 传递 CC 电压信号；通过 CAN 总线告知

VCU 充电连接状态。

③在 C020 等待 VCU 的充电需求指令。

充电机进入 C020。

（2）整车状态

①VCU 被唤醒，state 进入 10。

②State 进入 81，VCU 唤醒 BMS 及 ICM（组合仪表）等控制器。

③VCU 通过硬线点亮仪表充电指示灯。

State 进入 10，然后进入 81。

（3）EVSE。供电设备发送 PWM。

Step3：VCU 发送充电需求指令

（1）充电机。充电机在 C020 等待 VCU 的充电指令。

充电机停留在 C020。

（2）整车状态

①State 进入 82，VCU 根据电池工程部输入的相应电池策略，判定电池加热需求及充电需求，通过 CAN 总线向充电机发送充电需求指令（见表 5－5）。

表 5－5　电池充电需求参数表

电池类型	磷酸铁锂，25.5 kWh
电池充电需求参数	V_{max}≤3.6 V，允许充电
	V_{max}＞3.6V，不允许充电

②在 State 进入 82 等待充电机反馈“充电待机”状态。

State 进入 82。

（3）EVSE。供电设备发送 PWM。

Step4：充电机 AC 检测

（1）充电机

①充电机收到 VCU 充电需求指令后进入 C030（AC 检测）。

②闭合 S2 继电器，开始检测 AC 供电。

充电机进入 C030。

（2）整车状态。State 停留在 82，VCU 等待充电机反馈“充电待机”状态。

State 停留在 82。

（3）EVSE。供电设备在用户鉴权完毕后，检测 CP 电压下降到 6 V（S2 继电器闭合），闭合 K1、K 继电器，交流接通。

Step5：充电机进入“充电待机”

（1）充电机。充电机检测到 AC 供电正常后，进入充电待机状态。

充电机进入 C040

（2）整车状态。VCU 在 State82 收到充电机反馈的工作状态后，判断：

①需要预热，引导 State 从 82 到 130，进 Step6。（需要加热）State 从 82 进入 130。

②无需预热，引导 State 从 82 到 100/110，跳过加热，直接进 Step8。（不需要加热）State 从 82 进入 100/110。

（3）EVSE。供电设备持续检测 CC 与 CP，保持 AC 供电。

Step6：预热

（1）充电机。充电机在State130接收VCU指令，执行完对负载预充电后进入“电源模式”。

充电机进入C050。

（2）整车状态

①State进入130，VCU向充电机发送“电源模式”工作指令。

②VCU接收充电机反馈“电源模式”后引导State进入131。

③VCU在State131发送电池加热PTC使能、最大允许充电电压及电流指令，控制预热过程，并判断预热截止。

④BMS在state131控制PTC开启加热。

State先进130，然后稳定在131。

（3）EVSE。供电设备持续检测CC与CP，保持AC供电。

Step7：预热完成

（1）充电机。充电机在State133接收VCU指令进入“充电待机”。

充电机进入C040。

（2）整车状态

①VCU判断PTC加热需求=0，State从131进入133。

②VCU在State133向充电机发送“充电待机”工作指令，然后引导State进入100/110。

State从131进入100/110。

（3）EVSE。供电设备持续检测CC与CP，保持AC供电。

Step8：充电

（1）充电机

①充电机在State100/110接收VCU指令进入“充电模式”（见表5-6）。

②在充电模式下，充电机执行VCU充电电压和充电电流指令。

充电机进入C050/C060。

（2）整车状态

①State进100/110，VCU向充电机发送“充电模式”指令。

②VCU根据电池工程部输入的相应电池策略（电池充电矩阵表和最高允许充电电压）控制充电过程，包括最高允许电压及电流指令，充电截止判断，SOC修正指令。

③BMS执行动作：a. 向EVBUS上报当前电池状态；b. 冗余保护（在单体过压、充电电流异常、温升过快等极端情况下断开正极继电器）；c. 执行SOC修正。

State稳定在100/110。

（3）EVSE。供电设备持续检测CC与CP，保持AC供电。

表5-6　充电机“充电模式”说明

工作模式	条件	要求
恒流充电（C050）	充电机输出电压未达到允许充电电压	执行VCU最大充电电流指令
恒压充电（C060）	充电机输出电压达到允许充电电压	执行VCU最大充电电流指令

Step9：充电结束

（1）充电机。充电机在State115接收VCU指令进入“充电待机”。

充电机进入C040。

（2）整车状态

①VCU判断充电截止后，引导State由100/110进入126。

②VCU在State115向充电机发送“充电待机”指令。

State从100/110进入126。

（3）EVSE。供电设备持续检测CC与CP，保持AC供电。

注：State走到126后，VCU判断电池加热需求。

①若有加热需求，则引导State到130，进入Step10。

②若无加热需求，则引导State到129，直接进入Step11。

Step10：保温

（1）充电机。充电机在state130接收VCU指令，执行对负载预充电后进入“电源模式”，并反馈给VCU。充电机进入C050。

（2）整车状态

①VCU。判断电池加热PTC开启需求为1，State由126进入130。

在State130向充电机发送“电源模式”指令。

收到充电机“电源模式”反馈后引导State进入131。

在State131发送电池加热PTC使能、最高允许充电电压及电流指令，控制保温过程。

判断加热截止。

保温时间计时（不超过6 h）。

②BMS在State131控制PTC开启加热。

State从126进入130，然后稳定在131。

（3）EVSE。供电设备持续检测CC与CP，保持AC供电。

Step11：保温结束

（1）充电机。充电机在State133接收VCU指令进入“充电待机”。

充电机进入C040。

（2）整车状态。VCU判断电池保温完毕（判断加热截止或计时已到），引导State由131进入127。

State从131进入127。

（3）EVSE。供电设备持续检测CC与CP，保持AC供电。

Step12：整车下电

（1）保温结束后下电

①充电机。充电机在State127接收VCU指令进入“休眠/停机”。

充电机进入C080/C000。

②整车状态。VCU引导State由127进入129。

State从127进入129。

③EVSE。供电设备持续检测CC与CP。

①充电机进休眠：S2不断，供电设备保持闭合K1和K2。

②充电机进停机：S2断开，供电设备断开K1和K2。

（2）充电结束后直接下电

①充电机。充电机在 State126 接收 VCU 指令进入“休眠/停机”。

充电机进入 C080/C000。

②整车状态。VCU 引导 State 由 126 进入 129。

State 从 126 进入 129。

③EVSE。供电设备持续检测 CC 与 CP。

充电机进休眠：S2 不断，供电设备保持闭合 K1 和 K2。

充电机进停机：S2 断开，供电设备断开 K1 和 K2。

三、快充电桩

（一）组成及作用

快充电桩（直流充电桩）中主要由 AC－DC 电源模块、充电控制器、计费控制单元、高压绝缘检测板、显示屏、熔断器、接触器、浪涌保护器等设备组成，如图 5－14 所示。

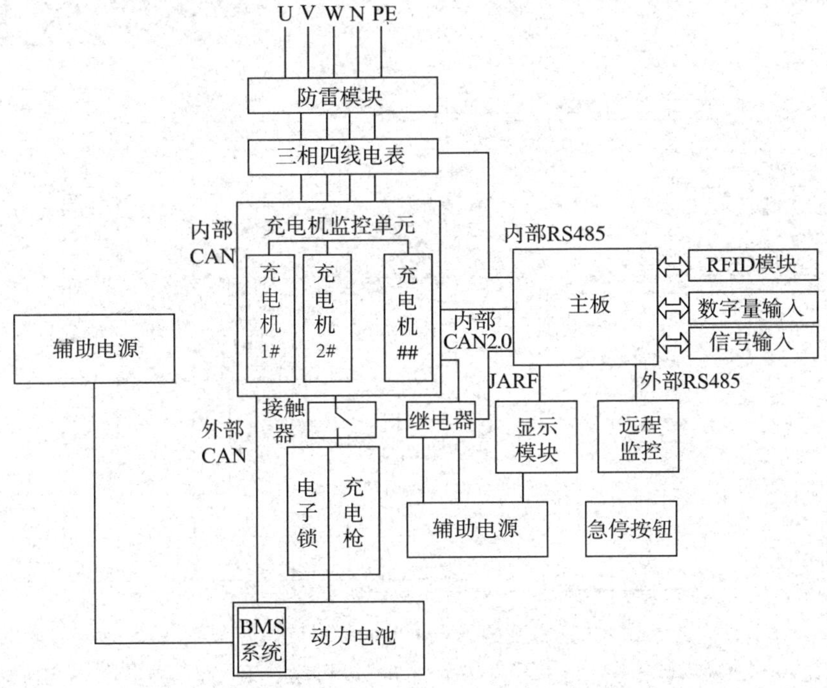

图 5－14　快充电气结构图

1. 绝缘监测

在充电机端和车辆端均设置 IMD（绝缘监测装置）电路，供电接口连接后到 K5、K6 合闸充电之前，由充电机负责充电机内部（含充电电缆）的绝缘检测。充电机端 IMD 回路通过开关从充电机直流回路断开，且 K5、K6 合闸之后的充电过程期间，由电动汽车负责整个系统的绝缘检测，绝缘检测的判断，取 $R=\min$（RDC＋，PE，RDC－，PE）；当 $R>500$ Ω/V 为安全；100 Ω/V $<R<$ 500 Ω/V 时报警，仍可充电；R＜100 Ω/V 时故障，停止充电。充电机进行 IMD 检测后，应及时对充电输出电压进行泄放，避免在充电阶段对电池负载产生电压冲击。充电结束后，充电机应及时对充电输出电压进行泄放，避免对操作人员造成电击伤害。泄放回路的参数选择应保证在充电连接器断开后 1 s 内将供电接口

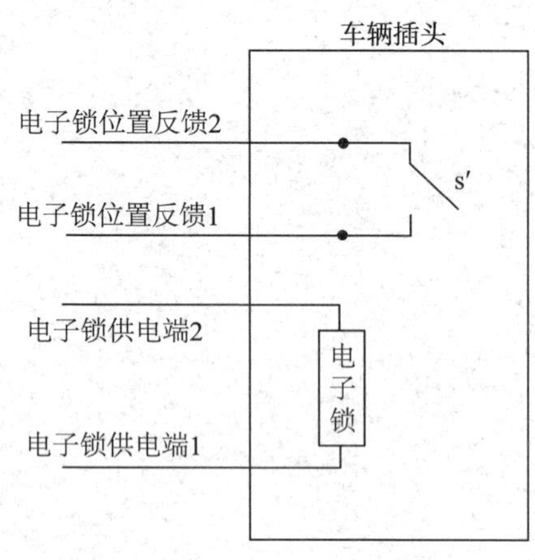

图 5－15　电子锁装置

电压降到 60 V DC 以下。

2. 供电回路接触器监测

直流充电存在供电回路接触器粘连的风险，因此要求供电设备对供电回路的 K1、K2 进行监测和警告；直流充电存在供电回路接触器粘连的风险，因此要求电动汽车对供电回路的 K5、K6 进行监测和警告。

3. 电子锁装置

直流充电时，车辆插头应安装机械锁，供电设备应能判断机械锁是否可靠锁止。车辆插头应安装电子锁（见图 5－15），电子锁处于锁止位置时，机械锁应无法操作，机械锁与电子锁联动，供电设备应能判断电子锁是否可靠锁止。

（二）充电过程

直流充电可控制导引电路原理如图 5－16 所示。

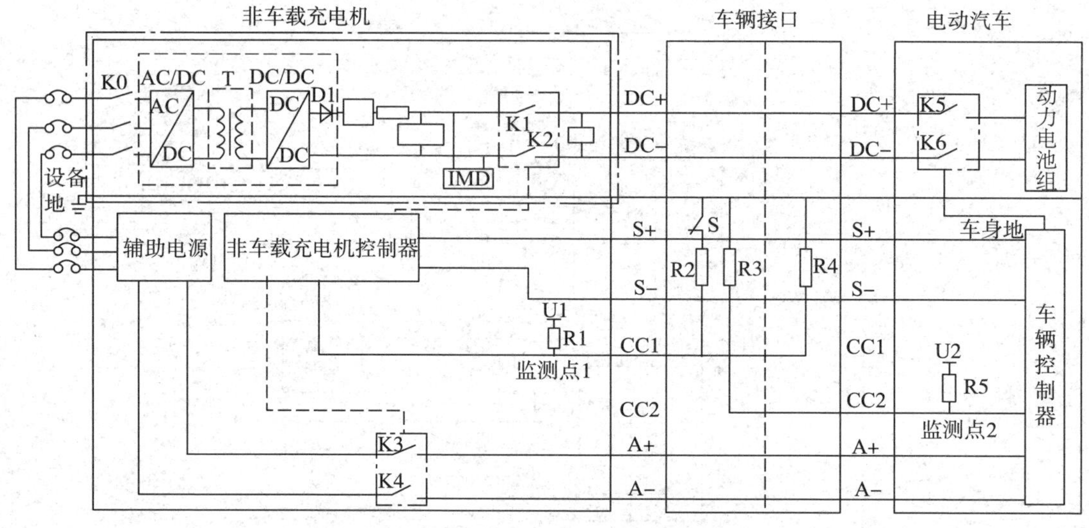

图 5－16　直流充电可控制导引电路原理图

非车载充电机控制装置检测到车辆端电池电压正常，确认接触器外端电压与通信报文电池电压误差范围 < ±5%，且大于充电机最低输出电压、小于充电机最高输出电压然后闭合 K1 和 K2，使直流供电回路导通。

在充电阶段，车辆控制装置向非车载充电机控制装置实时发送电池充电需求参数，调整充电电流下降时：$\Delta I \leqslant 20$ A，最长在 1 s 内将充电电流调整到与命令值相一致；$\Delta I > 20$ A，最长在 $\Delta I/dl_{\min}$ s（$dl_{\min}$ 为最小充电速率，20 A/s）内将充电电流调整到与命令值相一致。

在充电过程中，车端应能检测 PE 针断线。如果 PE 断线，则桩端绝缘检测失效，地线损坏导致车辆浮空，可能对通信产生干扰。

直流充电连接控制时序如图 5－17 所示。

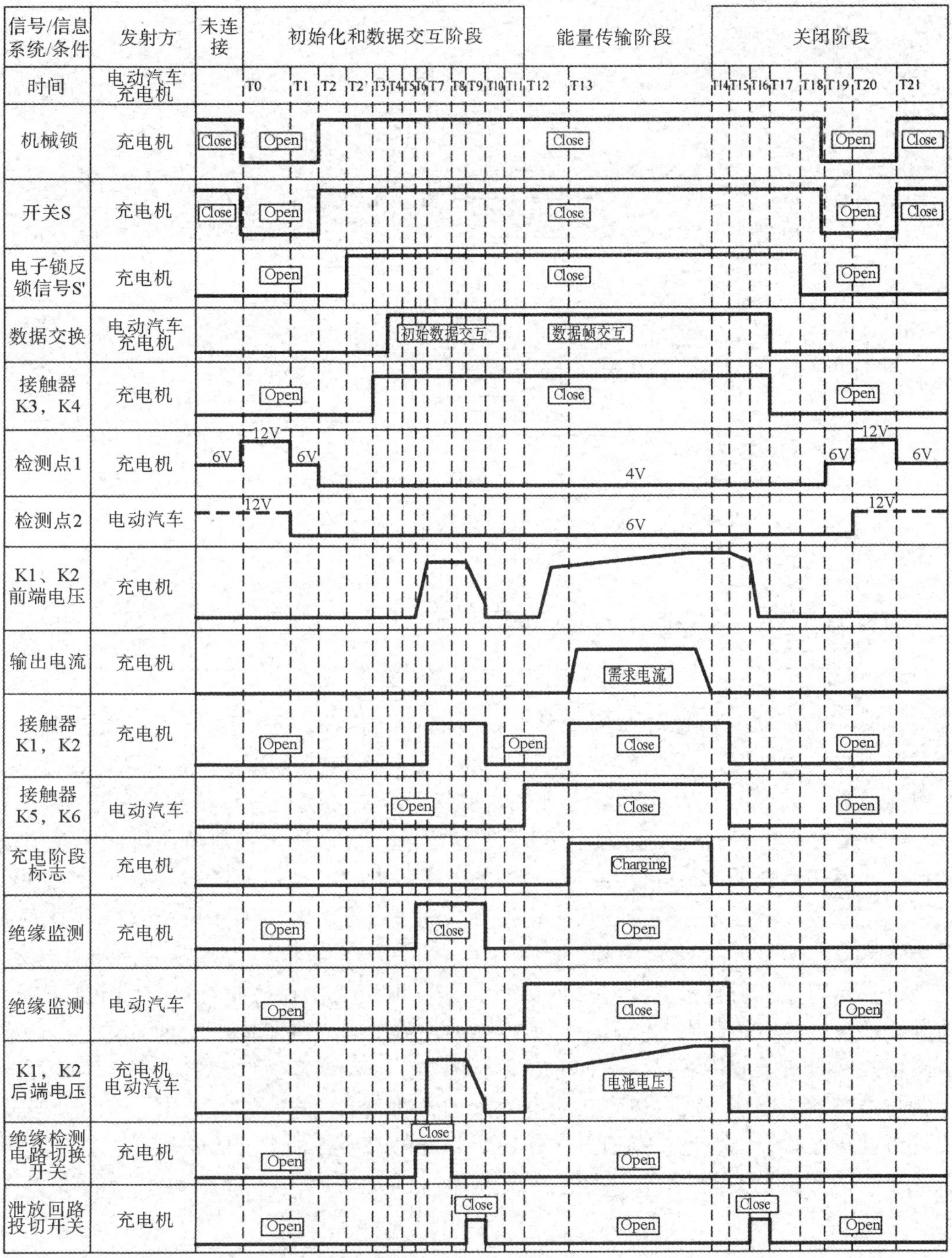

信号/信息系统/条件	发射方	未连接	初始化和数据交互阶段	能量传输阶段	关闭阶段
时间	电动汽车充电机		T0 T1 T2 T2' T3 T4 T5 T6 T7 T8 T9 T10 T11	T12 T13	T14 T15 T16 T17 T18 T19 T20 T21
机械锁	充电机	Close	Open	Close	Open Close
开关S	充电机	Close	Open	Close	Open Close
电子锁反锁信号S'	充电机		Open	Close	Open
数据交换	电动汽车充电机		初始数据交互	数据帧交互	
接触器K3，K4	充电机		Open	Close	Open
检测点1	充电机	6V	12V 6V	4V	6V 12V 6V
检测点2	电动汽车		12V	6V	12V
K1、K2前端电压	充电机				
输出电流	充电机			需求电流	
接触器K1，K2	充电机		Open Open	Close	Open
接触器K5，K6	电动汽车		Open	Close	Open
充电阶段标志	充电机			Charging	
绝缘监测	充电机		Open Close	Open	
绝缘监测	电动汽车		Open	Close	Open
K1，K2后端电压	充电机电动汽车			电池电压	
绝缘检测电路切换开关	充电机		Open Close	Open	
泄放回路投切开关	充电机		Open Close	Open	Close Open

注：1. 无预约时，T0～T7 小于 100 min，T5～T6 小于 30 s；有预约时，T0～T7 无时间限制。

2. T4～T5 为初始数据交互，完成通讯版本、最高允许充电总电压等数据交互。

3. K3、K4 应于充电机发完 CSD 报文和收到 BMS 的 BSD 报文之后才可断开。

4. 结束充电后，泄放回路应于 K1、K2 和 K5、K6 断开后投入，并在残余电压小于 60 V 时退出；且 CC1 电压由 12 V 变为 6 V 之后，泄放回路应保持断开状态。

图 5－17　直流充电连接控制时序图

（三）快充电流程

快充电流程如图 5－18 所示。

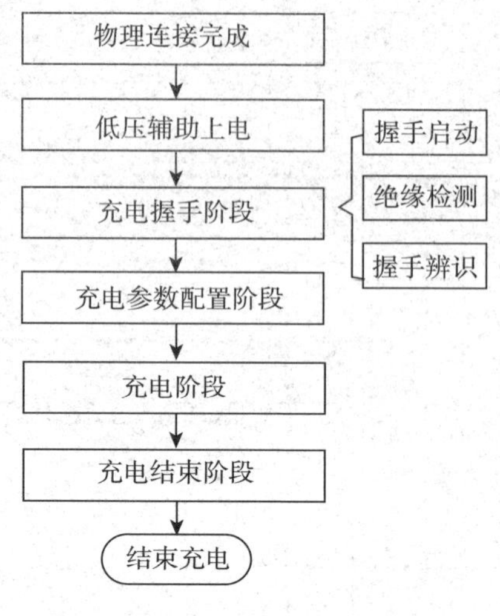

图 5－18　快充电流程

任务三　无线充电技术

尼古拉·特斯拉在 1891 年发明“特斯拉线圈”，利用这些线圈进行一系列实验，开创了无线电力传输的先河。特斯拉曾经说过，无线充电将是能让电力事业繁荣的最终出路。1901 年尼古拉·特斯拉获得金融家约翰·皮尔蓬·摩根的资助，在纽约长岛建 187ft（约 57m）高的无线充电塔——沃登克里弗塔。在这之前，尼古拉·特斯拉在科罗拉多州进行实地试验，成功点亮了 25 mile（40 km）外的 200 盏电灯。虽然特斯拉线圈在当时并没有得到推行，但后人从理论上完全证实了这种方案的可行性，经过多年研究，科学家们认为进行无线电力传输是可能的。无线电力传输是一种区别于有线电力传输的特殊供电方式，其原理也很简单，发射端将电能转换成电磁波并发射出去，在接收端接收到电磁波之后，再将其转换成电能对负载供电。目前，无线电力传输共有三种不同的实现方式：电磁感应式、磁场共振式及微波传输式，三种方式各有优劣。电动汽车无线充电装置不需要用电缆将车辆与供电系统连接，便可以直接对电动汽车的动力电池进行快速充电。无线快速充电装置可布置在停车场、住宅、路边等多种场所，就可以为各种类型的电动（包括外充电式混合动力）汽车提供充电服务，使电动汽车随时随地进行充电，从而使续航里程大大提高。

一、电磁感应式

电磁感应对电气工程师来说再熟悉不过了，变压器就是利用这个原理来传递能量的（见图 5－19）。如果把变压器的两个绕组分开，就是某种意义上的无线供电。但是用电磁耦合的方式传输电能有很大的缺点，没有高磁导率的磁芯作为介质，磁力线会严重发散到空气中，导致传输效率下降，特别是在两个线圈远离的时候，下降得非常厉害，所以不适合大功率、远距离的电能传输。电磁感应充电方式没有直接电接触，而采用由分离的高频

变压器通过感应耦合无接触式地传输能量。采用感应耦合充电方式可以解决接触式充电方式的诸多缺陷。

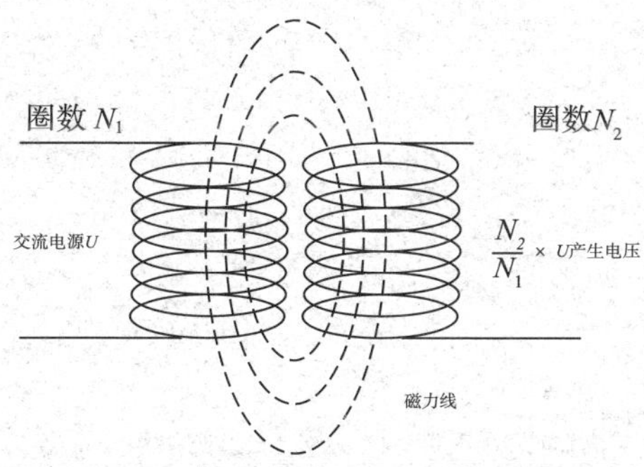

图5－19　电磁感应充电方式原理

通过发射线圈和接收线圈之间的电磁感应传输电力是最接近实用化的一种无线充电方式。当送电线圈中有交变电流通过时，发射（一次侧）、接收（二次侧）两线圈之间产生交替变化的磁束，由此在二次侧线圈产生随磁束变化的感应电动势，通过接收线圈端子对外输出交变电流，从而将能量从传输端转移到接收端。目前，最为常见的无线充电解决方案就采用了电磁感应技术。

感应式无线电能传输技术是目前比较成熟的技术，很多手机无线充电，甚至常见的电磁炉就是利用这种原理。数码设备空间小，接收线圈也小，加上充电设备功率小，通常充电的距离近（甚至需要与充电座接触），相对电磁辐射也小。

电动汽车感应耦合充电系统简化功率流程如图5－20所示。电网输入的交流电经过整流后，通过高频逆变环节，经电缆传输通过感应耦合器后，传送到电动汽车输入端，再经过整流滤波环节，给电动汽车动力电池充电。

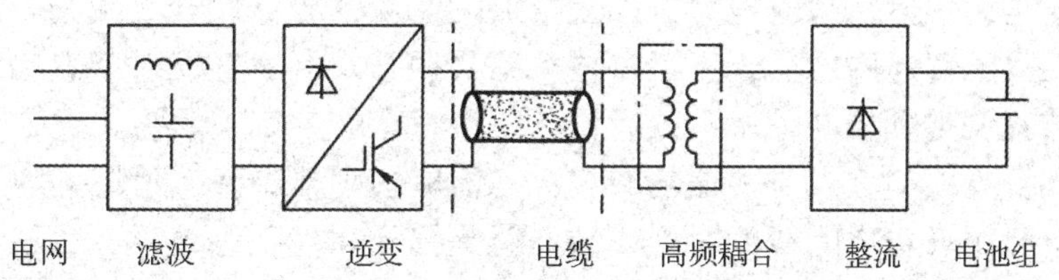

图5－20　电动汽车感应耦合充电系统简化功率流程图

电动汽车感应耦合充电系统使用时要求两个设备之间的距离必须很近，而且充电只能在一对线圈（供电线圈和受电线圈）对准后再进行。电磁感应式无线充电的能量转换率高，传输功率范围较大，能从几瓦到几千瓦。

感应耦合充电方式还可进一步设计成无须人员介入的全自动充电方式，即感应须很近，供电距离控制在0～10 cm。耦合器的磁耦合装置原副边之间分开更大距离，充电电源安装在某一固定地点，一旦汽车停靠在这一固定区域位置上，就可以无接触式地接收充电源的能量，实现感应充电，从而无须电动汽车用户或充电站工作人员的介入，实现了全自动充电。

在感应充电中，一块充电板埋设于位置适当的路面之下，如家庭车库的车道。充电板由产生磁场的线圈组成，车辆停在充电板上方的路面上，不用与车辆发生物理接触，电能可通过磁场由充电板传输至车辆的感应传感器（Inductive Pick－up）上，形成交流电。车载电压变频器（Voltage Converter）的整流电路将交流电转化为直流电，并存储于汽车动力电池组中。

目前，已实用化的无线充电系统主要采用电磁感应方式。但是，电磁感应式无线充电系统存在以下问题。

(1) 送电距离比较短（100 mm 左右），如果送电与接收两个线圈的横向偏差较大，传输效率就会明显下降，只能实现传输距离为 100 mm 左右，因此，这是需要进一步研发的问题，同时还需要考虑散热问题，如线圈的发热。

(2) 功率大小与线圈尺寸直接相关，需要大功率传送电力时，须在基础设施建设和电力设备方面加大投入。

(3) 耦合的辐射，电磁波的耦合会不会存在大的磁场泄漏。电磁感应在线圈之间传输电力，如同磁铁一样，会有一定的泄漏，人如何避免受泄漏磁场的影响也是需要进一步研发并提出解决方案的。

(4) 线圈之间有可能有杂物进入，还有某些动物（猫狗）进入，一旦产生电涡流，就如同电磁炉一样，安全性问题非常明显，即在有异物进入时，会出现局部发热。

因电磁感应式无线充电系统存在以上问题，所以磁共振式无线充电系统的开发更为活跃。磁共振式无线充电系统，可以解决电磁感应式系统中的局部发热及电磁波和高频防护等问题。

二、磁共振方式

电磁共振这个名词有点陌生，其原理类似声波共振的原理，两种介质具有相同的共振频率，就可以用来传递能量，并称之为非辐射性电磁共振。这并不是说该项技术没有辐射，但和普通概念中的电磁辐射有很大不同。

磁共振方式是利用电磁感应现象，加上共振的原理，能够提升无线充电的效率，磁共振方式的传输距离比普通磁感应式更远一些。磁共振方式由能量发射装置和能量接收装置组成，当两个装置调整到相同频率，或者说在一个特定的频率上共振，它们就可以交换彼此的能量。磁共振方式的优点是传输功率较大，能够达到几千瓦，可以同时对多个设备进行充电，不要求两个设备之间线圈对应；缺点就是损耗高，距离越远，传输功率越大，损耗也就越大，必须对使用的频段进行保护。

磁共振方式的基本原理与电磁感应相同，也是当线圈有电流流过时，产生磁束，感应线圈就会有电流流过，特殊的地方在于采用线圈和电容器构成 LC 共振电路，并且利用控制电路形成相同的共振频率，如图 5－21 所示。在共振时，能够将两个线圈之间的电阻降至最小，使损耗减小，实现在数米的距离内传输电力。从目前来看，磁共振方式在 60 cm 的传输距离内能够确保 90% 的效率，这个距离符合电动汽车底盘的高度。

磁共振充电方式与感应耦合充电方式的不同之处在于，磁共振充电方式加装了一个高频驱动电源，采用兼备线圈和电容器的 LC 共振电路，而并非由简单线圈构成发射和接收两个单元。磁共振充电方式的共振频率数值会随发射与接收单元之间距离的变化而改变，当传送距离发生改变时，传输效率也会像电磁感应一样迅速降低。为此，可通过控制电路调整共振频率，使两个单元的电路发生共振。

改变发射与接收的频率，可将电力传送距离增大至数米，同时将两单元电路的电阻降至最小以提高传送效率。当然，传输效率还与发射、接收电单元的直径相关，传送面积越

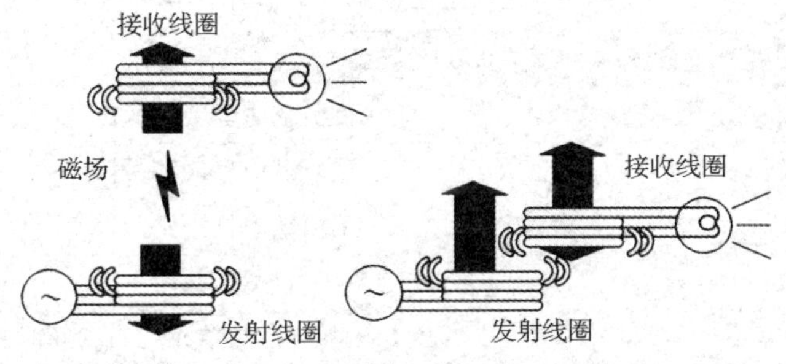

图 5－21　磁共振方式的基本工作原理

大，传输效率越高。

磁共振技术与传统的磁感应充电技术相比，磁共振充电技术传输电能距离远，且充电时无需准确定位待充电装置的位置，还可以同时对多个充电设备进行充电，因此要优于磁感应充电技术。另外，磁共振充电技术可以使移动充电设备无需接触电源，只需在电源附近的一定范围内便可进行无线充电。而传统的磁感应充电技术，一个充电线圈只能为一个充电设备充电，而且充电时移动充电设备必须放置在电源顶部，以便接收电荷。

三、微波方式

微波传输是无接触电力传输的另一种方式，只不过受到发送功率等方面的限制，并未大规模实用化。微波传输的最大好处就是传输距离远，甚至可以实现航天器与地面之间的能量传输，同时还可以实现定向传输（发射天线有方向性），未来前景值得期待。

基于微波方式的无线供电系统工作原理：首先由设置在地面上的波导缝隙天线发射微波能量，然后通过安装在汽车底部的整流天线受电和整流，最后将电力存储在蓄电池中。整流天线由贴片天线和整流电路构成。目前，微波方式处于研发阶段，发送装置与微波炉使用的“磁控管”基本相同。传送的微波也是交流电波，可用天线在不同方向接收，用整流电路转换成直流电为汽车蓄电池充电，并且可以实现一点对多点的远距离传送。

微波方式存在辐射问题，这个功率源比微波炉大，因此需要充分考虑屏蔽设计，以防止充电时微波从发射和接收两部分之间外漏。在设计时必须将微波泄漏限定在法定值以下，使车辆配备的电子设备及附近行人等得以免受影响。目前，微波方式存在的主要问题是，磁控管产生微波时的效率过低，造成许多电能变为热能被白白消耗。

任务四　充电系统故障诊断与排除

一、充电系统故障

充电系统的故障诊断与排除

当充电系统出现故障时，可以使用诊断仪读取相应的故障码（见表 5－7），从而协助故障定位。

表 5-7　充电系统故障码列表

序号	故障码	故障名称
1	P0AA572	负极继电器断路故障
2	P0AE372	预充继电器断路故障
3	P0AA272	正极继电器断路故障
4	P103 B01	自适应故障
5	P103364	BCU（电池控制单元）自检超时
6	P103464	MCU 高压自检超时
7	U300316	蓄电池电压低
8	P11D213	预充电阻断路
9	P0A9513	MSD（手动维护开关）/主熔断器断路
10	P122001	预充电失败故障
11	P118822	电池单体过压
12	P119022	总电压过压
13	P118111	电池外部短路
14	P118312	电池内部短路
15	P0A7E22	电池温度过高
16	P0AA61A	绝缘电阻低
17	U119982	电池内部通信故障
18	P12F929	子板单体电压采集电路故障
19	P12FA29	子板温度采集电路故障
20	P11D429	外部总电压检测电路故障
21	P11D729	绝缘检测电路故障
22	P14804B	一级过温故障
23	P14801C	温度检测回路故障
24	P148116	输入欠电压故障
25	P148117	输入过电压故障
26	P148216	输出欠电压故障
27	P148119	输入过电流故障
28	P148219	输出过电流故障
29	P148214	输出短路故障
30	U011187	BMS 通信异常故障
31	U010087	VCU 通信异常故障
32	P148701	OBC（车载充电机）自检异常故障

二、充电系统维修实例

（一）E150EV 充电时充电桩跳闸

1. 故障现象。车辆在使用充电桩充电时，出现充电桩跳闸，充电机无法充电。

2. 诊断思路。可能原因为充电机内部短路。

3. 故障诊断与排除。检查了充电桩交流 220 V 电压、充电桩 CP 线与充电机连接正常，再检查充电线束、高压线束、充电机、动力电池的绝缘均正常，更换充电机故障排除。

4. 故障分析。因为此车的故障现象是充电桩跳闸，说明唤醒信号和互锁电路正常；基本可以断定是充电机内部短路故障。

（二）M30RB 充电机指示灯不亮

1. 故障现象。车辆在使用充电桩充电时，充电机指示灯不亮，车辆无法充电。

2. 诊断思路。可能原因为充电机内部故障、充电唤醒信号中断或互锁电路故障。

3. 故障诊断与排除。检查 FU 低压保险盒内的电池充电保险和充电机低压电源，将万用表旋到直流电压挡测量充电机低压电源正常，再检查充电系统连接插件无退针、锈蚀现象，更换充电机故障排除。

4. 故障分析。此故障经检查充电机低压供电正常，而充电工作指示灯都不亮，基本确定为充电机内部故障。

（三）快充桩显示车辆未连接

1. 故障现象。快充桩显示车辆未连接。

2. 诊断思路。可能原因为检查快充口 CC1 端与 PE 端是否有 1000 Ω 电阻；检查快充口导电层是否脱落；充电枪 CC2 与 PE 是否导通。

（四）慢充电桩显示车辆未连接

1. 故障现象。慢充电桩显示车辆未连接。

2. 诊断思路。检查车辆与充电桩两端枪是否反接；检查充电枪车端 CC 与 PE 是否有 680 Ω 或 220 Ω 电阻；检查充电枪桩端 CC 与 PE 是否导通；检查 VCU 对应针脚与 CC 是否导通。

任务五　任务实训

一、任务实施

1. 实施准备

（1）物品准备。数字万用表；VCI 电动车专用诊断仪；培训用车（EV160 或 EV200 纯电动车）。

（2）注意事项。请务必按照老师的指导，合理使用绝缘安全护具，并严格按老师示范动作操作，做到安全、正确，并防止造成实操总成及车辆的损坏。操作时间为 90 min。

2. 实施内容

（1）实操前需安置两侧遮栏并增添 1 ~ 2 名培训学员作为安全监护人。

（2）将所有充电口用黄黑色胶带封住。

（3）用 VCI 电动车专用诊断仪对系统进行故障诊断，读取并记录故障代码。

（4）关闭点火开关，拆掉 12 V 蓄电池负极，等待 5 min 以上。

（5）检测慢充电桩（或～220 V　16 A 插座）是否正常。

①拔下车载充电机端交流 220 V 输入插头，将慢充电线缆插头依次连接慢充电桩及电动车慢充插口，控制器高低压电缆插头。

②用万用表 AC 电压 1000（或 700 V）挡，测量车载充电机输入插头（见图 5－22）1、2 两端电压________V；

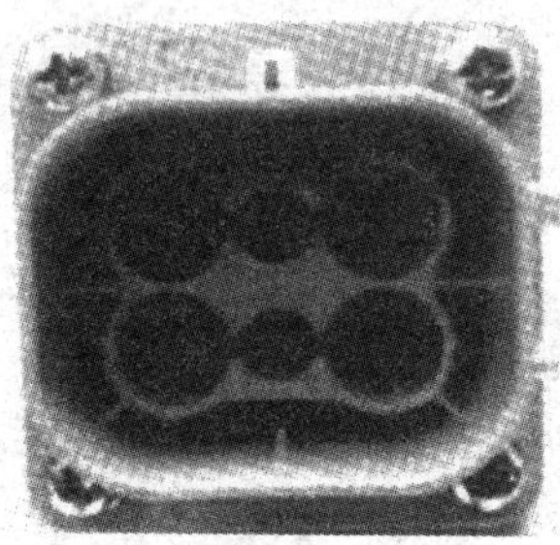

交流输入端
1脚:L(交流电源)
2脚:N(交流电源)
3脚:PE(车身地)
4脚:空
5脚:CC(充电连接确认)
6脚: CP (控制确认线)

图 5－22　车载充电机输入插头

注：L 代表相线，N 代表零线。一般情况相线带有 220 V 交流电压，谨防触电。

（6）检测慢充电桩（或～220 V 16 A 插座）PE 端接地是否正常（PE 端不接地或接地不良，车载充电机不工作），测量：

①正确连接车载充电线（充电桩与车辆慢充电口连接）后，PE 端不接地时，PE 端对 N 端电压为________V（不能正常充电）。

②正确连接车载充电线（充电桩与车辆慢充口连接）后，PE 接地良好接地时，PE 端对 N 端电压为________V（能正常充电）。

（7）充电线规格测量（电阻测量）：万用表电阻 2 kΩ 挡测量慢充充电线插头 CP 与 CC 端阻值。

①标注 16 A 充电线插头 PE－CC 端阻值为________Ω。

②标注 32 A 充电线插头 PE－CC 端阻值为________Ω。

（8）测量车载充电机－慢充电唤醒电压（A15 端）（见图 5－23）。

①正确连接车载充电线（充电桩与车辆慢充电口连接）后，进行 A15 端电压的测量，电压为________V。

②正确连接车载充电线（充电桩与车辆慢充电口连接）后 A15 端电压的功能是________。

二、任务检验

1. 自检

参与实训练习的学员自我完成质量检验。

2. 互检

由完成相同实操练习项目的学员相互进行质量检验。

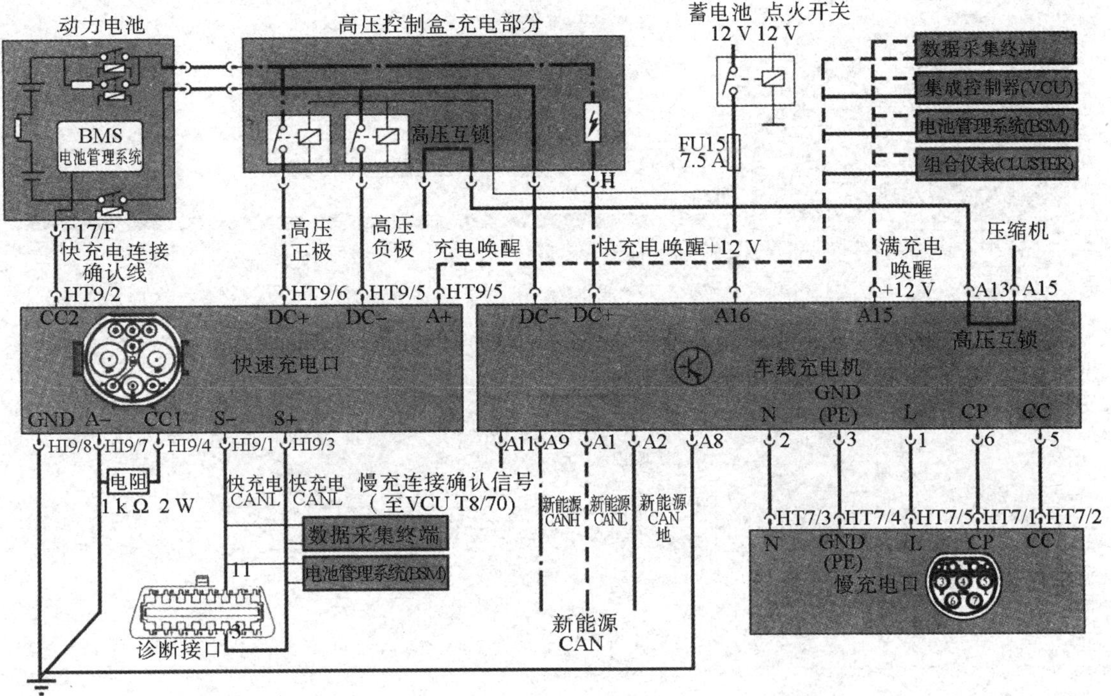

图 5－23　车载充电机系统原理图

3. 终检

由专职质量管理人员（教师）进行专业检查。

三、教学评估

由教师依据教学目标对教学过程及结果进行价值判断。

思考与练习

1. 电动汽车充电方式有哪些？
2. 如何快速更换动力电池组？
3. 无线充电技术有哪几种方式？
4. 如何诊断充电系统故障？

项目六　高　压　系　统

学习目标

☆了解高压控制盒的结构
☆了解车辆电网回路
☆掌握车辆电网回路
☆掌握高压系统故障排查与检修

任务一　控制盒与变换器

一、高压控制盒

电动汽车高压控制盒是指用于在电动汽车高压电力系统（见图6－1）的输电、配电、电能转换和消耗中起通断、控制或保护等作用，耐压等级在2000 V以上的电气单元，它位于电动汽车动力电池组与所有高压电负载之间。

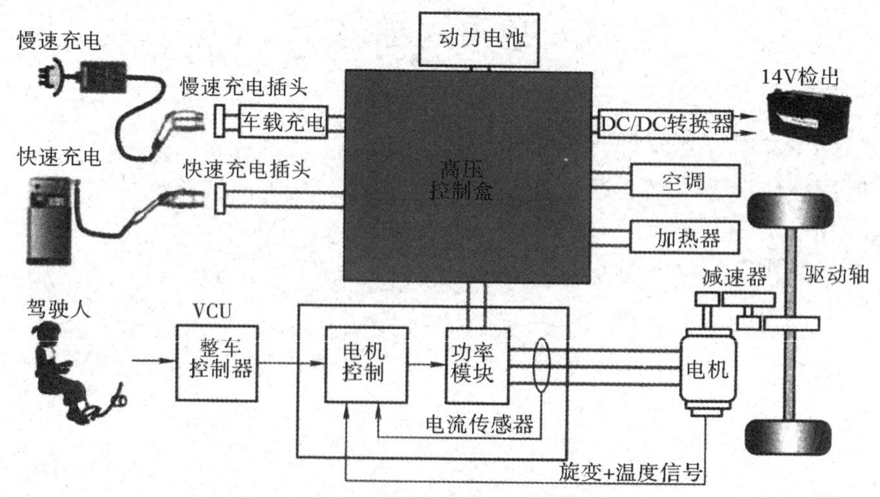

图6－1　电动汽车高压电力系统

高压控制盒主要包括高压熔断器、高压母线、高压线排、电流电压传感器、高压接触

器（继电器）、高压插接头等部件，如图6－2～图6－4所示。

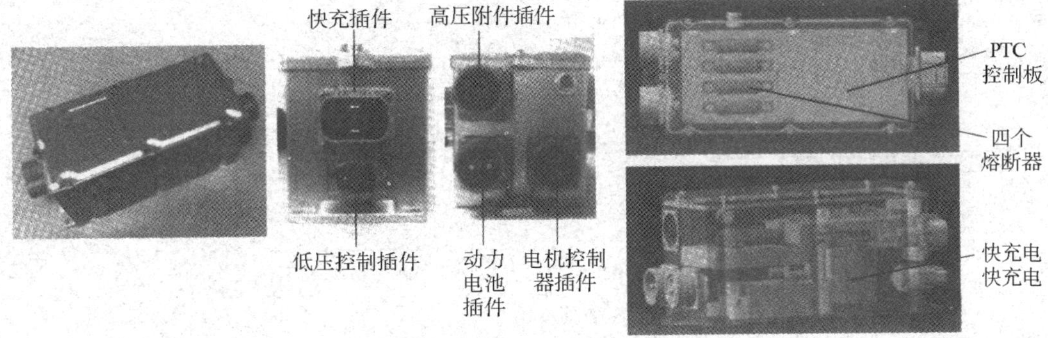

图6－2　高压控制盒结构（一）

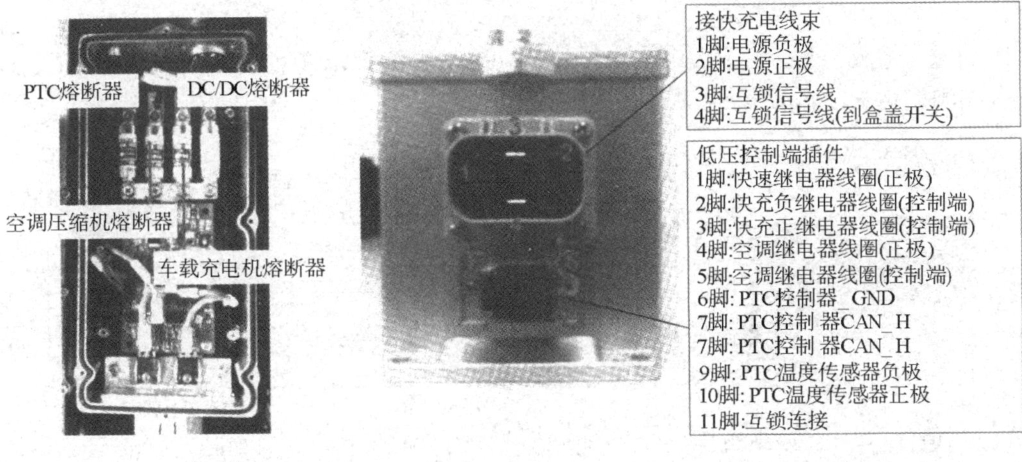

图6－3　高压控制盒结构（二）

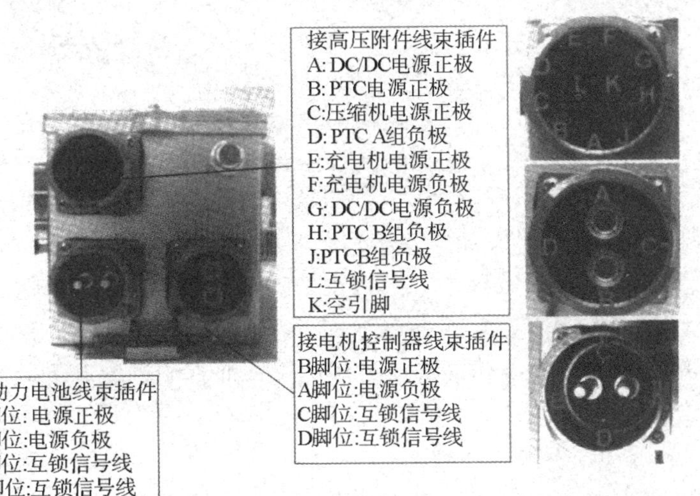

图6－4　高压控制盒结构（三）

高压动力电源输出电流直接进入高压控制盒后，根据系统的需要分配到其他系统高压用电器，整个过程中对保证整个高压系统及其各个电器设备的安全性、系统绝缘、电磁干扰及屏蔽、密封及耐振动等具有很高的要求。高压控制盒主要功能见表 6 - 1。

表 6 - 1　高压控制盒主要功能

序号	功能
1	将高压电池的电流进行分配
2	高压用电器以及高压线束短路或过流时起到保护作用
3	充电保护措施，在动力电池充电时，能自动断开驱动系统。实现充电与驱动功能之间的互锁
4	动力电池电流监测
5	正负极接触器状态监测（接触器自身功能）
6	高压系统预充电功能（非必须功能）
7	高压环路互锁功能

二、DC/DC 变换器

DC/DC（直流 - 直流）变换器的作用有些类似于传统汽车上的发电机（见图 6 - 5），而动力电源则取代了发动机的功能。

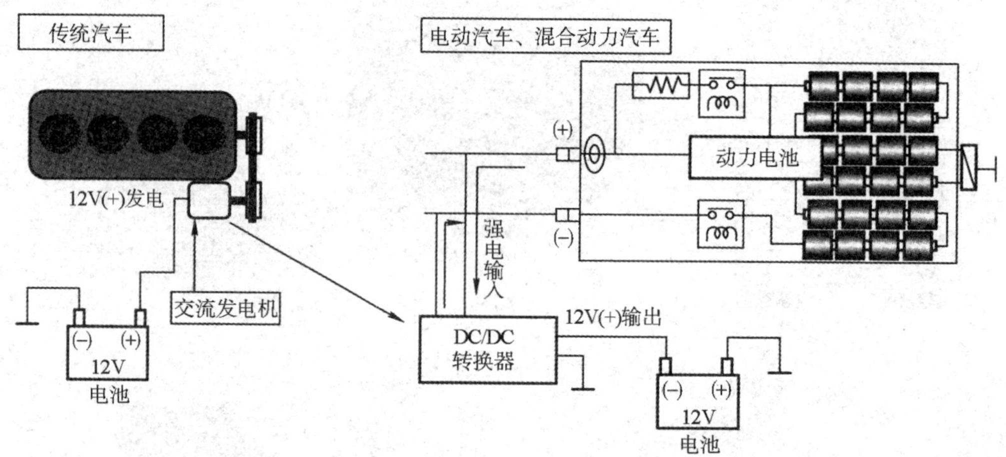

图 6 - 5　DC/DC 变换器在电动汽车电气系统中的位置

在电动汽车起动后，高压系统上电前，需要低压供电的包括各控制器及各高压继电器等低压系统，该过程低压蓄电池需提供的电流一般为 10 ~ 20 A，起动过程中，DC/DC 变换器（见图 6 - 6）也会同时起动，并给整车低压系统和低压蓄电池输出电流。

对于电动汽车整车行驶过程中，一般由 DC/DC 变换器给整车低压系统供电，同时给低压蓄电池充电，基本不需要低压蓄电池向外输出电流；低压 12 V 电气系统的供电与低压蓄电池的充电是通过 300 多伏的高压直流电转化而来的，因此把这个转化装置叫作 DC/DC 变换器，在新能源汽车上主要使用的是降压 DC/DC 变换器。

DC/DC 变换器各针脚布置如图 6 - 7 所示，其中图示 1 处为高压输入端，A 脚为电源负极、B 脚为电源正极、中间为高压互锁端；图示 2 处为低压控制端接端子，A 脚为控制电路电源正兼使能（直流 12 V 起动，0 ~ 1 V 关机）、B 脚为电源状态信号输出（故障线，故障：12 V 高电平，正常：低电平）、C 脚为控制电路电源。

图 6-6　DC/DC 变换器

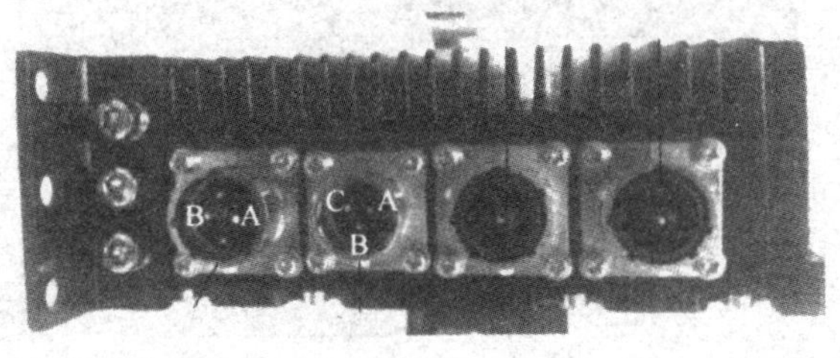

图 6-7　DC/DC 变换器

任务二　高压配线

一、高压线缆

电动汽车高压线束介绍

高压元器件之间通过线缆传递电能，而这些线缆对操作者也必然存在高压威胁，国际通用的标准是将这些高压线缆用颜色鲜明的橙色外皮或者护套保护起来，不仅能起到良好的绝缘作用还有必要的警示效果，如图 6-8 所示。

图 6-8　高压线缆布置

电动汽车上的高压线缆，由几段组成，例如北汽新能源汽车采用 PDU，整车共分为七段高压线束，如图 6-9 所示，包括连接动力电池到 PDU 之间的线缆、连接快充电口到 PDU 之间的线束、连接慢充电口到 PDU 之间的线束、连接 PDU 到空调压缩机之间的线束、连接 PDU 到空调 PTC 之间的线束、连接 PDU 到电机控制器间的线束、连接电机控制器与电机的线缆。

二、车辆电网回路

电动汽车高压电系统回路的短路、漏电等故障都对电动汽车的高压用电安全构成了潜在的威胁。电动汽车驱动能量的唯一来源是动力电池，因此在纯电动汽车的高压电配置中

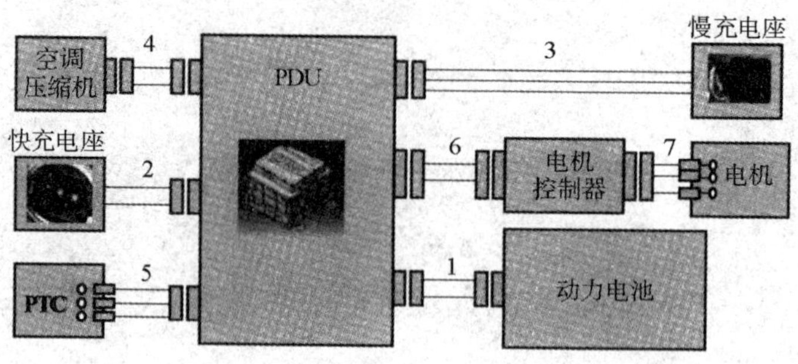

图 6－9　外部高压线束及总成连接原理框图

只有动力电池组一个高压母线电路、高压电安全管理系统对高压电路的用电及安全进行直接的管理和控制。纯电动汽车高压电系统主要包括动力电池、电机控制器和电机等几个主要部分。由于高压电系统电压高达几百伏，任何一部分故障都会为电动汽车带来潜在的危险。为了充分保证电动汽车高压电系统的用电安全，需要在分析高压电系统故障的基础上制定安全管理策略。

供电系统是由电源系统和输配电系统组成的产生电能并供应和输送给用电设备的系统。电力供电系统大致可分为 TN、TT、IT 三种。电网的结构就决定了从供电器（比如高压动力电池）到用电器（比如电机）的电能传输路径。国际上对于不同电网系统使用国际统一符号，其至少是由两位字母组成，具体见表 6－2。

表 6－2　国际不同电网系统比较

第一个字母：电源端与地的关系	第二个字母：电气（用电）装置的外露可导电部分与地的关系
T：电源端有一点直接接地	T：电气（用电）装置的外露可导电部分直接接地，此接地点在电气上独立于电源端的接地点
I：电源端所有带电部分不接地或有一点通过阻抗接地	N：电气（用电）装置的外露可导电部分与电源端接地点有直接电气连接
	S：中性导体和保护导体是分开的
	C：中性导体和保护导体是合一的
中性导体（N）：引自电源中性点的导体	
保护导体（PE）：以防触电为目的，用来与设备或线路的金属外壳、接地母线、接地端子、接地极、接地金属部件等作电气连接的导线或导体	
保护中性导体（PEN）：当中性导体 N 与保护导体 PE 共为一体，同时具有中性导体和保护导体两种功能的导体	

（一）TN 系统

在 TN 系统中，所有电气设备的外露可导电部分均接到保护线上，并与电源的接地点相连，这个接地点通常是配电系统的中性点。TN 系统，称作保护接零。当故障使电气设备金属外壳带电时，形成相线和地线短路，回路电阻小，电流大，能使熔丝迅速熔断或保护装置动作切断电源。TN 系统又分为 TN－C（见图 6－10）、TN－S（见图 6－11）、TN－C－S（见图 6－12）三种表现形式。

TN 系统的电力系统有一点直接接地，电气装置的外露可导电部分通过保护导体与该

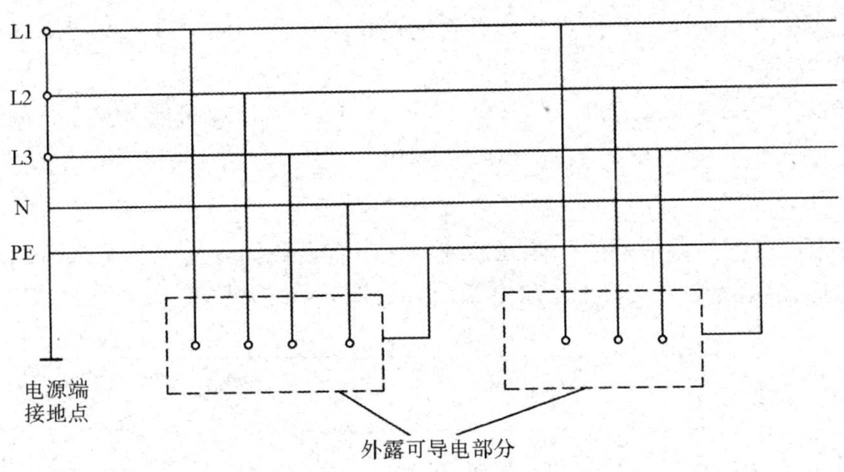

图 6-10　TN-C 系统

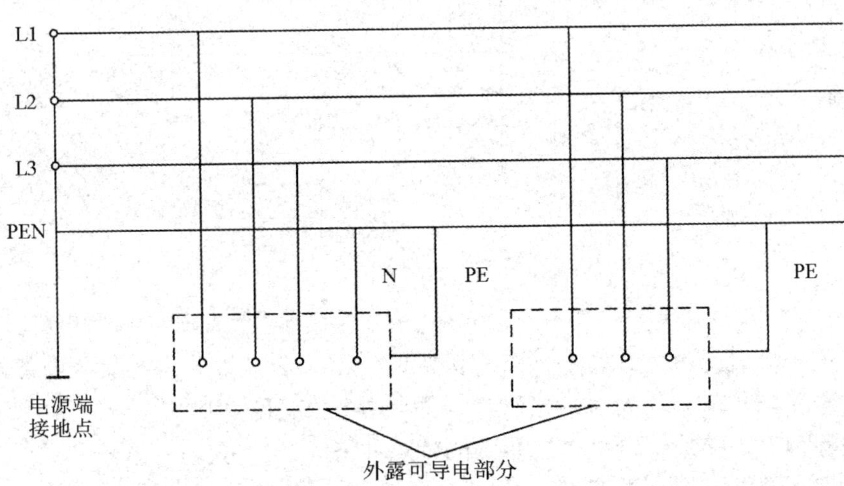

图 6-11　TN-S 系统

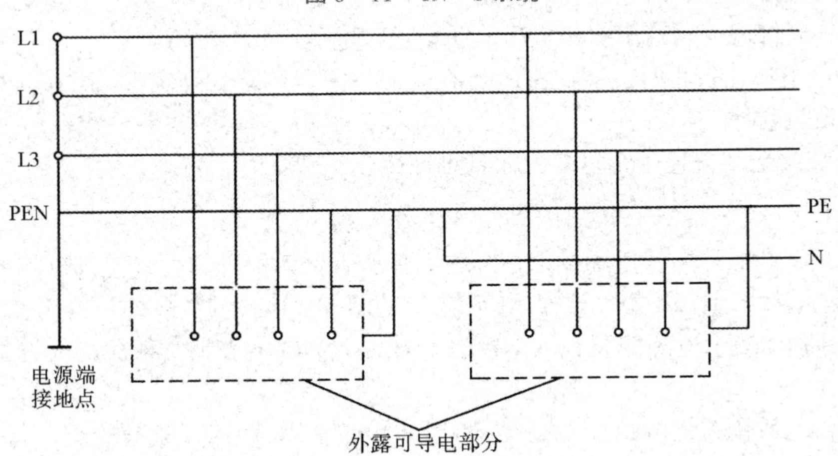

图 6-12　TN-C-S 系统

点连接。TN 系统通常是一个中性点接地的三相电网系统。其特点是电气设备的外露可导电部分直接与系统接地点相连，当发生碰壳短路时，短路电流即经金属导线构成闭合回路，形成金属性单相短路，从而产生足够大的短路电流，使保护装置能可靠动作，将故障切除。

如果将工作零线 N 重复接地，碰壳短路时，一部分电流就可能分流于重复接地点，会使保护装置不能可靠动作或拒动，使故障扩大化。

（二）TT 系统

在电源中性点直接接地的三相四线系统中，所有设备的外露可导电部分均经各自的保护线 PE 分别直接接地，称之为 TT 供电系统（见图 6－13）。

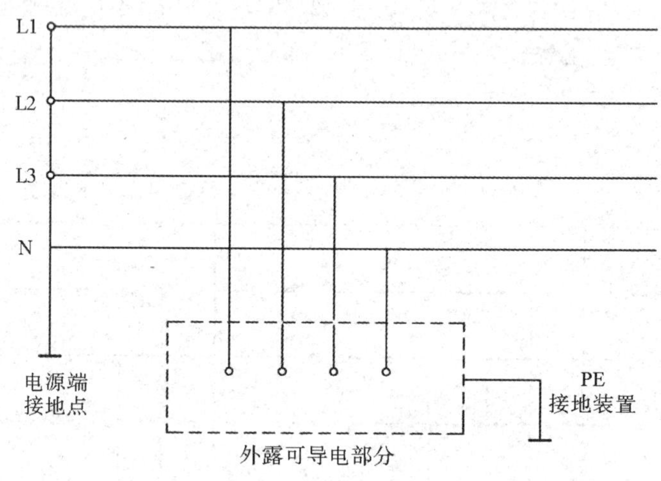

图 6－13　TT 系统

第一个符号 T 表示电力系统中性点直接接地，第二个符号 T 表示负载设备外露不与带电体相接的金属导电部分与大地直接联接，而与系统如何接地无关。在 TT 系统中负载的所有接地均称为保护接地，这种供电系统的特点如下。

1. 当电气设备的金属外壳带电（相线碰壳或设备绝缘损坏而漏电）时，由于有接地保护，可以大大减少触电的危险性。但是，低压断路器（自动开关）不一定能跳闸，造成漏电设备的外壳对地电压高于安全电压，属于危险电压。

2. 当漏电电流比较小时，即使有熔断器也不一定能熔断，还需要漏电保护器作保护，因此 TT 系统难以推广。

3. TT 系统接地装置耗用钢材多，而且难以回收，费工时，费料。

（三）IT 系统

IT 系统是指在电源中性点不接地系统中，将所有设备的外露可导电部分均经各自的保护线 PE 分别直接接地，称之为 IT 供电系统（见图 6－14）。IT 系统一般为三相三线制。IT 方式供电系统 I 表示电源侧没有工作接地。第二个字母 T 表示负载侧电气设备进行接地保护。

IT 方式供电系统在供电距离不是很长时，供电的可靠性高、安全性好。运用 IT 方式供电系统，即使电源中性点不接地，一旦设备漏电，单相对地漏电流仍小，不会破坏电源电压的平衡，所以比电源中性点接地的系统还安全。

IT 系统发生接地故障时，接地故障电压不会超过 50 V，不会引起相间电击的危险。但是，如果用在供电距离很长时，供电线路对大地的分布电容就不能忽视了。在负载发生

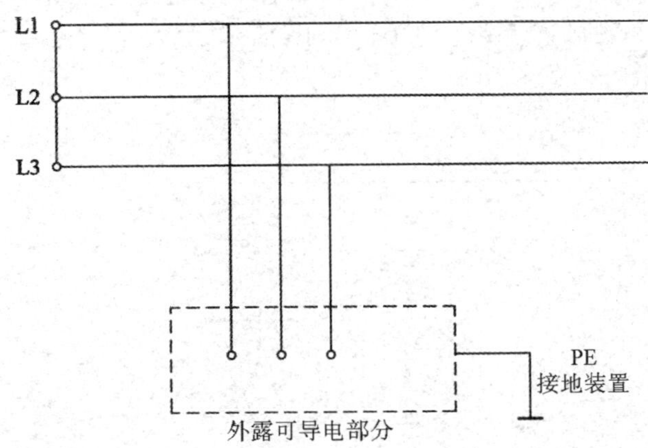

图 6－14　IT 系统

短路故障或漏电使设备外壳带电时，漏电电流经大地形成回路，保护设备不一定动作（电流小于保护设备的额定值），这是有危险的。只有在供电距离不太长时才比较安全。

（四）电动汽车适用的电网结构－IT 网络

电动汽车采用 IT 网的高压电供电网络结构，高压元件有绝缘监控供电系统的网络结构决定了从供电器（比如动力电池）到用电器（比如电机）的电能传输路径。电源端的带电部分不接地或有一点通过阻抗接地，电气装置的外露可导电部分直接接地。

纯电动汽车所用的高压网络结构决定了从供电器（如动力电池）到用电器（如驱动系统）的电能传输路径。车体与大地是一个相对的参照系统，因此与地面固定装置不同的地方在于车辆内的"地"是相对零电位的系统基准点——车体。对于电动汽车，所谓的接地就是用导线连接车身，这里要说明的是，电动汽车高压系统与低压不会共地。

为满足安全要求，纯电动汽车高压网络区别于 12 V 低压车载电网及民用电网的结构形式，实质上是一种 IT 网：供电器与车身绝缘，用电器壳体与车身连接。相对于单个部件的安全接地，系统层面的安全接地作用更深一层，包含了电气安全和 EMC 设计。

如果在电动汽车上采用 TN －C 系统，如图 6－15 所示。

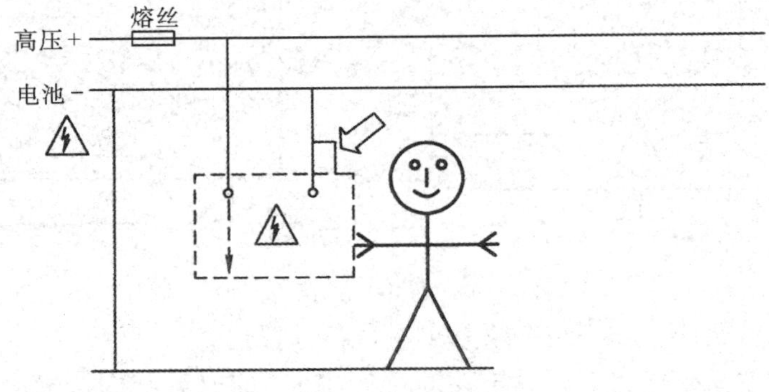

图 6－15　在电动汽车上应用的 TN－C 系统

如果用电器壳体与正极出现漏电，瞬间的过流可能就会导致熔丝熔断，高压动力系统会失去动力，这对于处于高速行驶状态的车辆和其他车辆来说都是非常危险的。而且本身把高压电极直接连接到车身上也是非常危险的，如果另一极电极或者连接母线绝缘故障，

会大大增加触电的概率。所以电动汽车不会采用电源接地的电网结构。

如果在电动汽车上采用 IT 系统，如图 6－16 所示。

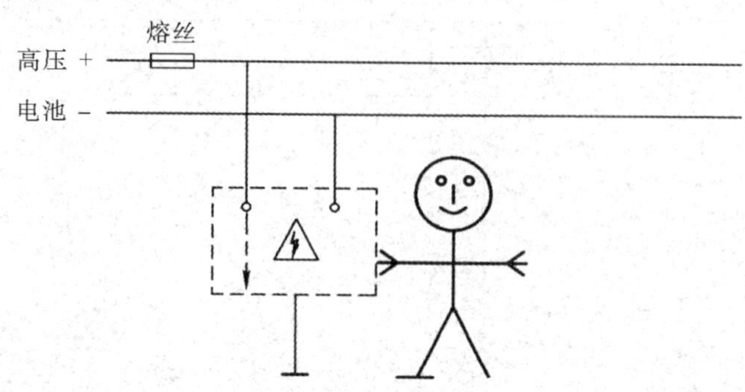

图 6－16　在电动汽车上应用 IT 系统

IT 系统，由于电源与车身没有导通连接，所以即便正极对壳体漏电，壳体与车架连接，也不会形成回路。熔丝不会熔断，也就不会被断电。接地目的主要是为了保证等电位联接以及减少系统电磁干扰。

（五）等电位连接

电动汽车的一个重要特点就是带有高压动力回路，为了防止因存在电势差造成的触电危险，在高压组件的外壳或者可导电的外盖等部件之间应该采用导线与车身支架相连的方式，以达到等电势的效果。中华人民共和国国家标准 GB/T 18384. 3—2015《电动汽车安全要求》第 3 部分规定：电位均衡通路中任何两个可以被人同时触碰到的外露可导电部分之间的电阻不超过 0. 1 Ω。

如图 6－17 所示，基于 IT 系统可以使用将电气设备的外露可导电部件直接或通过保护导体与车辆底盘相连接的方法来进行等电位联结。

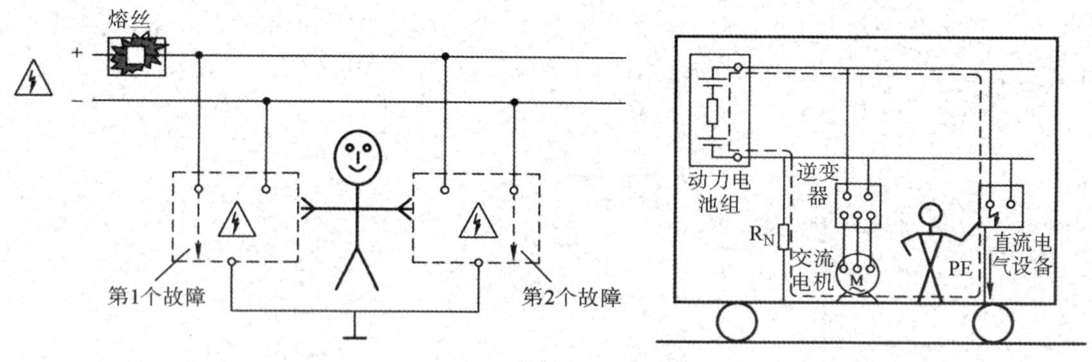

图 6－17　等电位连接

第 1 个故障：系统仍能工作，组合仪表上有黄色警报信息。

第 2 个故障：控制系统会将高压系统切断（断电），同时系统内会短路，功率电子装置内和维护开关内的熔断器会爆开，组合仪表上会有红色警报信息，高压系统无法工作，也无法重新起动。

采用等电位连接后，该设备外壳和车身地为相同电位，当该设备正极发生对外壳漏电故障时，即使人员接触到该设备带电的外壳，由于人体被等电位连接线短路，也不会有危

险的电流流过，从而避免了触电危险。

按标准，等电位连接所用的保护导体的电阻值应满足下面的导电性试验要求：用一个不超过 60 V（DC）的电压，动力电路最大电流的 1.5 倍或 25 A 的电流（取二者中较大值），通过任何两个进行等电位连接的外露可导电部件，持续时间至少 5 s，测量其电压降，根据电流和电压降计算得到的保护导体的电阻值不应超过 0.1 Ω。

(六) 充电状态时的 TT 或者 TN 网络应用

TT 网络是将电气设备的外露可导电部分用保护线与大地直接连接的防护措施。一般可作为一种电击防护措施应用在电动汽车充电系统中。图 6－18 所示对电动汽车车身采用保护接地措施，即利用 PE 线（通过充电线缆）直接接地，与民用供电网络构成 TT 形式。此时如果人员站在地面上接触到带有危险电压（由于充电设施漏电）的设备外壳（例如图 6－18 中所示的电动汽车车身外壳），由于保护线 PE 的电阻很小，故人体两端承受的电压也很小，通过人体的漏电流也就会很小（大部分漏电流都由 PE 线经大地流回电网），从而使得人员的间接电击危险性大大降低，同理也可构成 TN －C 网络。

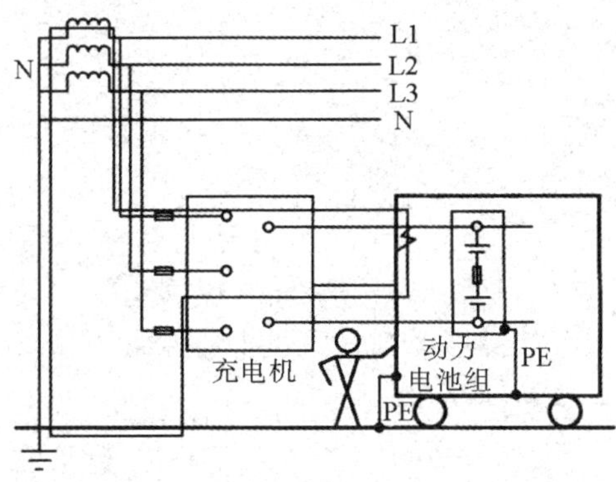

图 6－18　电动汽车车身保护接地措施

任务三　绝缘防护与电隔离

一、绝缘防护

(一) 绝缘防护等级

中华人民共和国国家标准 GB/T 18384. 3—2015 电动汽车安全要求第 3 部分：人员触电防护内容中电路的电压分级里明确规定：根据电路的工作电压 U，将电路分为 A/B 两级，见表 6－3。

表 6－3　电动汽车的工作电压等级划分

工作电压/V	直流	交流
A 级	$0 < U \leq 60$	$0 < U \leq 30$
B 级	$60 < U \leq 1500$	$30 < U \leq 1000$

触电防护应包含防止人员与任何带电部件的直接接触和在带电部件的基本绝缘故障的情况下的触电防护。对于 A 级电压的电路不要求提供触电防护。

对于任何 B 级电压电路的带电部件，都应为人员提供危险接触的防护。直接接触防护应由带电部件的基本绝缘提供或由遮栏/外壳，或两者结合来提供。所有的防护及规定（见表 6－4）都是从安全的角度出发，防止人体及电气设备因触电或短路发生故障，造成事故。

表 6－4　关于绝缘防护的一些重要定义（根据 GB/T 18384. 3—2001）

名称	定义
基本绝缘	带电部件上对防触电（在没有故障的状态下）起基本保护作用的绝缘
附加绝缘	为了在基本绝缘故障情况下防止触电，而在基本绝缘之外使用的独立绝缘
双重绝缘	同时具有基本绝缘和附加绝缘的绝缘
加强绝缘	提供相当于双重绝缘保护程度的带电部件上的绝缘结构
直接接触	人员与带电部件的接触
间接接触	人员与基本绝缘故障情况下变为带电的外露可导电部件之间的接触
外壳防护等级（IP 代码）	对带电部件的试纸、试具、试线接触所提供的防护程度，具体参见国家标准 GB 4208—2008

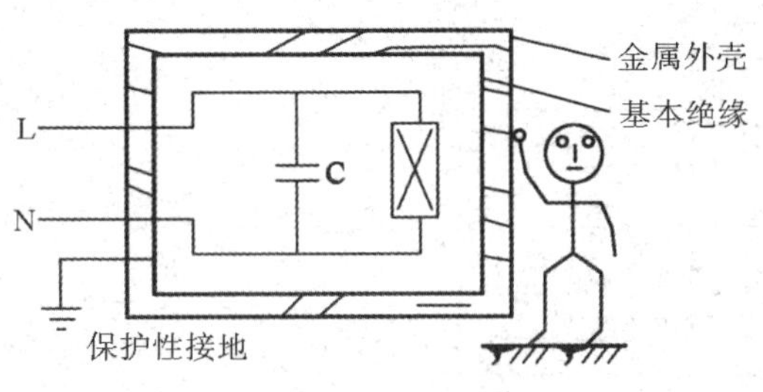

图 6－19　Ⅰ类设备

（二）Ⅰ类设备

Ⅰ类设备是指依靠基本绝缘对带电部件进行防触电保护，并把这个设备中外露可导电部件与保护导体相连的设备，如图 6－19 所示。

（三）Ⅱ类设备

Ⅱ类设备是指使用双重绝缘或加强绝缘进行防触电保护的设备，如图 6－20 所示。

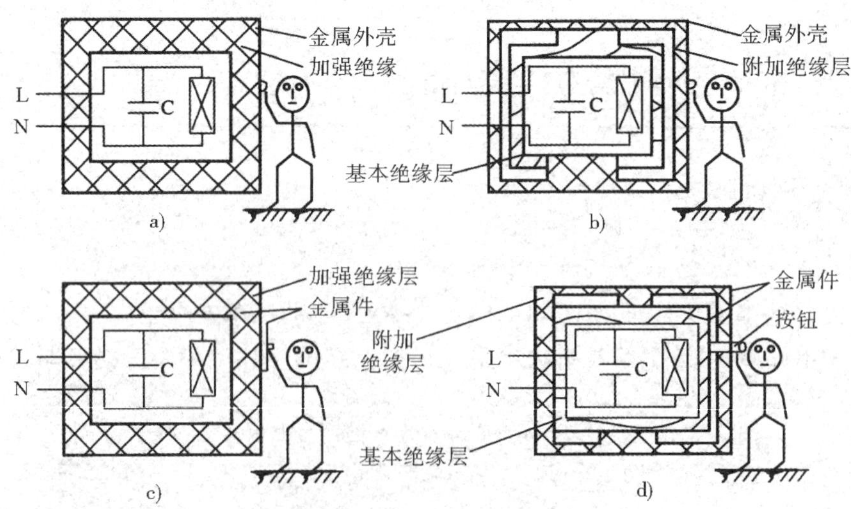

图 6－20　Ⅱ类设备

（四）触电防护

触电防护应包含防止人员与任何带电部件的直接接触和在带电部件的基本绝缘故障的

情况下的触电防护。对于A级电压的电路不要求提供触电防护。

直接接触防护：对于任何B级电压电路的带电部件，都应为人员提供危险接触的防护。直接接触防护应由带电部件的基本绝缘提供或由遮栏/外壳，或两者的结合来提供，并满足标准中涉及的要求。

基本绝缘故障情况下的防护：任何B级电压电路的带电部件的基本绝缘故障时，应防止人员与外露可导电部件接触而导致的触电危害。故障情况下，应由Ⅰ类设备（满足电位均衡要求）和Ⅱ类设备（满足绝缘要求）或两者组合来防护。

二、电气隔离

电气隔离就是将电源与用电回路作电气上的隔离，即将用电的分支电路与整个电气系统隔离，使之成为一个在电气上被隔离的、独立的不接地安全系统，以防止在裸露导体故障带电情况下发生间接触电危险。

采用电气隔离的两边电路之间没有电气上的直接联系，即两个电路之间是相互绝缘的。同时还要保证两个电路维持能量传输的关系。

电气隔离的基本原理如图6－21所示，左侧为供电方一侧，右侧为用电方一侧。如果左侧N级接地，那么人员a是很危险的，一般其站在地面上碰触L线，则会形成从L－a－N的回路，电流流过人体，造成伤亡。

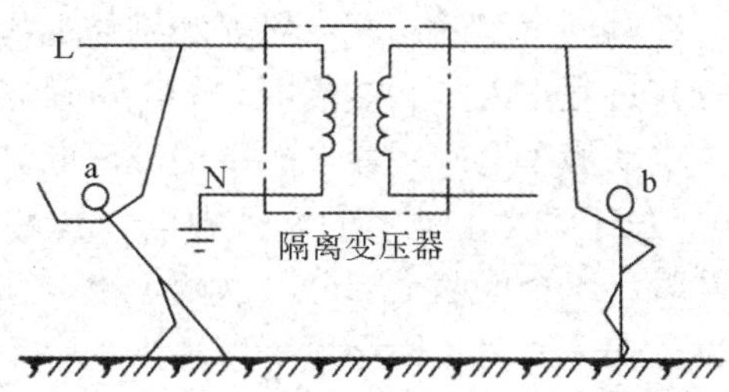

图6－21　电气隔离的基本原理

而因为隔离变压器的作用，人员b是相对安全的，无论触及到哪一根电线，只要不是同时触及用电方一侧的两根电线，就不会有触电危险。这就是电气隔离的绝缘安全作用。

电动汽车中的DC/DC变换器中的变压器起到了电气隔离的绝缘效果，将高压与低压完全隔离开，如图6－22所示，以某电动汽车的DC/DC变换器为例，因为有了电气绝缘措施（有隔离效果的变压器），即便是高压一侧（DC 288 V）一根母线绝缘故障（与车架连通），低压一侧操作人员在接触车架的同时接触任意一根低压线都是绝对安全的。

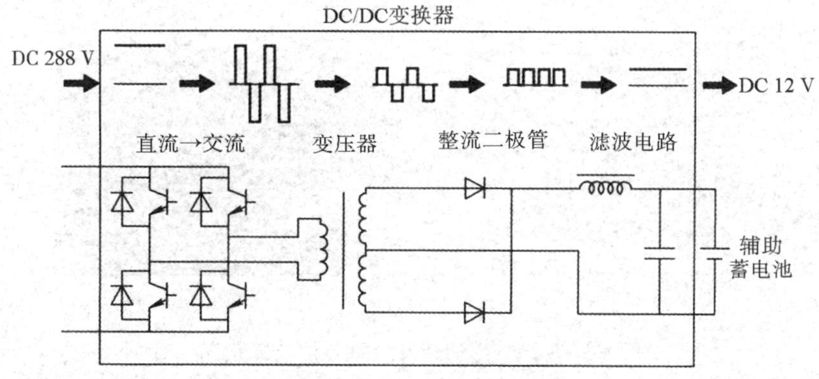

图6－22　DC/DC变换器隔离高低压

电动汽车是一个复杂的机电一体化产品，其中的许多部件包括动力电池、电机、充电机、能量回收装置、辅助电池充电装置等都会涉及高压电器绝缘问题。这些部件的工作条件比较恶劣，振动、酸碱气体的腐蚀、温度及湿度的变化，都有可能造成动力电缆及其他

绝缘材料迅速老化甚至绝缘破损，使设备绝缘强度大大降低，危及人身安全。

国家的电动汽车安全要求标准对人员的触电防护提出了明确的要求，其中包括对绝缘电阻值的最低要求。各整车厂开发的纯电动车辆，则根据各自设定的电压等级来确定动力系统的绝缘电阻报警阀值。一旦电动汽车因为这些绝缘故障触及这些阀值，则车辆的绝缘在线监测模块会发信号给控制器，控制器会降低车辆输出功率，或者在合适的时候断开主电路继电器，使系统断电。

电动汽车直流高压系统的绝缘检测技术有很多种，包括继电器检测、平衡电桥法检测、注入交流信号法及端电压法检测等，其中端电压法检测具有较高的精度，完全适合在电动汽车上应用。电动汽车的绝缘状况以直流正负母线对地的绝缘电阻来衡量。通过测量电动汽车直流母线与电底盘之间的电压，计算得到系统的绝缘电阻值。

三、手动断开装置

在电动汽车的装配、保养和维修的操作中，需要有手动断开的电气回路的功能，保证在操作过程中人员和能接触到的电气设备上面不带有危险电压。

电动汽车上应用最多的手动高压断开装置称为维护开关（或保养开关、保养插头，等等），位于动力电池组的电气中点，其基本原理如图 6－23 所示。动力电池中电池单体串联并联，组合成两个部分，这两个部分通过维护开关的高压触头串联在一起，同时维护开关也是安全线完整回路里不可缺少的一个环节。

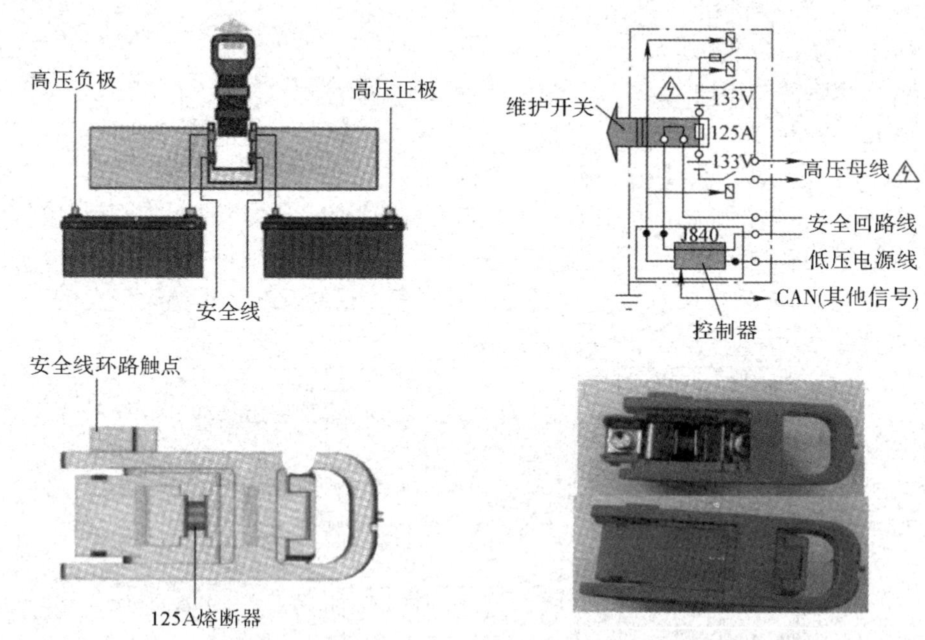

图 6－23　手动断开装置结构与原理

在车辆被拔下维护开关之前务必要在佩戴好绝缘护具的情况下，将启动开关置于 OFF 挡位，并且断开低压线路，将拔下开关时产生有害电弧的概率降至最低。

拔下维护开关，会断开安全线，动力电池的两部分也就断开了，其最高电压一分为二，同时高压回路被彻底断开。手动断开装置的断开操作或拆卸不需要任何辅助工具（防护用具除外）。

四、自动断路

当存在某些特殊条件（如碰撞、绝缘故障、高压电气回路断开、过电流或者短路等）发生时，自动断路功能可以在没有使用者干预的情况下，通过继电器、断路器等装置将高压回路电气回路断开，从而达到保护人员和电气系统安全的目的。自动断路装置要具备人工复位的能力。

五、环路互锁

安全回路线是个环形线路，通过低压元件（互锁信号源）收发信号来监控高压电网，来检查整个高压产品、导线、连接器及护盖的电气完整性（连续性），安全回路线要是断路的话，会导致高压系统立即被切断，如图 6－24 所示。

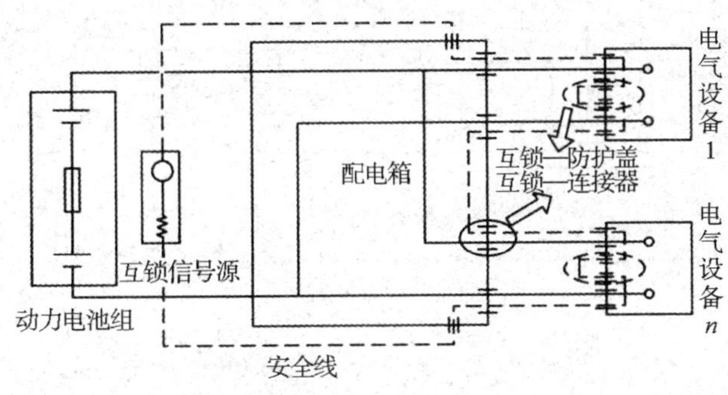

图 6－24　大众公司混合动力汽车互锁环路系统原理

六、功能互锁

（一）充电互锁

出于安全考虑，电动汽车要带有充电互锁的功能，即在充电时电动汽车动力系统要处在断开的状态，以防止电动汽车连接在充电电源上时被意外起动。一些电动汽车是通过车辆端的充电插口实现该功能的，当充电插口插入充电插头时，控制系统会辨认插头已经连接到位。这时车辆的起动开关即便处于 ON 的位置，操作人员也不能真正起动车辆，加速踏板是失效的。

（二）高压互锁

高压互锁设计的目的是整车在高压上电前确保整个高压系统的完整性，使高压处于一个封闭的环境下工作，提高安全性。当整车在运行过程中高压系统回路断开或者完整性受到破坏的时候，需要启动安全防护，防止带电插拔高压连接器给高压端子造成的拉弧损坏。

七、主动放电

当高压电路与电池组断开后（例如，自动断开装置或手动断开装置启动时），由于有容性储能元件及线束上本身存在的容性，高压母线仍会残留有对人体造成电击伤害的危险电压，有必要将高压母线的电压释放到安全范围内。根据电压和能量的情况以及电压衰减

所需要的时间，不同的制造商可能有不同的方案和设计。某些电动汽车高压系统断电后采用电阻放电就是其中一种方案。

图 6 – 25 为奥迪混合动力汽车电子驱动单元主动放电结构与原理图，主动放电由动力电池管理系统来控制，每当高压系统被切断或者低压控制线路被切断时，控制器就会闭合放电电阻支路上的开关，就会有主动放电的动作发生，使中间电容与电阻构成临时回路，电流流过电阻，能量以热量的方式消耗掉。

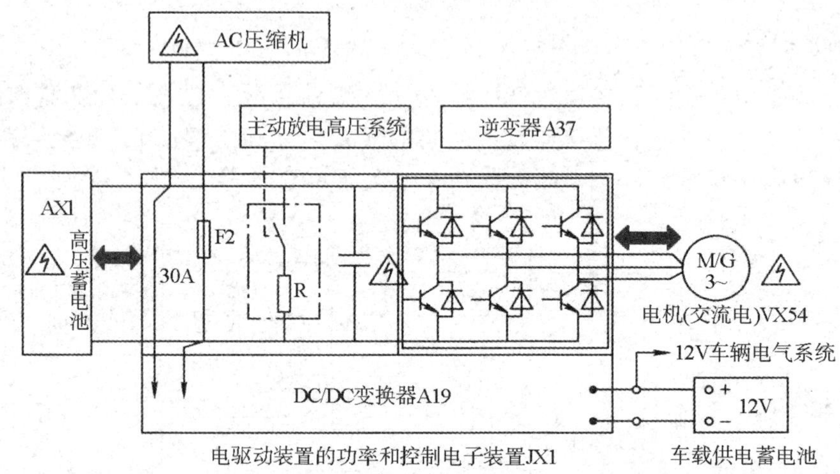

图 6 – 25　奥迪混合动力汽车电子驱动单元主动放电结构与原理

八、高压熔断器

纯电动汽车的驱动部分及高压附件系统的电源均为高压动力电池电源，为保护车辆及乘员安全，相关动力电池电源回路均选用相应高压熔断器作为短路保护的措施。在遇到过流或者短路情况下理想熔断器的断开时间不高过 5 ms，图 6 – 26 为电动汽车典型的熔断器布置方案。

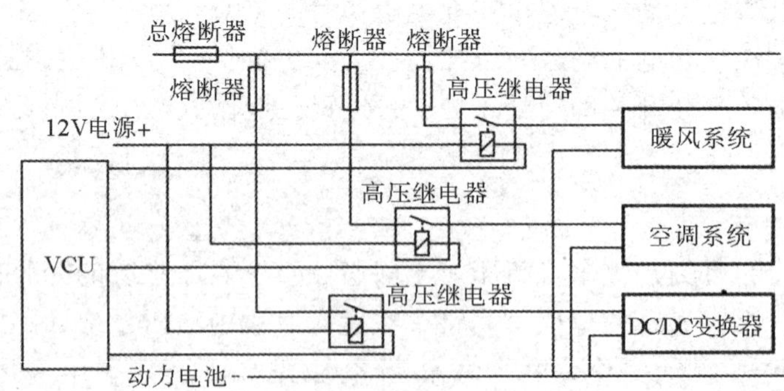

图 6 – 26　电动汽车典型的熔断器布置方案

从应用线路上考虑，整车线路根据电流强弱可以分为高压大电流保护区和中低压小电流保护区。一般情况下，一辆电动汽车使用 4 ~ 5 个高压熔断器，主要包括电机控制器、空调线路、DC/DC 变换器、电池组加热器等高压大电流设备。

任务四　高压系统故障排查与检修

一、高压互锁故障排查

（1）故障现象。北汽新能源 EV160 整车报高压故障。

（2）故障原因。某个高压插件未插或未插到位造成。

高压互锁回路如图 6－27 所示，设计高压互锁的目的如下。

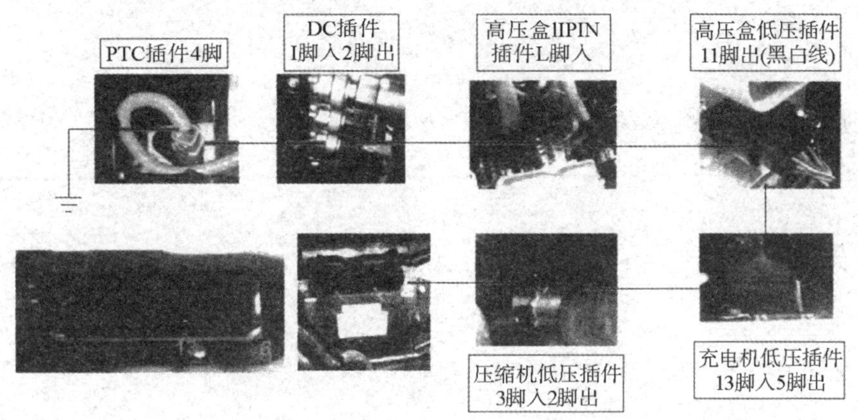

图 6－27　高压互锁回路

（1）整车在高压上电前确保整个高压系统的完整性，使高压处于一个封闭的环境下工作，提高安全性。

（2）当整车在运行过程中高压系统回路断开或者完整性受到破坏的时候，需要启动安全防护。

（3）防止带电插拔高压连接器给高压端子造成的拉弧损坏。常见的高压互锁故障：包括 PTC、DC/DC 变换器、高压盒、车载充电机、空调压缩机高低压插件未插（见图 6－28）。

a)高压插件互锁端子缺失或退针

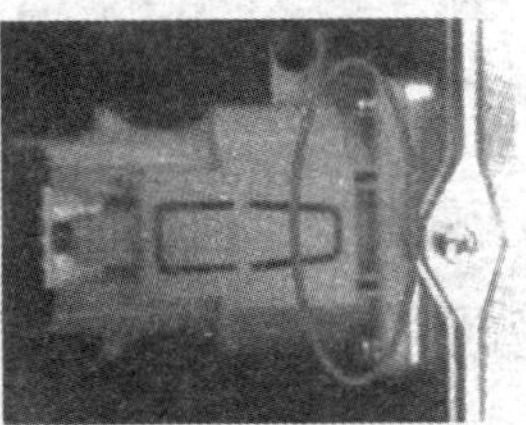

b)高压插件未装配到位

c)高压盒盖开关端子损坏

图 6－28　高压互锁检查常见故障

二、绝缘故障

（1）故障现象。动力电池报整车绝缘故障。

（2）故障原因。某个部件或插件引起绝缘阻值低造成。

（3）排查方法。排除法。

由于高压互锁线的存在，在排查前首先需要将互锁回路接地，方法是将空调低压插件2脚有效搭铁（见图6－29），然后再将高压附件线束断开，再逐一排查。

图6－29　空调低压插件

任务五　任务实训

一、任务实施

1. 实施准备

（1）物品准备。VCI电动车专用诊断仪、数字万用表（电动汽车专用）、安全绝缘用具、培训用车（EV160或EV200纯电动车）

（2）注意事项。请务必按照老师的指导，合理使用安全绝缘用具，并严格按老师示范动作操作，做到安全、正确，并防止造成实操总成及车辆的损坏。操作时间为60 min。

2. 实施内容

（1）请直接在图6－30中标出整车高压系统线束及总成名称。

图6－30　整车高压系统线束及总成

（2）互锁接线检测。请依据图6－31完成互锁接线检测。

①实操测量方法1（电阻测量）：万用表电阻200 Ω挡测量互锁对地端对地电阻，正常阻值小于0.5 Ω。

②实操测量方法2（电压测量）：万用表DC电压20 V挡测量，互锁对地端对地电压，正常电压值小于0 V。

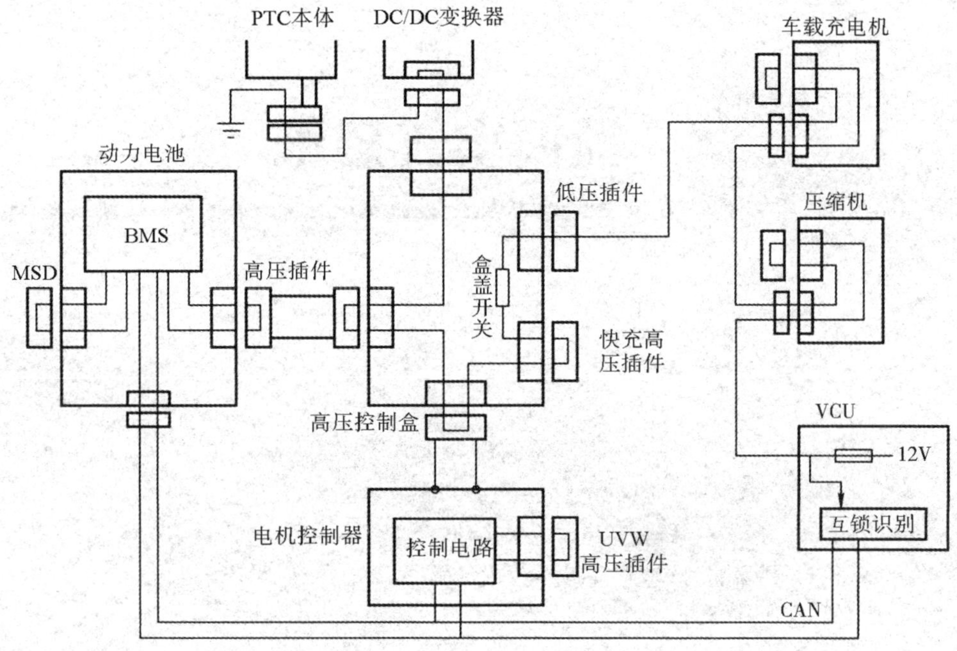

图6－31　互锁接线原理图

二、任务检验

1. 自检

参与实训练习的学员自我完成质量检验。

2. 互检

由完成相同实操练习项目的学员相互进行质量检验。

3. 终检

由专职质量管理人员（教师）进行专业检查。

三、教学评估

由教师依据教学目标对教学过程及结果进行价值判断。

思考与练习

1. 高压控制盒的组成部件有哪些？
2. 绝缘防护有哪些？
3. 气电隔离是如何实现的？
4. 如何排查高压系统故障？

项目七 辅助电气系统

学习目标

☆掌握制冷系统常见故障的排除方法
☆掌握电控冷却系统的常见故障维修方法
☆了解 PTC 常见故障及排除
☆了解电控制动系统结构原理
☆了解电动真空泵的维修流程

任务一 空调与暖风系统

电动汽车的空调与暖风系统（见图 7－1）与传统汽车在系统构成上存在着差别，不同类型的电动汽车又有不同的特点。纯电动汽车没有发动机作为空调压缩机的动力源，也没有发动机余热可以利用以达到取暖、除霜的效果。燃料电池电动汽车也没有发动机作为空调压缩机的动力源，但是燃料电池发动机可以产生比较稳定的余热。根据电动汽车的特点，对于电动汽车来说目前可以选择的制冷空气调节方式主要有热电式制冷、电动压缩机制冷、余热制冷。其中余热制冷可以考虑在燃料电池电动汽车上采用。

由于受到电动汽车独特性影响，国内汽车厂家就从传统燃油汽车空调的基础上进行部分替换设计，电动压缩机制冷空调系统相对于传统汽车空调系统的改变量很小，在结构上只是压缩机驱动动力源由发动机变为驱动电机。将燃油发动机带动的压缩机替换成直流电机直接驱动的压缩机，控制上相应改变，来完成空调制冷的功能。由于没有燃油发动机产生的余热与制热功能，国内厂家目前主要采用 PTC 加热和电热管加热，这些加热模式虽能满足制热效果，但都是硬消耗电动汽车上的电池电能，制热效率相对较低，影响电动汽车的续驶里程。

在空调的主要零部件选用上，目前国内的电动汽车除了压缩机和控制模式，其他主要零部件还是沿用燃油汽车空调的零部件，冷凝设备主要用的是平行流冷凝器，蒸发设备主要用的是层叠式蒸发器，节流装置仍然是热力膨胀阀，制冷剂仍然是 R134a。

一、电动汽车制冷系统

电动汽车空调的制冷系统与传统汽车基本相同，主要由一体化压缩机、冷凝器、膨胀

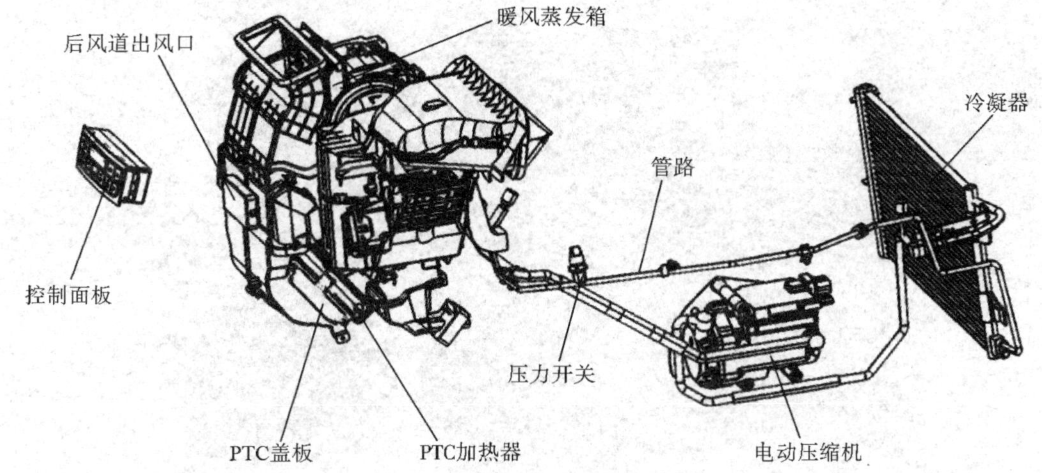

图 7-1　电动汽车空调与暖风系统

阀、蒸发器和储液干燥器等五大部件组成，另外还增加了电气系统的空调驱动器。

现代电动汽车已不再安装发动机，或主要不以发动机作为动力源，显然空调制冷所使用的压缩机大多已不能以发动机来驱动，而改由电动机来驱动。这种驱动方式取消了传统的外驱式带轮，电动机一般与压缩机组装为一体，形成全封闭的结构。这种结构形式灵活方便，可装置在发动机室的任何位置，而且电动机与压缩机可采取同轴驱动（见图 7-2），不会出现传统驱动方式的传动带打滑、压缩机转速与发动机转速不同步的现象。由于电动机同轴驱动压缩机，可通过调节电动机转速改变压缩机转速，实现空调压缩机排量及制冷量的灵活控制。封闭式的驱动结构，只有电源线及进出气管与外部联系，泵气装置运行的可靠性较高，故障率较低。

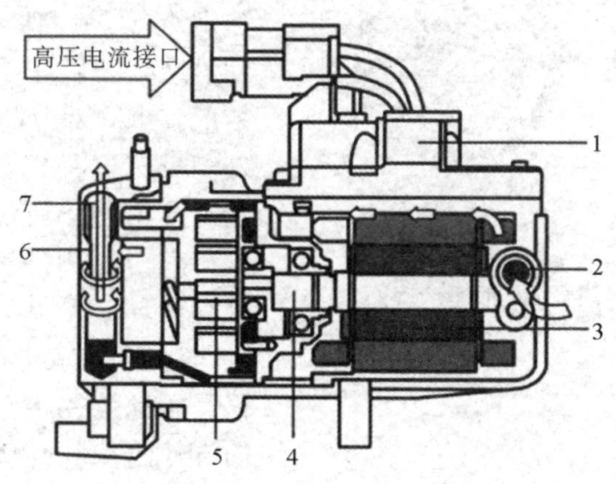

图 7-2　电动空调压缩机

1-DC/AC 变换器；2-制冷剂进气口；3-三相电机；4-永磁转子电机轴；
5-涡旋式压缩机；6-油水分离器；7-高压制冷剂出口

使用泵气效率较高的涡旋式压缩机是电动汽车空调的一个共同特点，与其他诸多类型的空调压缩机如斜盘式、曲柄连杆式、叶片式等压缩机相比，涡旋式压缩机具有振动小、噪声低、使用寿命长、重量轻、转速高、效率高、外形尺寸小等多个优点，更符合电动汽车的空调使用要求。涡旋式压缩机的结构分解如图 7-3 所示。

图 7－3　涡旋压缩机结构分解

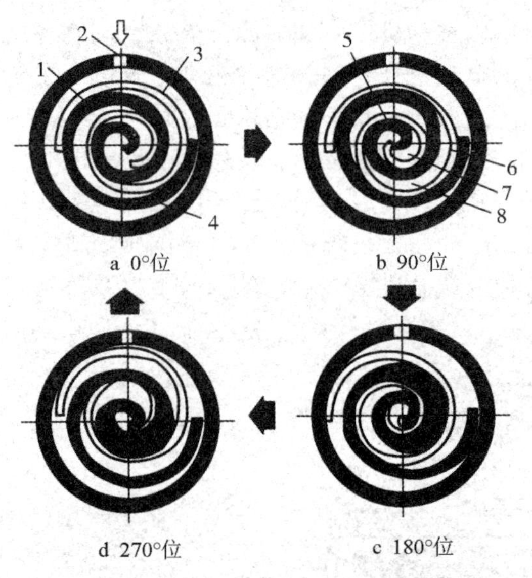

图 7－4　涡旋式压缩机工作原理示意图

1－压缩室；2－进气口；3－动盘　4－静盘；5－排气口；6－吸气口；7－排气室；8－压缩室

涡旋式压缩机的各个工作原理如图 7－4 所示。当动盘位置处于 0°时，涡线体的啮合线在左右两侧，由啮合线组成封闭空间，此时完成了吸气过程；当动盘顺时针方向公转 90°时，密封啮合线也移动 90°，处于上、下位置，封闭空间的气体被压缩。与此同时，涡线体的外侧进行吸气过程，内侧进行排气过程；动盘公转 180°时，涡线体的外、中、内侧分别继续进行吸气、压缩和排气过程；动盘继续公转至 270°时，内侧排气过程结束，中间部分的气体压缩过程也结束，外侧吸气过程仍在继续进行；当动盘又转至图 7－4a 所示位置时，外侧吸气过程结束，内侧排气过程仍在进行，如此反复循环。可见，涡旋式制冷压缩机的工作过程仅有进气、压缩、排气三个过程，而且是在主轴旋转一周内同时进行的，外侧空间与吸气口相通，始终处于吸气过程；内侧空间与排气口相通，始终处于排气过程。而上述两个空间之间的月牙形封闭空间内，则一直处于压缩过程，因而可以认为涡旋式压缩机的吸气和排气过程都是连续的。

二、制热系统

制热系统是将车外新鲜空气引入到热交换器，吸收其中某种热源的热量，从而提高空气的温度，并将热空气送入车内，达到人体保暖和车窗玻璃除霜的目的。新能源汽车按热源形式的不同大致分为热水式暖气装置，燃烧式暖气装置，综合预热式暖气装置和 PTC 加

热式暖气装置，几种加热方式的优劣见表 7－1，目前新能源车型使用更多的是 PTC 加热式（见图 7－5）。

表 7－1　不同加热方式的优劣比较

产热方式	优势	不足
散热部件余温	无能源损失，不影响动力电池	需散热部件工作后才能产生热量，电动汽车散热部件温度相对较低，不能满足制暖需求
燃油加热器	不影响动力电池	由于消耗燃料，加热时间受限制，有燃烧废气排放。明火燃烧，安全防护措施需到位
PTC 电加热（包括 PTC 加热水）	发热速度快，温度高（可控）	耗电功率大，需 2 kW 以上，对车辆续航能力有较大影响。PTC 本体由于温度相对较高，需周边结构件配合为其提供空间，防止塑料件受热变形，同时 HVAC 内海绵及润滑脂易因高温产生异味

PTC 是一种直热式电阻材料，通电时将会产生热量，可供空调制热。例如有的电动汽车空调内部有八条 PTC 发热元件，由空调驱动器将动力电池高压电源向每条元件供电，功率可达 300～600 W，用于对冷却液的加热。为提高制热器的效率，现在的制热多采取以水为介质，将水加热后送到空调风道的散热器，再经风机吹向车厢内或风窗玻璃，用以提高车厢内温度和除去风窗玻璃的霜雾。

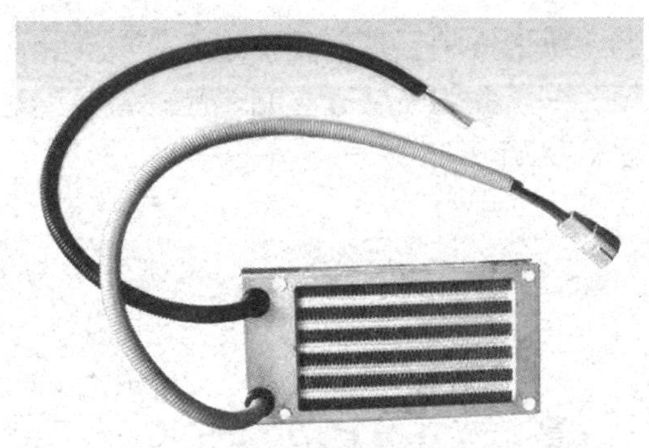

图 7－5　PTC 加热器

PTC 热敏电阻通常是用半导体材料制成的，它的电阻随湿度变化而急剧变化，当外界温度降低，PTC 电阻值随之减小，发热量反而会相应增加。按材质可以分为陶瓷 PTC 热敏电阻和有机高分子 PTC 热敏电阻。用于空调辅助电加热器的是陶瓷 PTC 热敏电阻。PTC 热敏电阻元件因具有随环境温度高低的变化，其电阻值随之增加或减小的变化特性，所以 PTC 加热器具有节能、恒温、安全和使用寿命长等特点。

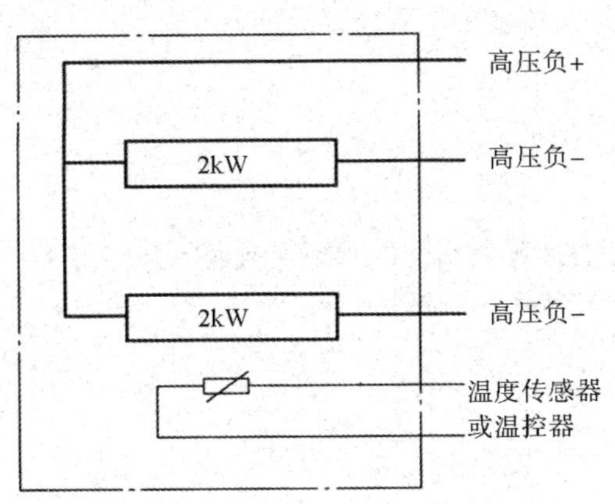

图 7－6　PTC 加热器结构简图

图 7－6 中 PTC 加热器由两组电热阻丝并联组成，单独控制。温度传感器用来检测加热器本体的温度，进行控制加热器导通和切断，其控制电路如图 7－7 所示，控制模块如图 7－8 所示。

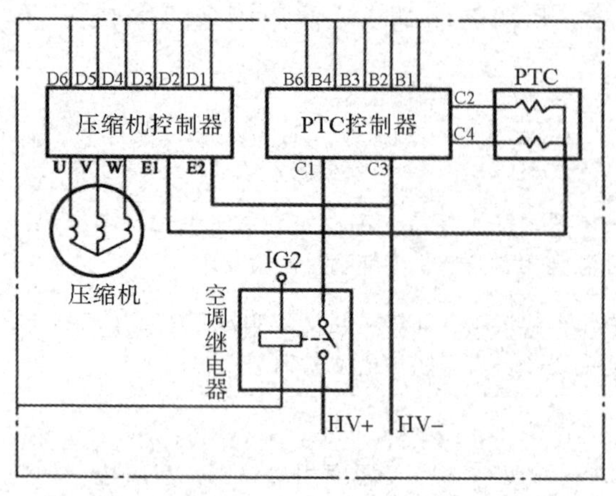

图7－7 PTC控制电路

图7－8 PTC控制模块

三、空调的使用维护与维修注意事项

空调系统的维护包括：使用绝缘仪或万用表测量部件绝缘电阻阻值；测量进出风口温度、湿度；测量并判断制冷与制热能力；定期更换空调滤芯等。在空调系统维护与维护过程中注意事项见表7－2。

表7－2 空调维护与维修操作注意事项

序号	注意事项
1	压缩机绝缘电阻值为20 MΩ
2	高压部件安全操作
3	拆解后及时密封各管路开口，防止水或湿空气进入系统
4	冷冻油（压缩机润滑油）为POE68，与传统车（PAG冷冻油）不同，勿混用
5	连接安装各管路接口时注意管口清洁，O形圈涂抹冷冻油
6	制冷剂加注量按要求
7	操作时注意佩带个人安全防护用具，如护目镜，丁腈手套等
8	制冷剂喷出时注意个人防护，避免接触冻伤、吸入及误入眼睛

四、空调系统常见故障与排除

（一）制冷系统常见故障

空调制冷系统压力不正常，导致不致冷或致冷效果不佳的诊断与排除见表7－3。

表7－3 制冷系统常见故障与排除

高压	低压	问题可能原因	可能故障点
高	高	系统整体压力高	1. 制冷剂加注量过多 2. 系统内含空气（抽真空不良） 3. 冷冻油过量 4. 冷凝器散热不良

续表

高压	低压	问题可能原因	可能故障点
高	正常	高压侧故障	1. 冷凝器散热不良 2. 冷凝器内部联通（内漏） 3. 冷冻油过量
高	低	高低压分隔点堵塞	1. 膨胀阀堵塞 2. 蒸发器内部堵塞 3. 冰堵 4. 膨胀阀开度过小 5. 感温包泄漏
正常	高	低压侧故障	1. 膨胀阀开度过大 2. 制冷剂加注量偏多
正常	低	高低压分隔点问题	1. 膨胀阀开度偏小 2. 制冷剂加注量偏少 3. 感温包泄漏
低	高	压缩机压缩能力不足	1. 压缩机转速不足 2. 压缩机内部联通（内漏）
低	正常	高压侧故障	1. 制冷剂加注量偏少 2. 压缩机工作效率低
低	低	系统整体压力低	1. 制冷剂加注量过少 2. 冷凝器堵塞 3. 储液罐堵塞

（二）压缩机常见故障及排除见表7－4

表7－4　压缩机常见故障及排除

故障名	故障原因	解决措施
空调内部电压故障	内部电路故障，AD 采集电压小于 1.58 V 或大于 1.71 V	更换压缩机
空调内部功率管故障	部分或全部功率管出现短路，功率管故障时，控制器输出电流很大，会使硬件触发过流保护，硬件自动封锁输出	更换压缩机
空调过压故障	当软件检测到电源输入端电压大于 420 V 时，输出该故障信号	可恢复
空调欠压故障	当软件检测到电源输入端电压小于 220 V 时，输出该故障信号	可恢复
		更换高压熔断器
		插好高压接插件
		更换高压线束
空调过流保护	输出电流大于硬件设定值时，硬件封锁输出并拉低相应输出信号	产生过电流后立即停机保护，30 s 后再次启动，连续 5 次过电流后，停机保护，重新上电后故障码清除，重新检测

（三）PTC 常见故障及排除见表 7－5

表 7－5　PTC 常见故障及排除

故障	现象	原因及判断	检测及排除措施
PTC 不工作	启动功能设置后风仍为凉风	（1）冷暖模式设置不正确 （2）PTC 本体断路 （3）PTC 控制回路断路 （4）内部短路烧毁高压熔丝 （5）PTC 控制器故障损坏	（1）检查冷暖设置是否选择较暖方向 （2）检查 PTC 本体阻值 （3）打开高压保险盒观察指示灯情况及高压熔丝 （4）更换 PTC 或高压熔丝盒
PTC 过热	出风温度异常升高或从空调出风口嗅到塑料焦煳气味	PTC 控制模块内部 IGBT 损坏（短路，不能断开）	断电更换相关部件

任务二　冷却系统

汽车冷却系统

纯电动汽车关键零部件电机、电机控制器及充电机的效率不能达到100%，在能量转化过程中产生大量的热量，这些产生的热量如果不能够及时的散发出去，将导致车辆限转矩运行甚至导致零件的损坏。冷却系统（见图 7－9）的功用是将电机、电机控制器及充电机产生的热量及时散发出去，保证其在要求的温度范围内稳定高效的工作。冷却系统由两个体系构成：冷却液回路和冷却风流道。冷却液在流经 MCU、充电机和电机等热源时，热源通过热传导将热量传递给冷却液，高温冷却液通过电动水泵提供的动力流经散热器时将热量通过热传导传递给散热器芯体，冷却空气通过热对流将热量带走，完成换热过程。膨胀罐在冷却系统中起提高冷却液沸点和提供冷却液加注口两大作用。

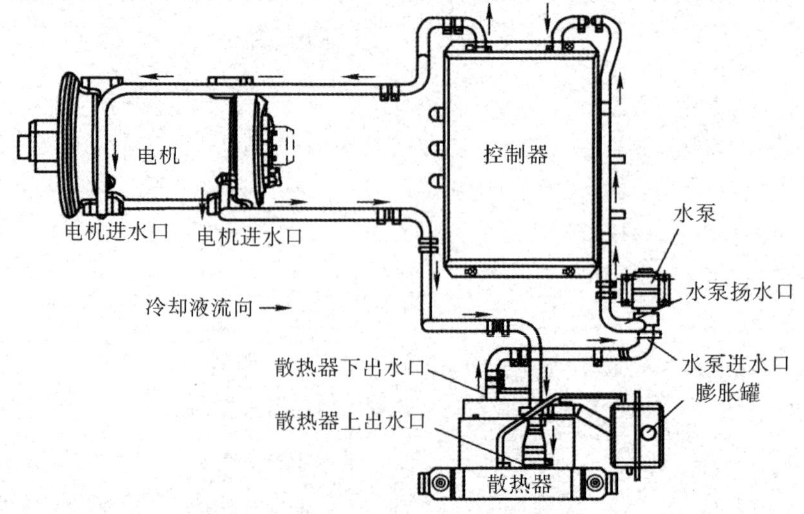

图 7－9　电动汽车冷却系统

一、汽车冷却系统部件结构与原理

（一）水泵

水泵是冷却液循环的动力元件，对冷却液加压，促使冷却液在冷却系统中循环，带走系统散发的热量。电机的圆周运动，通过机械装置使水泵内部的隔膜做往复式运动，从而压缩、拉伸泵腔（固定容积）内的空气，在单向阀作用下，在排水口处形成正压（实际输出压力大小跟泵排水口受到的助力和泵的特性有关），在抽水口处形成真空，从而与外界大气压间产生压力差。在压力差的作用下，将冷却液压入进水口，再从排水口排出。在电机传递的动能作用下，冷却液持续不断的吸入、排出，形成较稳定的流量。

汽车水泵一般都具备自吸功能，水泵的抽水管内是空气的情况下，利用泵工作时形成的负压（真空），在大气压的作用下将低于抽水口的水压上来，再从水泵的排水端排出。

水泵（见图 7－10）采用的是永磁无刷直流电机，整个部件中没有动密封，浮动式转子（见图 7－11）与叶轮注塑成一体。严禁水泵在没有冷却液的情况下空载运行，否则将导致转子、定子的磨损，将最终导致水泵的损坏。

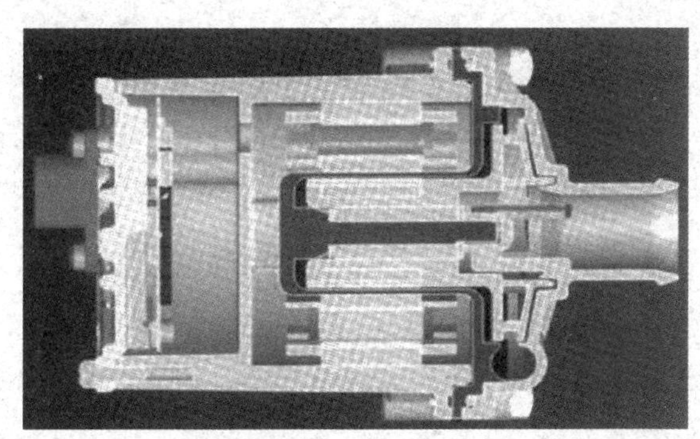

图 7－10　水泵剖面图

图 7－11　转子

（二）电子风扇

电子风扇作用是提高流经散热器、冷凝器的空气流速和流量，以增强散热器的散热能力，并冷却机舱其他附件。电子风扇分别由整车电源提供输入，根据电机、控制器、空调压力等参数由整车控制单元控制风扇运行。

（三）膨胀罐

膨胀罐（见图 7－12）的作用是为冷却系统冷却液的排气、膨胀和收缩提供受压容积，同时也作为冷却液加注口。

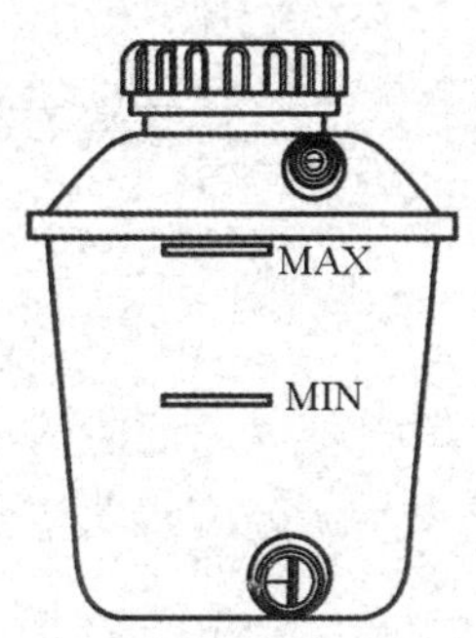

图 7－12　膨胀罐

（四）冷却管路总成

冷却管路的内外胶为三元乙丙橡胶，中间层由织物增强，耐温等级是 I 级（125 ℃），爆破压力达到 1.3 MPa。冷却管路端口有安装定位标识，装配时注意标识与散热器上的定位标识对齐。

二、电动汽车冷却系统控制策略简介

冷却系统电动水泵与散热器风扇由整车 VCU 控制，根据整车热源（电机、电机控制器和充电器）温度进行控制（见表 7－6）。

表 7－6　不同工作模式下的温度控制

工作模式	控制单元	热源	风扇挡位	ON	OFF
充电模式	水泵	充电器	——	55 ℃	45 ℃
	风扇	充电器	低速	65 ℃	60 ℃
			高速	75 ℃	70 ℃
工作模式	水泵	电机控制器	——	－30 ℃	－35 ℃
		电机	——	－30 ℃	－35 ℃
	风扇	电机控制器	低速	45 ℃	43 ℃
			高速	50 ℃	48 ℃
		电机	低速	75 ℃	73 ℃
			高速	80 ℃	78 ℃

某车型空调为“三段式”压力控制，散热器风扇根据 AC 压力确定运行状态（见图 7－13）。

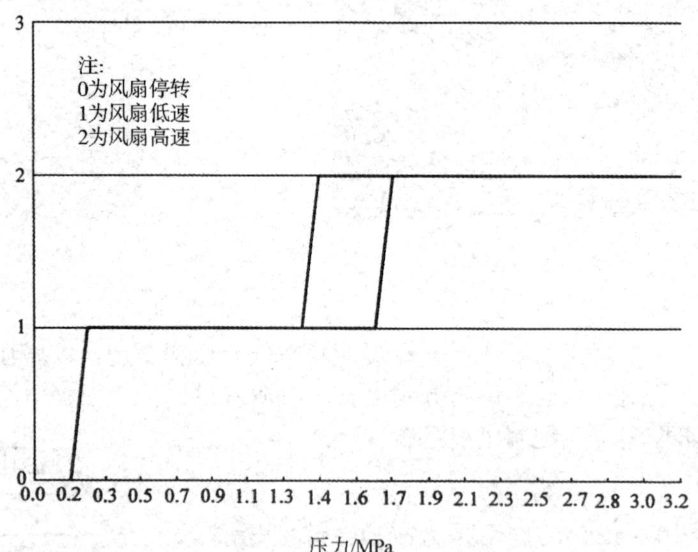

图 7－13　风扇转速与 AC 压力的运行状况

由于散热器风扇同时给冷凝器、散热器提供强制冷却风，散热器风扇运行策略受空调压力与整车热源温度双向控制，两者择高不择低。

三、冷却液加注及保养

冷却液保养建议依据整车保养里程保养，建议完全更换频次为每两年完全更换一次。保养检查冷却液液位时需确保整车处于冷车状态，液位应位于“MIN”与“MAX”之间，如低于“MIN”，需添加冷却液至“MIN”与“MAX”之间。

冷却液加注流程如图 7－14 所示，手工加注时由于存在驱动电机和控制器中冷却液无法彻底排除的问题，因此实际冷却液的加注量可能低于标准值。

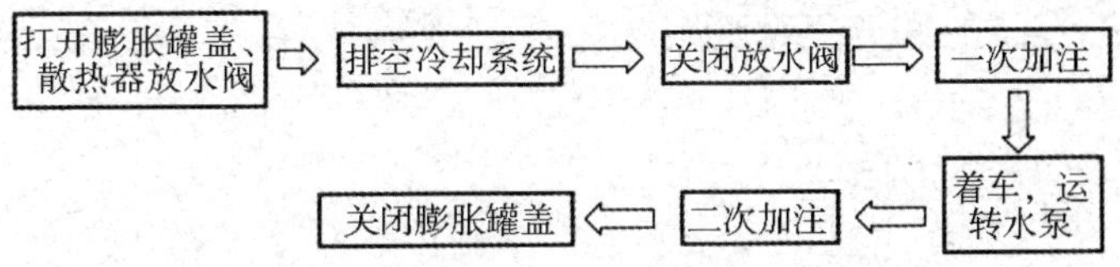

图 7－14　冷却液加注工作流程

四、冷却系统常见故障及维修

电动汽车冷却系统出现故障后会导致电机或控制器过热的现象，冷却系统常见的故障及维修见表 7－7。

表 7－7　冷却系统常见故障及维修

故障部位	故障原因	解决方案
冷却液缺少	冷却液缺少，未按保养手册添加冷却液	溢水罐处添加冷却液
冷却液泄漏	环箍破坏，水管接口处冷却液泄漏	更换全新环箍，留存故障件
	水管破损，水管本身冷却液泄漏	更换全新水管，留存故障件
	散热器芯体破坏，芯体处渗漏冷却液	更换散热器芯体，留存故障件
	散热器水室开裂，水室外侧泄漏冷却液	更换散热器芯体，留存故障件
	散热器水室与芯体压装不良，接缝处渗漏	更换散热器芯体，留存故障件
	散热器放水堵塞丢失，放水孔处渗漏	更换散热器放水堵塞
电动水泵	冷却液杂质，导致电动水泵堵转	更换系统冷却液
	电动水泵破损，泵盖/密封圈/泵轮破坏	更换电动水泵，留存故障件
	整车线束故障，虚接/短路/断路等故障	查找线束故障，依据线束维修手册处理
	更换电动水泵，留存故障件	控制器熔丝/继电器熔断/插接件脚退针
散热器风扇	风扇控制器/继电器/插接件针脚退针	更换散热器风扇，留存故障件
	整车线束故障，虚接/短路/断路等故障	查找线束故障，依据线束维修手册处理
	扇叶破损/断裂，扇叶不工作	更换扇叶，留存故障件
	电机/控制器温度传感器故障，风扇不工作	查找电机/控制器故障，依据维修手册处理
散热器	芯体老化，芯管堵塞	更换散热器
	散热带倒伏，影响进风量	更换散热器
	水室堵塞，影响冷却液循环	更换散热器
前杠中网或下格栅	进风口堵塞	查找进风口故障，依据相应维修手册处理

任务三　PTC 加热器

一、PTC 加热器结构原理

PTC 是正温度系数的英文缩写，是一种新型的热敏电阻材料，其主要用途有开关功能和发热功能两大类。PTC 具有性能稳定、升温速度快，受电源波动影响小等特点。制成的各种加热产品已经成为电阻丝类加热材料的理想替代品。目前已大量应用于汽车空调系统。

PTC 加热器是采用热敏陶瓷元件和波纹散热铝条经高温胶粘而成，具有热阻小、换热效率高等优点，是一种自动恒温、节省电能的电加热器产品。它最大的突出特点是安全性能好，任何情况下都不会发生类似于电热管类加热器表面“发红”的现象，从而引起烫伤或火灾等安全隐患。

PTC 加热器的温度调节是靠自身材料特性，不需要专门温度传感器进行温度反馈。加热器本体的设计加热温度在 200 ℃以下有多挡次，任何情况下使用均不发红且有保护隔离层。加热器的电能消耗小，高发热效率的材料也大幅提升了电能的利用效率。

PTC 加热器可从小功率到大功率之间任意设计，外形也可按要求设计，还具有升温迅速、使用寿命长以及电压使用范围宽，可在 12 ~ 380 V 之间根据需要进行设定等优点。新能源汽车制热方式主要有 PTC 水加热器和 PTC 加热两种。

（一）PTC 水加热器

PTC 水加热器是通过加热冷却液的方式完成车辆制热功能。先利用水泵将储液壶里面的冷却液泵入 PTC 水加热器内，然后由 PTC 对其进行加热，加热后的冷却液流经暖风水箱使周围的空气温度上升，通过鼓风机将热量输送至空调出风口，以此提高车内温度，最后冷却液再流回储液壶，如此循环。PTC 水加热器系统结构如图 7 – 15 所示。

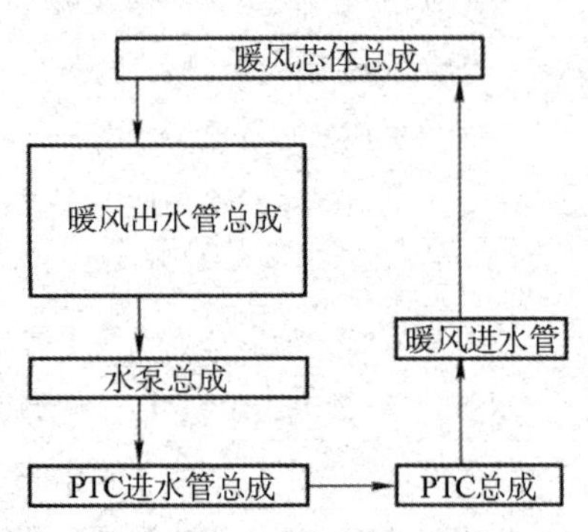

图 7 – 15　PTC 水加热器系统结构

（二）PTC 加热

PTC 加热器安装在空调蒸发箱上面，主要由控制器、散热器、加热元件以及塑料框架等部件组成。

PTC 加热器由两组波纹铝制半导体材料组成。空调控制器可以使两组独立或同时工作，以满足车辆的加热需求。PTC 加热器结构如图 7 – 16 所示。

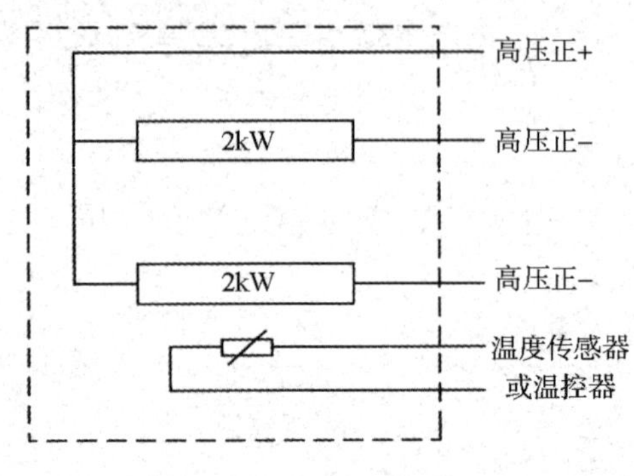

图 7 – 16　PTC 加热器结构

空调控制器接收空调面板的加热请求信

号，并采集车内外温度等信号，控制加热器工作。空调控制器与 VCU 通过 CAN 总线完成交互信息，当发生异常时可以及时发出警告信号并做出响应。新能源汽车各车型所采用的 PTC 加热器原理基本相同。PTC 加热器主要技术指标见表 7－8。

表 7－8 PTC 加热器主要技术指标

序号	项目	技术指标
1	额定电压	动力电池总电压
2	额定功率	3.5 kW
3	冷态最大起始电流	20 A
4	单级冷态电阻	80～300 Ω

二、PTC 加热器维修流程

PTC 加热器常见故障原因分析与排除方法见表 7－9。

表 7－9 PTC 加热器常见故障原因分析与排除方法

序号	故障类型	故障现象	故障原因	排除方法
1.	PTC 不工作	开启加热模式后，出风口仍为冷风	1. 冷暖模式设置错误 2. PTC 加热器本体断路 3. PTC 控制电路断路 4. PTC 加热器断路器烧蚀 5. PTC 控制器损坏	1. 检查空调冷暖设置旋钮是否选择制热功能 2. 测量 PTC 本体阻值 3. 检查 PTC 高压断路器 4. 更换 PTC 加热器
2	PTC 过热	空调出风口温度异常升高或有塑料焦煳气味	PTC 控制模块内部 IGBT 损坏，发生短路故障	切断高压电路，更换 PTC 控制模块

任务四 电控制动系统

一、制动系统概述

制动系统作用包括：使行驶中的汽车按照驾驶人的要求进行强制减速甚至停车；使已停驶的汽车在各种道路条件下（包括在坡道上）稳定驻车；使下坡行驶的汽车速度保持稳定。制动系统（见图 7－17）由供能装置、控制装置、传动装置、制动器四部分组成，供能装置包括供给、调节制动所需能量以及改善传动介质状态的各种部件。控制装置用来产生制动动作和控制制动效果各种部件，如制动踏板。传动装置包括将制动能量传输到制动器的各个部件如制动主缸、轮缸。制动器用来产生阻碍车辆运动或运动趋势的部件。现代汽车上大量安装防抱死制动系统，ABS 是一种具有防滑、防锁死等优点的汽车安全控制系统，是在普通制动系统的基础上加装车轮速度传感器、ABS 电控单元、制动压力调节装置及制动控制电路等组成的，是常规刹车装置基础上的改进型技术。

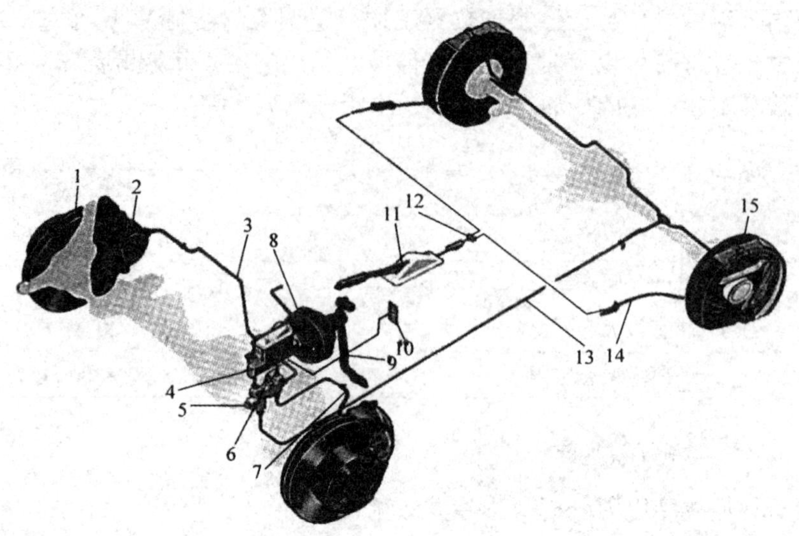

图 7-17 制动系统

1-前制动盘；2-前制动钳总成；3-右前制动油管；4-制动主缸；5-组合阀；
6-制动警告灯开关；7-左前制动油管；8-制动真空助力器；9-制动踏板；10-制动警告灯；
11-驻车制动操纵杆；12-平衡架；13-后制动油管；14-驻车制动拉线；15-后制动器总成

二、制动系统组成及其工作原理

（一）制动器

电动车所用的制动器，一般为前盘后鼓，盘式制动器效率比鼓式制动器高，但价格比较贵。鼓式制动器（见图 7-18），因价格便宜，使用的比较多，兼驻车制动的功能。内张型鼓式制动器是利用制动鼓的圆柱内表面与制动蹄摩擦片的外表面作为一对摩擦表面在制动鼓上产生摩擦力矩，故又称为蹄式制动器。现在使用的盘式制动器（见图 7-19），主要为浮动钳盘式制动器，制动钳体是浮动的。制动液压缸均为单侧的，且与液压缸同侧的制动块总成是活动的，而另一侧的制动块总成则固定在钳体上。制动时在油液压力作用下，活塞推动活动制动块总成压靠到制动盘，而反作用力则推动制动钳体连同固定制动块总成压向制动盘的另一侧，直到两制动块总成受力均等为止。

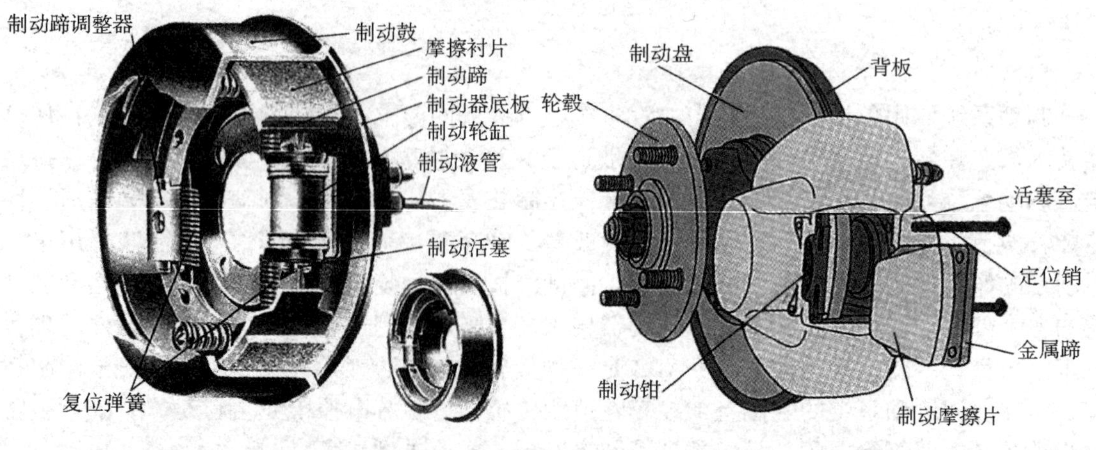

图 7-18 鼓式制动器结构

图 7-19 盘式制动器结构

（二）真空助力器

在非工作的状态下（见图 7－20），控制阀推杆回位弹簧将控制阀推杆推到右边的锁片锁定位置，真空阀口处于开启状态，控制阀弹簧使控制阀皮碗与空气阀座紧密接触，从而关闭了空气阀口。此时助力器的真空气室和应用气室分别通过活塞体的真空气室通道与应用气室通道经控制阀腔处相通，并与外界大气相隔绝。

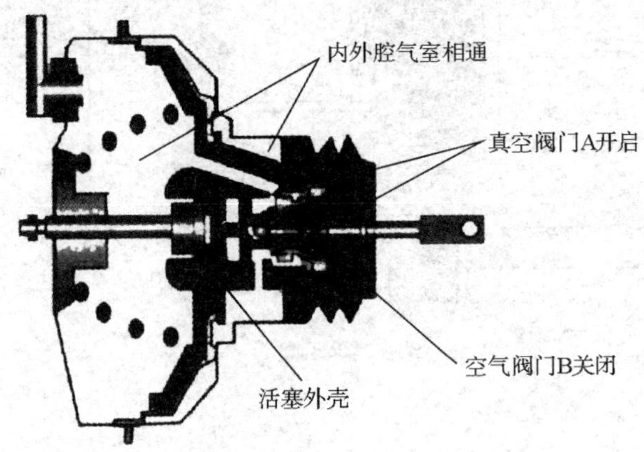

图 7－20　真空助力器在非工作的状态

当进行制动时（见图 7－21），制动踏板被踏下，踏板力经杠杆放大后作用在控制阀推杆上。首先，控制阀推杆囤位弹簧被压缩，控制阀推杆连同空气阀柱前移。当控制阀推杆前移到控制阀皮碗与真空阀座相接触的位置时，真空阀口关闭。助力器的真空、应用气室被隔开。此时，空气阀柱端部刚好与反作用盘的表面相接触。随着控制阀推杆的继续前移空气阀口将开启。外界空气经过滤气后通过打开的空气阀口及通往应用气室的通道，进入到助力器的应用气室（右气室），伺服力产生。

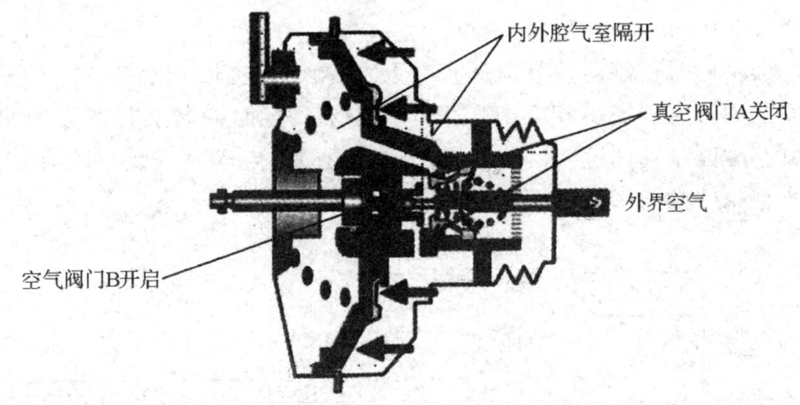

图 7－21　真空助力器工作状态

（三）ABS

ABS 工作原理如图 7－22 所示，它通过电磁控制阀体上的控制阀控制分泵上的油压迅速变大或变小，从而实现了防抱死制动功能。

在制动过程中，ABS 根据每个车轮速度传感器传来的速度信号，可迅速判断出车轮的抱死状态，关闭开始抱死车轮上面的常开输入电磁阀，让制动力不变，如果车轮继续抱

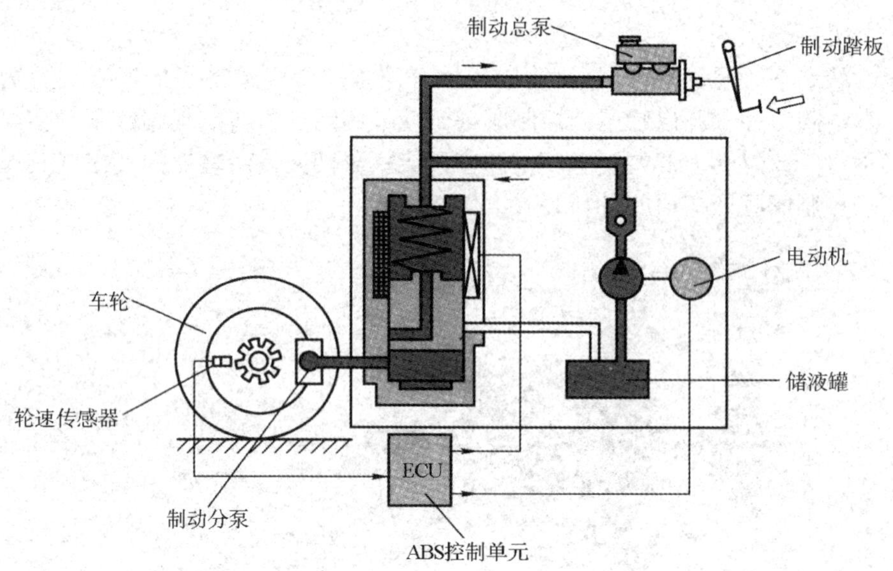

图 7-22　ABS 工作原理

死，则打开常闭输出电磁阀，这个车轮上的制动压力由于出现直通制动液储液罐的管路而迅速下移，防止了因制动力过大而将车轮完全抱死。ABS 通过使趋于抱死车轮的制动压力循环往复地经历保持—减小—增大过程，而将趋于抱死车轮的滑动率控制在峰值附着系数滑动率的附近范围内，在该 ABS 中对应于每一个制动轮缸各有一对进液和出液电磁阀，可由电子控制装置分别进行控制，因此，各制动轮缸的制动压力能够被独立地调节，让制动状态始终处于最佳点，从而使四个车轮都不发生制动抱死现象。

（四）电动真空助力系统

电动真空助力系统工作原理如图 7-23 所示，当驾驶人发动汽车时，12 V 电源接通，电子控制系统模块开始自检，如果真空罐内的真空度小于设定值，真空压力传感器输出相应电压值至控制器，此时控制器控制电动真空泵（见图 7-24）开始工作，当真空度达到设定值后，真空压力传感器输出相应电压值至控制器，此时控制器控制真空泵停止工作，当真空罐内的真空度因制动消耗，真空度小于设定值时，电动真空泵再次开始工作，如此循环。某电动真空泵的性能参数如表 7-10 所示。

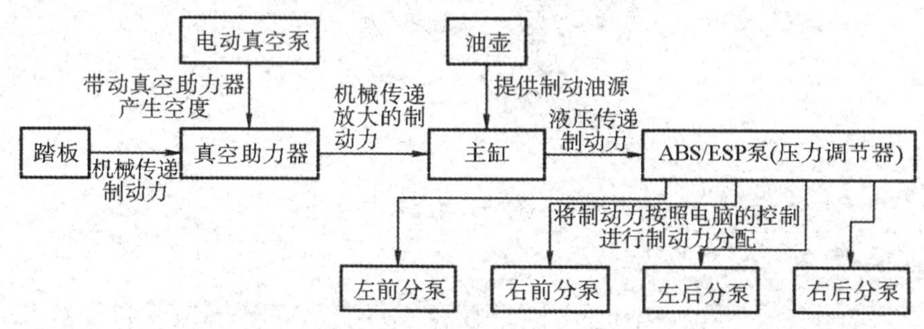

图 7-23　电动真空助力工作原理

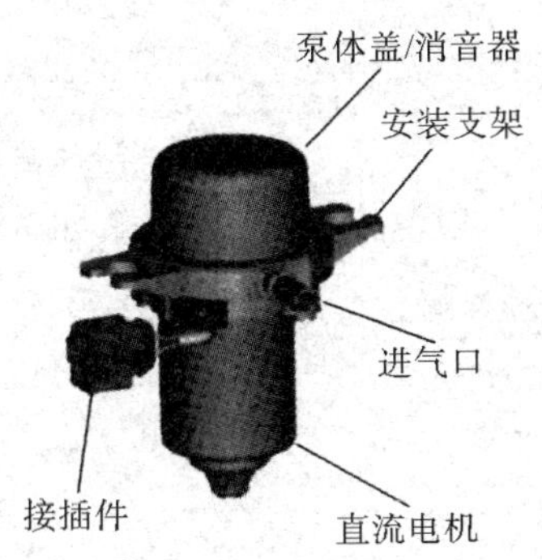

图 7-24　电动真空泵

表 7-10　电动真空泵性能参数

序号		技术参数
1	外形尺寸	电动辅助真空泵：214.5 mm×95 mm×114 mm； 真空罐：ϕ120 mm×226 mm
2	重量	3.5 kg
3	工作电流	不大于 15 A；最大工作电流：不大于 25 A
4	额定电压	12 V DC
5	转速	1700 r/min
6	最大真空度	大于 85 kPa
7	测试容积为 2 L	抽至真空度 55 kPa，压力形成时间：不大于 4 s 抽至真空度 70 kPa，压力形成时间：不大于 7 s 真空度从 40 kPa 抽至 85 kPa，压力形成时间：不大于 4 s
8	延时模块接通闭合的真空度	55 kPa
9	延时时间	15 s
10	使用寿命	30 万次
11	工作环境温度范围	-20～100 ℃
12	启动温度	-30 ℃
13	噪声	≤75 dB
14	真空罐密封性	在（66.7±5）kPa 真空度下，真空压力降 $\Delta P \leq 3$ kPa

三、制动系统维护及故障诊断

制动系统的日常保养，主要集中在查看制动总泵储液罐的液面高度是否符合要求，制动踏板的自由行程是否太大，检查电动真空泵的管路是否存在松动，现场检查驻车制动的拉线收紧程度及手柄拉起的齿数等，表 7-11、表 7-12 为某车型的制动系统主要参数与故障查询码的含义，电动真空泵故障诊断及排除方法见表 7-13。

表 7-11　某车型制动系统主要参数

部件名称	参数	原 C30DB	提升后
前制动器	制动器形式	浮动钳通风盘式制动器	浮动钳通风盘式制动器
	制动盘有效半径/mm	104	104
	制动盘摩擦系数	0.38	0.38
	分泵直径/mm	54	54
后制动器	制动器形式	领从蹄鼓式制动器	领从蹄鼓式制动器
	制动鼓内径/mm	203	228.6
	制动效能因数	1.8	2.0
	蹄片包角/（°）	90	110
	蹄片宽度/mm	35	45
	分泵直径/mm	19.05	20.64
真空助力器及总泵	尺寸规格	9in 单膜片	9in 单膜片
	主缸内径/mm	22.22	22.22
	主缸行程/mm	18 +18	18 +18
	助力比	5.0	5.0
踏板	杠杆比	3.4	3.4
	行程/mm	120	120
驻车制动	驻车制动拉臂杠杆比	5.6	5.6
	驻车制动手柄杠杆比	7.1	7.1

表 7-12　ABS 故障码

序号	故障码	故障码含义
1	C0031	左前轮速传感器线路故障－信号故障
2	C0032	左前轮传感器线路故障
3	C0034	右前轮速传感器线路故障－信号故障
4	C0035	右前轮传感器线路故障
5	C0037	左后轮速传感器线路故障－信号故障
6	C0038	左后轮速传感器线路故障
7	C003A	右后轮速传感器线路故障－信号故障
8	C003B	右后轮速传感器线路故障
9	C0010	左前 ABS 进油口电磁阀或者 1 号电机线路故障
10	C0011C0014	左前 ABS 出油口电磁阀或者 2 号电机线路故障 右前 ABS 进油口电磁阀或者 1 号电机线路故障
11	C0015	右前 ABS 出油口电磁阀或者 2 号电机线路故障
12	C0018	左后 ABS 进油口电磁阀或者 1 号电机线路故障
13	C0019	左后 ABS 出油口电磁阀或者 2 号电机线路故障

续表

序号	故障码	故障码含义
14	C00IC	右后 ABS 进油口电磁阀或者 1 号电机线路故障
15	C00ID	右后 ABS 出油口电磁阀或者 2 号电机线路故障
16	C0020	泵电机控制故障
17	C0121	阀继电器线路故障
18	C0245	轮速传感器频率错误
19	C0800	01 高压故障 – 过电压；02 低压故障 – 欠电压
20	C1001	CAN 硬件故障
21	U1000	CAN 总线关闭故障

表 7 – 13　电动真空泵故障诊断及排除方法

故障现象	检查方法与处理措施	
连接电源后电机不转	检查熔丝是否熔断	
	熔断	未熔断
	1. 线路短路	1. 蓄电池亏电
	2. 控制器损坏	2. 线路断路
	3. 电机烧毁短路	3. 控制器损坏
接通电源后，真空度抽至上限设定值电机不停转	开关触头短路常开 电子延时模块坏，应更换	
压力开关不能正常开启和断开	压力开关触头污损、锈蚀，接触不良。清洁触头或更换压力开关 连接线折断或插头连接处脱焊。应更换连接线 管路密封性不好，检查管路密封性，必要时更换	
设备的机壳带电	电源线接错，壳体与电源的正极连接。应纠正错误的连接 电源插座的地线未真实与地连接。应把电源插座中的地线连接好	
真空泵喷油	部分新装车的真空泵在工作时会出现从排气孔带出润滑油现象。此为真空泵自身缺陷，工作一段时间可消除，正积极协调厂家改进	

任务五　电动转向助力系统

一、转向系统概述

电动助力转向系统

电动助力转向系统（EPS）是由转矩传感器、电子控制单元（ECU）和助力电机共同组成的，如图 7 – 25 所示。电子控制单元根据各传感器输出的信号计算所需的转向助力，并通过功率放大模块控制助力电机的转动，电机的输出经过减速机构减速增矩后驱动齿轮齿条机构产生相应的转向助力。

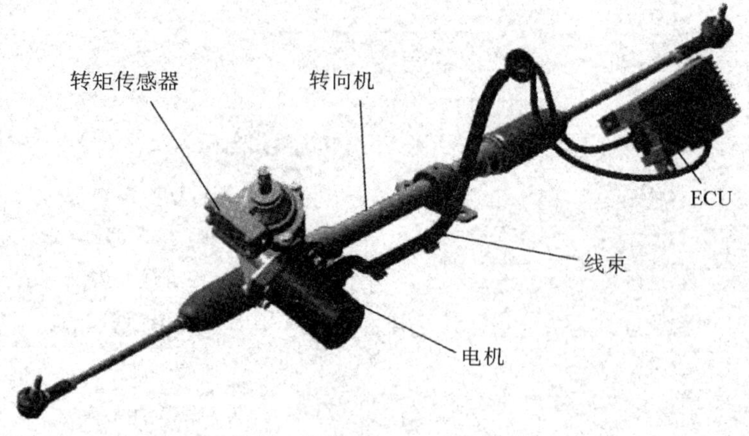

图 7－25　电动助力转向系统组成

目前电动助力转向系统按助力作用位置分为管柱助力式（C－EPS）、齿轮助力式（P－EPS）和齿条助力式（R －EPS），如图 7－26 所示。

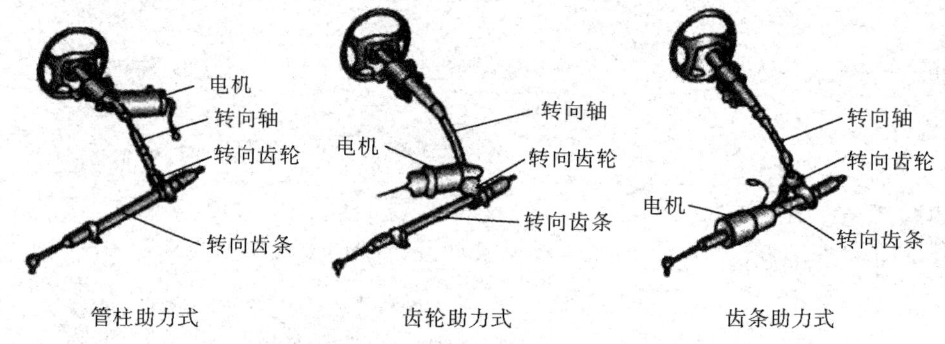

图 7－26　电动助力转向系统的种类

安装在转向器上的电机总成由一个蜗杆、一个蜗轮和一个直流电机组成。当蜗杆与安装在转向器输出轴上的蜗轮啮合时，它降低电机转速并把电机输出力矩传递到输出轴。转矩传感器由二个带孔圆环、线圈、线圈盒及电路板组成，它获得转向盘上操作力大小和方向信号，并把它们转换为电信号，传递到 EPS 控制盒。表 7－14 为某电动助力转向系统参数。

表 7－14　电动助力转向系统参数

参数名称	技术参数
适用的载荷/kg	≤890
齿条行程/mm	±71. 5
线传动比/（mm/rev）	44. 15
蜗轮蜗杆传动比	1∶18
电机额定电流/A	52
电机额定扭矩/N・m	2. 36
电机额定电压/V	DC12
工作环境温度/℃	－30～100

续表

参数名称	技术参数
储存环境温度/℃	-40～120
控制器额定电压/V	DC12
控制器工作电压范围/V	9～16
控制器工作电流/A	0～90
传感器额定电压/V	DC5
传感器类型	非接触式
助力电机功率/W	360

二、转向系统控制策略

EPS 控制系统如图 7-27 所示，当整车处于停车下电状态，EPS 不工作（EPS 不进行自检、不与 VCU 通讯、EPS 驱动电机不工作）；当钥匙开关处于 ON 挡，ON 挡继电器吸合后 EPS 开始工作。EPS 正常工作时，EPS 根据接收来自 VCU 的车速信号，唤醒信号及来自转矩传感器的转矩信号和 EPS 助力电机的位置、转速、转子位置、电流、电压信号等进行综合判断，以控制 EPS 助力电机的转矩、转速和方向。转向控制器在上电 200 ms 内完成自检，上电 200 ms 后可以与 CAN 线交互信息，上电 300 ms 后输出 470 帧（转向故障和转向状态上报帧），上电 1200 ms 后输出 471 帧（版本信息帧）。当 EPS 检测到故障时，通过 CAN 总线向 VCU 发送故障信息，并采取相应的处理措施。

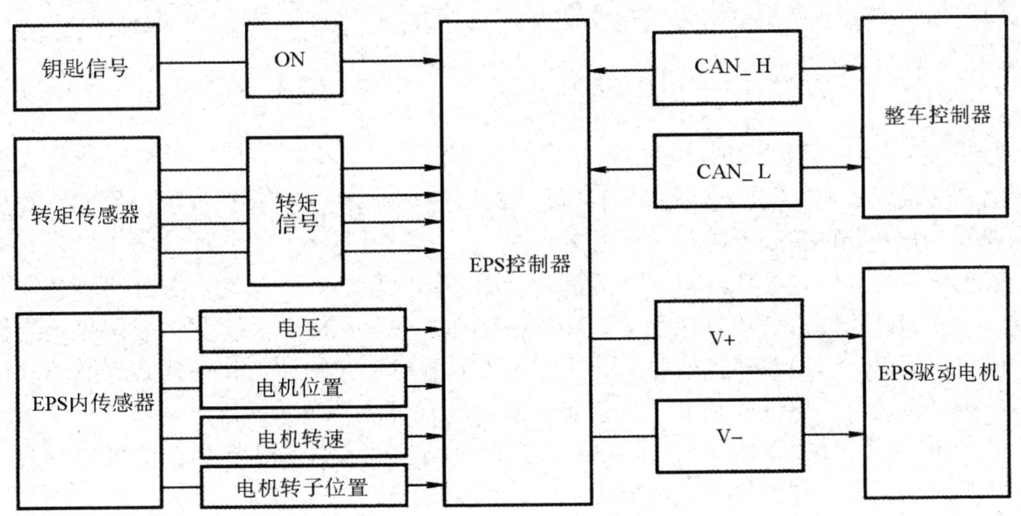

图 7-27　EPS 控制系统图

三、EPS 常见故障诊断与检修

EPS 系统常见故障见表 7-14，出现故障时诊断流程如图 7-28 所示。

表 7-14 EPS 系统常见故障

故障现象	可能的原因	修理方法
转向沉重	接插件未插好	插好插头
	线束接触不良或破损	更换线束
	转向盘安装不正确（扭曲）	正确安装转向盘
	转矩传感器性能不良	更换转向器
	转向器故障	更换转向器
	车速传感器性能不良	更换车速传感器
	主熔丝和线路熔丝烧坏	更换熔丝
	EPS 控制器故障	更换控制器
在直行时车总是偏向一侧	转矩传感器性能不良	更换转向器
转向力不平顺	转矩传感器性能不良	更换转向器

任务六　旋钮式电子换挡

电动汽车变速杆从手动变速杆发展到手自一体变速杆、电子式变速杆再到旋钮式电子变速杆（见图 7-29）。在起动车辆后，可以采用旋转方式在 R 位（倒挡）、N 位（空挡）、D 位（前进挡）、E 挡位之间切换。变速器的 R-N-D-E 动作，由旋钮轨道来实现，同时仪表面板上显示相对应的挡位字母。

一、本田冠道自动挡挡位图解

（一）冠道换挡按钮位置（见图 7-30）

电源模式处于 ON，将车停在安全区域，然后施加制动并按下 P 按钮，使变速器处于驻车挡。P 按钮侧的指示灯点亮（见图 7-31）。

警告离开时如果未确认驻车挡是否接合，则车辆可能会意外移动。务必将脚放在制动踏板上，直到确认挡位指示灯显示 P。若要避免故障或意外接合：切勿将液体溅到换挡按钮上或周围区域。切勿在换挡按钮上或周围区域放置或丢落物体。切勿让乘客或小孩操作换挡按钮。换挡位置位于 N 位置，踩下加速踏板时，蜂鸣器鸣响。踩下制动踏板，切换挡位至 D 或 R 位置。在极端低温下（-30 ℃）切换挡位时，显示切换挡位前可能有短时延迟。驾驶前必须确认您已挂入正确挡位。

（二）本田冠道挂挡方法

本田冠道自动挡车型的挡位有 P、N、R、D/S。挂挡方法如下。

（1）D：即前进挡，按照提示踩刹车，按住挡把侧按钮，顺势往下推挡把。

（2）S：运动挡，在 D 挡位置，按住挡把侧面的按键，往后拉。取消 S 挡，在当前位置继续往后拉动。（此时无需踩下刹车踏板操作）

（3）N：空挡，用拇指按住侧键，顺势往前推动挡把。

（4）R：倒车挡，按住侧边按钮，继续将挡把向前推动。

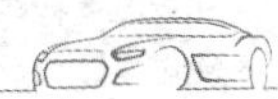

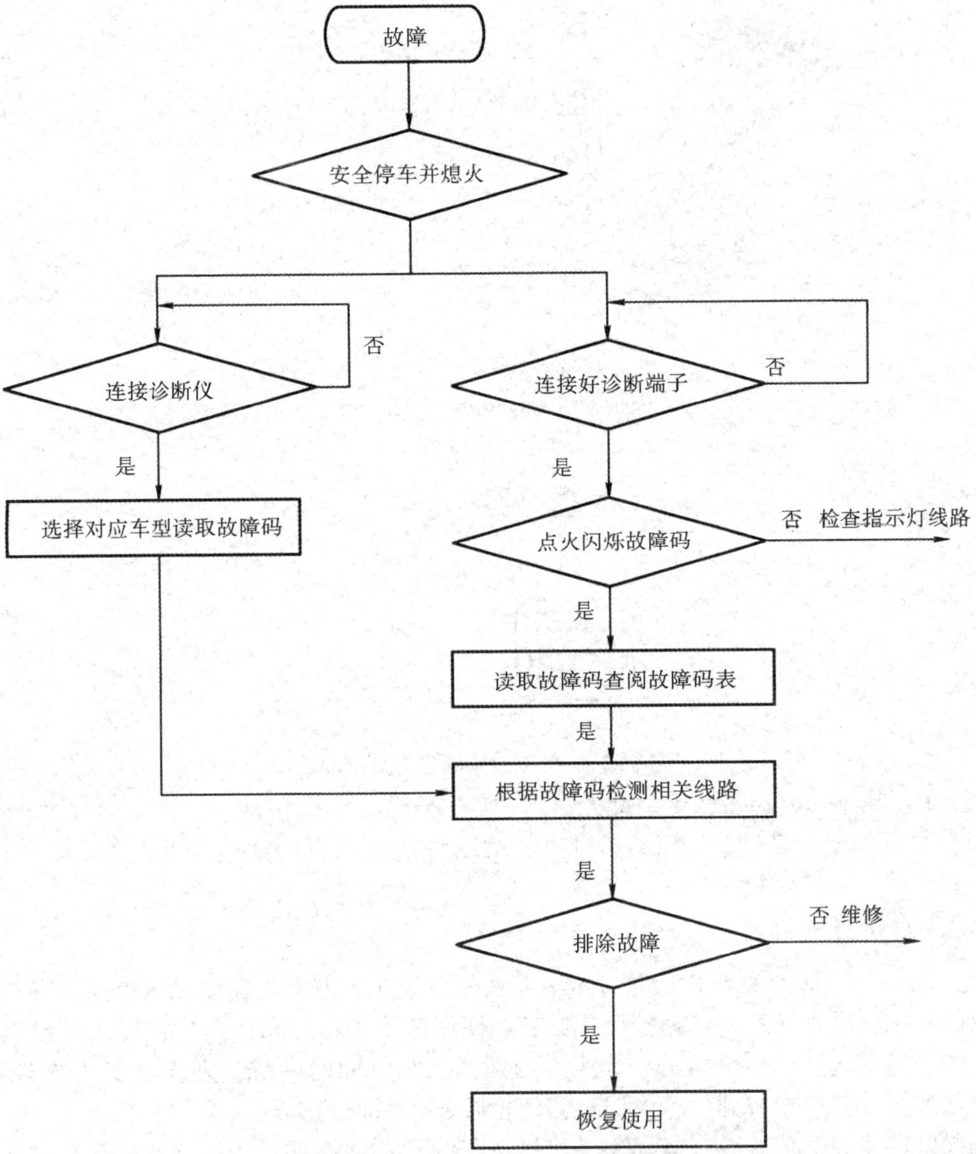
故障
安全停车并熄火
连接诊断仪
否
是
选择对应车型读取故障码
连接好诊断端子
否
是
点火闪烁故障码
否 检查指示灯线路
是
读取故障码查阅故障码表
是
根据故障码检测相关线路
是
排除故障
否 维修
是
恢复使用

图 7－28 EPS 故障诊断流程

R N D E

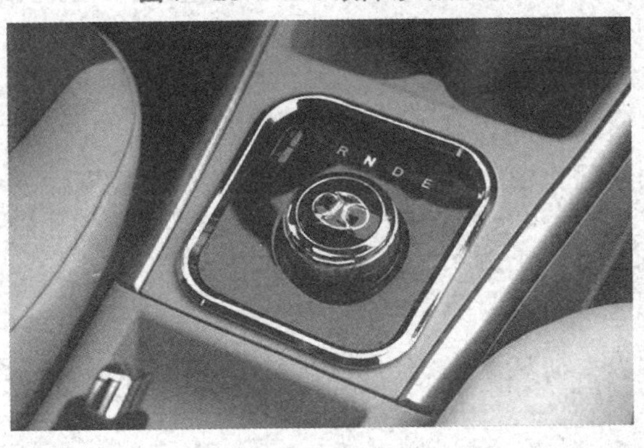

图 7－29 旋钮式电子变速杆

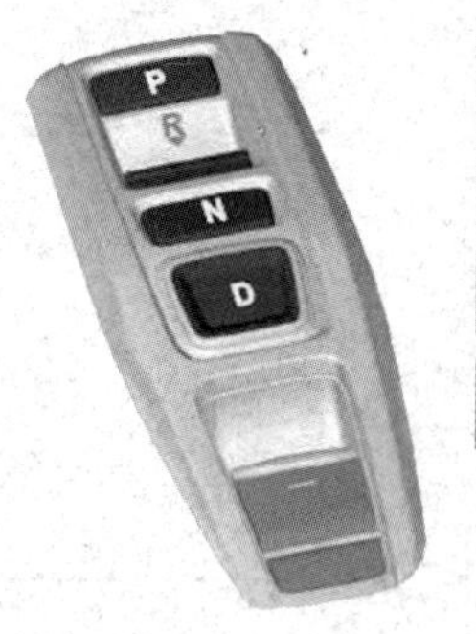

P 驻车档
停车或启动发动机时使用

R 倒车档
倒车时使用

N 空档
怠速时使用

D 驾驶档
用于:
- 正常驾驶(在1档到9档之间自动换档)
- 暂时以手动换档模式驾驶时
- 在手动换档模式下驾驶(以SPORT模式驾驶时)

图 7－30　冠道换挡按钮位置

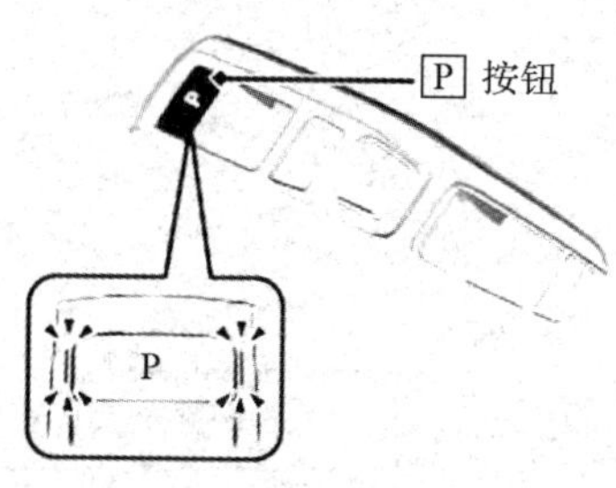

图 7－31　P 按钮侧的指示灯点亮

（5）P：驻车挡，长按挡位侧键旁边的“P”按键。

（6）手动模式：在“D”挡的基础上，继续将挡把往右边推移即可切入手动挡操作。挡把上移升挡，下拉降挡。

（三）冠道换挡操作

图 7－32 中从 D 挡换至 R 挡时，车辆需要完全停止，并踩下制动踏板保持制动力，选择想要的挡位，反之亦然。选择挡位按钮前，使用挡位指示灯和换挡按钮指示灯检查挡位位置。如果当前选择的挡位指示灯或所有的挡位指示灯同时闪烁，则表示变速器有问题。避免突然加速，并请尽快到广汽本田特约销售服务店检查变速器。

如果以转速表红色区域转速（发动机转速限制）或更高的发动机转速行驶，可能会切断燃油供应。如果发生这种情况，您可能会感到轻微颠簸。变速器处于 N、P 或 R 位置，发动机转速增加时，即使发动机转速没有达到转速表红色区域，燃油供应也可能会切断。可在多功能综合信息显示屏选择是否激活选择 R 挡时的蜂鸣声。

在冰冻或低于冰点时，按键式电子换挡响应可能会延迟。切换挡位至 P 前，务必踩下制动踏板。并在松开制动踏板前，确认挡位位置指示灯显示 P 。

（1）打开驾驶员车门时，以下情况下如果打开驾驶员车门，挡位将自动切换至 P 挡。发动机运行时，车辆静止或以小于 2 km/h 的车速移动。变速器位于 P 以外的位置。您已解开了驾驶员侧安全带。

踩下制动踏板，如果手动从 P 挡位切换挡位，则一旦松开制动踏板，挡位位置将自动返回至 P 位置。

（2）关闭电源模式车辆静止时，如果关闭发动机且变速器位于 P 以外的位置，则挡位将自动切换至 P 挡。

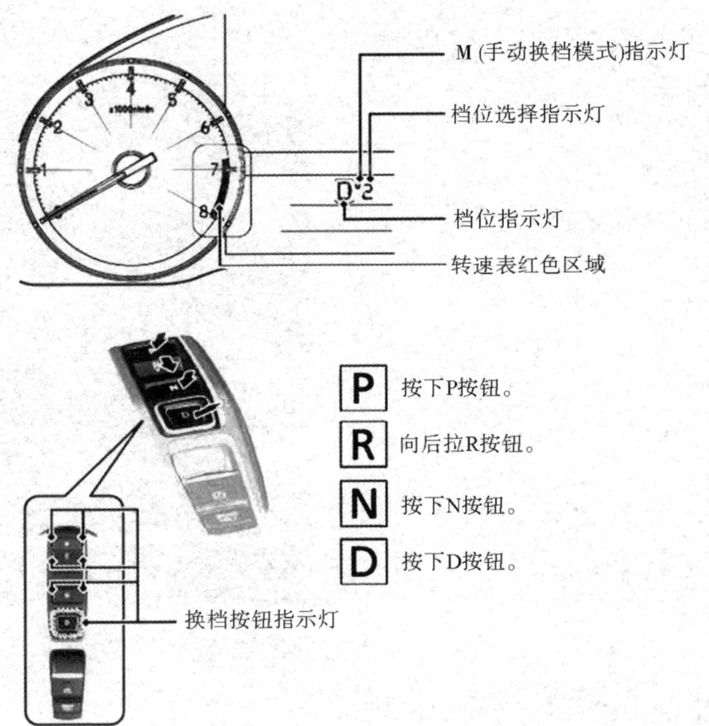

图 7－32　冠道换挡操作

（3）如果想要保持变速器处于位置“洗车模式”。

发动机运行：①踩住制动踏板。②选择 N 挡。③5 s 内，按下 ENGINE START/STOP 按钮。电源模式切换至 ACCESSORY。车内没有人，车辆被拉过一个传送带式自动洗车设备时，必须使用洗车模式。

电源模式位于 ACCESSORY 模式，挡位处于 N 挡 15 min 后，将自动切换至 P 挡且电源模式切换至 OFF。

（4）选择挡位的限制，在某些可能会导致意外事故的情况下（见图 7－33），您将无法选择挡位。

（四）本田冠道换挡操作技巧

1. 换挡拨片的使用

刹车踏板先踩死，换入“D”挡，而往右边推动挡位把手。此时开始，就能通过换挡拨片“＋”升挡，“－”降挡。手动模式更加贴合实际用车情况，精确控制车辆扭矩与速度。

2. 不同路况的挡位选择

（1）上坡。通过“D－”降挡获得更大的扭矩，让动力输出更加强劲。但是有时候动力充足，也需要用“D＋”升挡以此防止动力浪费损害发动机以及变速箱。坡度较大时，可以调用 S 挡介入。

（2）下坡。下坡时可以通过“D＋”升至 D2 或 D3 挡，下坡需要用到发动机的牵制效果。2 或 3 挡能够满足动力的需求，又不需要 1 挡那么高的扭矩。当发现车辆逐渐加速下坡无法控制，就要及时利用“D－”降挡增强牵制发动机的效果。

变速器位置:	1.出现以下情况:	2.不能选择:	3.档位保持在或切换至:	如何切换档位
P	未踩下制动踏板。	其它档位。	P	松开加速踏板并踩下制动踏板。
	踩下加速踏板。			
N	没有踩下制动踏板，车辆低速移动。		N	
	踩下加速踏板，车辆低速移动。			
N 或 D	车辆正在向前行驶。	R		将车停在安全区域，踩下制动踏板并选择合适的档位。
R 或 N	车辆正在倒车。	D		
R N 或 D	车辆正在行驶。	不能按下 P 按钮		
N 或 D	未踩下制动踏板。	R	N 或 D	请踩下制动踏板。

图 7－33　选择挡位的限制可能会导致意外

二、2019 款福克斯旋钮换挡使用操作

2019 福克斯采用了旋钮式换挡机构，与我们传统的自动挡车型是一样的，分别是 P、R、N 以及 D 挡了，中间的 M 键为手动挡模式切换按键，切换到手动模式之后可以配和方向盘换挡拨片一起使用，另外，这套换挡机构聪明的地方在于：N 挡状态下，如果打开车门或者熄火，车辆会自动切换到 P 挡。想要长时间保持空挡状态，长按 M 键就可以了。见图 7－34。

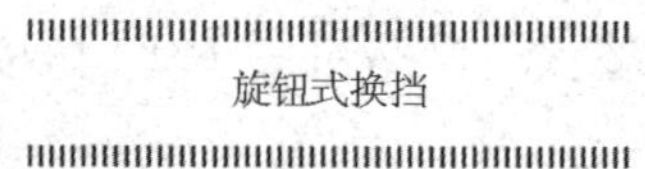

图 7－34　福克斯换挡旋钮

在旋钮换挡的下方还集合新车的一部分功能，例如像 AUTO HOLD、发动机启停、自动泊车以及倒车影像，等等。

任务七 任务实训

一、任务实施

1. 实施准备

(1) 实训物品准备

①新能源汽车整车。

②车辆防护用品三件套。

③高压安全用电警示牌。

④警示隔离带。

⑤车辆举升机。

(2) 安全注意事项

①任务实施场地拉设警示隔离带。

②关闭点火开关，断开低压电池负极连接线。

③在前机舱内放置高压安全用电警示牌。

④严禁用手直接触摸动力电缆（橙色部分）。

⑤举升车辆时，必须规范操作举升机。

2. 实施内容

(1) 电控制动系统组成部件认知。

(2) 电动制动系统数据流读取。

3. 实施记录

(1) 实车查找断开制动系统零部件，并填写任务实施记录单，见表7-15。

表7-15 任务实施记录单

序号	部件名称	安装位置	部件功能
1	真空罐		
2	电动真空泵		
3	制动控制单元		
4	真空压力传感器		

(2) 读取制动系统数据流，如图7-35所示。

二、任务检验

1. 自检

参与实训练习的学员自我完成质量检验。

2. 互检

由完成相同实操练习项目的学员相互进行质量检验。

3. 终检

由专职质量管理人员（教师）进行专业检查。

新能源>>车辆选择>>EV系列>>EV160-2016款>>系统选择>>整车控制器(VCU)>>数据流		
名称	当前值	单位
车速	0	km/h
真空泵使能状态	未使能	
真空泵工作电流	5	A
真空压力	60	kPa

图 7－35　制动系统数据流

三、教学评估

由教师依据教学目标对教学过程及结果进行价值判断。

思考与练习

1. 空调系统常见故障有哪些，如何排除？
2. 冷却系统常见故障如何维修？
3. 如何诊断制动系统的故障？

项目八　车联网应用技术

学习目标

☆ 了解车辆远程监控系统的作用

☆ 了解车辆远程监控系统的监控内容

☆ 掌握手机 APP 安装及操作

任务一　车辆远程监控系统

车联网是信息化与工业化深度融合的重要领域，具有应用空间广、产业潜力大、社会效益强的特点，对带动汽车、电子、信息通信、交通等行业的产业转型升级具有重要意义。

随着技术发展和研究的深入，车联网概念不断演进。现阶段对车联网的定义是：借助新一代信息和通信技术，提升汽车智能化水平，实现车与外部（人、车、路、服务平台）的全方位网络连接，打造汽车和交通服务新业态，从而提高交通效率，改善汽车驾乘感受，为用户提供智能、舒适、安全、节能、高效的综合服务。

一、车联网概述

车联网介绍

车联网（见图 8－1）是物联网在智能交通系统（ITS）领域的延伸，是以车内网、车际网和车载移动互联网为基础，按照约定的通信协议和数据交互标准，在车—车、车—互联网之间，进行无线通信和信息交换，以实现智能交通管理控制、车辆智能化控制和智能动态信息服务的一体化网络。

具体地说车联网是指通过装载在车辆上的电子设备通过无线技术，实现在信息网络平台上对所有车辆的静、动态信息进行提取和有效利用。

车内网：通过应用成熟的总线技术建立一个标准化的整车网络实现电器间控制信号及状态信息在整车网络上的传递，实现车载电器的控制、状态监控以及故障诊断等功能。

车外网：无线通信技术把车载终端与外部网络连接起来，实现车车两间、车辆和固定设施。

汽车智能化、网络连接、服务新业态是构成车联网的三个核心要素。图 8－1 给出了车联网总体示意图。值得指出的是，车联网并非单纯的网络概念，而是一个包含了汽车、通信网络和诸多相关应用与服务的产业生态。

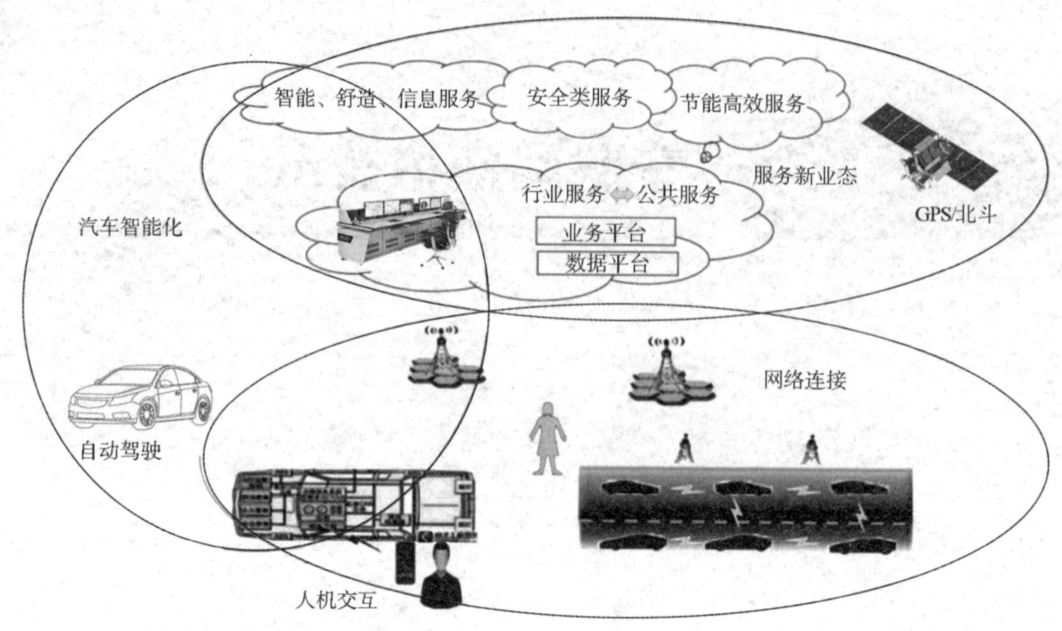

图 8－1　车联网总体示意

（一）车联网系统架构（见图 8－2）

1. 车联网感知层

由多种传感器及传感器网关构成，包括车载传感器和路侧传感器。感知层是车联网的神经末梢，是信息的来源。通过这些传感器，可以提供车辆的行驶状态信息、运输物品的相关信息、交通状态信息、道路环境信息等。

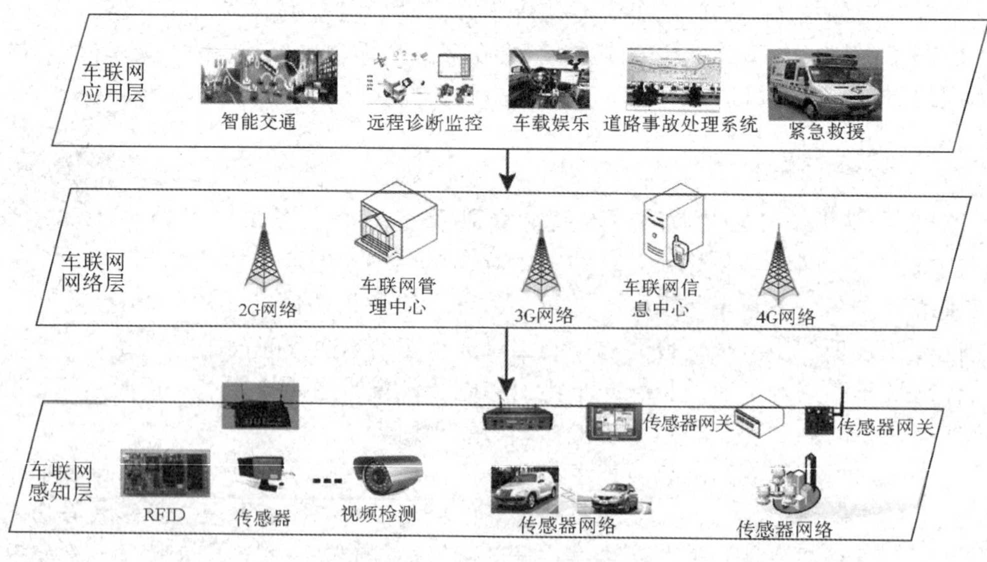

图 8－2　车联网的系统架构

2. 车联网网络层

由车载网络、互联网、无线通信网、网络管理系统等构成。网络层在车联网中充当神经中枢和大脑。它能够传递和处理从感知层获取的信息，目前已经制定了车载环境下无线

接入的相关协议。

3. 车联网应用层

主要是与其他子系统的接口，根据不同用户的需求提供不同的应用，如道路事故处理、紧急事故救援、动态交通诱导、停车诱导、危险品运输监控等。

（二）车联网网络架构（见图8－3）

车联网的网络结构主要由车车之间的通信和车路之间的通信组成。车辆通过安装的车载单元（Onboard Unit，OBU）与其他车辆或者固定设施进行通信。这里的固定设施通常指的是路侧单元（Roadside Unit，RSU）。载单元包括信息采集模块、定位模块、通信模块等。路侧单元一方面将车辆的信息上传至管理控制中心，另一方面也将控制中心下发的指令和相关信息传给车辆。控制中心将其管理区域内路侧单元获取的车辆相关信息进行汇总以对交通状况进行实时监控，包括管理模块、紧急事故处理模块、动态交通诱导模块、停车诱导模块等。此外，驾驶员和乘客也可通过智能手机等设备与车载单元和路侧单元连接，获取所需的信息。

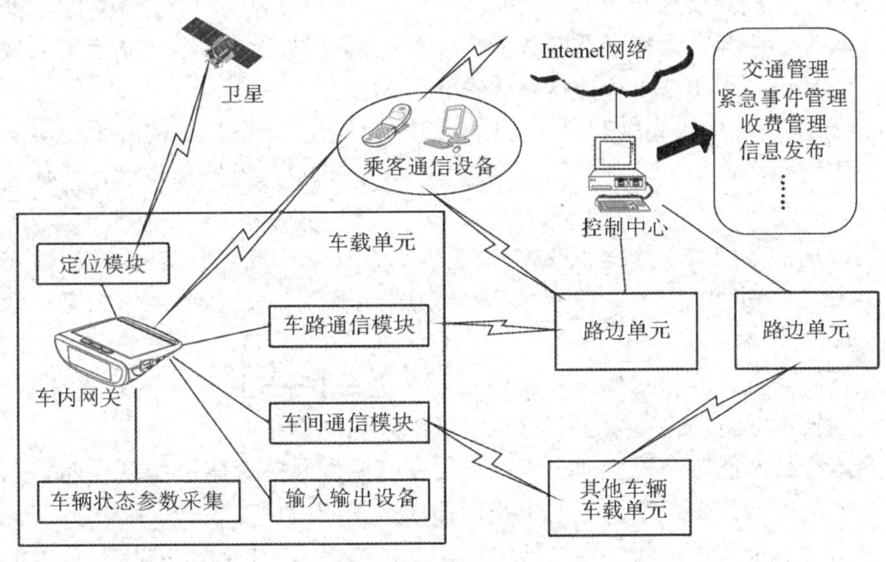

图8－3　车联网的网络架构

（三）车联网关键技术（见图8－4）

车联网就是将多种先进技术有机地运用于整个交通运输管理体系而建立起的一种实时的、准确的、高效的交通运输管理和控制系统以及由此衍生的诸多增值服务。

1. 传感器技术及传感互联网信息整合

“车联网是车、路、人之间的网络”，车联网中的传感技术应用主要是车的传感器网络和路的传感器网络。

车的传感器网络又可分为车内传感器网络和车外传感器网络。车内传感器网络是向人提供关于车的状况信息的网络；车外传感器网络就是用来感应车外环境状况的传感器网络。

路的传感器网络指那些铺设在路上和路边的传感器构成的网络，这些传感器用于感知和传递路的状况信息。

无论是车内、车外，还是道路的传感器网络，都起到了车内状况和环境感知的作用，整合传感网络信息，将是“车联网”重要的也是极具特色的技术发展内容。

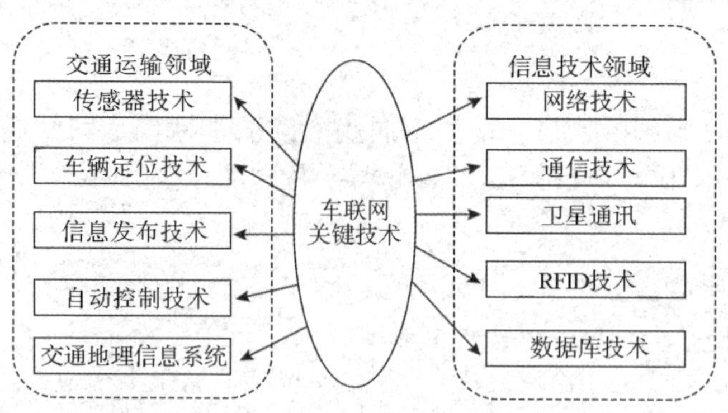

图 8－4　车联网关键技术

2. 开放的、智能的车载终端系统平台

就像互联网中的电脑、移动互联网中的手机，车载终端是车主获取车联网最终价值的媒介，是网络中最为重要的节点。

当前，很多车载导航娱乐终端并不适合“车联网”的发展，譬如用得最多的 WinCE 车载终端，其核心原因是采用了非开放的、非智能的终端系统平台。基于不开放、不够智能的终端系统平台是很难被打造成网络生态系统的。

Android 系统，源代码完全开放，可以被裁减和优化。因此 Android 也将会成为车联网终端系统的主流操作系统，其天然为网络应用而生，并专为触摸操作设计，体验良好、可个性化定制。

在前装市场上荣威 350 及其 I NKANET，在后装市场上路畅科技的 Android 平台产品已经证明了 Android 的价值，Android 将是车载娱乐导航终端平台操作系统的必然选择。

3. 语音识别技术

无论多好的触摸体验，对驾车者来说，行车过程中触摸操作终端系统都是不安全的，因此语音识别技术显得尤为重要，它将是车联网发展的助推器。

成熟的语音技术能够让司机通过嘴巴来对车联网发号施令索取服务，能够用耳朵来接收车联网提供的服务，是最适合车这个快速移动空间的应用体验的。

成熟的语音识别技术依赖于强大的语料库及运算能力，因此车载语音技术的发展本身就得依赖于网络，因为车载终端的存储能力和运算能力都无法解决好非固定命令的语音识别技术，而必须要采用基于服务端技术的“云识别”技术。

4. 服务端计算与服务整合技术

除上述语音识别要用到云计算技术外，很多应用和服务的提供都要采用服务端计算、云计算的技术。

云计算将在车联网中用于分析计算路况、大规模车辆路径规划、智能交通调度计、基于庞大案例的车辆诊断计算等。车联网和互联网、移动互联网一样都得采用服务整合来实现服务创新、提供增值服务。

通过服务整合，可以使车载终端获得更合适更有价值的服务，如呼叫中心服务与车险业务整合、远程诊断与现场服务预约整合、位置服务与商家服务整合，等等。

5. 通信及其应用技术

车联网主要依赖两方面的通信技术：短距离无线通信和远距离的移动通信技术。

短距离无线通信技术主要是 RFID 传感设备及类似 WIFI 等 2. 4G 通信技术，远距离的

移动通信技术主要是 GPRS、3G、LTE、4G 等移动通信技术。

这两类通信技术不是车联网的独有技术，因此技术发展重点主要是这些通信技术的应用，包括高速公路及停车场自动缴费、无线设备互联等短距离无线通信应用及 VOIP 应用（车友在线、车队领航等）、监控调度数据包传输、视频监控等移动通信技术应用。

（四）典型应用——智能停车服务系统

目前国内外停车管理公司大多是针对某一方面的研究，例如停车场的停车诱导系统，停车场管理的停车收费系统等，取得了良好的效果。

基于车联网技术的停车场管理系统是集感应式智能卡技术、计算机网络、视频监控、图像识别与处理及自动控制技术于一体，对停车场内的车辆进行自动化管理，包括车辆身份判断、出入控制、车牌自动识别、车位检索、车位引导、图像显示、时间计算、费用收取及核查、语音提示、自动取（收）卡等。它能有效地控制车辆通行情况，记录所有详细资料并自动计算收费额度，实现对场内车辆与收费的安全管理。

1. 总体架构

停车场管理系统主要由前端设备、传输网络、管理中心组成。

前端设备主要用来采集数据、发布信息、语音提示、报警显示等。前端设备包括信息读写器、地磁感应器、车牌识别及视频监控摄像机、栏杆机、扬声器和信息显示牌等。

传输网络主要用来将前端收集到的信息发送到管理中心。网络环境支持 WIFI、3G/4G、GPRS 技术。

管理中心提供的功能包括设备管理、车辆管理、计费管理、用户管理、记录与查询管理和数据统计等。由应用服务器、WEB 服务器、数据库服务器、客户端和呼叫中心组成。

2. 系统工作流程

（1）车辆驶入停车场的过程（见图 8－5）。

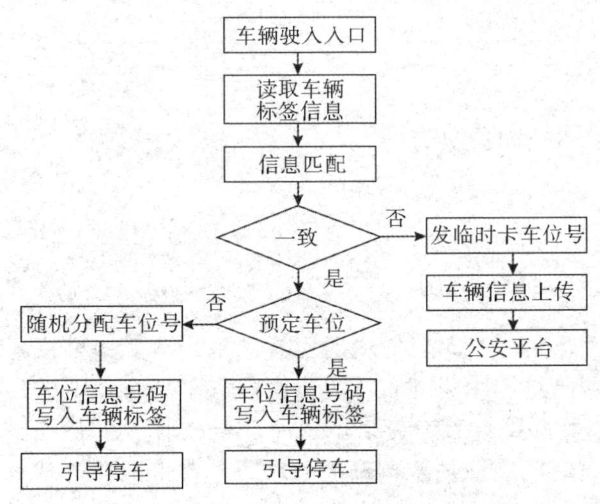

图 8－5　入口工作流程图

①车位信息提示。当车辆进入停车场，入口处有个信息显示牌，显示车位已用位数及空余的位数，若停车场没有空余车位，信息显示牌提示车位已满。

②车辆信息识别。路侧读写器从车载终端中获取相关车辆信息，送系统主机处理，同时对车辆进行车牌识别。

③车辆信息匹配。判断读取到车辆标签信息与车牌信息是否匹配。匹配过程分 2 种情况。

④匹配结果处理。匹配结果的处理过程，如入口工作流程图所述。车辆标签与车牌信息匹配成功，则为常规车辆。若是已预定车位的车辆，读写器将车位号信息写入车辆标签，系统通过语音提示引导车辆驶入停车位置，并开始收费计时。若不是预定的车辆，系统分配一个车位号，读写器将车位号信息写入车辆标签，系统通过语音提示引导车

辆驶入停车位置，并开始收费计时。若车辆标签信息与车牌信息不匹配，则为异常车辆。系统提示驾驶员在入口处自动取卡机取临时卡 + 车位号（纸条），并将该车辆的信息上传到公安部门备案，此时系统开始收费计时。

（2）停车过程。停车场分为 2 块区域：异常车辆区域、常规车辆区域。

在车辆引导过程中，有车辆标签的车，通过语音引导找到正确的停车位置，当车辆错误停入车位，系统会报警提示。持有临时停车卡的车辆，需通过信息提示牌指引车辆行驶到临时卡区域。每个停车位有自动锁车器，当车辆停到车位后系统自动上锁。

（3）车辆离开停车场的工作流程。临时停车卡停车区域旁设有自助缴费机，持有临时卡的车辆需要自助缴费。缴费成功后，系统自动将车位锁解除，车辆驶出停车场。持有车辆标签的车辆驶出停车场出口，读写器自动读取车辆标签获取停车时间，系统自动收取费额。费额显示在路侧信息显示牌上，车辆驶过完成交易。

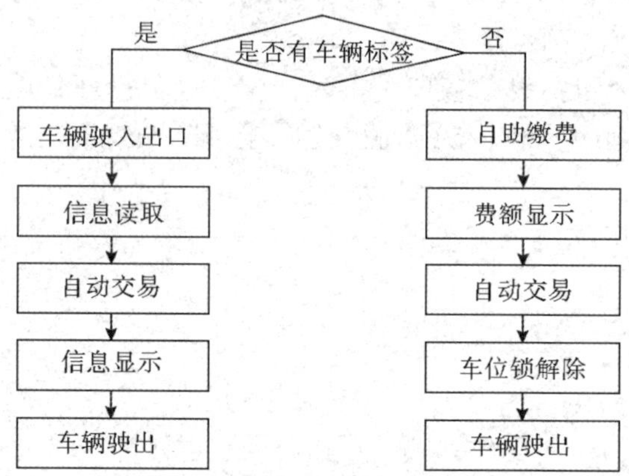

图 8－6　车辆离开停车场的工作流程

二、车辆远程监控系统作用

如今的汽车已经不再是一个单一的交通工具，越来越多的科技元素逐渐体现在各厂商的新款车型中，车联网已经和物联网一样成为许多汽车厂商和用户共同关注的领域。

车联网（IOV）是物联网在汽车领域的一个细分应用，2013 年 8 月 27 日，由中国汽车工程学会发起的“车联网产业技术创新战略联盟”在北京正式成立。根据车联网产业技术创新战略联盟的定义，车联网是以车内网、车际网和车载移动互联网为基础，按照约定的通信协议和数据交互标准，在车—X（X 是车、路、行人及互联网等）之间，进行无线通信和信息交换的大系统网络，是能够实现智能化交通管理、智能动态信息服务和车辆智能化控制的一体化网络，是物联网技术在交通系统领域的典型应用。

车辆远程监控系统能够为整车厂家的研发部门提供数据积累，为售后服务部门提供故障信息，同时也满足了政府部门对于新能源汽车的监控要求。政府部门对于新能源汽车的

安全管理条例有工信部的《新能源汽车生产企业及产品准入管理规则》、科技部的《关于加强节能与新能源汽车示范推广安全管理工作的函》、北京市的《电动汽车远程监控技术规范》以及上海的《电动乘用车运行安全和维护保障技术规范》等相关文件。

车辆远程监控系统由车载数据采集终端和远程管理服务平台组成。车载终端通过 CAN 总线实时获取整车控制器的内部数据，采集动力电池及驱动电机等部件的运行数据，并结合 GPS 获取车辆位置和行驶速度等信息。然后将这些信息存储在车载终端的 SD 卡里面，最后通过 GPRS/3G 无线网络发送到远程管理服务平台，用户可以通过连接到网络的计算机对车辆运行数据进行监控和分析。远程监控系统能够为车辆的技术升级、生产运营、维修保养和安全管理提供精准的保障服务。

车载数据采集终端是一个电子控制单元，如图 8 – 7 所示（以北汽新能源 EV160 为例）。它能够实时监控并存储车辆的电池信息、电机控制器信息、整车信息、车辆运行状态信息以及故障信息等内容。远程管理服务平台实现对车辆的远程监控、故障诊断和信息服务。用户可以通过浏览器登录远程服务平台，对车辆进行管理以及获取相应的服务信息。

图 8 – 7　车载数据采集终端

车载数据采集终端上面有多个指示灯，每个指示灯代表不同的工作状态，见表 8 – 1。

表 8 – 1　车载数据采集终端指示灯说明

序号	指示灯名称	颜色	状态	说明
1	RUN	红色	闪烁，1 Hz	终端运行正常
			其他	终端运行故障
2	GPRS	绿色	亮	GPRS 已登录
			灭	GPRS 未登录
3	CPS	绿色	亮	GPS 已定位
			灭	GPS 未定位
4	CAN1	绿色	亮	CAN1 接收到数据
			灭	CAN1 未接收到数据
5	CAN2	绿色	亮	CAN2 接收到数据
			灭	CAN2 未接收到数据
6	SD	绿色	亮	SD 卡正在记录数据
			闪烁，1 Hz	SD 卡暂停记录数据
			闪烁，2 Hz	SD 卡未格式化或容量已满
			灭	无 SD 卡或 SD 卡加锁（只读）

三、车辆远程监控内容

车辆远程监控系统在输入主界面用户名和密码后即可开启汽车远程信息服务系统，然后输入某一车辆的底盘号后 8 位查询该车的运行数据，如图 8 – 7 所示（以江淮新能源汽车车辆远程监控系统为例）。

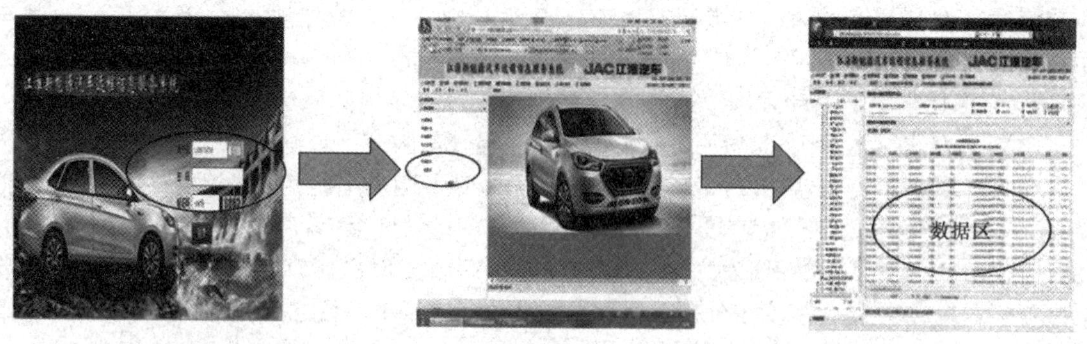

图 8－7　车辆远程监控系统

（一）远程监控系统操作界面

车辆远程监控系统的操作界面主要包括用户功能区、终端快捷搜索栏、页面导航、菜单导航和页面内容 5 个区域。

（1）用户功能区。用户功能区主要用来显示登录信息和用户功能按钮，可以查看系统通知、用户邮件和退出系统。

（2）终端快捷搜索栏。在终端快捷搜索栏输入终端号并按回车键，即可快速查询并显示该终端信息。

（3）页面导航区域。页面导航区域显示当前打开的页面名称。

（4）菜单导航区域。菜单导航区域是有分级层次的导航菜单，选中要打开的页面后，页面内容将显示在右侧的页面内容区域内。

（5）页面内容区域。当进入车辆远程监控系统后，在页面内容区域的客户端列表中点击图标，选定想要观察的客户端，然后在选用实时监控、历史数据等功能时，都会看到该客户端相应的数据信息。

（二）实时监控信息

车辆远程监控系统实时监控车辆的运行数据信息，由客户端根据设置的策略进行数据上传，信息平台将收集到的数据进行分类实时显示，主要包括综合信息、整车信息、极值信息、电压报表、温度报表、电压状态图、温度状态图、总电压电流状态图以及卫星定位信息等内容。

1. 综合信息

综合信息是指常用监控数据的集合。监控数据主要包括挡位、充放电状态、总电压、总电流、SOC、电池组平均温度、电机控制器温度、最高电压、最低电压、电机控制器温度、电机电压、电机电流、电机转速以及运行模式等信息。综合信息显示方式示例见表 8－2。

表 8－2　综合信息显示方式示例

<table>
<tr><th>综合信息</th><th>整车信息</th><th>极值信息</th><th>电压报表</th><th>温度报表</th><th>温度范围</th><th>卫星定位</th></tr>
<tr><td colspan="7">数据上报时间：</td></tr>
<tr><td>挡位</td><td>充放电状态</td><td colspan="2">总电压</td><td>总电流</td><td>SOC</td><td>电池组平均温度</td></tr>
<tr><td></td><td></td><td colspan="2"></td><td></td><td></td><td></td></tr>
<tr><td>最高电压</td><td>最低电压</td><td colspan="2">电机控制器温度</td><td>电机电压</td><td>电机电流</td><td>电机转速</td></tr>
<tr><td></td><td></td><td colspan="2"></td><td></td><td></td><td></td></tr>
</table>

2. 整车信息

整车信息监控数据包括挡位、充放电状态、总电压、总电流、SOC、电池组平均温度、电机控制器温度、电机电压、电机电流、电机转速以及运行模式等内容。

3. 极值信息

极值信息监控数据主要包括最高电压电池组序号、最高电压单体蓄电池序号、单体电池最高电压、最低电压蓄电池组序号、最低电压单体蓄电池序号、单体电池最低电压、最高温度蓄电池组序号、最高温度探针序号、最高温度、最低温度蓄电池组序号、最低温度探针序号、最低温度、剩余能量以及电池绝缘电阻等内容。

4. 电压报表

电压报表监控数据为各组电池的实时电压情况。

5. 温度报表

温度报表监控数据为各组电池的实时温度情况。

6. 电压状态图

电压状态图以实时图形的方式展示各组电池的电压状态。

7. 温度状态图

温度状态图以实时图形的方式展示各组电池的温度状态。

8. 总电压电流状态图

总电压电流状态图以实时图形的方式展示总电压和总电流的变化趋势。

9. 卫星定位信息

卫星定位信息监控数据为车辆 GPS 卫星定位信息，主要包括经度、纬度、速度、方向、定位状态以及地图显示车辆当前位置等信息。

10. 历史数据

历史数据提供对车辆运行历史数据的查询检索，主要包括整车信息、极值信息、蓄电池电压、蓄电池温度以及卫星定位等历史数据。

11. 统计图表

统计图表是指根据车辆运行数据形成各类统计图表，协助用户进行数据比对和分析工作，主要包括电池电压对比统计图、电池温度对比统计图、电池包电压对比统计图、电池电压电流对比统计图、总电压变化情况统计图、总电流变化情况统计图以及 SOC 变化情况统计图等内容。

12. 警告信息

警告信息用来查询车载终端上报的报警信息，包括实时报警信息监控和历史报警信息查询两项内容。实时监控能够实时在线诊断，主动识别车辆的潜在故障，向客户发出人性化保养提示。历史警告信息能够按指定时间段查询车载终端的历史警告记录。警告信息根据故障的严重程度分为警告、一般、重要和严重四个警告等级。

四、车联网应用前景

（一）自动驾驶

自动驾驶是通过车载传感系统以及车与外界的通信，感知周围环境，规划行车路线并控制车辆行驶。主要包含环境感知、网络通信、驾驶决策、执行控制等几大板块。

目前自动驾驶技术的发展方向日趋明确，技术体系基本形成，ADAS 已经成为自动驾驶商业化的切入点，如前向碰撞预警、车道偏离预警、障碍物预警、智能泊车等技术已经开始广泛使用并得到认可。2013 年到 2017 年，智能辅助驾驶市场规模以每年 33% 的速度增长。

车联网为自动驾驶的实现提供保障。自 2010 年谷歌开始布局自动驾驶车辆研发测试后，日本、欧洲、中国也紧跟其步伐，加入自动驾驶研发大军。除了谷歌、百度等互联网企业，还有奔驰、沃尔沃、长安等车企，以及博世、西门子等汽车零部件供应商都参与其中。

在 2017 年 4 月上海车展上，百度宣布了自动驾驶“Apollo”新计划，将免费向汽车行业开放其自动驾驶平台，包含一套完整的软硬件和服务解决方案，以促进自动驾驶技术的发展和普及。

相比于谷歌、百度等互联网公司，传统汽车企业对于自动驾驶保持谨慎的态度。在更大程度上，传统车企选择自动驾驶是互联网企业倒逼的结果，是为了避免在新一轮的“互联网 +”智能汽车改造中沦为互联网公司的代工厂。当然，车企的谨慎是有原因的。

首先，一点一点地引入自动驾驶来升级现有的车辆安全设备有利于控制成本；

其次，由自动驾驶事故衍生出来的法律责任风险也是不可忽视的问题；

当然，最重要的是，渐进的方式不会颠覆汽车厂现有的商业模式。

对于未来的商业模式，互联网公司可能并不会自己造车，而是将自动驾驶控制软件提供给汽车厂商。这样的商业模式被微软（Windows）和谷歌（Android）证明是完全可行的，反倒是那些硬件厂商在苦苦找寻市场利润。

（二）主动安全

交通安全一直是各国政府关注的焦点。据世界卫生组织统计，每年约有 125 万人死于交通事故，中国更是高居榜首，由此带来的经济损失巨大。汽车安全性正在经历从被动安全到主动安全的变革，未来再进一步演进到智能安全。

现阶段，ADAS 的应用在主动安全方面提供了诸多解决方案，如自动紧急刹车（AEB），即当车辆与障碍物距离小于一定安全距离时能主动产生刹车效果；车道偏离预警（LDW），即当车辆检测到汽车偏离车道时，发出报警信号等。表 8 - 3 是几种常见的 ADAS 系统功能应用。

表 8 - 3　常见的 ADAS 系统功能应用

名称		名称	
简写	全称	简写	全称
AEB	自动紧急刹车	ACC	自适应巡航
FCW	前向碰撞预警	BSD	盲点监测
LDW	车道偏离预警	NV	夜视辅助
LKA	车道保持辅助	APS	辅助泊车系统

目前，ADAS 产品规模化应用正在加速发展，通用、福特、丰田、沃尔沃等车企已将部分 ADAS 应用作为自己中、高端车型的标配。随着技术的成熟和成本的下降，ADAS 产品还将逐步向中低端车型渗透。

目前，ADAS 市场主要被国外供应商垄断，在乘用车市场，大陆、德尔福、电装、奥托立夫和博世占据了约 65% 的市场，国内高校、企业也加快了自主创新步伐，积极在该领

域进行布局。

（三）共享经济

汽车共享理念起源于德国和瑞士，最初的参与者都是熟人和朋友之间，后来开始进入商业化运作。国外经验表明，车辆共享可以提高高峰期车辆使用效率，缓解交通拥堵。

从 20 世纪 70 年代开始，新加坡在交通高峰期实施通行证制度，私家车如果车辆空乘会罚款。美国旧金山在早晚高峰期，如果私家车仅有驾驶员 1 人的话，需要缴纳 4～5 美元的过桥费，而搭乘 3 人以上可以免费通行。截止到 2016 年，北京机动车保有量达到了 544 万辆，与纽约、巴黎、东京等城市机动车规模相当，但交通拥堵程度远超上述城市。2014 年北京交通委发布《北京市交通委员会关于北京市小客车合乘出行的意见》，鼓励上下班、节假日私家车合乘以缓解交通压力。

目前车辆共享有两种方式。

一种是车辆有固定驾驶员，多名乘客具有拼乘权利，称为“座位共享”，如 Uber、滴滴等；另一种是车辆没有固定驾驶员，车辆在不同时段被多名乘客分享，称为“分时共享”，如绿狗、Go Fun 出行等。

互联网是鼓励分享的，在此模式下，可以合理配置闲置资源，将市场所能提供的服务和市场的需求高效匹配，实现利益最大化。目前在美国、日本、欧洲，对汽车共享都是持鼓励和扶持的，共享经济已经成为一种新的趋势。

2016 年 7 月，随着《关于深化改革推进出租汽车行业健康发展的指导意见》和《网络预约出租汽车经营服务管理暂行办法》的对外公布，我国先后酝酿两年之久的出租汽车改革及网约车新政方案终于揭开神秘面纱。方案中最令人关注的是，网约车的合法地位获得明确。今后，满足条件的私家车可按一定程序转化为网约车，从事专车运营。

任务二　手机 App 功能操作

一、手机 App 安装

新能源电动汽车的手机 App 通常分为安卓版和 iOS 版，需要用户根据手机型号自行选择安装版本。软件本身没有费用，但是当用户发送指令时会发送短信和上网，有可能会产生短信费和上网费用，具体费用则需要参照网络运营商的收费标准。

以江淮新能源汽车的手机 App 安装方法为例。首先在江淮官网上用微信扫描下载相应版本的 App 到手机上，然后按照提示安装应用，如图 8－8 所示。

当 App 安装完成后，手机屏幕会提示“安装完成”，此时打开 App，通过用户名和密码进行登录，用户名是车架号的后八位，密码为初始密码，如图 8－9 所示。

二、手机 App 功能操作

当用户没有在车里而又想知道爱车的剩余里程、剩余电量、剩余充电时间的话，那么可以通过远程登录 App 进行查看。进入手机 App 之后，可以看到有状态、充电、空调、呼叫、联系和关于六个功能菜单，根据实际需求进行选择。

在“状态”栏可以查询车辆剩余里程、电池状态以及车辆充电信息等内容。在“充

图 8－8　安装手机 App

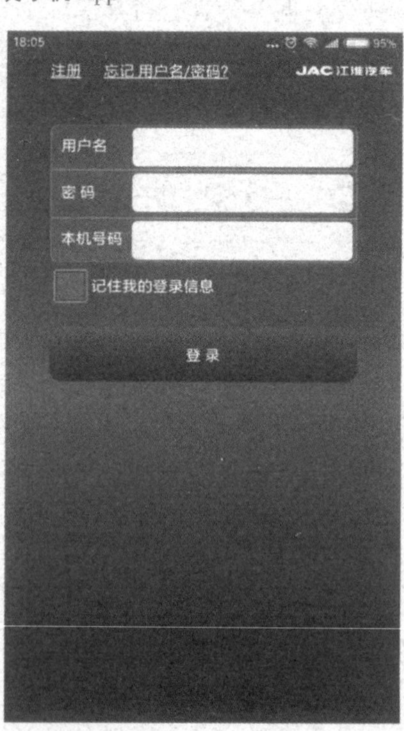

图 8－9　打开手机 App

电”栏可以开启或关闭远程控制充电功能，如图 8－10 所示。

在“空调”栏可以打开或关闭空调系统，在“呼叫”栏可以进行车辆数据的上报，

如图 8－11 所示。

在“联系”栏会显示客服电话，可以联系经销商或 iEV 请求技术支持。在“关于”栏主要显示软件版本信息以及修改登录密码，如图 8－12 所示。

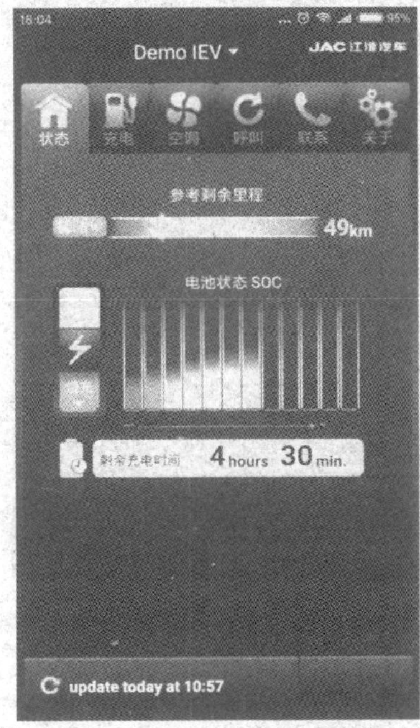

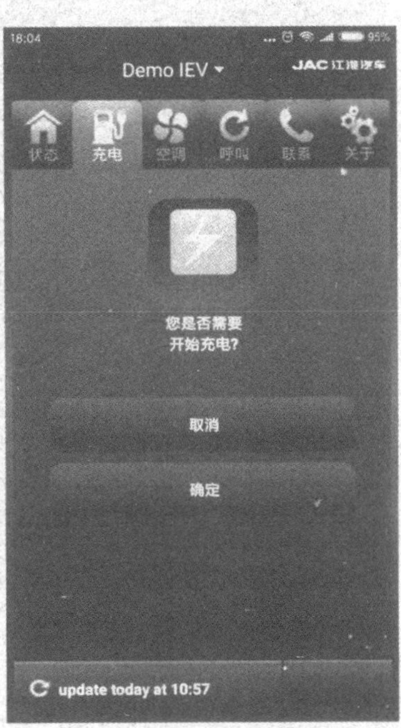

图 8－10 “状态”和“充电”功能

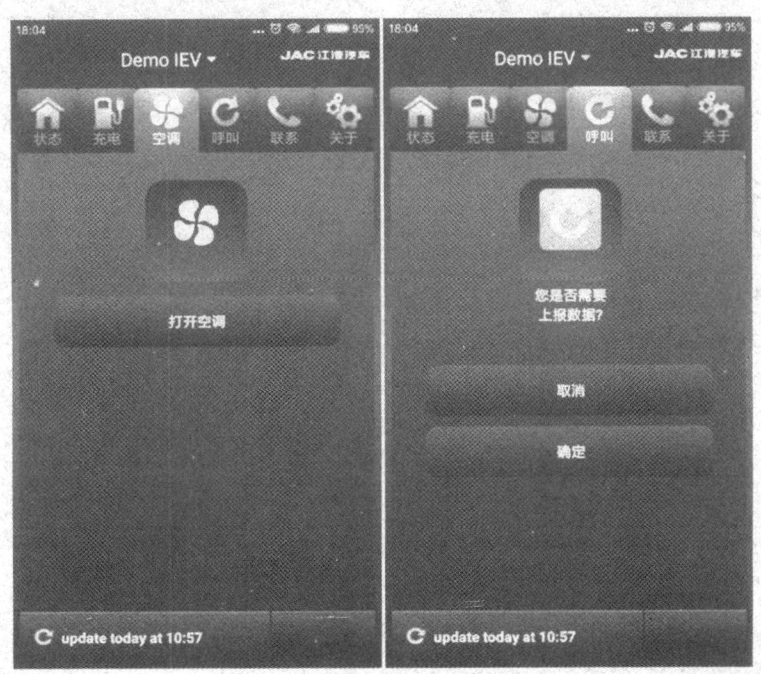

图 8－11 “空调”和“呼叫”功能

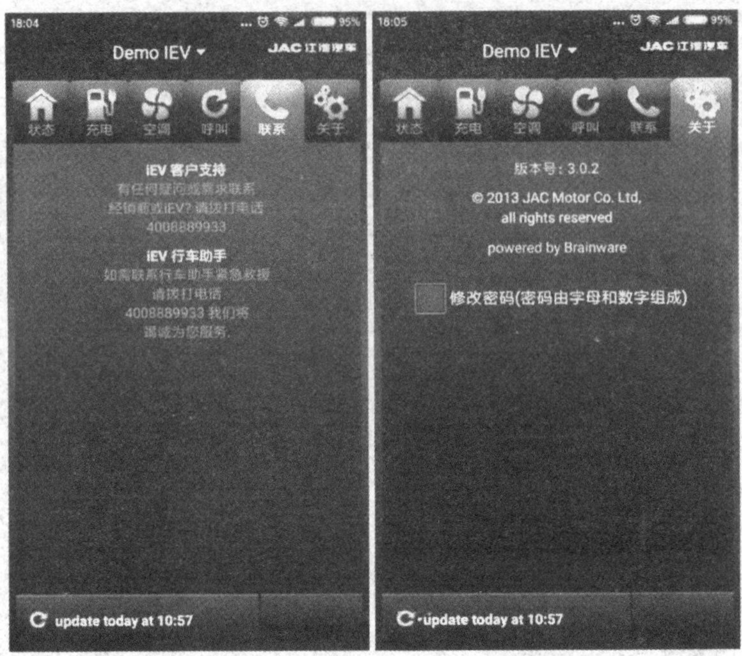

图 8－12　“联系”和“关于”功能

任务三　任务实训

一、任务实施

1. 实施准备

(1) 实训物品准备

①新能源汽车整车。

②车辆防护用品三件套。

③高压安全用电警示牌。

④车主用户手册。

⑤警示隔离带。

(2) 安全注意事项

①任务实施场地拉设警示隔离带。

②严禁随意起动车辆，在车辆前后禁止站人。

③严禁用手直接触摸动力电缆（橙色部分）。

2. 实施内容

(1) 数据采集终端部件认知。

(2) 手机 App 功能操作。

3. 实施记录

(1) 数据采集终端部件认知。查阅维修手册，然后实车查找车载数据采集终端的安装

位置，填写任务实施记录单，见表8-4。

表8-4　任务实施记录单（1）

序号	车型名称	安装位置
1	吉利知豆	
2	北汽EC180	
3	众泰云100	

（2）手机App功能操作。用手机下载安装App，然后进行功能操作，远程读取车辆信息，填写任务实施记录单，见表8-5。

表8-5　任务实施记录单（2）

序号	功能操作	车辆状态
1	车辆状态	
2	车辆充电	
3	空调操作	
4	呼叫功能	（为避免给厂家造成不必要的麻烦，不建议实操该功能）
5	联系客服	（为避免给厂家造成不必要的麻烦，不建议实操该功能）
6	关于软件	

二、任务检验

1. 自检

参与实训练习的学员自我完成质量检验。

2. 互检

由完成相同实操练习项目的学员相互进行质量检验。

3. 终检

由专职质量管理人员（教师）进行专业检查。

三、教学评估

由教师依据教学目标对教学过程及结果进行价值判断。

思考与练习

1. 车辆远程监控系统有哪些作用？
2. 车辆远程监控可以监控哪些内容？

项目九　汽车整车控制系统

学习目标

☆了解整车控制功能结构

☆了解整车控制策略

☆了解 DC/DC 变换器的结构原理

☆了解汽车 CAN 总线的工作原理

任务一　整车控制系统概述

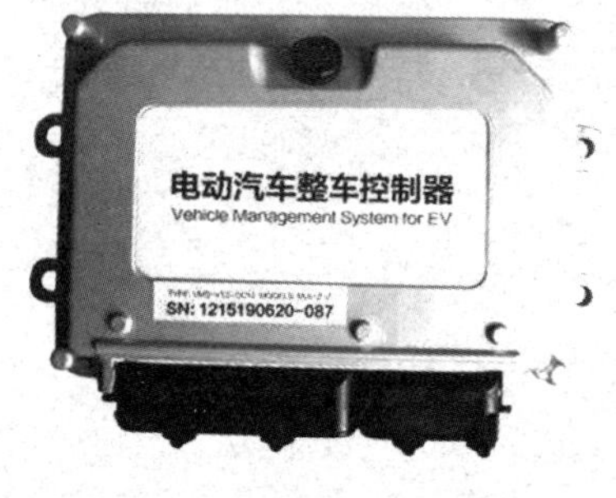

图 9－1　电动汽车整车控制器

整车控制器（VCU），如图 9－1 所示，是电动汽车的大脑，相当于电脑的 Windows，手机的 Andrio。作为电动汽车上全部电气的运行平台，它的性能优劣，直接影响其他电气性能的发挥，是整车性能好坏的决定性因素之一。

VCU，结构上是由金属壳体和一组 PCB 线路板组成（见图 9－2）。功能上由主控芯片及其周边的时钟电路、复位电路、预留接口电路和电源模块组成最小系统。在最小系统以外，一般还配备数字信号处理电路，模拟信号处理电路，频率信号处理电路，通讯接口电路（包括 CAN 通讯接口和 RS232 通讯接口）。

一、整车控制系统认知

整车控制系统结构组成

（一）整车控制器

整车控制器（VCU），是新能源电动汽车的三大核心部件之一，是整个车辆的控制中心，荣威 e50 和北汽 EV160 整车控制器分别如图 9－3 和图 9－4 所示。其主要功能是根据驾驶人的操作意愿和各系统实时状态，通过运算分析后做出决策，合理分配动能，控制车辆充电、加减速、能量回收以及故障检测等工作，使车辆运行在最佳状态。

整车控制器的工作流程是，首先进行工况判断，然后计算出转矩需求并发出控制指令，各系统将实时运行信息反馈给 VCU，以此来修正控制指令，信息传送采用 CAN 总线模式。整车控制系统的控制模式通常分为正常模式、跛行模式和停机保护模式三种。

图9－2　组成 VCU 的 PCB 线路板

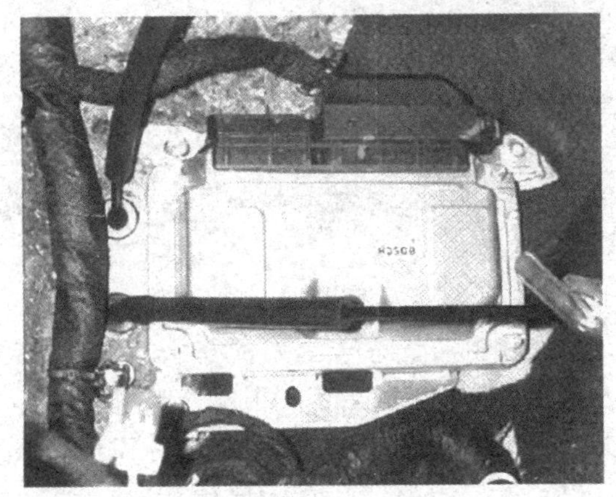

图9－3　荣威 e50 整车控制器

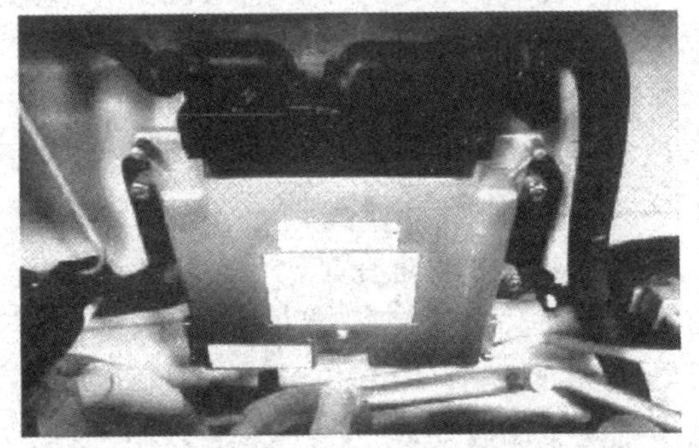

图9－4　北汽 EV160 整车控制器

1. 正常模式

正常模式是指车辆按照驾驶人的操作意愿、车辆负载以及行驶环境的变化，能够自行调节车辆的动力性、经济性和舒适性，是车辆的正常行驶状态。

2. 跛行模式

跛行模式是指当车辆的某个系统出现中度故障时，系统此时将不采纳驾驶人的加速请求，启动跛行模式即备用模式，此时最高车速通常在 10 km/h 左右，可以维持车辆缓慢行驶至维修网点。

3. 停机保护模式

停机保护模式是当车辆的某个系统出现严重故障时，整车控制器此时无法控制车辆行驶，只能进入停机状态。

（二）整车控制策略

整车控制器通过各种传感器及控制器反馈的信息，判断当前车辆所处的运行状态，合理控制整车运行情况，整车控制系统结构如图 9－5 所示。

1. 起停控制

点火开关置于 ON 挡时，向 VCU 输送 12 V 唤醒信号，VCU 控制主继电器给电机控制

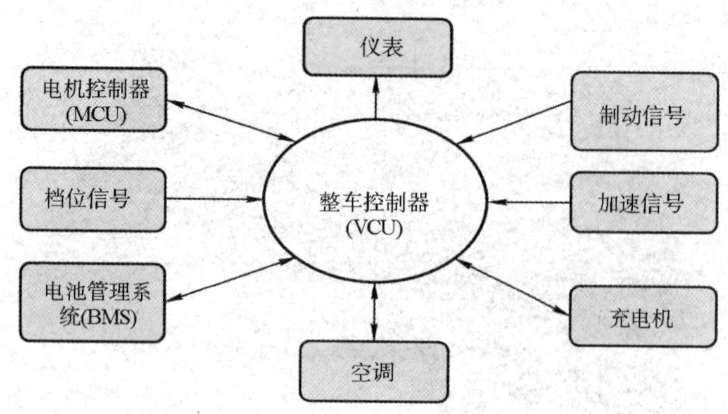

图 9－5　整车控制系统结构

器和电池控制器供电，同时通过 CAN 总线发送相关命令，完成整车系统起动。

2. 高压供电控制

当整车控制器接收到上电开关、直流充电桩、车载充电机或远程智能终端的唤醒信号后，直接控制高压继电器吸合或断开，接通或断开高压系统。

3. 电机驱动控制

整车控制器根据加速踏板位置信号、挡位信号和车速信号计算车辆的目标转矩，并通过 CAN 总线发送转矩需求指令给电机控制器。

4. 再生能量回收控制

再生能量回收是在车辆滑行或制动过程中，电机从驱动状态转变为发电状态，将车辆的动能转换为电能储存在动力电池中。当车辆在滑行或制动时，VCU 根据 ABS 状态、动力电池状态和制动踏板位置等信号，计算再生能量回收转矩并发送指令给电机控制器，启动再生能量回收功能。

5. 节能模式控制

整车控制器会根据电机状态、加速或制动踏板状态、空调状态、停车状态和节能（ECO）指令判断车辆是否能够进入节能模式。在 ECO 模式下，整车的加速性能会有所减弱，在滑行和制动过程中会加大能量回收效果。

6. 交流充电控制

当整车控制器判断车辆处于慢充模式时，根据动力电池的充电需求，向车载充电机发送充电指令，动力电池开始充电。

7. 快充控制

当车辆与快充设备连接时，充电设备发送充电唤醒信号给整车控制器，然后整车控制器根据充电需求向快充设备发送充电指令，动力电池开始充电。

8. 冷却系统控制

在车辆行驶状态下，整车控制器根据电机温度、IGBT 温度、冷却液温度和空调状态等信号，控制电子冷却水泵与散热风扇的运转。

9. 动力切断控制

当新能源汽车发生碰撞、绝缘故障、动力电池过温/过压、动力电机过流/过温等严重故障时，整车控制器会及时切断高压电路上的继电器，使动力电池停止输出电流，以确保人员和车辆的安全。

10. DC/DC 变换器控制

新能源汽车的基础电气系统仍然采用 12 V 供电，是由低压蓄电池进行供电的。整车控制器随时监测低压蓄电池的电量，当电压降至设定值时，会控制高压系统上电，通过 DC/DC 变换器给 12 V 蓄电池充电。

11. 远程控制

用户使用智能手机将远程控制指令通过 GPRS/SMS 传送到车载远程智能终端，控制车辆相关部件实现远程查询、远程空调和远程充电功能。执行远程充电控制时，充电线缆必须先连接至车辆，且车辆必须处于无线信号能够覆盖的位置。

新能源汽车以整车控制器为核心，实时收集各系统的运行数据，经运算后发出控制指令，并监控运行状态，如有异常，立即启动故障模式。整车控制系统逻辑关系如图 9－6 所示。

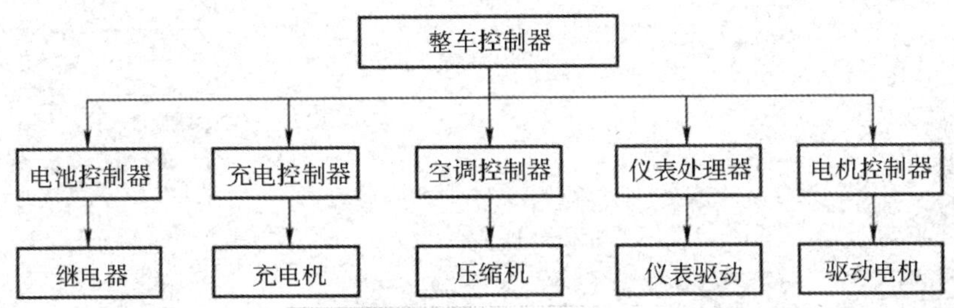

图 9－6　整车控制系统逻辑关系

（三）整车控制原理

电动汽车整车控制系统是由多个子系统构成的一个复杂系统，主要包括电池、电机等动力系统以及其他附件。整车控制系统的工作原理（见图 9－7）是在车辆运行时通过传感器以及其他车载控制器将整车运行的信息与实时状态反馈给整车控制器，同时整车控制器根据驾驶人操作意图与整车控制策略进行运算，并将控制指令通过 CAN 总线以及各个硬件接口传输传递给其他车载控制器与执行器。整车控制器主要负责控制动力总成唤醒、电源加载、停机、驱动、能量回收、安全控制、故障检索诊断与失效控制等主要功能，主要功能见表 9－1。

表 9－1　整车控制器功能

序号	功能
1	驾驶人意图分析
2	驱动控制
3	制动能量回馈控制
4	整车能量优化管理
5	充电过程管理
6	高低压上下电控制：上下电顺序控制、慢充电时序、快充电时序
7	电动化辅助系统管理
8	车辆状态的实时检测和显示
9	故障诊断与管理

续表

序号	功能
10	远程控制
11	整车 CAN 总线网关及网络化管理
12	基于 CCP 的在线匹配标定
13	DC/DC 控制、EPS 控制
14	挡位控制功能
15	防溜车控制
16	远程监控

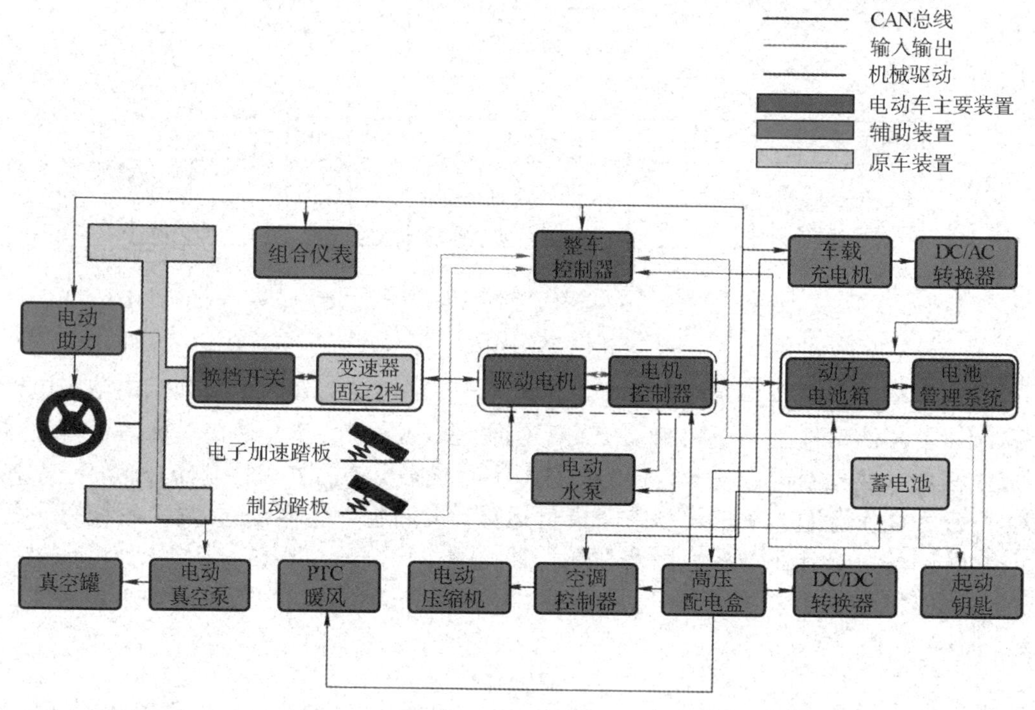

图 9－7　整车控制原理图

二、整车控制器软件架构图

整车控制器必须适应不同的要求，因此需要整车控制器软件平台架构，并依靠软件实现模块数据共享，软件通常采用分层模块化结构（见图 9－8）。服务层是基础软件中最高的层，为应用和基础软件模块提供基本服务，服务层的实现部分与微控制器、ECU 硬件和具体应用无关，服务层在很大程度上独立于硬件系统。它包括实时任务调度系统、函数库、存储服务和通信服务等。应用层是整个软件中的最高层，针对电动汽车的专门应用程序，应用层完全独立于微处理器和 ECU 系统。只需要配置不同的能量管理算法就能适用不同的车型。应用层主要包括：能量管理、维护管理、故障诊断、车辆驱动、通信管理和驾驶人意图解释等。

软件模块主要有系统初始化模块、A/D 采集模块、I/O 接口模块、CAN 通信模块、电

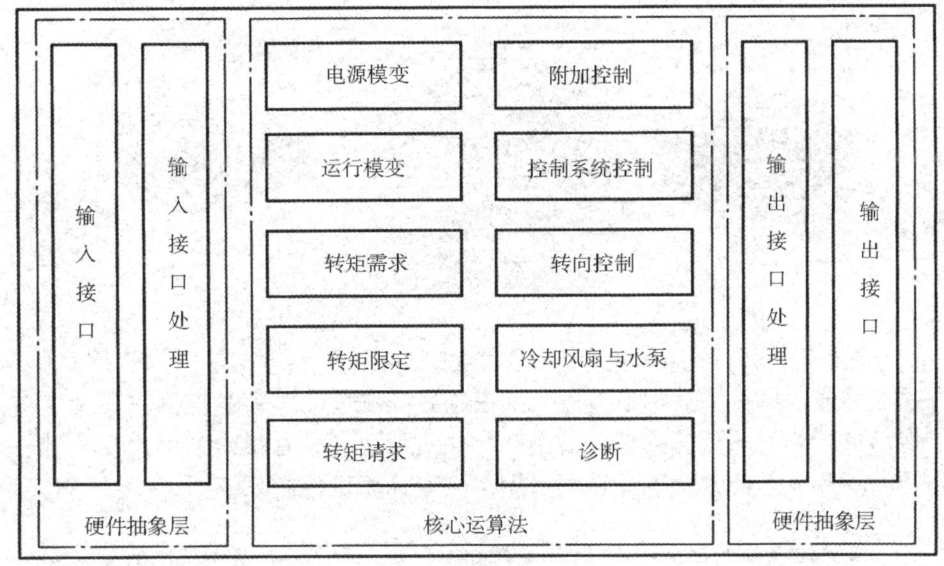

图9－8　整车控制器软件架构图

机控制模块、电池控制模块、看门狗模块、加速踏板模块、组合仪表模块、IO处理模块。

整车控制器的软件包括微处理器抽象层（I/O驱动、通信驱动、存储驱动和单片机驱动）、ECU抽象层（I/O硬件抽象、通信硬件抽象、存储硬件抽象和ECU板上设备的驱动）、服务层（实时任务调度系统、函数库、存储服务和通信服务）、复杂驱动函数库和应用层组成。

微处理器抽象层是基础软件中最低的层，它包含各种驱动，是一个个软件模块，用于直接访问微控制器内的外设和外围接口。微控制器抽象层提供统一的接口，使上层软件独立于微控制器。它包括I/O驱动、通信驱动、存储驱动和单片机驱动。

ECU抽象层连接微处理器抽象层的软件，它包含外部设备的驱动，为ECU提供外围设备的驱动程序，ECU抽象层的实现与ECU硬件相关，与微控制器无关。ECU抽象层不对硬件直接操作，都是通过微控制器抽象层的接口实现。它包括：I/O硬件抽象、通信硬件抽象、存储硬件抽象和ECU板上设备的驱动。

复杂驱动库是一整个模块，不进行层次划分。它为处理复杂传感器和执行器实现特殊的功能和定时需求。它包含处理复杂的传感器和执行器的驱动模块，实现上与微控制器、ECU和具体应用密切相关。

三、CAN总线系统

（一）CAN总线工作原理

CAN总线又称CAN—BUS，是控制器局域网的缩写。它最早是由德国的博世公司及几个半导体生产商开发的，CAN总线属于现场总线的范畴，是一种串行通信网络。

传统的信号传输方式为一对一控制，在每一根线路上只能传送互相独立的信号，如图9－9所示。随着车辆用电设备的增多，独立信号传输的方式使得汽车线束的数量不断增多、布线复杂、可靠性降低、维修起来也很困难。

CAN总线数据传输方式是通过两根数据线实现双向数据传输，能够进行信息数据的大

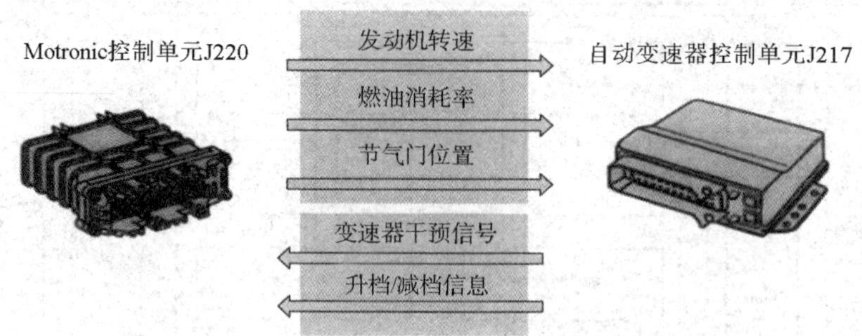

图 9－9　传统信号传输方式

容量、高速度传输。所有的数据通过总线发送给各控制单元，由各控制单元中的信息收发器接收，然后进行相关的计算处理，如图 9－10 所示。它具有很高的网络安全性、通信可靠性、结构简单和成本低的特点，特别适用于汽车计算机控制系统。

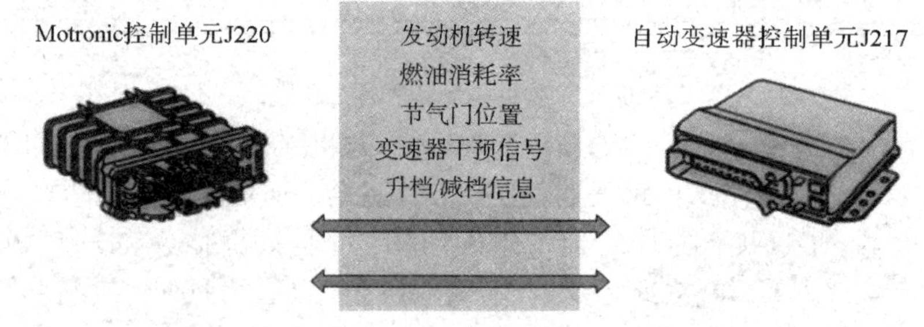

图 9－10　CAN 总线数据传输方式

1. CAN 总线系统结构

CAN 总线系统是将若干个控制单元并联到两条数据传输线上，每个控制单元内都设有一个微处理器、一个 CAN 控制器和一个信息收发器，除了数据传输总线以外，其他各元件都安装在各控制单元内部，如图 9－11 所示。

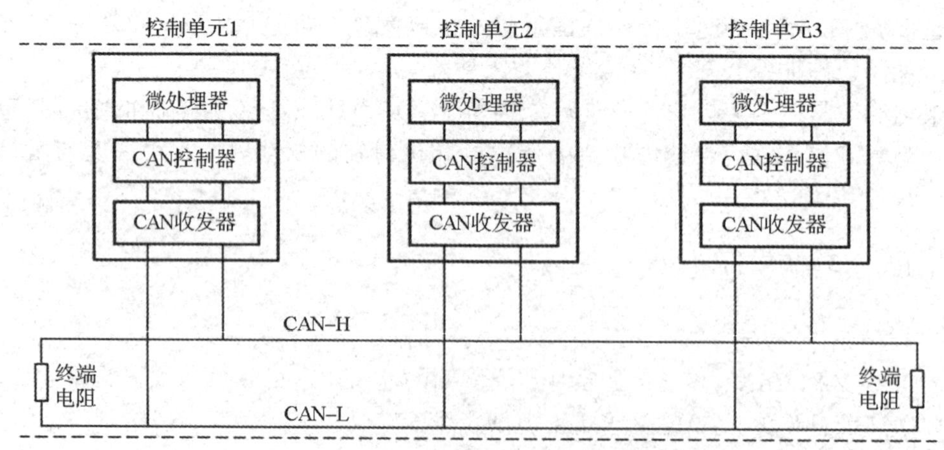

图 9－11　CAN 总线系统结构

整个 CAN 总线系统有两个 120 Ω 的终端电阻，分别装在两个控制单元内部，其作用是防止 CAN 总线信号产生反射现象。当终端电阻出现故障时，产生的线路反射信号会影

响控制单元其他信号。

2. CAN 总线数据传输原理

CAN 总线系统中传输的数据为二进制的数字信息，每条信息的格式都是相同的。CAN 总线数据由开始域、状态域、检查域、数据域、安全域、确认域和结束域组成，如图 9－12 所示。

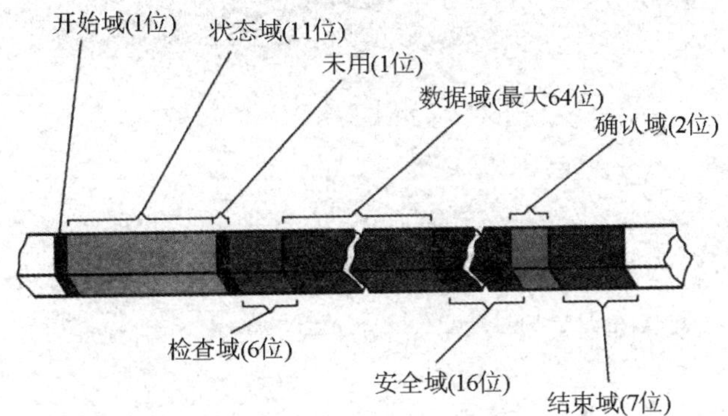

图 9－12　CAN 总线数据组成

每条数据都包含提供数据、发生数据、接收数据、检查数据和接收数据五个过程。当某个控制单元通过 CAN 总线向整个网络发送信息时，其他控制单元会有选择地接收。网络上所有控制单元都在不断地往 CAN 总线上发送各种信息，这就需要通过状态域的数值来区分优先权的大小。优先权大的数据首先发送，以便重要信息能够及时地接收使用。同一控制单元发出的信息其优先权和发送频率也不完全相同，以保证重要信息优先为原则。

3. 汽车 CAN 总线系统

为了防止外界电磁场的干扰和向外辐射，CAN 总线采用 2 条导线缠绕在一起的方式，这 2 条线上的电位是相反的，分为 CAN－H 和 CAN－L 数据线。目前汽车上的网络连接方式主要采用 3 条 CAN 总线。一条用于动力驱动系统的高速 CAN，传输速率达到 500kbit/s，主要连接发动机、变速器、制动系统和组合仪表等，它们都是控制与汽车行驶直接相关的系统。动力系统 CAN 总线如图 9－13 所示，H 为橙/黑色，L 为橙/棕色。

图 9－13　动力系统 CAN 总线

另一条叫作舒适 CAN，是用于车身系统的低速 CAN，传输速率为 10～125kbit/s。主要连接中控门锁与防盗装置、电动车窗、后视镜和车厢内照明灯等。舒适系统 CAN 总线如图 9－14 所示，H 为橙/绿色，L 为橙/棕色。

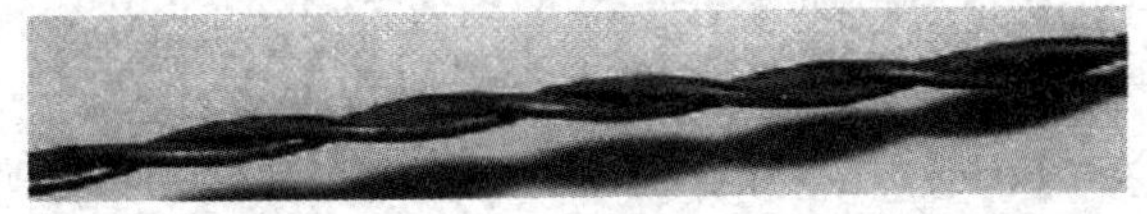

图 9－14　舒适系统 CAN 总线

第三条叫作信息娱乐 CAN，它主要负责卫星导航及智能通信系统，传输速率为 100kbit/s。信息娱乐系统 CAN 总线如图 9－15 所示，H 为橙/紫色，L 为橙/棕色。

这三个独立系统的总线由于传输速率不一样，需要通过设置网关在各个 CAN 系统之间搭建桥梁来实现资源共享。此外，CAN 系统还将各个数据总线的信息反馈到仪表显示屏上，驾驶人只要看仪表板就能够清楚地知道各个电控系统工作是否正常。

图 9－15　信息娱乐系统 CAN 总线

（二）新能源汽车 CAN 总线结构

新能源汽车 CAN 总线系统在原有本地 CAN 的基础上又增加了新能源 CAN、动力电池 CAN 和快充 CAN，其结构与工作原理一样。以荣威 e50 车型为例，CAN 总线包括高速 CAN1、高速 CAN2、本地 CAN1、本地 CAN2 和 LIN 总线。系统结构如图 9－16 所示。

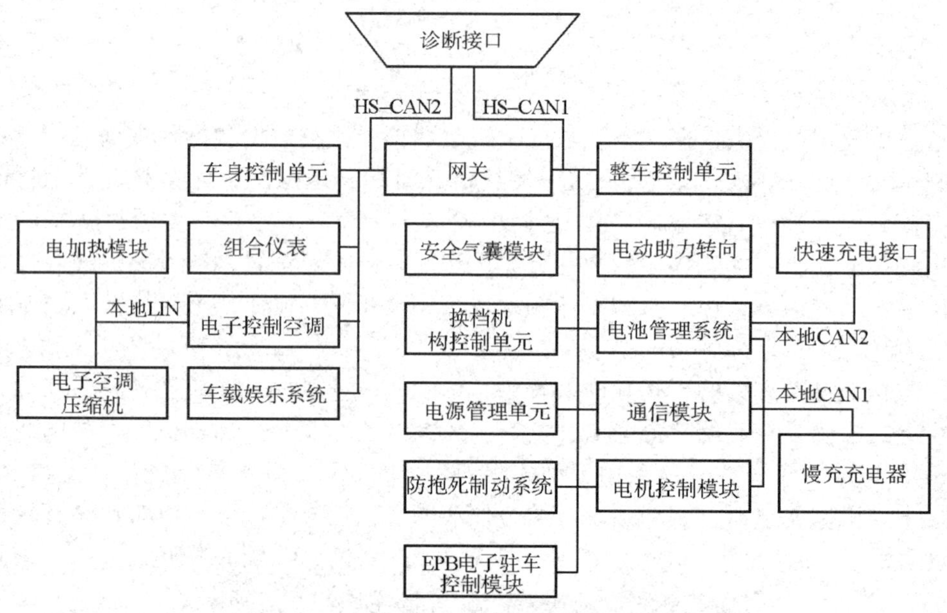

图 9－16　荣威 e50 CAN 总线结构

四、新能源电动汽车三大整车控制技术

（一）整车匹配与优化

电动汽车动力系统与传统内燃机汽车相似，只是动力系统元件有所不同。与内燃机汽车一样，电动汽车动力系统的各组成部分的匹配也是非常重要的，例如电动机的功率大小、电池能量的多少、变速器的减速比等都需要依据整车的性能参数来设计计算。

为了提高全新设计的电动汽车的整体性能，连续行驶里程，最高速度，加速能力和爬坡能力等因素等都需要重新考虑。经过针对电动汽车的专门设计和规划，电动汽车应具有轻量化的车身质量、较低的风阻系数、滚动阻力低的轮胎、灵活方便的人机接口、快速的充电能力等显著特点。如在设计混合动力汽车时，对影响整车性能的参数需进一步改进，比如减轻整车的质量、降低风阻系数和减小滚动阻力等。采用流线型的车头和车尾，隐藏

式和平坦的车身可减小空气阻力。

现代电动汽车大多来自于一种对应的内燃机汽车车型，这样的电动汽车就是用电动机、功率转换及分配装置、蓄电池等取代现有的内燃机和相关部件，虽然这对于小规模生产的电动汽车而言是比较经济的，但是具备质量分布不平衡等缺点。为了提高电动汽车的总体性能并降低电动汽车的成本，系统优化就显得极其重要。通过计算机仿真，可以非常有效地进行电动汽车的仿真和评估，从而使开发商可以降低开发成本和缩短开发时间。

系统优化是一个复杂的过程，需要多学科人才的大力配合，而且没有一个固定的标准，因此必须在未来电动汽车的发展中，逐步总结并完善。

（二）整车电子控制技术

整车电子控制是电动汽车的主要关键技术之一，整车电子控制系统必须满足纯电动汽车的设计理念，使之既节能又简单可靠。电动汽车动力系统结构复杂多样，部件类型繁多。先进高效的控制体系结构，可以使电动汽车各动力系统之间的数据交换满足简单迅速、可靠性高、抗干扰能力强、实时性好、系统错误检测和隔离能力强等要求。

当前汽车电子技术的应用使车辆上电控单元、传感器和执行器不断增加，点对点的连接方式突显繁复。为简化日益增加的电控通信线路的连接，提高系统可靠性和故障诊断水平，利于各电控单元之间数据资源共享，并便于建成开放式的标准化、模块化结构，汽车网络总线技术得到了很大的发展。在汽车上 CAN 总线和 LIN 总线的应用已是一种主流发展模式，总线技术的应用带来了整车电气系统设计的革新和优化。

作为最早也是生命力最强的控制网络之一，CAN 总线的应用最为广泛。全世界安装的节点超过 1 亿个，CAN 协议的一个突出特点是其传输可靠性高。典型的汽车中会用到速度不同的 2～3 个 CAN 总线。一个低速 CAN 总线运行在 125kbps，用于管理车身控制电子部分，如座椅和车窗运行控制，以及其他简单的用户接口。一个高速（高达 1 Mbps）的 CAN 总线运行需要实时通信的关键功能，如变速控制、防抱死制动以及巡航控制。

实现整车网络化控制，其意义不只是解决汽车电子化中出现的线路复杂和线束增加问题，网络化实现的通信和资源共享能力成为新的电子与计算机技术在汽车上应用的一个基础，同时也为线控技术（X－by－Wire）提供了有力的支撑。

（三）整车轻量化技术

汽车轻量化技术是汽车节能的重要手段，试验表明，汽车质量每下降 10%，能源消耗约下降 3%～5%。轻量化技术涉及众多学科的研究领域，需要运用多学科交叉融合所形成的综合性、系统性知识体系。

整车轻量化始终是汽车技术重要的研究内容。纯电动汽车由于布置了动力电池组，整车重量增加较多，轻量化问题更加突出，但可以采用以下措施减轻整车质量。

（1）降低底盘、车身部件质量。汽车轻量化的手段之一就是对汽车总体结构进行分析和优化，并对汽车零部件进行精简、整体化和轻质化，针对电动汽车的总布置特点，通过整体优化可以降低底盘、车身部分零部件质量，从而减低整车质量。

（2）降低动力电池、电力驱动装置质量。通过对整车实际使用工况和使用要求的分析，对电池的电压、容量、驱动电动机功率、转速和转矩、整车性能等车辆参数的整体优化，合理选择电池和电动机参数，从而降低动力电池电机等部件质量，以降低整车质量。

通过结构优化和集成化、模块化优化设计，减轻动力总成、车载能源系统的重量。这

里包括对电动机及驱动器、传动系统，冷却系统空调和制动真空系统的集成和模块化设计，使系统得到优化；电池，电池箱、电池管理系统、车载充电机组成的车载能源系统的合理集成和分散，实现系统优化。

（3）积极采用轻质材料。积极采用轻质材料，如电池箱的结构框架、箱体封皮、轮毂等采用轻质合金材料，将复合材料主要用于摩擦片、车身、悬架、车架等汽车结构件。如高强度有机纤维增强复合材料具有很高的机械强度，能代替钢板材料，从而减轻了车身的质量，在电动汽车车身上得到了广泛的应用。

任务二　整车控制功能介绍

整车控制器如图9－17所示，主要功能如下。

图9－17　整车控制器

一、驾驶人意图解释

主要是对驾驶人操作信息及控制命令进行分析处理，也就是将驾驶人的加速踏板信号和制动踏板信号根据某种规则，转化成电机的需求转矩命令（见图9－17）。因而驱动电机对驾驶人操作的响应性能完全取决于整车控制的加速踏板信号解释结果，直接影响驾驶人的控制效果和操作感觉。

二、驱动控制

根据驾驶人对车辆的操纵输入（加速踏板、制动踏板以及选挡开关）、车辆状态、道路及环境状况，经分析和处理，向整车管理系统发出相应的指令，控制电机的驱动转矩来驱动车辆，以满足驾驶人对车辆驱动的动力性要求；同时根据车辆状态，向整车管理系统发出相应指令，保证安全性、舒适性。

三、制动能量回馈控制

整车控制器根据加速踏板和制动踏板的开度、车辆行驶状态信息以及动力电池的状态信息（如SOC值）来判断某一时刻能否进行制动能量回馈，在满足安全性能、制动性能以及驾驶人舒适性的前提下，回收部分能量，包括滑行和制动过程中的电机制动转矩控制。

电机具有回馈制动的性能，此时电机作为发电机，利用电动汽车的制动能量发电，同时将此能量存储在储能装置中，当满足充电条件时，将能量反充给动力电池组。在这一过程中，整车控制器根据加速踏板和制动踏板的开度以及动力电池的SOC值来判断某一时刻能否进行制动能量回馈，如果可以进行，整车控制器向电机控制器发出制动指令，回收部分能量。

（一）制动能量回收阶段

根据加速踏板和制动踏板信号，制动能量回收分为两个阶段（见图9－18）：阶段一是在车辆行驶过程中驾驶人松开加速踏板但没有踩下制动踏板开始（滑行），阶段二是在驾驶人踩下了制动踏板后开始（制动）。

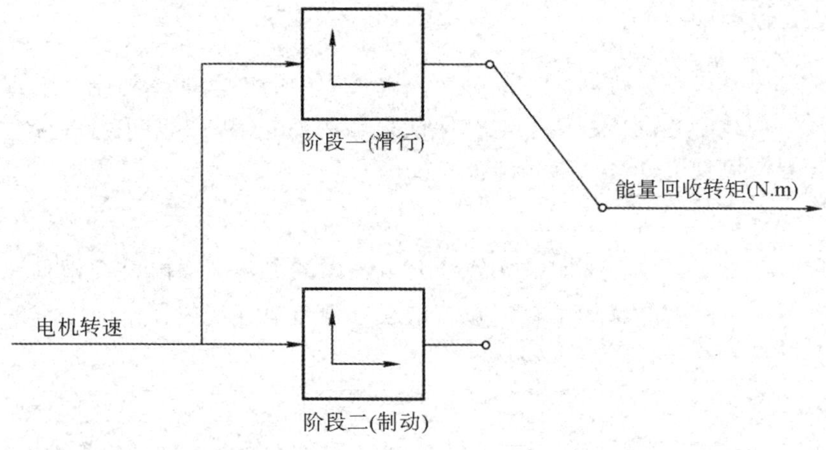

图 9－18　制动能量回收两个阶段

(二) 制动能量回馈的原则

在进行制动能量回馈时应遵循以下原则。

(1) 能量回收制动不应该干预 ABS 的工作。

(2) 当 ABS 进行制动力调节时，制动能量回收不应该工作。

(3) 当 ABS 报警时，制动能量回收不应该工作。

(4) 当电驱动系统有故障时，制动能量回收不应该工作。

四、整车能量优化管理

通过对电动汽车的电机驱动系统、电池管理系统、传动系统以及其他车载能源动力系统（如空调、电动泵等）的协调和管理（见图 9－19），提高整车能量利用效率，延长续驶里程。

在纯电动汽车中，电池除了给电机供电以外，还要给电动附件供电，因此，为了获得最大的续驶里程，整车控制器将负责整车的能量管理，以提高能量的利用率。在电池的 SOC 值比较低的时候，整车控制器将对某些电动附件发出指令，限制电动附件的输出功率，来增加续驶里程。

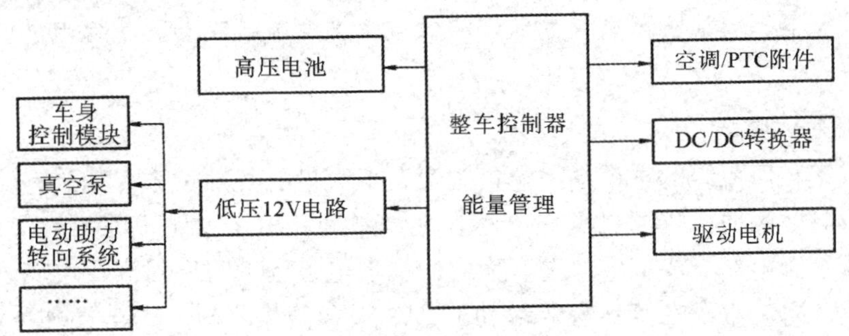

图 9－19　整车能量优化管理

五、充电过程控制

充电过程控制是与电池管理系统共同进行充电过程中的充电功率控制，整车控制器接收到充电信号后，应该禁止高压系统上电，保证车辆在充电状态下处于行驶锁止状态，并根据电池状态信息限制充电功率，保护电池。

（一）充电阶段

在充电阶段，车辆向充电桩实时发送电池充电需求的参数，充电桩会根据该参数实时调整充电电压和电流，并相互发送各自的状态信息（充电桩输出电压电流、车辆电池电压电流、SOC 等）。

（二）充电结束阶段

车辆会根据 BMS 是否达到充满状态或是受到充电桩发来的“充电桩中止充电报文”来判断是否结束充电。满足以上充电结束条件，车辆会发送“车辆中止充电报文”，在确认充电电流小于 5 A 后断开。充电桩在达到操作人员设定的充电结束条件，或者收到汽车发来的“车辆中止充电报文”后，会发送“充电桩中止充电报文”，并控制充电桩停止充电。

六、高压上下电控制

（一）高压上电、下电控制概述

纯电动汽车上电、下电控制的核心就是对动力系统高压电路通断的控制。对于上电、下电控制策略实现了以整车管理系统为控制核心的 EV 顺利上电、常规下电、紧急下电等关键功能。

纯电动汽车上下电控制目的在于：在已有整车动力系统结构的前提下，通过采集钥匙及踏板等驾驶人动作信号，并通过 CAN 总线、BMS（电池管理系统）及 MCU（电机控制器）等子系统进行通信，来控制整车安全高压上电、下电，同时在上、下电过程中，力求准确诊断出整车动力系统的高压故障并迅速做出相应处理。

根据驾驶人对行车钥匙开关的控制，进行动力电池的高压接触器开关控制，以完成高压设备的电源通断和预充电控制。上、下电流程处理：协调各相关部件的上电与下电流程，包括电机控制器、电池管理系统等部件的供电，预充电继电器、主继电器的吸合和断开时间等。

（二）上电过程控制

对于电动汽车高压系统的整个动力电路，存在着大量的容性负载。如果在高压电路接通过程中不采取有效的防范措施，高压电路在上电瞬间，由于系统电路容性负载的存在，将会对整个高压系统电路造成上电冲击。为此，在上电过程中需要对高压电路进行防电流瞬态冲击预充电。电动汽车在接到有效起动的命令组合信号之后，整车管理系统（VMS）低压上电，对高压电路系统进行高压上电前预诊断，如果 SOC 达到一定值，电压正常，并且电路无绝缘和短路等故障，接通防电流瞬态冲击预充电系统进行高压电路预充电。如果高压电路预充电在约定的正常时间范围内完成，则系统允许接通高压电路，否则禁止高压电路接通。

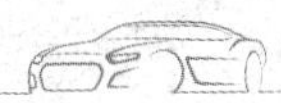

（三）下电过程控制

下电过程是指动力系统高压下电过程，在车辆遇到紧急情况时切断高压电源与动力系统的连接，保证乘员安全。高压下电包括正常停车断电和紧急故障断电。

正常停车断电时，整车管理系统接收到关机断电信号后电动汽车进入自动断电程序，按照时序完成动力系统的高压下电过程，并对下电过程进行诊断和检测。下电时启动计时器，表明下电时的持续时间。具体下电时序如下。

1. VMS 发送电机停止工作的指令，当电机反馈已经停止工作，或电机通信故障，或定时器时间超过等待电机停止工作时间时，VMS 控制 DC/DC 变换器停止工作。

2. 延时等待继电器关闭时间 T 后，VMS 控制动力电池接触器断开。

3. 动力电池主接触器处于断开状态的条件下，在该步骤不进行紧急故障条件的检测。如果此时钥匙转动到 ON 位，或者计时器时间超过延时等待继电器关闭时间，下电模式将切换到上电模式。

在正式断开高压接触器之前需对动力电池箱温度进行检测，在温度许可范围之内自动执行断电程序并进行一定时间延时，以保证 VMS 本身电源供电。检测温度超出范围许可，则控制风扇强制对电池箱进行降温，直到温度许可时进行高压下电。紧急故障下电可能发生在任何工况中，比如在车辆起动，运行、下电不同状态时，检测到紧急故障，如整车绝缘值过低、线路烧结等，则自动切断高压接触器，进行高压下电。如果高压下电时间过长，则强行切换到低压上电模式。当检测到紧急故障，且电机没有放电时，由下电模式进入紧急故障模式。在高压下电过程中利用自保信号保证低压有电。

七、电动化辅助系统管理

电动化辅助系统包括电动空调、电制动、电动助力转向。整车控制器应该根据动力电池以及低压电池状态，对 DC/DC 变换器、电动化辅助系统进行监控。

电动车辆在正常使用中，电动空调、电制动、电动助力转向等辅助功能是能源消耗的主要原因之一，并且随着环境温度、不同路况等因素的变化而变化，在辅助系统的工作中会引起不合理的应用与能量浪费，所以有效对车辆的辅助系统进行管控可以节省部分能源。

八、车辆状态的实时监测和显示

整车控制器应该对车辆的状态进行实时检测，并且将各个子系统的信息发送给车载信息显示系统，其过程是通过传感器和 CAN 总线，检测车辆状态、动力系统及相关电器附件各子系统状态信息，驱动显示仪表，将状态信息和故障诊断信息通过数字仪表显示出来。

九、故障诊断与处理

连续监视整车电控系统，进行故障诊断，并及时进行相应安全保护处理。根据传感器的输入及其他通过 CAN 总线通信得到的电机、电池、充电机等信息，对各种故障进行判断、等级分类、报警显示、存储故障码，供维修时查看。故障指示灯指示出故障类型和部分故障码。在行车过程中，根据故障内容作故障诊断与处理。

十、远程控制

（1）远程查询功能。用户可以通过手机 App 实时查询车辆状态，实时了解车辆的状

况包括：剩余 SOC 值、续驶里程等。

（2）远程空调控制。无论是在炎热的夏季还是在寒冷的冬季，用户在出门前就可以通过手机指令实现远程的空调制冷、空调暖风和除霜功能。

（3）远程充电控制。用户离开车辆时将充电枪插入充电桩，并不进行立即充电，可以利用电价波谷并在家里实时查询 SOC 值，需要充电时通过手机 App 发送远程充电指令，进行充电操作。

十一、整车 CAN 总线网关及网络化管理

（一）整车 CAN 总线

电动汽车 CAN 总线系统由整车控制器、电池管理系统、电机控制系统、制动控制系统、仪表控制系统组成。各个控制器之间通过 CAN 总线进行通信，以实现传感器测量数据的共享、控制指令的发送和接收等，并使各自的控制性能都有所提高，从而提高系统的控制性能。它们之间的通信与信息类型为信息类和命令类。信息类主要是发送一些信息，如传感器信号、诊断信息、系统的状态。命令类则主要是发送给其他执行器的命令。

CAN 总线作为一种有效支持分布式控制或实时控制的串行通信网络完全能够满足这些要求，其模型结构只有三层，即物理层、数据链路层和应用层。传输介质为双绞线，通信速率最高可达 1 Mbit/s（40 m），直接传输距离最远可达 10 km（5 kbit/s），可挂接设备数最多可达 110 个。CAN 通信协议规定了四种不同的帧格式，即数据帧、远程帧、错误帧和超载帧。基于下列五条基本规则进行通信协调：总线访问；仲裁；编码/解码；出错标注；超载标注。

（二）整车控制器网络架构

整车控制器网络构架如图 9－20 所示。

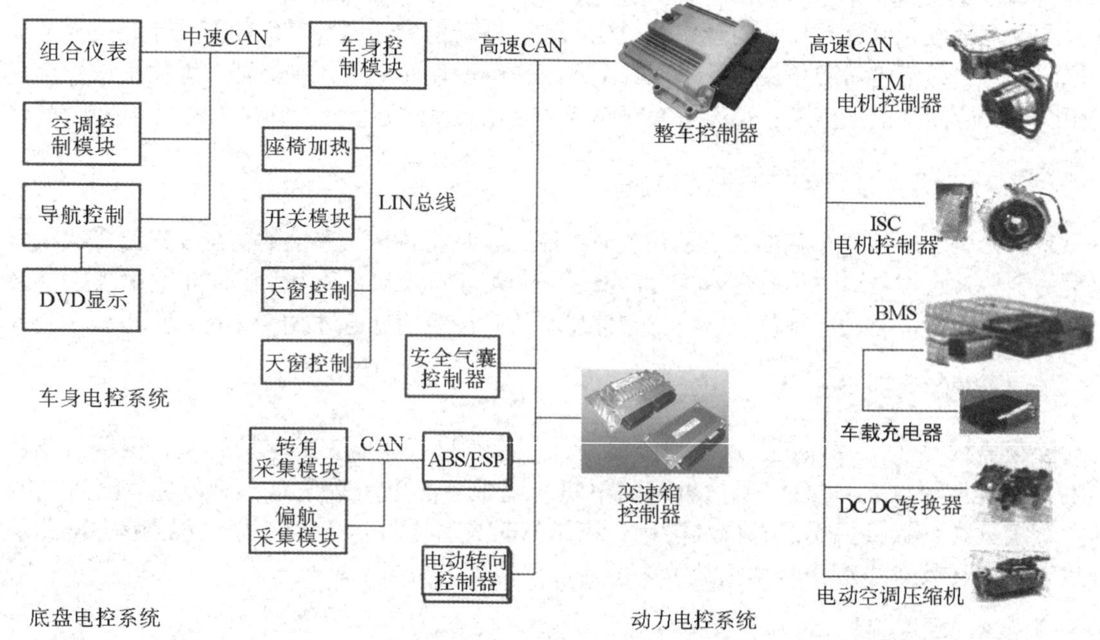

图 9－20　整车控制器网络构架图

（三）整车 CAN 总线网关及网络化管理

在整车的网络管理中，整车控制器是信息控制的中心，负责信息的组织与传输，网络状态的监控，网络节点的管理，信息优先权的动态分配以及网络故障的诊断与处理等功能。通过 CAN（EVBUS）线协调电池管理系统、电机控制器、空调系统等模块相互通信。

十二、基于 CCP 的在线匹配标定

该通信协议主要作用是监控 ECU 工作变量、在线调整 ECU 的控制参数（包括 MAP、曲线及点参数）、保存标定数据结果（见图 9－21）以及处理离线数据等。完整的标定系统包括上位机 PC 标定程序、PC 与 ECU 通信硬件连接及 ECU 标定驱动程序三个部分。

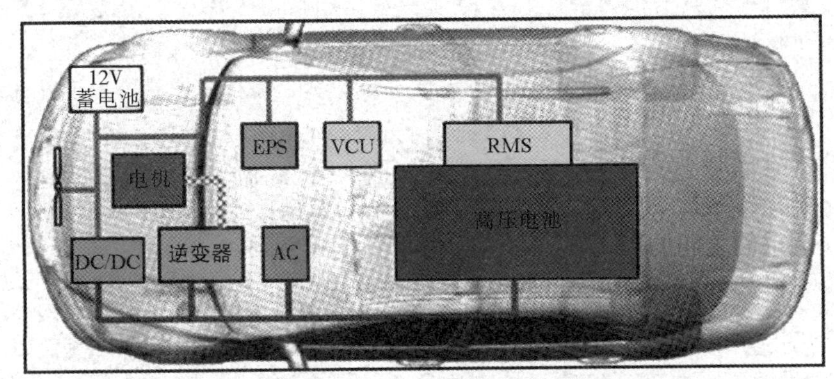

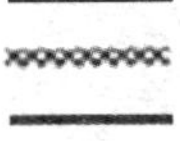

图 9－21　在线匹配标定

基于 CCP 的在线匹配标定协议采用主—从式通信方式，主设备通过 CAN 总线与多台从设备相连接，主设备是测量标定系统，从设备是需要标定的 ECU，主设备首先与其中一个从设备建立逻辑连接。建立逻辑连接后，主、从设备之间所有的数据传递均由主机控制，从设备执行主设备命令后返回包含命令响应值或错误代码等信息的报文，同时从设备可以根据主设备通过控制命令所设置的列表信息，来定时地向主设备传送变量信息，数据的传递是由主设备初始化从设备来执行的，并且是由固定的循环采样频率或者事件触发的。

十三、DC/DC 控制

DC/DC 变换器即是把直流电压变换为另一数值的直流电压，是开关电源技术的一个分支。它是由半导体功率器件的开关管、二极管、电感、电容、负载和直流电源构成的，通过使带滤波器的负载电路和直流电压时而接通、时而关断，使得负载上得到另一个直流电压。

DC/DC 变换器主要功能：把高压如 400 V 直流降压为直流 14 V 或 28 V，400 V 动力电池在汽车行驶中会降到电机不能工作的电压，例如电压 280 V，DC/DC（直流/直流）变换器保证在 280～400 V 变化电压区间内输出稳定的 14 V 电压，另外当动力电池完全放完电汽车已经不能行驶时，DC/DC 变换器仍能从动力电池中吸取能量向电动汽车的基本辅助子系统提供稳定的 14 V 电力。

十四、EPS控制

汽车电动助力式转向系统利用电动机产生的转矩，经过转向系统减速及传递机构转化后协助驾驶人进行动力转向。不同车的EPS结构部件尽管不一样，但基本原理是一致的。在检测到有效汽车点火信号后，当转向轴转动时，转矩或转角传感器将检测到的转矩和转角信号输出至电子控制单元ECU，ECU根据转矩、转角信号、汽车速度、轴重负载信号等进行分析和计算，得出助力电动机的转向和目标助力电流的大小，从而实现助力转向控制。

在汽车点火后，EPS开始实时对各传感器信号进行分析计算，根据系统助力、阻尼及回正控制算法，实现在全速范围内的最佳助力控制：在低速行驶时，减轻转向力保证汽车转向灵活、轻便；在高速行驶时，适当增加阻尼控制，保证汽车转向盘操作稳重、可靠；在各种车速下，协助汽车转向盘轻便、自动回正，使汽车的驾驶性能达到令人满意的程度。

EPS系统在分析助力的同时，实时检测系统各组件工作情况，如助力电机、蓄电池电源电压、各传感器等，当检测到某一组件发生故障时，如蓄电池电源欠电压、车速传感器无信号输出等，立即断开电磁离合器，使助力系统脱离机械转向系统，采用汽车本身的转向机构，并同时驱动故障信号指示灯，输出故障码，保障驾驶的安全性。

十五、换挡控制功能

换挡控制功能（见图9－22）关系着驾驶人的驾驶安全，正确理解驾驶人意图，以及识别车辆合理的挡位，在基于模型开发的挡位管理模块中得到很好的优化，能在出现故障时做出相应处理保证整车安全，在驾驶人出现挡位误操作时通过仪表等提示驾驶人，使驾驶人能迅速做出纠正。

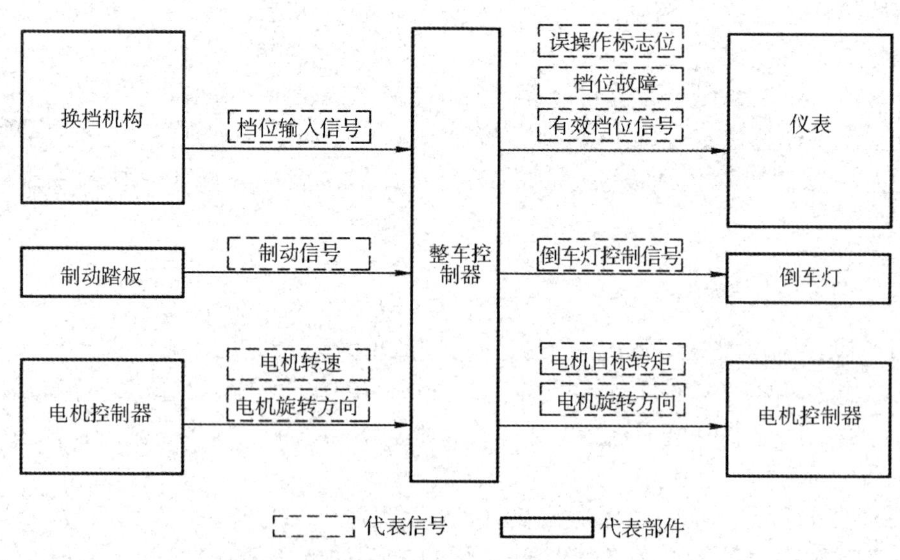

图9－22　换挡控制

十六、防溜车功能控制

纯电动汽车在坡上起步时，驾驶人从松开制动踏板到踩加速踏板过程中，会出现整车向后溜车的现象。在坡上行驶过程中，如果驾驶人踩加速踏板的深度不够，整车会出现车

速逐渐降到0然后向后溜车现象。为了防止纯电动车在坡上起步和运行时向后溜车现象，在整车控制策略中增加了防溜车功能（见图9-23）。防溜车功能可以保证整车在坡上起步时，向后溜车小于10 cm；在整车坡上运行过程中如果动力不足时，整车车速会慢慢降到0，然后保持0车速，不再向后溜车。

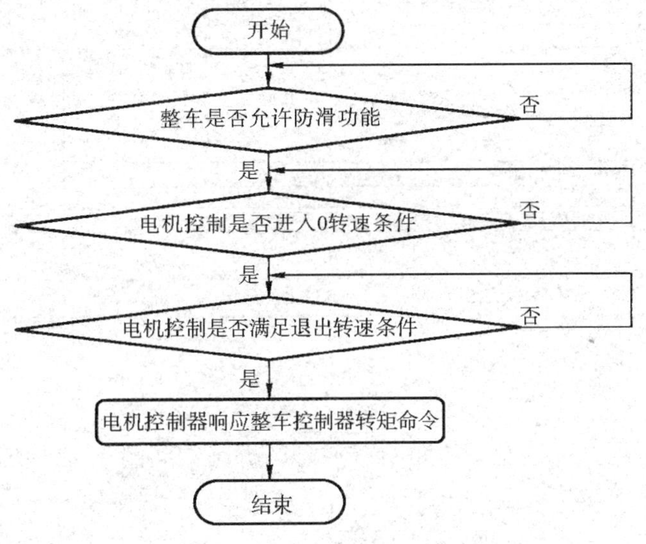

图9-23　防溜车功能控制流程

任务三　任务实训

一、任务实施

1. 实施准备

（1）实训物品准备

①新能源汽车整车。

②车辆防护用品三件套。

③警示隔离带。

④故障诊断仪。

⑤维修手册。

（2）安全注意事项

①任务实施场地拉设警示隔离带。

②严禁用手直接触摸动力电缆（橙色部分）。

③静态读取车辆运行数据，严禁上路行驶车辆。

④将车辆停放平稳，拉紧驻车制动器，车辆前后禁止站人。

2. 实施内容

（1）整车上电过程原理图拆画。

（2）整车控制系统数据流读取。

读取整车控制系统数据流，实车读取的整车控制系统数据流如图 9－24 所示。

新能源>>车辆选择>> EV系列>> EV160-2016款>>系统选择>>整车控制器(VCU)>>数据流		
名称	当前值	单位
整车状态	30	
里程读数	63	km
供电电压	13.6	V
加速踏板开度	0%	
制动踏板信号	释放	
档位信号	E	
整车模式变量	运行	
母线电流	2.72	A
驱动电机目标转矩命令	13.00	N.m
驱动电机目标转速命令	0.8	r/min
驱动电机当前转矩	13.00	N.m
驱动电机当前转速	396.2	r/min
电压V1(动力电池正负极继电器内侧)	325.00	V
电压V2(动力电池负极继电器外侧，正极继电器内侧)	325.00	V
电压V3(动力电池正负极继电器外侧)	327.00	V

图 9－24　整车控制系统数据流

3. 实施记录

（1）查阅维修手册，完成整车上电过程原理图拆画，如图 9－25 所示。

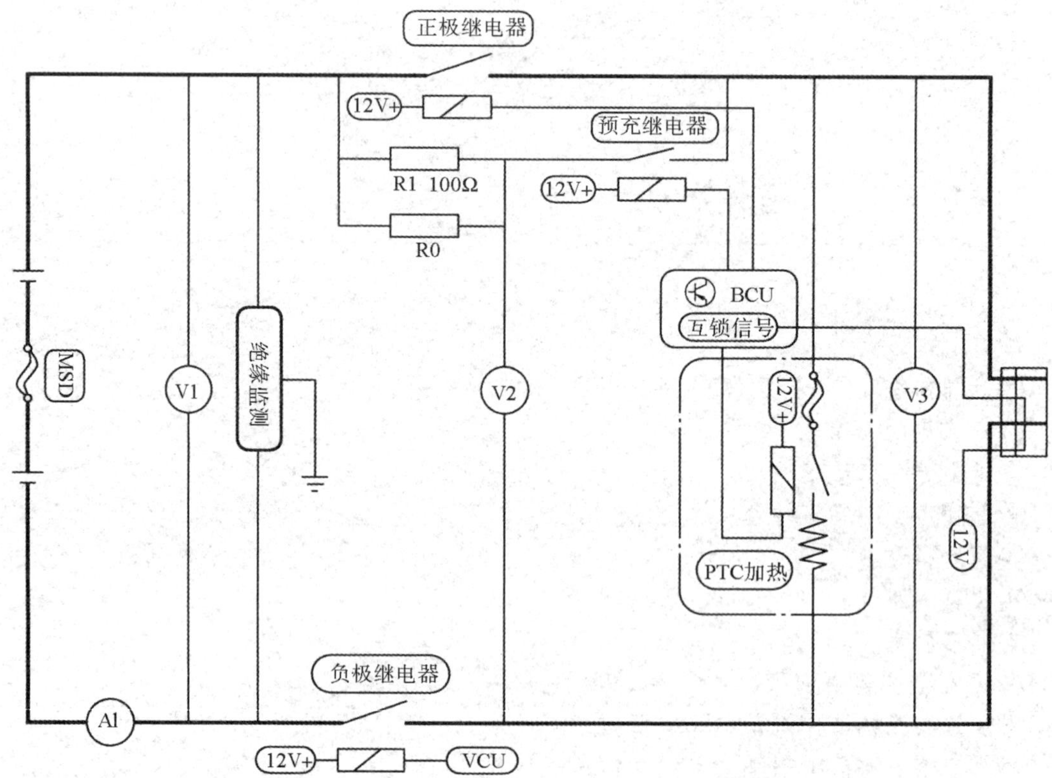

图 9－25　整车上电过程原理图

（2）读取整车控制系统数据流，并填写任务实施记录单，见表 9－2。

表 9－2　任务实施记录单

序号	项目名称	当前值	单位
1	整车状态		
2	里程读数		km
3	供电电压		V
4	加速踏板开度		%
5	制动踏板信号		
6	挡位信号		
7	整车模式变量		
8	动力电缆电流		A
9	驱动电机目标转矩命令		N·m
10	驱动电机目标转速命令		r/nun
11	驱动电机当前转矩		N·m
12	驱动电机当前转速		r/nun
13	电压 V1		V
14	电压 V2		V
15	电压 V3		V

二、任务检验

1. 自检

参与实训练习的学员自我完成质量检验。

2. 互检

由完成相同实操练习项目的学员相互进行质量检验。

3. 终检

由专职质量管理人员（教师）进行专业检查。

三、教学评估

由教师依据教学目标对教学过程及结果进行价值判断。

思考与练习

1. 谈谈你理解的 DC/DC 变换器的结构原理。
2. 整车控制有哪些功能？
3. 哪些是基于 CCP 的匹配标定？

参考文献

[1] 何泽刚．新能源汽车认知与使用安全[M]．北京:机械工业出版社,2017.

[2]尹力卉,王林,左晨旭．新能源汽车技术[M]．北京:机械工业出版社,2017.

[3]马德粮．新能源汽车技术[M]．北京:清华大学出版社,2017.

[4]王庆年,曾小华．新能源汽车关键技术[M]．北京:化学工业出版社,2017.

[5]文少波,赵振东．新能源汽车及其智能化技术[M]．南京:东南大学出版社,2017.

[6]吴兴敏,高元伟,金艳秋．新能源汽车[M]．北京:化学工业出版社,2017.

[7]李凯．新能源汽车概论[M]．北京:北京交通大学出版社,2018.

[8]张则雷,贺利涛．新能源汽车概论[M]．北京:人民交通出版社股份有限公司,2018.

[9]吴荣辉,李颖．新能源汽车认知与应用[M]．北京:机械工业出版社,2018.

[10]刘海朝,吴文静．基于新能源智能汽车新技术研究[M]．北京:中国水利水电出版社,2019.

[11]陈新,潘天堂．新能源汽车技术[M]．南京:南京大学出版社,2019.

[12]张斌,蔡春华．新能源汽车技术[M]．北京:机械工业出版社,2019.